Maya Nadig

Die verborgene Kultur der Frau

Ethnopsychoanalytische Gespräche mit Bäuerinnen in Mexiko

Fischer
Taschenbuch
Verlag

Geist und Psyche
Begründet von Nina Kindler 1964

Unveränderte Neuausgabe
Veröffentlicht im Fischer Taschenbuch Verlag GmbH,
Frankfurt am Main, Juli 1992

Umschlaggestaltung: Buchholz / Hinsch / Hensinger
Foto: Bilderberg / Rainer Drexel
Gesamtherstellung: Clausen & Bosse, Leck
Printed in Germany
ISBN 3-596-11125-0

Inhalt

IV. Teil: Subjektivität und gesellschaftliche Gegebenheiten

Anhang

Einleitung

Aus Neugierde, Fernweh und Erkenntnisinteresse habe ich während mehrerer Monate in einem kleinen Otomi-Bauerndorf in Mexiko gelebt. Ich wollte erfahren, ob es möglich ist, sich mit Menschen aus einer anderen Gesellschaftsform und einer fremden Kultur zu verständigen, und ich hatte vor, mein Interesse auf die Frauen, auf ihre Lebenswelt, Probleme und Umgangsformen zu richten.

Teilnehmende Beobachtung und ethnopsychoanalytische Gespräche haben mich immer tiefer in die komplexen und widersprüchlichen Kulturmuster der Gemeinde verwickelt und mir einen verwirrenden Einblick in den Umgang mit den Geschlechterbeziehungen und der Ökonomie gegeben. Das seltsame Mitspielen der Frauen im System der machistischen Normen und ihre gleichzeitige Unabhängigkeit waren mir rätselhaft. Erst später entdeckte ich die verborgenen alltäglichen Elemente, die ein komplexeres Verständnis erlaubten: die unsichtbare Kultur der Frauen.

Die Verarbeitung dieser Erfahrungen nahm dann – neben meinen anderen Tätigkeiten – mehrere Jahre in Anspruch, denn ich wollte das gesammelte Material nicht einfach in akademische Kategorien pressen. Bei der ethnopsychoanalytischen Arbeit wird immer neu versucht, den Einfluß der eigenen Subjektivität im »Felde« und nach der Rückkehr im Alltag daheim als Erkenntnisinstrument einzusetzen. Es war ein großes Problem, eine Darstellungsform zu finden, in der die Bedeutung meiner Subjektivität nicht herausfiel. In Form von Irritationen oder epischen Beschreibungen sind sie nun in die Arbeit eingeflochten und sollen es ermöglichen, meinen Weg nachzuvollziehen, der von den persönlichen Gesprächen zu den latenten und bewußten Funktionsweisen der Lebenszusammenhänge der Frau in der spezifischen Kultur des Otomi-Dorfes führte.

Diese Forschung habe ich allein und ohne Unterstützung von seiten einer Institution durchgeführt, was mir eine große Freiheit gab. Die Arbeiten von Paul Parin, Fritz Morgenthaler und Goldy Parin-Matthèy gaben mir wichtige Anregungen; in Diskussionen mit ihnen zur Theorie und Praxis der Ethnopsychoanalyse haben sich viele Fragen geklärt. Die genaue, unerbittlich-kritische Lektüre des Manuskriptes durch Lorenz Löffler hat es mir ermöglicht, logische und spezifisch ethnologische Ungereimtheiten auszubessern. Die Lehrtätigkeit am Ethnologischen Seminar Zürich ab 1976 und am Soziologischen Institut in Frankfurt ab 1981 regte mich dazu an, meinen Ansatz auszubauen. Im Rahmen von Feldforschungsprojekten mit Zürcher Studenten in Mexiko konnte ich wieder in das Dorf zurückkehren. Mit Mario Erdheim fand während des Arbeitsprozesses eine emotional und intellektuell bereichernde Auseinandersetzung statt.

Das Buch ist so aufgebaut, daß dieser vielschichtige Prozeß der affektiven Beziehungen, Erlebnisse und emotionalen Reaktionen sowie das daraus entstehende Verständnis der fremden Frauen und der fremden Kultur nachvollziehbar wird.[1]*

Im Frühjahr 1986 Maya Nadig

* Die durchnumerierten Anmerkungen stehen am Schluß des Bandes.

I. Teil: Der ethnopsychoanalytische Prozeß

Das Valle del Mezquital, in dem das Dorf Daxhó liegt

1. Die Fremde im Dorf – Umgang mit dem Kulturschock

Das Valle del Mezquital habe ich aus verschiedenen Gründen ausgewählt. Jene karge, wüstenartige Kakteenlandschaft mit ihren weiten Horizonten faszinierte mich, sie weckte meine Neugier nach den Menschen, die in dieser Welt der Einsamkeit überleben. Ich wußte, daß dort eine Gruppe von Soziologen und Ethnologen unter der Leitung von Roger Bartra eine Studie über die politischen und sozio-ökonomischen Verhältnisse erarbeitet hatte – es war für mich wichtig, gute Daten über die allgemeinen Verhältnisse des Mezquital zur Hand zu haben, um meine Daten, die mehr den mikrosozialen Bereich betreffen sollten, einordnen zu können. In Gesprächen mit mexikanischen Ethnologen, die dort länger gearbeitet hatten, kristallisierte sich schließlich die Entscheidung für jene eigenartige, verarmte und politisch korrupte Gegend heraus. Maurillo Muñoz, selber ein Otomi aus dem Mezquital und damaliger Leiter des Patrimonio Indígena del Valle del Mezquital, empfahl mir dann Daxhó, jenes Dorf, in dem es viele Probleme mit den Frauen gäbe – ich habe aber nie herausgefunden, was er genau damit meinte. Eines Abends begleitete mich ein Ingenieur des Patrimonio nach Daxhó und stellte mich dem Vater des gerade abwesenden Dorfrepräsentanten, Eleuterio Gonzales, vor. Zuerst war ich enttäuscht und erschreckt, denn ich sah kein Dorf, nur Eleuterios Steinhaus an der Schotterstraße, das relativ groß und gar nicht indianisch war, das Schulhaus und sonst Dornenbüsche und Kakteen, eine hügelige Steppenlandschaft von seltsam anmutender Unnahbarkeit. Eleuterio hatte nichts dagegen, daß ich hier für einige Monate leben wollte, um die Probleme der Frauen kennenzulernen. Er wollte sich noch mit den Leuten im Dorf besprechen, und als ich zwei Tage später nachfragte, meinte er, es sei alles in Ordnung. Zum Wohnen bot er mir das »Lehrerzimmer« im Schulhaus an, das bis zum Herbst nicht benützt werde, einen Raum neben dem Schulzimmer mit zwei Betten ohne Matratze und einem Tisch.

Anfang Juli 1975 kam ich, begleitet von Mario Erdheim, im

Dorf an. Der Matratzenhändler von Ixmiquilpan fuhr uns mit einigen Utensilien in seinem kleinen Transporter her. Eleuterio, dessen Haus oberhalb der Schule steht, erkannte uns sofort und brachte den Schlüssel; zufrieden, daß ich von »meinem Mann« begleitet wurde, begrüßte er ihn, und sie begannen zu plaudern. Sofort versammelte sich ein Haufen Kinder um uns herum, die kicherten, sich anstießen und sich verlegen abwandten, wenn ich sie ansprach. Wir begannen das Lehrerzimmer häuslich einzurichten, während die Kinder durch die Plexiglaslamellen der Fenster hereinspähten und unser Tun kommentierten. Am Nachmittag fuhr Mario wieder nach Mexiko zurück; ich war allein und wußte nicht, was ich tun sollte. Etwa eine Stunde später begannen sich einige Frauen der Schule zu nähern, standen draußen herum und spähten zu mir herein. Ich begrüßte sie und stellte mich vor: Ich sei Ethnologin aus Europa und wolle verstehen, wie die Frauen hier leben und arbeiten und mit welchen Problemen sie sich auseinandersetzen. – Du bist Ethnologin so wie Maurillo Muñoz, der Chef des Patrimonio, fragten sie. – Ja, genau so, antwortete ich, erleichtert und überrascht, so schnell verstanden zu werden. – Bist du auch vom Patrimonio? – Nein, ich komme aus der Schweiz. Die Frauen erklärten mir, daß sie eine staatliche Funktionärin erwarteten, eine Promotorin des Instituto Nacional para la Protección de la Infancia (INPI = Nationales Institut zum Schutz der Kinder), die ihnen versprochen hatte, Saatgut zu bringen. Als sie hörten, daß eine Fremde in der Schule sei, dachten sie, ich sei diese Funktionärin. Meine Ankunft hatte sich schnell herumgesprochen, denn es standen bereits etwa 30 Frauen im Schulzimmer, die mich kichernd betrachteten oder mich ausfragten. Sie erzählten, daß sie kürzlich auf Anraten dieser Promotorin ein Frauenkomitee gebildet hätten, um für bessere Einkünfte zu kämpfen, denn einige von ihnen hätten keinen Mann, andere kein Land, und alle benötigten mehr Geld; Ziel des Frauenkomitees sei es, sich für bessere Verdienstmöglichkeiten einzusetzen. Vielleicht könne eine Fabrik erstellt werden oder eine gute Absatzstelle für ihre Gewebe gefunden werden. Sie meinten, es sei gut, daß ich hier sei, ich könne ihnen dabei helfen. Ich antwortete, daß ich zuerst noch vieles lernen wolle über ihren Alltag, wie sie leben und arbeiten, indem ich für einige Monate mit ihnen zusammenlebe. Sie lachten, fan-

Die Autorin mit zwei Bewohnerinnen des Dorfes Daxhó

den das gut; sie wirkten heiter, machten Witze und kicherten viel.

Schließlich beschlossen sie, wieder heimzugehen, denn die Promotorin komme wohl nicht mehr; sie verabschiedeten sich höflich und standen noch plaudernd vor der Schule. Plötzlich kam ein junges Mädchen, das mich vorher öfter heimlich angefaßt hatte, meine Haare, meine Kleidung, wieder herein und sagte: Sie kommen wieder! Die Frauen standen wieder im Raum und baten mich, sie zu informieren, falls die Promotorin komme, und bei Gelegenheit solle ich gleich ihre Namen notieren. Mit ihrer Hilfe und unter viel Gelächter über meine Schwierigkeit, ihre Namen zu verstehen, wurde eine lange Namensliste erstellt. Sie überlegten sich, welche der abwesenden Frauen auch Samen brauche und trugen mir dann auf, falls es genug Saatgut habe, solle die Promotorin auch etwas für Sarah und Maria und Donatia dalassen. Dann verabschiedeten sie sich nach und nach, fragten, ob ich keine Angst habe allein, ob man mir ein Mädchen schicken solle, das bei mir schlafe, ich solle gut schließen in der Nacht, man wisse nie. Und eine junge Frau, die Schwester des Dorfchefs, sagte, ich solle mitkommen, sie werde mir einen Stuhl geben; andere baten mich, sie morgen zu besuchen.

Ich war froh und erleichtert über diesen Besuch, fühlte

mich gar nicht mehr fremd und war sehr beeindruckt von der heiteren Leichtigkeit und Herzlichkeit der Frauen. Saatgut ist in den folgenden Monaten nie gebracht worden.

Etwas später kam der Schulpräsident, ein alter, freundlicher Mann, fragte mich, wie es gehe, half mir, die Lampe besser zu plazieren, und forderte mich dann auf, ihm noch einmal genau zu erklären, warum ich hier sei; er müsse das genau wissen, um die Dorfmitglieder informieren zu können. Ich erklärte ihm, daß man in Europa sehr wenig oder auch falsches Wissen über die Lage der Bauern und der Bauernfrauen in Mexiko habe. Ich wolle verstehen, wie das Leben in einem mexikanischen Bauerndorf vor sich gehe und welche Probleme die Bauernfrauen haben, um es dort, weit weg, meinen Landsleuten erklären zu können. Er meinte: Es ist gut, daß du gekommen bist, denn wir hier haben ein großes Problem, die Frauen haben keine Arbeit, und die Promotorin vom INPI sagte, sie sollen sich zusammentun und für Arbeit kämpfen. Aber wir wissen nicht wie und für welche Art von Arbeit, vielleicht kannst du uns da helfen, uns einen Weg zeigen. Man muß doch einen Ausweg aus der Not finden, denn uns hier geht es nicht gut; ich möchte meinem Dorf helfen. – Er wiederholte das immer wieder, und die beiden Buben, die dabeistanden, halfen ihm dabei, denn er konnte nicht gut Spanisch. Er sagte: Ja, die beiden sind noch so klein und haben schon sechs Jahre Schule hinter sich. Ich hatte keinen Tag lang diese Chance. Sie verstehen schon mehr als ich. Einmal, zur Zeit von Lazaro Cardenas, war ein Lehrer hier, der uns zeigte, wie wir unseren Namen schreiben sollen, das ist alles. Ich weiß nichts, helfen Sie uns, wir sind arm, und es reicht oft kaum zum Essen. – Ich versuchte ihm klarzumachen, daß ich weder die Position noch Macht habe, ihnen zu helfen. Das einzige, was ich tun könne, sei, ihre Probleme zu verstehen, um sie vielleicht weiterzuvermitteln.

Dieser erste Tag beeindruckte mich sehr. Es fielen mir zwei Dinge auf: der dringliche Wunsch nach Hilfe und Veränderung aus einer als bedrohlich erlebten ökonomischen Situation und die Bereitschaft, mich als Fremde aufzunehmen, weil man in mir eine Repräsentantin eben jener Hilfsaktionen des nationalen oder amerikanischen Systems sah. Ich war froh um diese freundschaftliche Offenheit, spürte aber auch einen großen Erwartungsdruck, der mich noch oft belastete.

Es war klar, daß ich aufgrund von konkreten Hoffnungen so freundlich empfangen wurde und daß die erste mir zugeschobene Rolle die der Helferin sein würde, die in meinem Paternalismus ihre Entsprechung finden könnte.

Während der folgenden Tage habe ich bei meinen Gängen über die Wege, die das Dorf durchziehen, immer wieder eine Frau aus der Versammlung getroffen. Die meisten gingen mir scheu aus dem Weg, zwei begrüßten mich herzlich und luden mich zu sich nach Hause ein, wo ich in der Küche saß, während jede ihre Tortillas backte, fragte und Tortillas anbot. Später nahmen sie mich mit aufs Feld oder zum Hüten der Schafe. Täglich saß ich einige Stunden in der Schule, um das Erfahrene in die Maschine zu tippen, während die Kinder, die Schulferien hatten, zum Fenster hereinschauten und kicherten oder ernsthaft danebenstanden und es auch probieren wollten.

In den verschiedenen Küchen, in denen eine bis vier Frauen – je nach Größe der Familie – arbeiteten, wurden ständig die aktuellen Probleme besprochen.

Im Haushalt von Coco lebten vier Frauen, die Schwiegermutter, deren verheiratete und deren ledige Tochter, außerdem Coco. Coco hat mit sechzehn geheiratet und lebte seither in diesem Haus. Als die Schwägerin hinausging, erzählte sie, daß sie sich mit ihr und dem Schwager nicht verstehe, sie müsse hier richtig schuften, und doch passe sie den anderen nicht. Ihr Mann arbeitet seit Jahren in den USA und komme nicht mehr zurück, er habe dort eine andere, sage man. Sie möchte dieses Haus verlassen und zu ihren Eltern zurückkehren; aber sie habe Angst vor dem Gerede der Leute, man werde sie schlecht machen und sagen, sie sei eine böse Frau, und das wolle sie nicht. Es gebe hier viele Frauen, die von ihren Männern verlassen wurden, das sei ein großes Problem, weil dann die Frauen allein für den Unterhalt der Kinder aufkommen müssen, und dazu gebe es kaum Möglichkeiten.

Als die vier Frauen gemeinsam kochten, besprachen sie die zukünftigen Arbeitsmöglichkeiten. Man könnte Wolldecken weben, aber dazu braucht man Webstühle und Platz, um sie aufzustellen. Oder man könnte Körbe aus Plastikstreifen flechten, denn am Fluß gäbe es nicht mehr genug Weidenruten. Dann überlegen sie sich das Knüpfen von Täschchen, obwohl das so viel Zeiteinsatz erfordert, daß nichts dabei herausspringt; die gewobenen Täschchen hingegen werden in solchen Massen hergestellt, daß die Preise zu niedrig liegen und sie schwer verkauft werden können. Das größte Problem scheint der Verkauf zu sein; die Händler aus der Gegend zahlen ein lächerliches Entgelt. In den Städten wird zwar mehr bezahlt, aber wie sollen die Frauen von hier in die Hauptstadt reisen, sich dort zurechtfinden und die Kinder allein hier lassen? Die Männer kann man nicht schicken, die würden ohne Geld zurückkommen. Immer wieder war eine große Hilflosigkeit und auch Wut zu spüren. Es gibt keinen Weg aus dem Dilemma heraus. Sie beschlossen, diese Fragen im Frauenkomitee vorzutragen.

Im nächsten Haus zur Schule wohnte Rosa. Sie hat vier Kinder zwischen zwei und zwölf Jahren, einen Mann, der immer auf den Feldern unterwegs war, während sie fast den ganzen Tag in jeder freien Minute webte. Als ich kam, stellte sie mir einige Feigen von ihrem Baum hin und arbeitete sofort weiter. Ich saß neben ihr im schattigen Hof. Sie plauderte mit mir, befahl die Kinder herum, sie sollen dies und jenes besorgen, Wasser holen, Gras für die Ziegen, Zitronen vom Baum, die Kleine solle ihren Rock herunterziehen, man sehe die Hosen, kurze klare Befehle. Rosa wurde mit fünf Jahren Waise und war seither viel unterwegs, mit der Tante in der Hauptstadt, dann im Norden, später in Toluca, über ihren Mann sei sie in Daxhó gelandet. Er bearbeitet die Felder, aber sie verdient das wichtige Bargeld mit dem Weben. Inzwischen war das bunte Täschchen auch schon fast fertig. Sie erzählte, wie groß die Armut, wie hart der Kampf ums Essen hier seien. Deswegen sei es gut, daß Maurillo Muñoz jetzt Chef des Patrimonio wurde, als Indio kenne er die Armut, seine Mutter sei eine arme, einfache India wie sie selber auch. Wir Indios sind arm und unwissend, wir brauchen gute Leute, die uns helfen, erklärte sie. Das Frauenkomitee sei für sie selber nicht mehr wichtig, sie habe mit dem Weben ihren Weg gefunden, ein Händler in Murillo nimmt ihr seit Jahren ihre Produkte ab, aber für ihre Töchter sei es von größter Bedeutung, daß etwas unternommen werde.

Eine andere Nachbarin, die etwa 300 Meter entfernt in einer kleinen Senke lebte, nahm mich mit. Sie führte mich zu einem sehr ärmlich wirkenden winzigen Haus aus Agavenblättern und einer Art Küche daneben, die aus einem sehr niedrigen Palmblätterdach auf vier Pfählen ohne Seitenwände bestand. Blumen, Mezquitebäume und Maispflanzen umgaben den winzigen Hof. In der Küche spielten drei kleine, verhärmt und verwahrlost aussehende Kinder. Cata hatte eine schrille Stimme und schrie die Kinder an mit der ständigen Drohung, sie zu schlagen. Sie machte Feuer auf dem Boden und backte einige dicke Tortillas. Es fiel mir auf, wie wenige es waren im Vergleich zu den anderen Familien. Die Einrichtung der Küche war äußerst karg, da waren kaum Geräte. Ich fühlte mich schlecht. Am Boden lag ein etwa eineinhalbjähriges, nacktes Mädchen, das unendlich winzig, mager und schmutzig aussah, die Arme so dünn wie ein Finger von mir. Es lag dort und vollführte stereotype Hin- und Her-Bewegungen mit dem Kopf und reagierte sonst auf nichts, weder auf unsere Ankunft noch auf die Fliegen, die sich um seine Augen setzten. Die Mutter gab ihm eine Feige, die es, ohne eine Miene in dem alten Gesichtchen zu verändern, nahm und langsam verzehrte. Cata wirkte nervös, und ich wollte wieder gehen. Sie überhäufte mich mit Feigen und Blumen, schickte ihren siebenjährigen Sohn mit mir, um die Sachen zu tragen, wollte mir immer mehr Dinge schenken. Ich war betroffen von ihrer Armut, ihren Geschenken und ihrer Hast, mich loszuwerden. In der Schule nahm ich eine Büchse Milchpulver und eine Melone, um sie ihr zu bringen. Aber da war niemand mehr, außer den Kindern. Der mittlere Junge weinte, das Mädchen lag genauso apathisch da wie vorher. Ich wartete lang, aber es kam niemand. Cata und ihr Mann, der Korbflechter, gelten als Trinker, die den ganzen Tag dem Pulque, dem Agavenwein, nachjagen und oft stundenlange Fußmärsche in abgelegene Nachbardörfer machen, weil er dort einige Centavos billiger ist. Das Mädchen starb dann auch bald, wie schon einige Kinder davor. Ab und zu kam Cata und bat mich um etwas, ich solle ihr ein Huhn abkaufen oder einen Korb oder einfach Geld geben, sonst ging sie mir aus dem Weg.

Ich erfuhr, daß am Freitagmorgen die Frauen des Komitees auf Anraten der Promotora hin die Mutter des Gemeindepräsidenten von Murillo besuchen wollten, damit sie ihnen rate, wie sie weiter für die Arbeitsbeschaffung zu kämpfen hätten. Man sollte sich um sieben Uhr vor der Schule versammeln und dann zu Fuß nach Murillo gehen. Geld für den Bus oder den Pesero, das Kollektivtaxi, war keines vorhanden. Ich war immer wieder versucht zu sagen, ich zahle es, ich zahle den Pesero, ich kaufe dir Batterien für dein Radio oder Böhnchen und mußte dann jedesmal daran denken, daß es im Dorf rund 100 erwachsene Frauen mit ebensowenig Geld gab und ich bald keins mehr hätte. Die ersten Frauen, Coco und ihre Schwägerin, waren schon kurz nach sechs Uhr da. Ich bot Kaffee und Früchte an; sie hatten noch nichts zu sich genommen. Mit der Zeit kamen die anderen Frauen, vor allem die gewählten Repräsentantinnen des Frauenkomitees. Gegen acht Uhr zogen wir, sieben Frauen, los, über kleine versteckte Wege zwischen den Maisfeldern ins Tal von Llano Verde hinüber, unter hohen, schattigen Nußbäumen an einem kleinen Bach entlang. Wir gingen in zwei Gruppen; in der einen wurde heftig diskutiert, in der anderen viel gelacht und gewitzelt, auch über mich. Manchmal flüsterten sie einander etwas zu, wenn sie sich gegenseitig Anweisungen gaben, man solle mir Platz machen oder ich hätte etwas gesagt. Am Rand von Murillo wurden die verhältnismäßig großen, im kühlen Schatten der Nußbäume liegenden Villen bestaunt, die Gärten, die Tore. Sie meinten, diese Leute seien nicht von hier, denn so werde hier nicht gebaut. Ab und zu wurden einige Früchte von den überhängenden Fruchtbäumen gepflückt und unter allen verteilt. Das Haus der Mutter des Präsidenten befand sich weit oben am Berg. Wir waren fast eine Stunde unterwegs, als wir ankamen. Vor dem Haus wurde besprochen, was man nun sagen solle. Sie wollten eine Werkstatt und konkrete Hilfe, sie wüßten nicht, wohin sich wenden mit diesen Anliegen.

Die Mutter des Präsidenten, eine einfache alte Frau, empfing die Frauen, die schüchtern auf sie zugingen, vor dem Haus. Sie schaute mich erstaunt an und sagte, sie wisse nichts, sie habe keinen Posten, keine Arbeit zu vergeben, man solle doch zu ihrem Sohn ins Rathaus gehen, aber der würde wohl auch nicht mehr wissen als sie. Wir gingen ins Zentrum hinunter, die Frauen berieten wütend, was zu tun sei. Josefina meinte, man solle nach Ixmiquilpan fahren, um die Promotora zu fragen, was sie eigentlich mit ihrem Vorschlag gemeint habe, der sei ja völlig nutzlos und lächerlich. Die Promotora wurde als persönliche Gesandte der Frau des Präsidenten Echeverria angesehen, die eigentlich Hilfe bringen sollte, aber – so wurde jetzt festgestellt – die helfen ja doch nie, die tun nur so. Auf dem Hauptplatz setzten sich die Frauen auf die Bänke vor dem Rathaus. Und die aktiveren vier besprachen das weitere Vorgehen, ob man jetzt zum Präsidenten gehen solle oder nicht. Dann ärgerten sie sich über die anderen vier, die kein Interesse zeigten. Die fanden, der Besuch beim Präsidenten sei nutzlos, weil er sie gar nicht empfangen, geschweige denn ernst nehmen werde, er sei ein Cacique (Machtträger).

Plötzlich tauchte der Mann von Josefina auf, der nachts im Spital von Ixmiquilpan arbeitet, beladen mit Taschen voll Eßwaren; er kam von der Arbeit zurück. Man stand herum und redete, ich kaufte an einem Marktstand zwei Kilo Bananen, die gierig verschlungen wurden. Josefinas Mann pfiff schließlich einen Pesero heran, einen alten weißen Amerikanerwagen, in den sich alle acht hineinquetschten; hinten saßen wir zu sechst. Unter viel Gekicher und Gerede fuhren wir nach Daxhó zurück.

Die Promotorin, eine 18jährige Sozialarbeiter-Studentin, tauchte noch ab und zu mit ihrem Kollegen in der Schule auf. Sie machten ihr Praktikum für die Promotorenausbildung. Sie stifteten jedesmal viel Verwirrung, weil sie große Versprechungen machten; sie würden den Frauen Webmaterial beschaffen, einen guten Absatzmarkt in der Hauptstadt suchen, sie nahmen Muster von Taschen, Schals und Decken mit und tauchten dann nie mehr auf. Zwischendrin versuchten sie, den Frauen das Stricken beizubringen oder das Knüpfen von Täschchen. Die Versammlungen des Frauenkomitees wurden vermehrt zum Austragen von dorfinternen Konflikten verwendet, denn die Existenz des Komitees selber führte zu Spannungen, Vermutungen und bösen Gerüchten, die aus der Angst vor Benachteiligung und Übervorteilung genährt wurden.

Etwa einen Monat nach dem Gang zur Mutter des Präsidenten kam es zu einer heftigen Auseinandersetzung im Komitee. Um vier Uhr sollte Versammlung sein, gegen sechs Uhr waren etwa zwanzig Frauen da, ebenso die beiden Promotoren. Josefina beklagte sich nun bei Damiana, daß ihr Bruder die Frühstückssäcklein, die das INPI jeden Morgen in der Schule für die Kinder abgibt, nicht gerecht verteile. Sie schimpfte flammenden Auges immer heftiger und lauter in das Schulzimmer hinaus, von den anderen etwas schüchtern und erstaunt gemustert, ab und zu wurde gekichert. Dann beklagte sie sich beim Promotoren, es werde im Dorf schlecht über das Komitee geredet, man frage sie, wie sie dazukomme, Präsidentin zu sein, was sie mit dem Geld mache, ob sie damit ihren Freund spazierenfahre, sie habe es satt. Niemand ging auf sie ein, man redete darüber, ob die Versammlung nun beginnen solle, beschloß, noch zu warten, weil eine Vertreterin fehle. Der Promotor meinte, man solle doch anfangen, und nun begann Amanda, Josefina anzugreifen, sie würde das Geld des Komitees veruntreuen. Die beiden Frauen begannen sich wütend und äußerst grob zu beschimpfen. Die anderen versuchten schüchterne Vorschläge zu machen, die nicht gehört wurden. Es ging um die Mitgliederbeiträge. Plötzlich wurde klar, daß die Kassiererin, Coco, nicht mehr da war, denn sie war letzte Woche endgültig zu ihren Eltern im Nachbardorf zurückgekehrt. Also mußte eine neue Kassiererin gewählt werden. Plötzlich flüsterten alle Frauen und schlugen dann vereint Amanda als neue Kassiererin vor. Diese palaverte heftig drauflos, was das solle, das mache sie nicht, damit man sie dann beschimpfen und verdächtigen könne, schlecht über sie reden, sie habe keine Zeit für solche Dinge. Aber du kannst rechnen und schreiben, wurde ihr zugerufen. – Du kannst reden und weißt dich zu wehren. – Schließlich wurde sie mit großer Mehrheit gewählt. Es wurde langsam dunkel. Viele wollten gehen. Es wurde noch kurz über die Art der Arbeit geredet, um die man kämpfen solle, und als einige laut »Wolldecken, Wolldecken« schrien, galt das als beschlossen. In der nächsten Sitzung kamen dann fast keine Frauen, weil alle, die gegen die Wolldecken waren, wegblieben. Die »Hilfe« der Regierung äußerte sich als destruktiver Leerlauf.

Die Versammlungen waren immer sehr turbulent und lebendig, die Kinder auf den Schößen der Mütter brabbelten vor sich hin. Wenn sie schrien, wurde ihnen sofort die Brust gegeben. Größere Kinder spielten draußen, kamen herein, suchten ihre Mutter. Ein Mädchen lief, einen klagenden stereotypen Ton von sich gebend, der an eine tutende Lokomotive erinnerte, auf die Mutter zu und wurde von dieser auf den Arm genommen. Hunde quetschten sich zwischen den Stuhlbeinen und Beinen durch, gerieten aneinander und veranstalteten einen ohrenbetäubenden Krach, bis sie mit Fußtritten vertrieben wurden. Ein größerer Junge stürmte herein. Mama, Mama! Das kleine Brüderchen war auf den Boden gefallen, die Frau sprang auf, und weg war sie. Die Frauen raunten und kommentierten.

Nach den Versammlungen zerstreuten sich die Frauen in die verschiedensten Richtungen, allein oder in Grüppchen.

Die Tage vergingen schnell, ich wurde von Leuten eingeladen, sie zu besuchen, und von anderen mißtrauisch gemieden oder verfolgt. Kinder und Mütter kamen zur Schule, um mich um Eßwaren zu bitten, sie hätten nichts zu essen, ihr Kind sei gestorben, der Mann sei im Gefängnis.

Auf dem Weg sprach mich ein etwa 40jähriger starker Mann ziemlich aggressiv an, warum ich seine Familie nicht besuche, ob sie mir nicht gut genug sei. Ich begrüßte ihn und sagte, ich komme gleich mit. Er führte mich in die Talsenke hinter dem Dorf, wo sehr arme Familien in sehr einfachen Hütten wohnten. Bei einem Haus am Weg blieb er stehen und redete mit seinem Bruder auf Otomi offensichtlich abschätzig über mich. Alle, auch die Frauen, die aus der Küchentüre herauslugten, grinsten, ohne mich anzusehen. Plötzlich wendete sich Paulo an mich, ich solle nun mal erklären, was ich hier mache. Ich beschrieb meine Absicht, und er platzte los: Das nützt uns einen Dreck, wenn du hierherkommst und Notizen machst, nachher vielleicht ein Buch schreibst, das du teuer verkaufen kannst. Hier herrscht Not, und zwar jetzt, und dein Buch dort weit weg, in einigen Jahren, wird an unserer Situation sicher nichts ändern. – Ich nickte betroffen. Paulo fuhr weiter: Da hinten liegt mein Sohn im Sterben, und ich habe kein Geld für Arzt und Medikamente, seit zwei Wochen wird es immer schlimmer, der Knabe liegt nur noch herum. Er wird sterben, aber das ist dem Maurillo Muñoz und dem Patrimonio egal, auch dir, die du hier Notizen machst, das nützt uns einen Dreck.

Er führt mich zu seinem Sohn, der auf einer Decke am Boden liegt, gekrümmt und ohne Bewegung. Er habe starke Magen- und Kopfschmerzen, Fieber und schlafe nur noch, er könne nichts mehr essen. Ich sage, er müsse sofort zum Arzt. Ja, und wer bezahlt das, du mit deinem Buch wohl nicht! – Doch, ich werde ihn begleiten, antworte ich. Er kann nicht gehen, er ist zu schwach. – Dann muß man einen Pesero nehmen. – Und wer bezahlt das? – Ich. Wir verabredeten uns für morgen früh. Ich gehe und erinnere mich plötzlich, daß der äußerst hübsche Junge einer der entschiedensten und lautesten bei der Schule oben war, wenn die Frühstückssäcklein des INPI verteilt wurden. Ihm gelang es meist, zwei zu ergattern.

Am Abend besucht mich Josefina und erzählt, daß Paulo, der Vater des kranken Knaben, ein alter Tunichtgut, Frauenheld und Faulenzer sei. Seine Frau habe er »geraubt«, als sie zwölf war, und heute, mit 24, habe sie acht Kinder und müsse die Familie allein mit Waschen für andere durchbringen, denn Paulo tue nichts. Vor kurzem sei er im Gefängnis gewesen, weil er seine dreizehnjährige Tochter vergewaltigt habe. Er gehe täglich zu Freunden zu Besuch und fresse sich dort voll, deswegen sei er so dick. Mit seiner Frau haben alle Mitleid. Ich fühle mich verunsichert, derartig viele Eindrücke und Widersprüche, Angriffe und Freundlichkeit kommen auf mich zu, daß ich Mühe habe, das alles richtig zu verstehen. Was machen die mit mir? Am nächsten Morgen um sieben kommt Paulo auf dem Fahrrad vorbei und bittet mich noch einmal in diesem aggressiv-unterwürfigen Ton, mit seinem Sohn nach Murillo in das Spital zu gehen, er selber könne nicht mitkommen, er müsse arbeiten. Seine Frau werde hierher kommen.

Gegen elf schleppt sich Ricardo, der kranke Junge, heran. Etwas später kommt seine Mutter mit der 13jährigen Tochter, die häufig epileptische Anfälle habe. Wir gehen zur Hauptstraße, und Paulo, der schon wieder da ist, redet vom Fahrrad herab ununterbrochen auf uns ein. Seine Frau und die Kinder reagieren überhaupt nicht; er fragt mich aus und fährt schließlich voraus nach Murillo. Fernanda erzählt, daß ihr Mann nicht arbeite, daß sie die Familie mit Waschen unterhalte, daß er aber viel befehle und verlange. Es kommen weder Autos noch Peseros vorbei, und schließlich haben wir den ganzen Weg nach Murillo zu Fuß zurückgelegt, wo Paulo uns schon erwartete und zum Privatarzt führte, der aber nicht da war... So gehen wir in das staatliche Ambulatorium, wo nur ein Drittel des Medikamentenpreises verrechnet wird und die Konsultation selber gratis ist. Der junge Arzt stellt Salmonellen im fortgeschrittenen Stadium und hohes Fieber fest. Wenn man nichts unternimmt, führt das zu Meningitis und

Darmdurchbruch, erklärt er. Er verschreibt Ricardo eine Injektion und gibt ihm verschiedene Medikamente, starke Antibiotika, mit, die er morgens und abends einzunehmen hat. Draußen wartet Paulo, eifrig redend und nach allem fragend. Seine Frau reagiert überhaupt nicht auf ihn. Wir nehmen einen Pesero, den ich bezahle, und fahren zurück.

Zwei Tage später besuche ich Ricardo, es geht ihm besser. Er sagt, er habe nur die Hälfte der Tabletten genommen, die andere Hälfte habe seine Schwester gegessen in der Hoffnung, das helfe gegen die Epilepsie. Die Antibiotika-Kapseln habe sie alle genommen. Die Eltern sind nicht da. Ich fühlte mich hoffnungslos und verzweifelt, beschließe, mich klarer auf meine Rolle als Ethnologin zurückzuziehen, vermehrt zu konstatieren statt zu handeln.

Diese wenigen Szenen aus dem ersten Monat meines Aufenthaltes im Dorf sollten die Stimmung, die ich erfuhr, und den Alltag der Frauen etwas deutlicher machen.

Das Verhalten der Dorfbewohner mir gegenüber durchlief verschiedene Phasen, die einander ablösten. Am Anfang erschien ich den Leuten als die machtvolle Weiße, an der alte und neue Hoffnungen festgemacht wurden; viele der anfänglichen Kontakte waren davon geprägt. Es wurden mir vor allem Mängel, Not und Wünsche gezeigt, und zwar immer mit dem impliziten oder expliziten Anspruch, ich solle eine Lösung finden. Die Geschichte mit Ricardo zeigt, wie groß der Druck auf mich war und wie gerne ich den Forderungen nachkam, um im Handeln meine Betroffenheit und Ohnmacht loszuwerden und vor allem um meine Schuldgefühle zu erleichtern. Als in einem Gespräch mit Armando Bauleo klar wurde, wie stark und gefährlich die Verführung zu einer paternalistischen Haltung ist, begann ich die ähnliche Situation anzusprechen. Als bald darauf eine Mutter mit ihrem Kind zu mir kam und mich bat, es zum Arzt zu bringen, erklärte ich ihr, daß sie selber gehen müsse, der Ambulatoriumsarzt in Murillo behandle gratis. Aber sie werden freundlicher sein, wenn du mitkommst, sagte sie. – Das mag sein, aber in wenigen Monaten bin ich nicht mehr da, und wenn dein Kind wieder krank ist, wirst du auch allein gehen müssen. – Aber zu den Gringos sind sie netter. – Schau, antwortete ich, wenn du so denkst und alles mit Hilfe der Gringos lösen willst, dann machst du dich selber klein und die Gringos groß. Du mußt deine Rechte fordern, das Spital ist für euch da. Ich persönlich habe keine Macht, kein Geld, keinen Einfluß, ihr hier zusammen seid viel stärker. – Das akzeptierte sie dann und ging mit dem Mädchen allein zum Arzt. Ich nehme an, daß sie dann auch die Verantwortung für die korrekte Einnahme der Medikamente besser übernehmen konnte, weil ich nicht als magische Größe dazwischengeschaltet war. Die Auswirkungen dieser Konfrontationen waren offensichtlich: Die einen begannen, mich zu beschimpfen, andere wendeten sich enttäuscht von mir ab oder sie nahmen meine Aussage an und handelten selbständig. Im Laufe meines Aufenthaltes im Dorf begann nun eine ganze Reihe von solchen projektiven Übertragungen auf mich.

Einige Frauen versteckten sich vor mir, sobald sie mich sahen. Die Nichte der einen erklärte mir dann, ihre Tante glaube, ich komme von der Regierung, um ihre Tiere zu zählen, um anzugeben, ob sie genug Steuern zahlen. So konnte ich in Zukunft diese Phantasie direkt ansprechen und entspannen. Andere glaubten, ich käme, um die Religiosität der Frauen zu überprüfen. Mit der Zeit lernte ich, merkwürdige Verhaltensweisen mir gegenüber anzusprechen, sei es direkt beim Gegenüber oder bei anderen, die mich dann meist über den Sachverhalt aufklärten. Oft wurden Rollenübertragungen durch ein Ausweichverhalten oder durch eine merkwürdig aufdringliche Betonung bestimmter Themen spürbar.

Als mein Besuch bei vielen nur noch Klagen über ihre Armut und die damit zusammenhängende mangelnde Sauberkeit auslöste, konnte ich wieder nachfragen und wurde darüber aufgeklärt, daß ich die Hygiene der Frauen überprüfen wolle.

Die Kinder aus der Nachbarschaft der Schule kamen mich fast täglich besuchen, brachten Früchte und aßen von meinen Keksen, schrieben auf meiner Schreibmaschine, fragten mich viele Dinge und genossen es offensichtlich, an meiner Welt teilzuhaben. Ab und zu kühlten diese Beziehungen plötzlich ab. Die Kinder gingen mir aus dem Weg, grüßten mich nicht mehr und kicherten mit anderen Kindern hinter meinem Rücken. Mit der Zeit verstand ich, daß diese Beziehungsschwankungen mit den Ängsten ihrer Eltern mir gegenüber zusammenhingen.

Solange ich mit meinen Gesprächspartnern in einem Spiel

der gegenseitigen Rollenzuschreibungen verhaftet blieb, stellten sie mir nur bestimmte Bereiche ihrer Realität dar, und dies produzierte blinde Flecken, die verhinderten, daß ich andere Dimensionen als die zur Rolle gehörigen wahrnehmen konnte. Meine konfrontierenden Fragen lösten einen sukzessiven Prozeß aus, der mich immer näher an die Realität des Dorfes heranbrachte – je weniger Bilder auf mir lasteten, um so schwächer wurde das entsprechende Rollenspiel zwischen uns und um so reicher und umfassender konnte mein Eindruck von der Alltagskultur werden.

Es mag sein, daß die Tatsache, daß ich allein im Dorf lebte und auch auf gute Beziehungen zu den Leuten angewiesen war, mich besonders sensibel für diese Unstimmigkeiten gemacht hat. Je größer und verwirrender der Druck auf mich war, um so abhängiger war ich von geklärten und bereinigten Beziehungen. Dies zwang mich immer wieder zu den konfrontierenden Fragen, aber auch zu regelmäßigen Besuchen bei befreundeten Ethnologen in der Hauptstadt, wo ich entspannen, nachdenken und besprechen konnte. Deswegen unternahm ich durchschnittlich alle drei Wochen eine Reise von zwei bis drei Tagen in die Hauptstadt.

Die Zeit, in der ich des Kommunismus verdächtigt wurde, war für mich besonders hart. Es begann damit, daß mich die Nachbarkinder nicht mehr grüßten. Dann forderten zwei Männer, die auf dem Maisfeld der Schule arbeiteten, sehr aggressiv, daß ich ihnen Pulque, Agavenbier, kaufen solle. Als ich das ablehnte, beschimpften sie mich, ich sei eine schlechte Person und sei gekommen, um ihnen alles wegzunehmen, ich solle bloß aufpassen. Das war eine direkte Drohung, ich bekam Angst. Ich ging zu Josefina, die mich öfter besuchte, und erzählte ihr davon. Plötzlich sagte sie: Komm, wir gehen Alfonso besuchen, komm mit. – Wir gingen zu Alfonso, einem der ärmsten Familienväter im Dorf, der regelmäßig trank. Seine Frau ist die Schwester von Fernanda, Ricardos Mutter. Er empfing uns sichtlich überrascht und widerwillig, wußte nicht, was mit uns anfangen. Mich schaute er nie an, grinste verlegen vor sich hin und bot uns einen Hocker an. Nach den ersten Begrüßungsritualen sagte Josefina plötzlich zu mir: Gibt es in deinem Land auch Kommunisten? – Wie kommst du darauf? fragte ich. – Nun, man sagt, daß die Kommunisten den Armen alles wegnehmen wollen und es unter sich verteilen. – Jawohl, stimmte Alfonso ein, im Radio warnen sie vor den Kommunisten, die sich im Mezquital herumtreiben.

Ich sagte, mein Land sei kein kommunistisches Land, und soviel ich über die Kommunisten wisse, seien das Leute, die sich für die Armen einsetzen. – Ah so, sagte Josefina, dann bist du kein Kommunist? – Nein, wie kommst du darauf? antwortete ich. – Nur so, meinte sie, ja dann gehen wir wieder. – Sie stand auf und verabschiedete sich von Alfonso. Nachher erklärte sie mir, daß dieser Alfonso im ganzen Dorf herumerzähle, ich sei Kommunistin, und daß viele deswegen nicht mehr mit mir reden wollten. Ich dankte ihr für ihre prompte Hilfe und ging mit einem Gefühl der Panik in die Schule. Zu jener Zeit begann ich die Hunde zu fürchten, die überall herumstreunten. Meine Furcht vor der Aggression der Dorfbewohner wurde auf sie verschoben. Ich besuchte meine Nachbarin Rosa, die sonst sehr freundlich war und sich nun nicht mehr hatte sehen lassen. Wir plauderten, und sie fragte mich, ob ich auch eine Mutter habe, ob ich auch weinen könne. Merkwürdige Fragen. Ich antwortete: Es gibt Leute hier, die glauben, ich sei Kommunistin und wolle den Armen alles wegnehmen. – Ja, die Kommunisten sind schlecht, antwortete sie. – Hat es denn hier welche gegeben? fragte ich. Sie erzählte von den Funktionären der Friedrich Ebert-Stiftung, die gekommen waren, um das Ejido zu reorganisieren, um ein Kollektiv daraus zu machen. Mitten in der Umstrukturierung wurden sie nach Deutschland zurückberufen und ließen ein Chaos zurück, das dann einige Familien im Dorf benützten, um ihren Kindern Ejidoparzellen zuzuschreiben. Ah, deswegen glauben die Leute hier, ich sei auch Kommunistin? – Und wieder erklärte ich, warum ich hier sei. Die Situation war wieder entspannt, ihr Sohn begleitete mich in die Schule zurück und wollte wieder auf der Maschine schreiben. In den nächsten Tagen machte ich einige Besuche bei den feindseligsten Familien und sprach den Kommunismus an, zeigte den Brief, den mir Maurillo Muñoz mitgegeben hatte, und beobachtete, daß überall mit Erleichterung reagiert wurde, sich eine neue Herzlichkeit einstellte. Es waren vor allem eine sehr arme und eine sehr reiche Familie, die mich besonders heftig des Kommunismus bezichtigten. Beide Familien stehen in einer konfliktiven Beziehung zur Gemeinde, Alfonso, weil er als Trinker oft bei den Verwandten und Nachbarn betteln muß, und Doña Gaba, weil sie sich mit ihrem Verkauf von Erfrischungsgetränken auf Kosten der Dorfbewohner bereichert. Die Intensität ihrer Kommunistenprojektion auf mich symbolisierte also nicht nur eine soziale Erfahrung mit linken Entwicklungshelfern, sondern auch soziale verdrängte Konflikte, die nichts mit mir zu tun hatten, aber etwas über die Position der betreffenden Personen im sozialen Gefüge des Dorfes aussagten.

Eine neue schwierige Zeit begann, als die Schulferien zu Ende waren und ich mich nach einer neuen Wohngelegenheit umsehen mußte. Das einzige freistehende Haus in der Gemeinde war das Haus der Evangelisten. Dort hatten während 25 Jahren zwei Amerikanerinnen vom Summer Institute of Linguistics gelebt, Otomi gelernt und die Bibel auf Otomi übersetzt. Es seien zwei freundliche Frauen gewesen, die durch großzügige Geschenke und Versprechungen die Dorfbewohner zu missionieren suchten. Einige Familien waren zum Evangelismus übergetreten. Da den Evangelisten der Konsum von Alkohol, Rauchwaren und sonstigen Luxusgütern ebenso verboten ist wie die Teilnahme an den kostspieligen Dorffesten, sind sie fast durchwegs in die Lage versetzt worden, Güter zu akkumulieren. So gehören die sieben evangelistischen Familien mit zu denen, die in den letzten zehn Jahren zunehmend an Wohlstand gewonnen haben. Mit der religiösen Spaltung geht ein Riß durchs Dorf, der sich in heftigen Angriffen, Verfolgungen, Neidgefühlen und Ausgrenzungen äußert.

Als ich nun mit der Erlaubnis des evangelistischen Pfarrers von Ixmiquilpan in das verlassene Backsteinhaus der Evangelistinnen umzog, begannen die Probleme von neuem. Die Evangelisten hielten mich nun für eine der ihren und kamen mich plötzlich auffallend häufig besuchen, während andere mich zu meiden begannen. Auch Josefina und ihre Schwester, die bisher fast täglich in der Schule auftauchten und mir vieles erklärten, blieben plötzlich weg.

Wieder begann eine Phase der Konfrontation und Erklärung. Ich besuchte den katholischen Priester von Murillo und erklärte ihm mein Problem. Sagen Sie einfach, sie seien katholisch, meinte er, das ist das einfachste. – Gegen Ende meines Aufenthaltes fand das Dorffest statt, zu dem der Priester nach

Daxhó kam, um die Messe zu lesen. Nach der Messe, an der ich teilnahm, trat er auf mich zu und begrüßte mich, wandte sich dann an die herumstehenden Männer und Frauen und sagte: Hört, sie ist keine Evangelistin, ihr könnt Vertrauen zu ihr haben, sie ist eine von uns. Viele sind gekommen, um mich zu fragen, wer sie sei, und so sage ich es euch jetzt! – Ich war ihm sehr dankbar für diese spontane Erklärung, denn sie brachte eine angenehme Entspannung mit sich.

Ein weiteres Problem stellten die regelmäßigen Gespräche dar, die ich mit einigen Frauen führte. Etwa sechs Wochen nach meiner Ankunft hatte ich mit fünf Frauen ausgemacht, daß wir uns regelmäßig treffen wollten, damit sie mir von ihrem Leben erzählen könnten. Diese Besuche lösten Vermutungen, Eifersucht und Gerüchte aus, die sich zum Teil gegen mich, zum Teil gegen die Frauen richteten. Man warf ihnen vor, sie ließen sich von mir missionieren und taufen, oder sie würden sich an mich heranmachen, um etwas aus mir herauszuholen, oder sie ließen sich von mir ausbeuten. Dieser Prozeß der Konfrontation hat nie aufgehört. Immer neue Bilder und Übertragungen sind entstanden, je nach der internen Spannungssituation, die durch meine Gegenwart im Dorf angesprochen wurde. Die Auflösung einer Rollenübertragung ermöglichte fast jedesmal den Zugang zu einem neuen Konflikt der Kultur. In jedem dieser Übertragungsbilder verdichten sich historische und aktuelle Widersprüche, Konflikte der Gemeinde, Familie oder des Individuums. Jede mir zugeschobene Rolle entsprach einer realen Erfahrung, die eine Enttäuschung, einen Betrug, eine Hoffnung beinhaltete. Was verdrängt werden mußte, war vor allem die Kränkung, daß man so blöd war, auf die Fremden hereinzufallen, wie auch die soziale Ohnmacht. Genau diese Verdrängung ermöglichte wieder die primäre phantastische Idealisierung der Fremden und führte dann ebenso zwangsweise auch zur Wiederholung der Enttäuschung.

2. Auf der Suche nach dem widerständigen Subjekt

Mein Interesse galt von Anfang an den Frauen in einer anderen Kultur und den Strategien, die sie psychisch und sozial entwickeln, um so gut wie möglich – ökonomisch und psychisch – zu überleben. Soziale Überlebensstrategien zielen auf ökonomische Sicherheit sowie Respekt und Achtung im sozialen Feld; psychische Überlebensstrategien zielen auf ein inneres Gleichgewicht mit hoher Selbstachtung, das heißt mit möglichst großer Annäherung an ein Selbstideal, eine Utopie von sich selber in der Umwelt.

Meine Neugier und mein Interesse richteten sich auf die subjektiven Lösungs- und Machtstrategien, die Frauen innerhalb gegebener Verhältnisse entwickeln. Es geht also um den Widerstand des Subjektes. Darunter verstehe ich die aktive Gestaltung und Veränderung der Verhältnisse im Sinne eigener Interessen, Utopien und Bedürfnisse durch Frauen oder Männer.

Bei der Sichtung von theoretischen und praktischen Arbeiten suchte ich nach Begriffen und Theorien, die zur Auffindung des widerständigen Subjektes notwendig oder nützlich sind.[2] Marx und Engels konzentrierten sich in ihrem Werk auf die Erfassung der gesamtgesellschaftlichen Verhältnisse, innerhalb deren der einzelne vorwiegend als Träger von Strukturen und gesellschaftlichen Prozessen dargestellt wird. Trotzdem finden sich immer wieder Ansätze, die das dialektische Verhältnis zwischen Individuum und Gesellschaft reflektieren.

»Die Individuen gingen immer von sich aus, natürlich aber von sich innerhalb ihrer gegebenen historischen Bedingungen und Verhältnisse, nicht von reinen Individuen im Sinne der Ideologen. Aber im Laufe der historischen Entwicklung, und gerade durch die innerhalb der Teilung der Arbeit unvermeidliche Verselbständigung der gesellschaftlichen Verhältnisse, tritt ein Unterschied heraus zwischen dem Leben jedes Individuums, soweit es persönlich ist und insofern es unter irgendeinem Zweig der Arbeit und die dazugehörigen Bedingungen subsumiert ist« (Marx und Engels, 1845/6: 75).

Wer sich für das Problem der Subjektivität interessiert, muß sich mit dem Unterschied zwischen dem persönlichen und dem gesellschaftlichen, dem durch die Arbeit bestimmten Leben auseinandersetzen: Dieser Unterschied wird zum Indikator für Tendenzen des Kulturwandels. Man kann annehmen, daß dort, wo der Unterschied als besonders groß erlebt wird, entweder der Drang zur Änderung der Kultur sehr stark ist oder starre Herrschaftsverhältnisse wirksam sind.

»Die soziale Geschichte der Menschen ist stets nur die Geschichte ihrer individuellen Entwicklung, ob sie sich dessen bewußt sind oder nicht. Ihre materiellen Verhältnisse sind die Basis aller ihrer Verhältnisse. Diese materiellen Verhältnisse sind nichts anderes als die notwendigen Formen, in denen ihre materielle und individuelle Tätigkeit sich realisiert« (Marx, 1846: 453). Die materiellen und historischen, von den Menschen geschaffenen Bedingungen bilden den Rahmen, innerhalb dessen sich die Subjektivität des einzelnen entwikkeln und entfalten kann, innerhalb dessen er die zukünftige Geschichte – wenigstens als Utopie – entwirft. Die Erforschung der Individuen in einer Gesellschaft setzt also die Kenntnis der ökonomischen und historischen Verhältnisse voraus. Sie setzt aber auch voraus, daß dem Subjekt über die ökonomische Determination hinaus auch eine relative Selbständigkeit zugestanden wird, eine Selbständigkeit, die auch eine widerständige Reaktion auf gegebene Verhältnisse erlaubt.

Bei der Untersuchung oppositioneller Bewegungen von Frauen und Schwarzen entdeckt Cheryl Benard, »daß hinter den scheinbar willkürlichen, teils trivialen und teils widersinnigen Widerstandshaltungen der zwei zu untersuchenden Bewegungen ein grundsätzlicher Konflikt mit der existierenden Ordnung stattfindet, bei dem es um die fundamentalen Werte und Organisationsprinzipien der Gesellschaft, um die Definition von Recht und Gleichheit und die Formen ihrer Verwirklichung, um den Sinn gesellschaftlicher Ordnung und um den Kampf gegen die Geschlossenheit der sozialen Realität gegen Alternativen und grundlegende Veränderungen geht« (1981: 27). Es kann nicht darum gehen, jede Form der Andersheit oder der »Un-Logik« als Widerstand zu interpretieren. Es geht für meine Fragestellung eher darum, die Logik oder Un-Logik einer Gesprächspartnerin auf ihre mögliche *Widerstands-Logik* im sozialen Lebenszusammenhang hin zu untersuchen[3]. Widerstands-Logik drückt sich auch in Sprache und Symbolik aus, die wiederum einem bestimmten sozialen Ort in der Kultur zugeordnet werden können: Eine spezifische Symbolik kann im Zusammenhang mit bestimmten Arbeiten, bestimmten Räumlichkeiten oder dem Geschlecht auftauchen und eine spezifische Weltsicht und -interpretation ausdrücken, einen Versuch, mit gegebenen Konflikten und Problemen fertig zu werden.

Die Arbeiten von Edward P. Thompson haben mich von daher besonders interessiert. Er versucht die Denkweise der englischen Unterschicht im 18. Jahrhundert zu rekonstruieren, indem er aus einem vielfältigen Material die Alltagsstrukturen der damaligen Zeit erarbeitet. In Versen, Briefen, Rechnungs- und Tagebüchern, folkloristischen Bräuchen und Symbolen spürt er den subjektiven Erfahrungsweisen und Leiden der damaligen Männer und Frauen nach, um ihre Bedeutung als Mitgestalter ihrer eigenen Verhältnisse zu verstehen. Er versucht den Begriff der Klasse in der alltäglichen Lebenspraxis festzumachen. Produktionsverhältnisse drükken sich in den Erfahrungen und Beziehungen, im Handeln und Verhalten der Betroffenen aus. Ihre ökonomischen Bedingungen werden in symbolische und rituelle Interaktionen transformiert und in soziokulturellen Normen eingebunden. Thompson (1980) studiert die Dialektik von Ökonomie und moralischen Werten. Er entdeckt in jeder sozialen Logik einen subjektiven Sinn und leitet aus den Reaktionen auf ökonomisch determinierte Ereignisse die verletzten moralischen Grundsätze der Betroffenen ab: Diesen Zusammenhang nennt er die »moralische Ökonomie«.

Während es den meisten Historikern rätselhaft blieb, warum gerade die Frauen die Lebensmittelunruhen im 18. Jahrhundert an- und ausführten, konnte Thompson die Aktionen der Frauen mit ihren Alltagsbedingungen erklären: Sie hatten direkt mit den Händlern zu tun, reagierten am empfindlichsten auf die Preisunterschiede, entdeckten Untergewicht und schlechte Qualität und ähnliche Betrügereien als erste. Hohe Preise und schlechte Qualität bedeuteten geschwollene Bäuche, kranke Kinder und Verlust der Angehörigen durch Tod. Frauen sind für das Überleben, die unmittelbare Ernährung und Pflege der Familie »innen« verantwortlich, deshalb nehmen sie Veränderungen »außen« anders wahr als Männer.

Für Thompson sind die Lebensmittelunruhen nicht ein zielloses und unwillkürliches Abreagieren der »Masse«, sondern soziale Bewegungen, in denen handelnde Frauen und Männer aktiv die Bedingungen ihrer Umwelt in Überlebenskämpfen bestimmen und erschaffen. »Aber innerhalb und unter diesem Gewölbe (der Hegemonie der Herrschaftsklasse, M. N.) gibt es unzählige Kontexte und Standorte, worin Männer und Frauen in der Konfrontation mit den Zwängen ihrer Existenz sich ihre eigenen Werte herleiten und ihre eigene Kultur schaffen, die in ihrer eigenen Lebensweise angelegt sind« (Thompson, 1978: 315f.).

Die *»moralische Ökonomie«* bezeichnet eine auf Werte bezogene Reaktionsweise von Menschen auf einen ökonomischen Stimulus, zum Beispiel die Not. Sich vom ökonomischen Reduktionismus abgrenzend möchte Thompson den Einfluß von Brauchtum, Kultur und subjektiver Vernunft im Verhalten der von der Not Bedrängten aufzeigen. Er sucht nach dem impliziten Gesellschaftsvertrag, den gemeinsamen Legitimationswerten, auf die sich die Widerständigen beziehen. Mit Legitimationsvorstellung bezeichnet er die Tatsache, »daß diese Männer und Frauen in dem Bewußtsein handelten, traditionelle Rechte und Gebräuche zu verteidigen, und daß sie sich hierbei im allgemeinen auf die breite Zustimmung des Gemeinwesens stützen konnten« (1971: 69).

Bei der Arbeit mit den Frauen von Daxhó war es sehr hilfreich, diesen Zusammenhang von ökonomischer Bedrohung und moralischer Empörung, die die traditionellen Rechte verteidigt, zu beachten; plötzlich schlossen sich Ökonomie, Kultur (Ethnizität) und Subjektivität in einer Szene zusammen.[4]

So wurde es möglich, im moralischen Räsonnieren einer Frau den Verteidigungskampf um ihre ökonomischen Interessen und Rechte zu entdecken. Eine scheinbar katholische Schimpfkanonade auf die eheliche Untreue konnte plötzlich als ein Versuch verstanden werden, die potentiellen Rivalinnen, die eine ökonomische Bedrohung darstellten, zu bannen – die moralische Ökonomie stellt sich als ökonomische Moral dar.[4]

Im Begriff der moralischen Ökonomie ist als Grundannahme die Existenz einer Art von Gesellschaftsvertrag, eines impliziten Konsens über die Grenzen des Erlaubten enthalten. Diese Grenzen sind jedoch nichts Festes, sondern die Subjekte testen, festigen oder verschieben sie täglich neu. Niemand weiß genau, wo die Grenzen liegen, bis sie durch eigene Erfahrung erkannt und gesetzt werden. In den Gesprächen und Handlungen der Daxhoaner war das tastende Suchen nach neuen Grenzen einerseits und das empörte Beharren auf bisher gültigen Grenzen andererseits – das Zuhilfenehmen von kulturellen Mustern zur Befestigung subjektiver Interessen sowie das Sprengen von gültigen Normen zur Annäherung an eine erstrebte Bedürfnisbefriedigung – als eine allgegenwärtige, sich widerstreitende Motivation zu entdekken. Selbst das als frauenfeindlich angesehene kulturelle Muster des Machismo konnte unter Umständen zur Wahrung der eigenen Interessen verwendet werden.

Diese Art von spielerischem Umgang mit den sozialen Institutionen, dieses Wechselspiel von Selbstbehauptung und Integration, Widerstand und Anpassung in die Gemeinschaft setzt bestimmte Fähigkeiten voraus. Moore nennt verschiedene Eigenschaften, die eine günstige Voraussetzung zum Widerstand darstellen: die »moralische Autonomie« und das »Selbstvertrauen«. Die moralische Autonomie bezeichnet er als das Zusammenspiel von moralischem *Mut*, dem intellektuellen *Erkennen* der Unterdrückung und einer moralischen *Erfindungsgabe.* Diese drei Fähigkeiten ermöglichen es einem, sowohl der Unterdrückung in sinnvollem Ausmaße zu widerstehen, als auch »aus existierenden kulturellen Traditionen historisch gesehen neuartige Formen der Verurteilung dessen, was besteht, zu entwickeln« (Moore, 1982: 134).

Ich gehe in meiner Arbeit davon aus, daß es sich bei den erwähnten Eigenschaften nicht einfach um Fähigkeiten handelt, sondern vorwiegend darum, ob eine Frau die *Chance* hatte, sich diese Fähigkeiten anzueignen, indem sie Zugang zu den entsprechenden kulturellen Bereichen und Instrumenten erhielt, wo sie geübt werden konnten, oder ob sie das notwendige Ausmaß an sozialer Unterstützung erhielt, um an eigenen kritischen Ansätzen festzuhalten.

Zum Selbstvertrauen schreibt Moore: »Um verwegen und mutig zu sein, um bereit zu sein, gegen repressive soziale

Zwänge anzugehen, muß der einzelne ein starkes Gefühl der Sicherheit und des Vertrauens in irgendeinen Bereich seiner sozialen Umgebung besitzen« (a.a.O.: 158). Um ein gutes Selbstwertgefühl entwickeln zu können, braucht ein Mensch eine Umgebung, Tätigkeit oder Beziehungen, in denen er sich positiv spiegeln, erkennen kann; einen kulturellen Raum, dessen Wertungen ihn nicht nur negativ definieren, sondern eine positive Wertung dessen, was der Betreffende macht und ist, beinhaltet. Bei der Arbeit über Frauen ist es besonders wichtig, abzuklären, ob und wo sie einen *positiven kulturellen Raum* haben, der ihnen Selbstvertrauen, Selbstsicherheit vermittelt.

Es geht also darum, die Subjektivität eines Individuums zu erfassen und gleichzeitig diesen Ausdruck eines Menschen als die Ausgestaltung gesellschaftlicher Möglichkeiten zu verstehen. Die besondere Wahl, die ein Individuum unter verschiedenen gesellschaftlichen Möglichkeiten vornimmt, ist mit seinen lebensgeschichtlichen Erfahrungen zu erklären, mit seiner spezifischen Position im gesellschaftlichen Gefüge. Es kann also nicht darum gehen, eine klare Grenze zwischen Subjektivität und gesellschaftlicher Objektivität zu ziehen, sondern sie in ihrem besonderen *Verhältnis* zueinander zu erkennen.

Lorenzer (1977a: 204) spricht im psychoanalytischen Zusammenhang vom »inneren Entwurf« des Subjektes, der, geformt durch die eigene Triebstruktur, individualgeschichtliche Erfahrungen und objektive Verhältnisse, eine Art von Leitfaden in den Handlungen und Entscheidungen der Subjekte darstellt.[5] Kann der innere Entwurf einer Person in seiner Genese und sozialen Verankerung verstanden werden, so wird es möglich sein, die widerständigen Seiten dieser Person zu benennen.

In den bisher zitierten Arbeiten wurde die Bedeutung der verwendeten Begriffe wenig nach dem Geschlecht unterschieden. Es ist aber klar, daß Autonomie, Mut oder Widerstand für einen Mann und eine Frau je etwas anderes bedeuten. Eine Frau, die um Autonomie kämpft, muß andere Tabus und soziale Normen hinterfragen und durchbrechen als ein Mann; sie hat andere Sanktionen zu befürchten als ein Mann, sie orientiert sich an anderen Utopien und Idealen als ein Mann in derselben Gesellschaft. Ihre moralische Ökonomie ist von der ihres Mannes verschieden. Gleichzeitig hängen diese Unterschiede eng miteinander zusammen, bedingen sich gegenseitig, sind auch ein Produkt der Beziehung zwischen Mann und Frau sowie ein Produkt der sozioökonomischen Verhältnisse in derselben Gesellschaft.

Ich verstehe den Lebensraum und das Bild der Frau als ein Produkt aus bestimmten gesellschaftlichen Verhältnissen. Zur Veranschaulichung dieser Sichtweise möchte ich den von Marcel Mauss (1925) geprägten Begriff des »fait social total« auf »die Frau« anwenden und sie als ein auf die Gesamtheit der Kultur bezogenes Phänomen betrachten. Damit kann »die Frau« nicht mehr als eine bekannte Größe vorausgesetzt werden, sondern muß als Teil der ökonomischen, rechtlichen, biologischen, religiösen, psychologischen, ideologischen, politischen usw. Verhältnisse analysiert werden. Die Situation der Frau setzt sich aus der Überschneidung all dieser gesellschaftlichen Kräfte zusammen; die Art, in der sie sich überschneiden, läßt ein eng gewobenes Netz von Zeichen und Bedeutungen entstehen, die im alltäglichen Handeln gesetzt, gelebt und konstruiert werden. Diese Zeichen und Codes gilt es wahrzunehmen und in ihrer Semantik zu lesen in der Weise, daß das Verhältnis aller sie betreffenden gesellschaftlichen Strukturen zueinander mitberücksichtigt wird – das Verhältnis zum Raum, zur Religion, zum Körper, zur Arbeit usw. –, und insofern ist die Frau selber ein räumliches, ein religiöses, ein physisches, ein ökonomisches Faktum. Ändert sich das Verhältnis der gesellschaftlichen Kräfte zueinander, so verändern sich der Raum und das Bild der Frau.

3. Die Ethnopsychoanalyse in der Sozialforschung – die Subjektivität der Forscherin

Alle ethnologischen Forscher müssen sich mit der Tatsache abgeben, daß das Aufeinanderstoßen zweier Kulturen – derjenigen der Forscherin und derjenigen der zu untersuchenden Kultur – ein erkenntnistheoretisches und ein methodisches Problem darstellt. »Die Schwierigkeiten beginnen, sobald wir feststellen, daß wir in fremden Kulturen nicht nur die uns bekannten Phänomene in veränderter Zuordnung vorfinden, sondern auch Phänomene, die uns aus der eigenen Kultur gar nicht bekannt sind, wohingegen andere, die uns bekannt sind, fehlen. Da wir nun aber in unserer Kultur groß geworden sind, mit unseren Kategorien verstehen gelernt haben, besteht die Gefahr, daß wir die fremden Phänomene, unseren Vor-Urteilen folgend, falsch interpretieren. Und dies gilt nicht nur einmal, sondern in bezug auf jede fremde Kultur aufs neue. Wie aber kann man Hunderte und Tausende ungleicher Phänomene vergleichen, wenn man immer damit rechnen muß, daß selbst gleich Scheinendes nicht als solches bewiesen werden kann, sondern das Ergebnis einer Täuschung durch Vorurteile ist« (Löffler, 1976: 31)?

Der Versuch, diese Problematik mit einer endgültigen und meßbaren Technik lösen zu wollen, wäre absurd, ebenso aber die kulturrelativistische Position, die jede einzelne Kultur zu einer einzigartigen und unvergleichlichen Einheit hochstilisiert. Was bleibt, ist die differenzierte Darstellung des Kulturschocks, die nachvollziehbare Darlegung des Erkenntnis- und Theoriebildungsprozesses, die keinen Anspruch auf feste Wahrheit, endgültiges Urteil erhebt. Die transparente Darstellung eines Forschungsprozesses erlaubt es den Lesern und Leserinnen, den unvermeidlichen Einfluß der Kulturzentriertheit und der Subjektivität der Forscherin nachzuvollziehen. »Dichte Beschreibungen« enthalten oft Bedeutungen und Zusammenhänge, die manchmal erst durch andere Menschen als die Autorin verstanden werden.

Setzt sich eine ethnologische Forschung die Subjektivität der Individuen in der fremden Kultur zum Thema, so kompliziert sich diese Problematik – Subjektivität ist nicht meßbar, nur erlebbar und mit Hilfe der eigenen Subjektivität interpretierbar. Es können Fakten und Handlungen beschrieben, gemessen und ausgezählt werden, aber die Benennung der Subjektivität der Gesprächspartner wird wiederum nur möglich durch einen interpretativen Prozeß, der Emotionen, Empathie und Ambivalenzen mobilisiert.[6]

Das Vorgehen kompliziert sich weiter, wenn über Frauen gearbeitet werden soll: Sie wurden sowohl empirisch wie theoretisch derartig verzerrt abgehandelt, daß wir uns dabei nur auf wenig stützen können. »Damit ist das Bias offengelegt, das möglicherweise nicht nur alle unsere ethnographischen Daten, die von Männern gesammelt wurden, betrifft, sondern selbst hinüberreicht in die Daten, die Ethnologinnen gesammelt haben: denn sie sind in den ethnologischen Problemstellungen, die von Männern entwickelt wurden, ausgebildet, und zwar meistens von ebendiesen Männern ausgebildet oder doch zumindest in einem gesellschaftlichen Kontext, der der Sache der Männer wesentlich mehr Bedeutung zumißt als der der Frauen. Unser ganzes analytisches Instrumentarium ist in einer von Männern dirigierten Welt von Männern für die Untersuchung jener Modelle erstellt, die sich Männer von ihrer Kultur und Gesellschaft machen... Was wir aufgrund unserer Blindheit dort (in fremden Gesellschaften, M. N.) bisher angerichtet haben, ist uns weitgehend unbekannt, braucht uns hier aber auch nicht sonderlich zu interessieren. Denn die Frage nach der Stellung der Frau in fremden Gesellschaften ist ja eine Frage unter *unserer* Perspektive« (Löffler, 1979: 18).

Die einzig mögliche Konsequenz dieser Erkenntnisse ist, davon auszugehen, daß wir sehr wenig über Frauen wissen, außer daß die Vielfalt der *Bilder*, die über sie existieren, ein kulturelles Produkt sind und deswegen veränderlich. Das hat zur Folge, daß eine Untersuchung über die Frau damit beginnen muß, die gesellschaftlichen Verhältnisse, die sie produziert haben, zu untersuchen. Das Frauenbild und die sich davon abhebende Subjektivität der Frau können nur als ein die Gesamtheit der Gesellschaft betreffendes Phänomen, als ein »fait social total« behandelt werden, als ein Konstrukt, das aus der Überschneidung sämtlicher gesellschaftlicher Kräfte entsteht.

Die Erforschung des *Subjektes Frau* in einer *fremden* Gesellschaft stellt besondere methodische und theoretische Anforderungen. Lévi-Strauss schrieb, daß die Erforschung eines »fait social total« eine besondere Methode erfordere, die nicht nur den Forschungsgegenstand im Auge habe, sondern die Subjektivität der Menschen, die davon betroffen sind, wie auch diejenige des Forschers. »Denn die einzige Garantie dafür, daß eine totale Tatsache der Realität entspricht und nicht eine willkürliche Aufhäufung mehr oder weniger der Wahrheit gemäßer Einzelheiten ist, besteht für uns darin, daß sie in eine konkrete Erfahrung aufgenommen werden kann, zunächst die einer Gesellschaft in Raum und Zeit,... aber auch die irgend eines Individuums aus einer dieser Gesellschaften... Mit anderen Worten, wir können niemals sicher sein, den Sinn und die Funktion einer Institution getroffen zu haben, wenn wir nicht imstande sind, ihre Einwirkung auf ein individuelles Bewußtsein wieder zu beleben. Da diese Einwirkung ein integrierender Bestandteil der Institution ist, muß jede Interpretation die Objektivität der historischen oder vergleichenden Analyse mit der Subjektivität der gelebten Erfahrung zur Koinzidenz bringen« (Lévi-Strauss, 1950: 21). Diese Überprüfung der objektiven Verhältnisse in der subjektiven Erfahrung bezieht sich aber auch auf den Forschungsprozeß selber. »Daß die totale Tatsache total zu sein hat, bedeutet nicht nur, daß alles, was beobachtet wird, Teil der Beobachtung ist, sondern auch, und vor allem, daß... der Beobachter selbst ein Teil seiner Beobachtung ist« (a.a.O., 1950: 21).

Es gelang aber weder Marcel Mauss noch Lévi-Strauss, eine solche totale Methode zu entwickeln und anzuwenden. Es mag sein, daß vermittels der ethnopsychoanalytischen Methode ein Ansatz dazu gefunden werden kann. Ein zentrales Moment dieses Verfahrens ist die Reflexion der Gegenübertragung.

Die Gegenübertragung besteht aus den unbewußten Reaktionen des Analytikers auf die Person des Analysanden. Kann er diese Reaktionen durch Selbstbeobachtung und Selbstanalyse bewußt machen, so stellen sie ein zentrales Instrument dar, um Zugang zum Gegenüber und zu seinen unbewußten Prozessen und Konfliktstrukturen zu erhalten (vgl. Krüger-Zeul, 1982). Freud behauptete, »daß jeder Mensch in seinem eigenen Unbewußten ein Instrument besitzt, mit dem er die Äußerungen des Unbewußten beim anderen zu deuten vermag« (Freud, 1913: 445).

Die Arbeit mit dem psychoanalytischen Instrumentarium in der Sozialwissenschaft kann auf zwei sehr verschiedenen Ebenen geführt werden. Die eine bezieht sich auf den allgemeinen sozialwissenschaftlichen Forschungsprozeß und die Bedeutung der Subjektivität der Forscherin darin, und die andere betrifft die Art und Weise, in der eine ethnopsychoanalytische Beziehung eingegangen und verarbeitet wird. Die erste Fragestellung ist eine allgemeine, die für alle sozialwissenschaftlichen Untersuchungen von Bedeutung ist, und die zweite ist eine sehr spezifische, denn sie erfordert eine Spezialausbildung.

Georges Devereux hat das Phänomen der Gegenübertragung in der Ethnologie fruchtbar zu machen gesucht. In *Angst und Methode in den Verhaltenswissenschaften* (1967) untersucht er die Bedeutung der subjektiven Einstellung des Forschers seinem Material gegenüber und zeigt, daß eine unreflektierte »Gegenübertragung« der Forscherin ihrem Material oder ihren Informanten gegenüber ihre Wahrnehmungsweise von Tatsachen, die Interpretation und Theoriebildung verzerrend beeinflußt. »Auch das logischste und wissenschaftlichste Gedankensystem hat seine subjektive Bedeutung für das Unbewußte der Person, die es entwickelt oder annimmt« (a.a.O.: 41). Devereux fordert, daß die Wissenschaftler und ihr Verhalten während des Forschungsprozesses selbst ein Teil ihrer Beobachtung werden.

Es ist in jeder sozialwissenschaftlichen Forschung von Vorteil, die eigenen subjektiven Reaktionen auf die Forschungsarbeit bewußt zu halten. Die oft fremden sozialen Verhältnisse und die erarbeiteten Daten können Angst und Unsicherheit auslösen. Die sorgfältige und bewußte Handhabung der eigenen Gegenübertragungsreaktionen und Irritationen auf den Forschungsprozeß wird zu einem Instrument, um einen unverstellteren Zugang zur fremden Kultur, den Gesprächspartnern und deren Weltsicht zu finden – aber auch, um die unbewußten Dimensionen der eigenen kulturspezifischen und institutionellen Einflüsse zu reflektieren. Die während der Forschungsarbeit entstehenden Irritationen und Verunsicherungen können die Forscherin auf Machtverhältnisse, ideologische Muster, Abwehrmechanismen und blinde Flecken in ihrer Denkweise aufmerksam machen, aber auch auf Einseitigkeiten und Androzentrismen in bestehenden Theorien. Diese Art von begleitendem ethnopsychoanalytischem Ansatz soll in keiner Weise die Subjektivität der Forscherin ins Zentrum der Fragestellung oder des Forschungsziels setzen, im Gegenteil, hier ist die Ethnopsychoanalyse nur ein *Mittel*, um sich dem Forschungsziel ungestörter annähern zu können. Die selbstbeobachtende Begleitung soll Hindernisse, die aus idiosynkratischen, persönlichen Reaktionen (Ängsten, Konflikten, Sexualität, Anziehung), institutionelle Identifikationen und deren Abwehr (Projektion, Idealisierung, Verleugnung etc.), die zwischen der Forscherin und ihrem Gegenstand aufgebaut werden, bewußtseinsfähig und damit handhabbar machen. Es geht also ausschließlich darum, den Weg zum Forschungsziel einigermaßen frei und offen zu halten, indem die Selbstbeobachtung in den Forschungsprozeß integriert wird.

Die für dieses Vorgehen geeignete Technik ist die Verfassung eines Forschungstagebuches, in dem die eigenen subjektiven Reaktionen notiert werden: Freuden, Assoziationen, Verunsicherungen, Größenphantasien, Hoffnungen, Bedrohungen etc. Diese von außen gesehen einfache Form der ethnopsychoanalytischen Begleitung einer Forschungsarbeit entpuppt sich bei genauer Analyse als ein höchst komplizierter und undurchsichtiger Prozeß der Überlagerungen von subjektiver Idiosynkrasie, institutioneller Rollenidentifikation und rationalisierten Abwehrmechanismen, die vor dem Forschungsgegenstand aufgerichtet werden.

Das Wichtigste ist die *Verschriftlichung* der eigenen spontanen Assoziationen; die Niederschrift läßt sie zu einem Text werden, der fest steht, an dem nicht mehr zu rütteln ist und von dem wir annehmen können, daß er die *unbewußten* Funktionsweisen enthält. An diesem Text kann dann gearbeitet werden. Es ist sehr schwierig, die im Tagebuch notierten Gedanken allein und sofort zu analysieren – ein gewisser Abstand zum Text ist notwendig. Er wird erreicht durch eine zeitliche Distanz, durch die Zusammenarbeit mit Kollegen und Kolleginnen zur gemeinsamen Deutung der Notizen oder durch die Supervision bei einer erfahrenen Person.

Während meiner Aufenthalte im Dorf habe ich vor allem

mit der teilnehmenden Beobachtung gearbeitet. Diese klassische Methode der ethnologischen Sozialforschung begleitete ich mit allabendlichen persönlichen Tagebuchnotizen über die erfahrenen und beobachteten Begebenheiten und meine Reaktionen darauf. Oft fiel es mir sehr schwer, mich nachts noch hinzusetzen und nicht nur stichwortartige Notizen zu machen. Müdigkeit, Widerstand und Rationalisierungen lassen diese Arbeit oft überflüssig erscheinen: Ich kann es auf morgen verschieben; das werde ich sowieso nie vergessen; der Besuch heute abend ist wichtiger. Diese und andere Gründe lassen das Verfassen eines Tagebuches oft zu einer mühseligen Übung in Disziplin werden.

Die Niederschrift meiner Irritationen erlaubte es mir aber, einen gewissen Abstand zu meinen Affekten zu bekommen und in Zeiten der Verwirrung die Struktur meiner assoziativ und spontan entstandenen Notizen zu analysieren. Ab und zu reiste ich in die Hauptstadt, um mit Freunden drängende Probleme zu besprechen oder um mit Armando Bauleo, einem in Sozialarbeit erfahrenen argentinischen Psychoanalytiker, Supervisionsgespräche zu führen. Diese Deutungsarbeit wird nur möglich, wenn die Gefühle durch Niederschreiben materialisiert, veräußerlicht und somit als Text bearbeitbar werden.

Im Kapitel über »Die Fremde im Dorf« beschrieb ich, was es bedeutete, in Daxhó zu leben: Es wurde eine derartige Vielfalt erdrückender sozialer Fakten, fremder Kommunikationsformen und Gefühle an mich herangetragen, daß es mir oft schwerfiel, nicht in Panik zu geraten. Ich war nicht selten versucht, in eine gut einsozialisierte Abwehrhaltung der intellektuellen Distanz und der organisatorischen Effizienz zu verfallen. Das hätte es mir gestattet, die erschütternden und verunsichernden Ereignisse sofort in einem theoretischen Denkmodell über die Folgen des Imperialismus zu verstauen und so Exemplifizierungen zu vorfabrizierten Thesen zu sammeln. Diese vorschnelle Anwendung von vertrauten abstrakten Erklärungsmodellen hätte mir aber den Zugang zu den Menschen von Daxhó erschwert und damit auch zu ihren konkreten Erlebnis- und Denkweisen.

Als mich der Vater des schwer kranken Ricardo ziemlich aggressiv nach dem Sinn meiner Anwesenheit im Dorf fragte und mir vorwarf, ich sei nur hier, um ein Buch zu schreiben, das mir Prestige und Geld einbringen werde, war ich sehr betroffen, weil er zum Teil recht hatte. Der anfängliche Ärger über die Aggression von Ricardos Vater wich dann der Einsicht, daß ich unter dem selbstüberfordernden Druck stand, meine Gegenwart im Dorf zu legitimieren und zu rechtfertigen und daß dieser Druck meine Verhaltensweisen und Kommunikationsmöglichkeiten einschränkte.

Die Verführung zum Paternalismus als einer großzügigen Haltung der Hilfeleistung an Ärmere zur Entlastung des eigenen schlechten Gewissens war ständig gegenwärtig. Eines Tages kam mir Alfonso, der später von seiner Schwägerin blutig geschlagen wurde und mich des Kommunismus bezichtigt hatte, auf einem einsamen, sommerheißen Weg entgegen. Er torkelte wie betrunken, und ich sah, daß sein Gesicht tränenüberströmt war. Er schluchzte laut und wollte mit gesenktem Kopf an mir vorbeigehen. Ich rief ihn an: Alfonso, was ist los? – Er blieb stehen, und ich verstand schließlich, daß seine jüngste Tochter gestorben sei und er nun nach Murillo gehe, um sein Radio – er trug es unter dem Arm – zu verkaufen. Der Schmerz dieses Mannes traf mich. Ich fragte, wieviel er denn brauche. Ein paar hundert Pesos, antwortete er. Ich schaute in meiner Tasche nach und fand dreihundert Pesos, was damals etwa sechzig Schweizer Franken entsprach. Ich gab sie ihm. Er bedankte sich, von neuem schluchzend, und ging nach Hause zurück. Am Abend erzählte ich Josefina davon, und sie reagierte entsetzt: Was, diesem Trunkenbold hast du soviel Geld gegeben? Wenn schon, dann gehört das in die Hände seiner Frau, er wird ihr nichts oder nur wenig davon geben und den Rest vertrinken. Du hast ihm auch zu viel gegeben!

Ich hatte sehr vorschnell und auf mich bezogen gehandelt, ohne die sozialen Hintergründe der Situation zu bedenken. Froh, meinem Ankläger (Kommunismusvorwurf) zeigen zu können, daß ich ihm nichts wegnehmen will, und erleichtert, meine Betroffenheit durch eine Gabe zu mildern, gab ich die Hilfe dem Falschen und in überdimensioniertem Maße. Solche Ereignisse zwangen mich, mich mit meiner Forschungs-Motivation und meinen Reaktionsmustern auseinanderzusetzen.

Eine andere Konfrontation bestand im Umgang mit Raum und Zeit. Ich lernte warten, schweigen und mich anders bewegen. Oft, wenn ich in einer Küche zu Besuch war und interessierte Fragen stellte, mußten die Frauen laut über mich lachen: Ich sah mich dann plötzlich von außen mit meinem Schreibblock, meiner gezielten Eifrigkeit und spürte, wie fremd ich für sie sein mußte. So wurde ich schweigsamer, und es kam oft vor, daß ich in der Ecke einer Küche »vergessen« wurde; die Frauen hantierten, die Kinder kamen und gingen, die Tiere wurden draußen gefüttert, die Hunde vertrieben, eine Sau, die sich losgerissen hatte, wieder eingefangen, das Feuer mit neuem Holz geschürt, um dann wieder über etwas zu plaudern. Dieses Eingetauchtsein in den dämmrigen Raum der Küche und den gemächlichen Arbeitsrhythmus der Hausarbeit gehören zu den intensivsten Augenblicken meiner Aufenthalte im Dorf.

Diese Konfrontationserfahrungen verändern die Ethnologin. Die grandiosen Ziele und Phantasien, die sie sich vor der Abreise setzte, die Verpflichtung, die sie gegenüber den wissenschaftlichen und feministischen Gruppen zu Hause fühlte, verblaßten. Der Aufenthalt im Dorf wurde mehr und mehr zu einer Entdeckung, einem Abenteuer, zu eigentlicher Lebenszeit.

»Wie die Lehranalyse, so sollte auch die Feldforschung eine Umstrukturierung der Erfahrung zustande bringen, und zwar dadurch, daß in beiden Fällen die Rollensysteme, die unsere Identität stützen und unsere Wahrnehmung lenken, durch die Konfrontation mit dem Fremden erschüttert werden« (Erdheim und Nadig, 1979: 122).

Der Ethnologe erfährt diese Umstrukturierung als ein »*soziales Sterben*«. Das soziale Sterben ist jener Prozeß, in dem die klassen-, kultur- und zum Teil geschlechtsspezifischen Rollenidentifikationen zerfallen, so daß unbewußte Identifikationen und die dazugehörigen Werte bewußt werden. Alteingesessene Identitätsstützen kommen ins Wanken, und der Abwehrcharakter der Wahrnehmung und Kommunikation schwächt sich ab. Die Begegnung mit einer fremden Kultur setzt zuerst immer reflexartige Schutzmechanismen gegen die Erschütterung der Rollenidentifikationen in Gang: »Gegen diesen Prozeß aber, der vom Individuum als sozialer Prozeß erlebt wird, werden Abwehrstrategien (Elitarismus, Exotik, Melancholie) eingesetzt, deren Wirksamkeit von den unbewußten Größen- und Allmachtsphantasien herrühren«

(a. a. O.: 122), die institutionell gestützt werden. »Der soziale Tod setzt die Größen und Allmachtsphantasien frei, entblößt sie ihres institutionellen Glanzes und wirft das Individuum auf seinen Alltag zurück« (a. a. O.: 123). Die Wende zum Alltag und zur eigenen Subjektivität erlaubt eine sukzessive Annäherung an die Realität und die Menschen der anderen Kultur; für Momente entsteht eine wirkliche »Teilnahme« am Lebensraum des anderen.

Um zu verstehen, wie Männer und Frauen in ihrer Kultur leben, sie hervorbringen und sie gleichzeitig erleiden, von ihr geformt werden und sie gleichzeitig formen, muß man sich auf den Prozeß des sozialen Sterbens einlassen. Versucht man ihn abzuwehren, verfängt man sich in Rollenfixierungen, welche die Wahrnehmung der Realität einschränken und die Begegnung von Subjekten anstatt von Rollenträgern verhindern. So wie die Dorfbewohner an mir verschiedene Erwartungsbilder festgemacht hatten (die reiche Weiße, die viel zu geben hat, die Kommunistin, die alles wegnehmen will, die Spionin der Regierung, die Steuerangaben, Hygiene und Besitzstand überprüft, bis zur Evangelistin, die missionieren will), geschah mit mir das gleiche, und ich sah am Anfang in den Daxhoanern vorwiegend die Opfer des Imperialismus, der Entwicklungspolitik, des Rassismus oder des Machismo. Beide Arten von Projekten beschränken die Wahrnehmung der Realität und verhindern die Begegnung von Subjekten. Meine Vorstellungsbilder, die theoretisch mitgebrachten und die im Dorf entstandenen, mußte ich wiederum mit Hilfe des Tagebuches bearbeiten. Immer dann, wenn ich wütend oder verächtlich über die Daxhoaner nachzudenken begann, merkte ich, daß ich mich wieder in einer eigenen Projektion verfangen hatte. Wenn ich in ihnen die Opfer aller möglichen bösartigen Systeme sah, nahm ich nur noch Elend und Zerstörung wahr und fühlte mich als Angehörige dieser Systeme schuldig. Diese Schuldhaftigkeit wurde so bedrückend, daß mit Abwehr reagiert werden mußte: Wut, Entwertung, Verachtung. Wenn ich den Mechanismus verstand, konnte ich wieder die Realität und die Menschen selber sehen, ihre Freuden und Genüsse, ihre Eigenständigkeit.

Ebenso wichtig war es, die Bilder, die sich auf mich richteten, aufzuspüren. Die zunehmende Stereotypisierung der Kontakte war ein Hinweis darauf: Wenn ich fast nur noch um

Almosen und Hilfe gebeten oder plötzlich gemieden wurde, dann war klar, daß wieder eine bestimmte Befürchtung mir gegenüber Oberhand bekommen hatte. Die Beachtung meiner subjektiven Irritation erlaubte die Auflösung der Erstarrung in der Beziehung zwischen mir und einigen Dorfbewohnern. Dieser Prozeß der Konfrontation hört nie auf, immer neue Bilder und Übertragungen entstehen, sowohl bei mir wie bei den anderen, und gestatten, wenn sie aufgelöst werden, die Wahrnehmung eines weiteren, bisher nicht sichtbaren Aspektes der Kultur. In den projizierten Bildern und Rollen symbolisieren und verdichten sich konkrete Erfahrungen, konfliktive historische und aktuelle Widersprüche, die auf die teilweise verdrängten, teilweise unlösbaren Konflikte der Gemeinde oder einer Familie hinweisen (vgl. Nadig und Weiß, 1976; Nadig, 1980). Die Ethnologin wird durch ihre eigenen Projektionen ebenfalls auf ihre persönliche Geschichte, ihre akademische Rolle und vor allem auf ihre theoretischen Fixierungen und dogmatischen Erklärungsmuster verwiesen.

Dieser gegenseitige Abbau von Rollenprojektionen und stereotypisierten Bildern erlaubte eine Annäherung an die Kulturbereiche der Frau als »fait social total«. Jede bewußt erkannte Projektion stellt einen Aspekt der betreffenden Kultur dar; der Zeitpunkt und die Umstände, in denen sie auftaucht, die Art, in der sie eingesetzt wird, und wodurch sie verschwindet, all das gibt Aufschluß über Funktionsmechanismen und Konfliktstrukturen der betreffenden Gruppe.

Die Art und Weise, wie im Dorf mit mir umgegangen wurde, hat diese Ambivalenz, die die Daxhoaner als Folge ihrer Erfahrungen den Fremden gegenüber empfinden, klar zum Ausdruck gebracht. »So können wir ... eine Menge über eine Kultur erfahren, indem wir die Störungen analysieren, die durch die Gegenwart und die Tätigkeit eines Anthropologen hervorgerufen werden. Die Reaktion eines Stammes (oder einer Gruppe, M. N.) auf die Ankunft des Anthropologen kann folglich entweder als eine wissenschaftlich unfruchtbare Störung betrachtet werden, oder aber als ein wissenschaftlich produktives Datum, das darüber Aufschluß gibt, wie jener Stamm mit Fremden und mit unerwarteten Situationen zurechtkommt« (Devereux, 1967: 305). Diejenigen, die einen Kontakt zu mir suchten, repräsentierten die Hoffnungen und Illusionen der Daxhoaner den Fremden gegenüber; die mich mißtrauisch mieden oder verfolgten – es waren vorwiegend ganz Arme, Reiche und Außenseiter –, repräsentierten die negativen Erfahrungen und Projektionen. Diese Reaktionen entsprachen meinem Erscheinungsbild im Dorf, das sich aus verschiedenen Aspekten zusammensetzte: aus der weißen, starken Repräsentantin der Macht und des Wohlstandes, der unkonventionellen Frau, die als die Andere idealisiert oder bedrohlich erlebt wurde, und aus dem Bild des uneingeweihten, »dummen« Kindes, das nichts versteht und verachtet oder beschützt wird.

4. Die ethnopsychoanalytische Beziehung

Das Eingehen einer ethnopsychoanalytischen Beziehung bedeutet, daß die in dieser Beziehung stattfindenden Prozesse in einer psychoanalytisch geschulten Weise bewußt erfaßt und verarbeitet werden. Ich glaube, es ist sehr schwierig, diese Art der Beziehung zu führen, ohne über eine psychoanalytische Ausbildung zu verfügen. Die Unterscheidung zwischen eigenen neurotischen Reaktionen und Übertragungstendenzen und psychischer Dynamik des Gegenübers ist sehr wichtig und ohne eigene Analyse und entsprechende Erfahrungen nicht zu bewältigen.

In einer ethnopsychoanalytischen Beziehung kann eine Annäherung an die Subjektivität, den inneren Entwurf des Gegenübers erreicht werden, an die Art und Weise, in der es mit den Institutionen und Zwängen seiner Kultur umgeht, sich ihnen anpaßt und sie verändert. Es kann verstanden werden, aufgrund welcher unbewußten Mechanismen seine Anpassung geschieht.

In der Psychoanalyse geschieht die Erforschung des Unbewußten anhand der psychoanalytischen Beziehung: Entlang der Beziehungsdynamik, die sich in Form von Widerstand, Übertragung und Gegenübertragung entwickelt, wird die Art und Weise faßbar, in der der Analysand als Subjekt auf gesellschaftliche Gegebenheiten reagiert und wie die Institutionen auf das individuelle Bewußtsein und Unbewußtsein einwirken.

In der ethnopsychoanalytischen Beziehung bilden die psychischen Bewegungen zwischen der Ethnologin und ihrer Informantin ebenfalls das wichtigste Material. Die Inhalte, anhand derer diese Bewegungen ausgedrückt werden, verweisen auf die kulturspezifische Seite der Informantin und die sozialen Strukturen ihrer Umgebung.

Paul Parin, Fritz Morgenthaler und Goldy Parin-Matthèy haben während ihrer Forschungen in Afrika bei den Dogon (1963) und bei den Agni (1971) psychoanalytische Gespräche geführt, in denen die Beziehungsdynamik von Übertragung,

Gegenübertragung und Widerstand zum zentralen Erkenntnisinstrument wurde. »Die psychoanalytische Theorie leitet sich jeweils vom Verstehen des Unbewußten eines bestimmten Individuums ab. Durch abstrahierende Schritte und generalisierende Hypothesen ermöglicht sie ein leichteres und genaueres Verstehen des nächsten Analysanden. Dabei wird sie selbst der Korrektur unterworfen. Wird dieser Weg der Theoriebildung ein Stück weit fortgesetzt, ist der Gewinn, daß man nicht nur zum Verständnis einzelner Personen, sondern zu einem vorläufigen Modell der Struktur, Dynamik, Genese usw. einer Gruppe von Menschen gelangt (Parin et al., 1971: 513).« Die Autoren zeigen in ihren Arbeiten auf, wie sie in den Gesprächen mit Afrikanern nach den bewußten und unbewußten Antagonismen ihrer Kultur forschen, indem sie sich auf eine libidinöse Beziehung mit ihnen einlassen. Sie gehen davon aus, daß die von der Gesellschaft geforderte Anpassung in jedem Individuum einen Konflikt erzeugt, der über Rollenidentifikation Eingang ins Ich findet. Dieser Konflikt im Subjekt »enthält nun alle gesellschaftlichen Konflikte und Widersprüche, die je zur Bildung eines Rollenstereotyps oder, wie ich es nenne, zur Bildung der Ideologie einer Rolle Anlaß gegeben haben. ... Der Widerspruch der Gesellschaft ist zum Widerspruch im Subjekt geworden« (Parin, 1978a: 120).[7]

Die im psychoanalytischen Vorgehen enthaltene Möglichkeit, von innerpsychischen Umgangsweisen der Individuen nicht nur auf ihre subjektive Sinngebung, sondern auch auf latente Strukturen ihrer Kultur zu schließen, macht die Faszination dieser Methode aus.

Die ethnopsychoanalytische Beziehung entwickelt sich sehr ähnlich wie die psychoanalytische, aber mit anderen Schwerpunkten (vgl. Erdheim, 1976):

– Die psychoanalytische Beziehung entsteht aufgrund eines *Leidensdruckes*. Über die freie Assoziation wird die *Krankengeschichte* rekonstruiert, durch die Lücken und Amnesien wieder erinnert werden sollen. In der Übertragung werden *familiäre* Rollen und Interaktionsmuster wiederholt, die beim Analytiker, der ja nicht Teil dieser spezifischen Familie ist, Irritationen/Gegenübertragungen auslösen. Das Aufspüren von fremden und inadäquaten Anteilen in der Beziehung ermöglicht dem Analytiker ein Verständnis von der

Genese der Symptome und vom sozialen *Milieu der Familie*, in dem sie entstanden sind. Ziel der psychoanalytischen Beziehung ist es, über den Bezug zum Unbewußten des Patienten seine *Psychodynamik* zu erkennen und bewußt werden zu lassen. Die Dynamik der Beziehung entsteht durch die Verschiedenheit des Analytikers und des Patienten in ihrer *individuellen Psychodynamik* und in ihrem *familiären Milieu*.

– Die ethnopsychoanalytische Beziehung entsteht nicht so sehr aufgrund eines Leidensdruckes, sondern aufgrund von Neugier. Die *Neugierde* ist der Antrieb zum Erzählen; sie bildet die entscheidende Motivation für die Darstellung des eigenen Lebens. Über die freie Assoziation entsteht die *Lebensgeschichte*, die durch die Beziehungsdynamik teilweise in ihren Lücken und Amnesien rekonstruiert wird. In der Übertragung werden *kulturelle* Rollen und Interaktionsmuster wiederholt, die bei der Ethnologin, die ja nicht Teil dieser spezifischen Kultur ist, Irritationen auslösen. Das Aufspüren von fremden und für ihr Empfinden inadäquaten Anteilen in der Beziehung ermöglicht ihr ein Verständnis der historisch-ethnischen Zusammenhänge der Lebensgeschichte und des *sozialen Milieus einer bestimmten Gruppe in dieser Kultur*. Ziel der ethnopsychoanalytischen Beziehung ist es, über den Bezug zum Unbewußten des Gesprächspartners die *kulturelle Dynamik* seines Handelns zu verstehen und bewußt werden zu lassen. Die Dynamik der Beziehung entsteht durch die Verschiedenheit der beiden Gesprächspartner, in ihrer *kulturspezifischen Psychodynamik* und in ihrem *kulturellen Milieu*.

Die ethnopsychoanalytischen Gespräche stellen eine Form von gesellschaftlicher Interaktion auf einer libidinösen Ebene dar. Menschen, die verschiedenen Kulturen angehören, agieren und reagieren kulturspezifisch aufeinander. Die in der Beziehung ausgelösten emotionalen und libidinösen Bewegungen werden in einer Weise strukturiert, die für die Kultur, der jede Teilnehmerin angehört, typisch ist. Das Aufeinanderstoßen zweier kultureller Kommunikationsmuster löst bei der Ethnologin subjektive Irritationen aus, die sie unweigerlich in den oszillierenden Prozeß der empathisch-identifikatorischen Annäherung und des reflexiv abgrenzenden Rückzuges hineinführen. Ohne diesen Oszillationsprozeß könnte sie die kulturspezifische Umgangsweise des Gegenübers gar nicht wahrnehmen, sie müßte sie – aus Selbstschutz – als neurotische und individuelle Abwehrformen deuten. Die Pathologisierung des Anderen würde im Dienste der eigenen Abwehr eingesetzt werden müssen.[8]

Der ethnopsychoanalytische Prozeß setzt sich vorwiegend mit der Begegnung zweier Kulturen und zweier Subjekte auseinander. So wie die Übertragungen der Daxhoaner auf mich nicht primär aus Vater-, Mutter- oder Geschwisterrollen bestanden, sondern aus dem historisch erfahrenen Kommunisten-, Missionars- und Funktionärsbild, so bestanden die Übertragungen der drei Frauen nicht primär aus kindheitsspezifischen Rollen, sondern aus der Wiederholung kulturspezifischer Umgangsformen mit Weißen, aber auch mit Personen aus der eigenen Ethnie. So können in den subjektiven Funktionsweisen auch kulturtypische psychische Probleme der Angehörigen einer seit vierhundert Jahren kolonisierten Ethnie verstanden werden. »Im psychoanalytischen Verfahren ist vorerst die ganze psychische Struktur des Beobachters beteiligt. Unter der Leitung von Einfühlung und Identifikation kommt es zum Verstehen. Dieser obligat subjektive Vorgang wird von weiteren kognitiven Prozessen begleitet und abgelöst: der Analytiker versucht, mit Hilfe metapsychologischer Vorstellungen und Abstraktionen einer objektiven Erklärung näher zu kommen. Genau so zielt die Ethnopsychoanalyse nicht nur auf das unmittelbare Verstehen; sie will Erklärungen finden« (Parin et al., 1971: 550).

Solange die Gesprächspartnerin als isoliertes Individuum und ihre Äußerungen als idiosynkratische Muster betrachtet werden, können keine adäquaten Erklärungen für den spezifischen Lebenszusammenhang der Person gefunden werden.

Die durch gegenseitige Libidobesetzung entstandene Beziehung wird teilweise rationalisiert und verdrängt. Aus dieser Art des Umganges mit der Libidobesetzung lassen sich kulturspezifische Unterschiede erkennen, psychische Muster des Erlebens in einem spezifischen Milieu ableiten. Das Aufeinanderstoßen von Triebregungen, auf die unerwartet, weil kulturspezifisch, reagiert wird, löst bei der Ethnologin eine Verunsicherung aus, die sie affektiv oder kognitiv verarbeitet: mit Emotionen, Identifikationen oder Assoziationen, Theorien, Rationalisierungen.[9] Diese Gegenübertragungsreaktionen, die im oszillierenden Prozeß der Identifizierung und

Abgrenzung entstehen, können Zugang zu den unbewußten Konflikten und Gefühlslagen des Gegenübers geben. »Die Dynamik dieser (ethnopsychoanalytischen, M.N.) Gespräche wird vor allem durch die kulturelle Unterschiedlichkeit der Partner vorangetrieben. Sich in diesen Prozeß einzulassen bedeutet, daß man sich ebenso über die eigene kulturelle Geprägtheit wie über diejenige des Partners bewußt werden muß ... Wie in der Psychoanalyse entsteht auch hier Erkenntnis nur in Form einer Zusammenarbeit, deren Grenzen durch die Widerstände des Forschers und/oder seines Informanten gezogen werden. ...Der ethnopsychoanalytische Prozeß verläuft als Pendelbewegung zwischen der Analyse der eigenen und derjenigen der fremden Kultur« (Erdheim, 1982: 34).

Die selbstreflexiven Gespräche

Neben der teilnehmenden Beobachtung bin ich in Daxhó mit fünf Frauen eine ethnopsychoanalytische Beziehung eingegangen. Obwohl ich als Ethnologin auf der Suche nach Gesprächspartnerinnen war, ist es so, daß die Frauen auch mich ausgesucht und für Gespräche ausgewählt haben. Die Beziehung zu einer weißen, fremden Frau hatte für sie eine soziale und psychische Bedeutung, die mit ihrer momentanen Situation im Dorf und in der Familie zusammenhing, aber auch mit ihrer Lebensgeschichte und ihrer Position in der Altershierarchie. Sie erhofften sich von mir ein Verständnis ihrer Probleme von einer anderen Sicht aus als der im Dorf etablierten; sie brauchten mich als Bündnispartnerin gegen die Personen, mit denen sie im Konflikt standen und gegen ihr verinnerlichtes soziales Über-Ich, mit dem sie kämpften. Teilweise hat eine Beziehung zu mir auch ein ambivalentes Prestige verliehen, das in dem Moment gebraucht werden konnte. Es war nicht meine Absicht, mit meinen Gesprächspartnerinnen in Daxhó ein psychoanalytisches Setting herzustellen: Die Gefahr der Fehlinterpretationen und der Mißverständnisse durch kulturelle Unterschiede wäre zu groß gewesen. Aus diesem Grunde habe ich versucht, zwar regelmäßige Gespräche mit einigen Frauen von Daxhó zu führen und anhand der Tagebuchnotizen und meiner subjektiven Irritationen so weit wie möglich zu verstehen, entlang welcher Beziehungsdynamik sich die Gespräche entwickelt haben, habe aber gleichzeitig auf den Anspruch auf Deutungen der *unbewußten* Psychodynamik verzichtet. Wenn mir offensichtliche Zusammenhänge oder Widersprüche im Verhalten der Gesprächspartnerinnen klar wurden, habe ich diese angesprochen und konnte so meine Gedanken und Hypothesen meinem Gegenüber unterbreiten und deren Richtigkeit an seiner Reaktion prüfen.

Es ist ein sehr wichtiges Moment dieser Gespräche, daß die eigenen Hypothesen und Gedanken in Form von konfrontativen Fragen oder spiegelnden Feststellungen der Gesprächspartnerin unterbreitet werden. Ich vermeide absichtlich den Begriff der »Deutung«, weil er zu oft die Assoziation zur therapeutischen Situation auslöst, was in diesem Zusammenhang unangemessen wäre. Die Formulierung der konfrontativen Frage setzt eine Identifikation mit dem Gegenüber voraus: Die Identifikation ist notwendig, um meine Irritation verständlich zu übersetzen und dem Gegenüber empathisch zu vermitteln. Das Konfrontative besteht darin, daß ich Wahrnehmungen, die ich aufgrund meines Andersseins mache, innerhalb der bestehenden Beziehung durch Identifikation vermittle, das heißt auch unter Einbezug der realen, sozialen und subjektiven Konflikte der Gesprächspartnerin mitzuteilen suche.

Die über längere Zeit dauernden Gespräche werden also von einem gleichzeitigen Reflexionsprozeß begleitet, der allein oder gemeinsam geführt wird; deswegen nenne ich diese Art der Gespräche die *selbstreflexiven Gespräche*.

Im Laufe der selbstreflexiven Gespräche stellt die Gesprächspartnerin ihre Lebensgeschichte dar – sie entfaltet sie in assoziativer Weise, entsprechend ihrer inneren Logik und entsprechend der Dynamik in der Beziehung der beiden Gesprächspartnerinnen.

Als Amanda und Mariana anfänglich sehr viel über ihre Arbeit erzählten, fühlte ich mich irritiert, weil ich annahm, daß ihr Leben auch noch andere Gesichtspunkte als nur die Arbeit beinhaltete. Ich war versucht, die dauernde Bezugnahme auf die Arbeit als Abwehr gegen unsere Gespräche zu verstehen. Mit der Zeit verstand ich aber, daß die Arbeit der Frau in der bäuerlichen Produktionsform einen völlig anderen Stellenwert einnimmt als die Hausarbeit in der Schweiz. In Daxhó ist sie die Basis des weiblichen Selbstbewußtseins und der positiven Identität; deswegen konnte die alltägliche Arbeit zur Regulierung unserer Beziehung eingesetzt werden. Die kulturspezifische Bedeutung der Arbeit für die Frau zeigt sich in unseren Gesprächen darin, daß Nähe und Distanz, Angst und Bedrohung durch den Bezug auf die eigenen Tätigkeiten ausgeglichen werden können. Deswegen hätte es einem falschen Verständnis von Amandas Situation entsprochen, wenn ich ihr gesagt hätte: Du redest nur über deine Arbeit, weil du Angst hast, von anderem zu erzählen. – Mit der Feststellung aber: Ich sehe, daß deine Arbeit für dich wichtig ist und daß du eine tüchtige, selbständige Frau bist, habe ich die Bedeutung ihrer Arbeit akzeptiert. Das ermöglichte es ihr dann, von konfliktreichen und heiklen Problemen zu erzählen, von ihrer Schwangerschaft.

Genauso wenig geht es primär um Abwehr, wenn Mariana auf die Einführung des Tonbandes mit »neutralen« Geschichten reagiert, sondern um einen kulturspezifischen Bezug, der ihr in Momenten der Bedrohung eine Entspannung erlaubt: in den Geschichten ist die sehr wichtige und positive gemeinsame Arbeitserfahrung mit dem Vater enthalten und im Inhalt das ethnische Compadrazgo-System, das eine Waffe in den Händen der Schwachen (des Schafes) gegen die Mächtigen (den Coyote) ist, sowie die Präsenz der Hexen, die soziale Verstöße ahnden, aber auch projektive Ängste regulieren. Die Verknüpfung der konkreten Gesprächssituation (das Tonband löst Befürchtungen aus) mit den formalen und inhaltlichen Aspekten von Marianas Reaktion läßt kulturspezifische Mechanismen und Bedeutungen verständlich werden. Würde ich Marianas Reaktionsweise ausschließlich als Abwehr verstehen wollen, müßte ich sie pathologisieren und ihre ethnischen Anteile verleugnen.

Amanda hat ebenfalls in kulturspezifischer Weise auf die Konflikte um ihre Schwangerschaft reagiert: Sie wandte die Aggression zuerst gegen sich selber. Bei ihr haben meine konfrontativen Feststellungen und Fragen den Zusammenhang zwischen Ökonomie und Moral bewußt gemacht und es ihr so erlaubt, andere, weniger selbstschädigende kulturelle Möglichkeiten zu benützen, um mit dem Konflikt zurechtzukommen: sie begann, ihre in der Arbeit begründete Autonomie bewußt zu besetzen und übernahm auch männliche Tätigkeiten, was einer Tendenz ihrer Gesellschaft entspricht. So kann in der konfrontativen Feststellung die Subjektivität des Anderen durch die bewußte Beachtung der eigenen Subjektivität angesprochen werden. Das verhindert, daß Ängste und Projektionen anwachsen, ohne geäußert zu werden und zum Abbruch der Beziehung führen. Das erlaubt aber auch die Entfaltung vielfältiger kulturspezifischer Umgangsweisen und verhindert die Erstarrung in einer der Fremden gegenüber gewählten Kommunikations- und Interpretationsform.

Eine Lebensdarstellung findet auf drei Ebenen statt: auf der sprachlich-semantischen Inhaltsebene, auf der interaktionellen zwischen Interviewer und Interviewtem und drittens auf der imaginär vorhandenen zwischen dem Interviewten und seiner Gemeinschaft, deren Werten und Regeln; das bedeutet, daß der Interviewte sich auf dieser Ebene so darzustellen sucht, daß er den gültigen Normen seiner Kultur nicht widerspricht (vgl. Grele, 1980). Diese Tendenz zur kulturspezifischen Konformität schafft den Bezug zur Umwelt. Es scheint mir sinnvoll, eine vierte Ebene zu beachten: die Beziehung zwischen dem Interviewten und seinem Selbstideal, seinem utopischen Entwurf, seinen subjektiven Vorstellungen darüber, wie er jetzt oder in Zukunft sein möchte. Beim verstehenden Verarbeiten der Gespräche ist es wichtig, diese vier Ebenen zu beachten, denn befremdende oder scheinbar unverständliche Aussagen werden oft interpretierbar, wenn erkannt wird, auf welcher Ebene sie formuliert wurden.

Die Verarbeitung der Gespräche

Die Rückkehr in die eigene Kultur löst aufgrund der Veränderungen, die das soziale Sterben in Gang brachte, einen neuen Kulturschock aus: der eigene Lebensraum, die alten Freundschaftsbeziehungen und die Arbeitszusammenhänge erscheinen fremd und werden zum Teil mit großer Distanz erlebt. Die Gespräche mit den Frauen hatten mir bewußt gemacht, was in meiner persönlichen Psychoanalyse nicht zugänglich gewesen war. Es ist nicht problemlos möglich, in die alten sozialen Strukturen zurückzukehren; einige Beziehungen verlieren an Bedeutung, Gruppen, denen man angehörte, werden fremd, es klaffen plötzlich Kommunikationsprobleme auf, der akademische Diskurs stößt mit den noch offenen und unakademischen Erfahrungen zusammen. Auf die Fragen, was ich nun herausgefunden hätte, fiel es mir schwer zu antworten. Ich konnte Personen und Verhältnisse beschreiben, aber keine klaren Kategorien und Interpretationen liefern. Die Versuche, meine Erfahrungen zu vermitteln, lösten ab und zu ungeduldige Reaktionen aus; die emotionale Ungeordnetheit erschien wohl »typisch weiblich« und konfus. Ich stand vor der Entscheidung, das Material so schnell wie möglich in wissenschaftliche Kategorien einzuordnen und mich dem üblichen akademischen Diskurs zu beugen oder es beiseite zu legen. Ich wählte einen Mittelweg, ich legte das emotional hoch-besetzte Material beiseite, ohne es zu vergessen, und begann Theorien und Materialien zu den »objektiven« Verhältnissen aufzuarbeiten. Die Seminare, die ich an den Universitäten von Zürich, Mexiko, Klagenfurt und Frankfurt abhalten konnte, ermöglichten es mir, meine Ansätze mit den Studentinnen und Studenten durchzugehen und zu diskutieren. Die meisten ließen sich auf die ungewohnte Fragestellung ein; vor allem Frauen waren von der Möglichkeit, mit dem Einsatz der eigenen Subjektivität wissenschaftlich zu arbeiten, fasziniert. Immer wieder kämpfte ich gegen den Sog der akademischen Hackmaschine (Nadig und Erdheim, 1980), die meine Arbeit entwertete und als individualistischen Trip erscheinen ließ. Erst mit einer größeren emotionalen und zeitlichen Distanz konnte ich mich wieder dem Material, das eine meiner wichtigsten Lebenserfahrungen darstellte, zuwenden. Weitere Besuche in Daxhó ermöglichten es mir gleichzeitig, die dortige Kultur immer besser zu verstehen.

Das selbstkritisch prozeßhafte Selbstverständnis der Ethnopsychoanalyse verpflichtete mich zu einem sehr sorgfältigen Umgang mit dem Material; die Darstellungsweise sollte die Differenziertheit der Forschungsweise nicht eliminieren. Wie kann ich eine wissenschaftliche Interpretation versuchen, ohne diesen Menschen akademische Kategorien überzustülpen, ohne sie hinter psychoanalytischen Begriffen verschwinden zu lassen, ohne den Reichtum, die Vielfalt und Komplexität ihrer Lebenswelt zu reduzieren? Das waren die Fragen, die mich beschäftigten. Die beste Form schien mir zu sein, den Forschungsprozeß offen darzulegen und die Entstehung der Interpretationen durchsichtig zu machen. Die Arbeit mit und an ethnopsychoanalytischen Beziehungen erfordert die Beachtung einiger Regeln, damit es möglich wird, aus den libidinösen Bewegungen und deren Abwehr Rückschlüsse auf unbewußte Kulturmechanismen zu ziehen.

1. Es sollten mit mindestens zwei, wenn möglich aber mit mehreren Mitgliedern derselben Kultur Gespräche geführt werden, damit Vergleichsmöglichkeiten vorhanden sind.

2. Die verschiedenen Arten von Beziehung und psychischer Bewegung, die sich zwischen der Ethnologin und ihren Informantinnen ergeben, müssen miteinander verglichen und in ihrer Unterschiedlichkeit oder Ähnlichkeit benannt werden.

3. In einem parallelen Schritt wird der soziale und kulturelle Ort der Informantinnen in ihrer Gesellschaft eruiert und präzisiert. Die unterschiedlichen Beziehungsformen erlauben zusammen mit den verschiedenen sozialen Positionen der betreffenden Personen die Bildung von Hypothesen und Interpretationen von kulturellen Strukturen und latenten Funktionsweisen in der betreffenden Gesellschaft.

4. Es sind gründliche Kenntnisse von den gesellschaftlichen Verhältnissen der untersuchten Kultur notwendig. *Unbewußte* Bedeutungen und Sinnzusammenhänge kultureller Muster können in den Gesprächen nur dann erkannt werden, wenn die jeweilige emotionale Atmosphäre und psychische Bewegung ernstgenommen wird, in der kulturelle Inhalte beschrieben oder inszeniert werden. So kann der kulturelle Prozeß in seiner latenten Dynamik ausschnittweise miterlebt, miterkannt werden. Der emotionale Zusammenhang, in dem zum Beispiel religiöse Glaubensinhalte oder Arbeitsprozesse beschrieben werden, erlaubt eine Deutung, die den Zusammenhang zwischen Kultur und Subjekt erhellt; Bedürfnisse, Wünsche und Funktionen, die mit dem Gebrauch dieser Inhalte und Muster verknüpft werden, lassen sich fassen (vgl. Nadig, 1985).

Diese Arbeitsschritte werden in verschiedenen Formen protokolliert: die Aufzeichnung der Gespräche auf Tonband und von Hand, meine subjektiven Irritationen im Tagebuch, Daten zu den objektiven Verhältnissen im Dorf im Notizheft, weitere Datensammlungen, die durch Befragungen, Fragebogen, Dokumentauszüge etc. entstanden sind. Dazu kommen die Theorien und Daten aus der Literatur.

Bei der Verarbeitung des Materials bin ich auf zwei sehr verschiedenen Ebenen vorgegangen. Die eine bezog sich auf die Präzisierung der Makro-Ebene, der gesellschaftlich-sozialen Verhältnisse und Zusammenhänge in Mexiko und im Dorf. Ich versuchte mir ein umfassendes Bild der soziologischen, ökonomischen und historischen Verhältnisse zu machen, die das Leben und das Umfeld der Daxhoaner bestimmen. Diese Aufarbeitungen werden im zweiten Teil dieses Buches dargestellt.

Auf der anderen Seite habe ich mich in den Mikrobereich der Individuen begeben. Hier ging es darum, sich auf die Ebene der einzelnen Person einzulassen und ihren Motivationen, Utopien, Handlungsstrukturen zu folgen. Erst später, nachdem jede Ebene für sich bearbeitet worden ist, kann der Bezug zur je anderen hergestellt werden. Denn es bleibt uns, wie Lorenzer es formuliert, nichts anderes übrig, als »eine Entscheidung zu treffen« und uns »für die eine oder andere Strukturanalyse zu entscheiden und... den Bezug zur je anderen herzustellen, indem wir deren Erkenntnisresultate als Theorie ›heranziehen‹« (Lorenzer, 1977a: 205f.).

Zur Verarbeitung der Gesprächsprotokolle habe ich nach einer systematischen Interpretationsmethode gesucht, die den Vorgang der Interpretation darstellbar und nachvollziehbar machen kann. Grele (1980) schlägt vor, schriftlich festgehaltene Interviews und Gespräche mit dem »symptomatischen Lesen« anzugehen. Beim symptomatischen Lesen wird der Diskurs, der hinter der Erzählung steht, herausgearbeitet. Was wurde wie mitgeteilt, mit umständlicher Einführung, langer Rechtfertigung, oder gelöst und selbstverständlich; was wurde wie erwähnt oder auffallend häufig wiederholt, wo wurde schlagartig unterbrochen und an welchen Punkten das Thema gewechselt? Das bedeutet, daß neben der inhaltlichen Auswertung auf rein faktischer Ebene auch die Dynamik des Gespräches beachtet wird. (Während der Gespräche selber geht jeder Interviewer ganz automatisch und mehr oder weniger bewußt mit dem, was er zu hören bekommt, in dieser Weise um; daraus ergeben sich ja seine Irritationen.) Anhand dieser dynamischen Merkmale sollte es möglich sein, die verdrängten, verschobenen und unbewußten Anteile im Leben der Erzählenden zu verstehen. Lutz Niethammers (1983c) Interpretationen von zehn Interviews über Kriegserfahrungen im Ruhrgebiet ist ein ausgeführtes Beispiel dieses Ansatzes.

A. Lorenzer (1982) hat in seinem Aufsatz »Verführung zur Selbstpreisgabe – psychoanalytisch-tiefenhermeneutische Analyse eines Gedichtes von Rudolf Alexander Schröder« die Technik der Textinterpretation mit Irritationen beschrieben. Mit dieser Interpretationsmethode hat er das psychoanalytische Verfahren in das Terrain der Literaturkritik übertragen. Es geht darum zu untersuchen, wie der Text auf den Leser wirkt und daraus Rückschlüsse auf den latenten Gehalt des Textes zu ziehen. Indem sich der Leser mit gleich schwebender Aufmerksamkeit dem Text aussetzt, werden bei ihm Irritationen und Überraschungen ausgelöst. In der Psychoanalyse setzen die Assoziationen des Analysanden den wilden Hypothesen des Analytikers eine Grenze, der Text aber ist fest und kann nicht reagieren. »Während der Mitteilungsfluß des Patienten zerrinnt, behauptet sich der literarische Text. Er läßt sich nicht beiseite räumen. Er ›besteht‹ bis in die Interpunktionen auf seiner ›Aussage‹, die der Leser/Interpret zu respektieren, eventuell wiederholt und unverändert zur Kenntnis zu nehmen hat. So paradox es klingen mag, auf die Festigkeit des Textes gehen zwei Aufgaben über, die im therapeutischen Verhältnis von der ›Freiheit‹ der Assoziation wahrgenommen werden: die Festigkeit des Textes setzt sich gegen die Willkür des Interpreten durch. Die Festigkeit des Textes übernimmt gegen den interpretatorischen Wildwuchs jene Absicherung, die durch den aktiven Widerpart des Analysanden in der therapeutischen Diade gewährleistet wird« (a.a.O.: 10). Der Punkt, an dem die gleichschwebende Aufmerksamkeit des Interpreten auf den Widerstand des Textes stößt, löst eine »Irritation« aus. »In der Irritation durch den Text macht sich ebenso die Eigenart des Textes bemerkbar, wie die Offenheit, d.h. Sensibilität des Analytikers« (a.a.O.: 11). Die Irritation ist die Reaktion auf einen Gegensatz zweier Positionen – der im Text vertretenen und der an den Text herangetragenen – und auf einen Widerspruch, einen Bruch im manifesten Sinn des Textes. Damit eröffnet sich im Text eine Vertikale, die aus der Sinnebene herausführt und den Zugang zum latenten, verborgen-unbewußten Sinn öffnet. In einem weiteren Schritt geht es um die Organisierung der Ähnlichkeiten, denn der »entscheidende Schritt in der

Entdeckung einer verborgenen Sinnstruktur liegt im Aufweis mehrfacher Übereinstimmungen, die sich am Text bewähren müssen. Es sind Knotenpunkte eines Bedeutungsnetzes nachzuweisen, um glaubhaft zu machen, daß die subjektiven Eindrücke nicht subjektivistische Unterstellungen sind« (a.a.O.: 15). Die Überraschung ist erst aufgehoben, wenn die aufgefundenen latenten Bedeutungen sinnvoll zugeordnet werden können. Der letzte Schritt besteht im Vergleich von manifestem und latentem Sinn. Die beiden Ebenen stehen in einem engen Verhältnis zueinander; das Verständnis dieses Verhältnisses läßt erkennen, wie der manifeste Sinn, die sozial zugelassene Bedeutung, die sich auf ein bestimmtes Normensystem bezieht (sei es das herrschende oder das einer kleinen Gruppe), zum latenten Sinn, zur nicht-anerkannten, nicht konsens- und bewußtseinsfähigen Ebene verhält. Dieses Vorgehen fordert die »Selbstpreisgabe« der Subjektivität des Lesers radikal heraus, denn der »Interpret deutet nicht den Text, sondern seine Leseerfahrung« (a.a.O.: 24). Diese von Lorenzer dargestellte Interpretationsweise ist eine gute Möglichkeit, um dem Material zu Hause am Schreibtisch neu zu begegnen.

Irritationen sind vielschichtige Vorgänge: Einerseits handelt es sich um idiosynkratische Reaktionen, persönliche Überempfindlichkeiten, deren Ursprünge in der Triebgeschichte des Lesers liegen und andererseits geht es um konventionelle Reaktionen, die zwar mit dem idiosynkratischen eng verbunden sind, aber auf die Ebene der allgemein kommunizierbaren Codes gehören. Die idiosynkratischen Reaktionen werden durch lebensgeschichtliche Erfahrungen, libidinöse Empfindungen und aktuelle Stimmungen (Sympathie, Antipathie) strukturiert. Die konventionellen Reaktionen hingegen werden durch theoretische und kulturspezifische Kenntnisse, die in der Gegenübertragung auf den Text in Form von Theoriefragmenten mobilisiert werden, strukturiert; dort wo mein Interesse fokusiert ist, bin ich am ehesten irritierbar.

Die historischen, ökonomischen und theoretischen Problemkreise waren bei der Bearbeitung des Materials in Form von Fragestellungen ständig präsent. Sobald eine Textstelle einen möglichen Zusammenhang mit den wie Reizwörtern wirkenden theoretischen Bereichen aufwies, reagierte ich irritiert neugierig. Hier flossen die objektiv-theoretische Auswertungsebene, meine Kenntnisse zur Makro-Ebene in die Interpretation der Mikro-Ebene ein. So waren meine Kenntnisse zur Geschichte, Wirtschaft und Ethnizität der mexikanischen Bauern ein wichtiges Hilfsmittel, um die Vielfalt der persönlichen und gesellschaftlichen Daten in einen sinnvollen Zusammenhang zu stellen. Von der Frage ausgehend, wie das Subjekt die Traditionen und kulturellen Muster seiner Gesellschaft verwendet, um gegen empfundene Ungerechtigkeiten vorzugehen oder um subjektive Wünsche zu befriedigen, wurden die Begriffe des inneren Entwurfes, der Widerstands-Logik, der ökonomischen Moral oder moralischen Ökonomie, des Selbstvertrauens sowie des positiven sozialen Ortes in meinem Kopf zu irritierbaren Koordinaten, entlang welcher das Material sich strukturierte.

Während Lorenzer seine Methode an literarischen Texten entwickelte, die ihm fremd waren, arbeitete ich mit Texten, an deren Herstellung ich selbst beteiligt war. Die Irritationen, die ich zu Hause am Text empfand, wurden ergänzt durch diejenigen der Tagebuchnotizen aus der Zeit im Dorf. Sie wurden aber auch dadurch beeinflußt, daß ich Daxhó in den folgenden Jahren mehrere Male besucht habe. Die Beziehungen zwischen meinen Gesprächspartnerinnen und mir haben sich weiterentwickelt, sind durch neue Erfahrungen angereichert worden, die bei der Interpretation der Gespräche aus dem Jahre 1975 mit eingeflossen sind.

Bei der Einschätzung meiner Irritationen, ich mußte eine bestimmte Auswahl davon treffen, spielten das Gespräch und die Zusammenarbeit mit Freunden, Kollegen, Studenten und Studentinnen eine wichtige Rolle. Schon in Mexiko habe ich ausführlich mit befreundeten Ethnologen und Ethnologinnen über die Bedingungen der Bauern in Mexiko gesprochen. In Zürich konnte ich meine Irritationen und Hypothesen einigen meiner Freunde vortragen und mit ihnen besprechen.[10] So sind bei der Auswertung, die zuerst auf zwei getrennten Ebenen vorgenommen wurde, schließlich beide Ebenen im Irritationsprozeß wieder aufgetaucht und ineinander übergegangen: die psychoanalytische und die ethnologische. In der Darstellungsform des Buches spiegelt sich dieser Arbeitsprozeß wider.

II. Teil: Zur Ethnologie und Geschichte

1. Das Dorf Daxhó: »Wir hier auf dem Lande sind ruiniert und vergessen. Uns helfen sie nie.«

Das Dorf, Daxhó, ist eine kleine, unauffällige Otomi-Gemeinde im Staate Hidalgo. Es hat 500 Einwohner und liegt in einer sehr trockenen, halbwüstenartigen Gegend, dem Valle del Mezquital, etwas abseits von einer Durchgangsstraße. Das Tal wurde nach dem Mesquite-Baum benannt, einem buschartigen, kleinblättrigen Gewächs aus der Familie der Mimosen, der wenig Wasser braucht und auf sehr magerem Boden überleben kann.

Das Valle besteht aus 23 Kreisen, Municipios, die aus einem Hauptort und verschiedenen zugehörigen Dörfern zusammengesetzt sind. Daxhó gehört zum Municipio Murillo, einem Ort von etwa 8000 Einwohnern, dem es politisch untergeordnet ist. Dort, vier Kilometer entfernt, ist jeder Sonntag ein Markttag. Den Weg nach Murillo gehen die Daxhoaner zu Fuß; haben sie schweres Gepäck zurückzuschleppen, mieten sie einen Pesero, ein Taxi. Die Kreishauptstadt, Ixmiquilpan, das verwaltungstechnische Zentrum des Valle del Mezquital, wo auch eine direkt vom Staate abhängige regionale Entwicklungsorganisation, das Patrimonio Indigena del Valle del Mezquital, eine bedeutende Rolle spielt, liegt 25 Kilometer entfernt. Dorthin reist man im Bus, um auf den sehr großen Wochenmarkt am Dienstag zu gehen, größere Einkäufe zu machen oder um die Ämter aufzusuchen.

Zimapán, die kleine Minenstadt in den nördlichen Bergen, rund 20 Kilometer von Daxhó entfernt, verfügt über ein Gefängnis; sonst hat sie Bedeutung für Einkäufe, Arztvisiten oder wegen Verwandtschaftsbeziehungen. Auf dem Markt von Zimapán werden Wolldecken verkauft. Hat ein Daxhoaner eine Wolldecke gewebt und braucht Geld, geht er am Sonntag dorthin und versucht sie loszuwerden. Pachuca, die Hauptstadt von Hidalgo, ist weit weg (70 km), dort fährt man selten hin: bei schweren Krankheiten, um einen Spezialarzt aufzusuchen, oder bei ernsthaften Rechtsstreitigkeiten, um vor dem Landesgericht sein Recht durchzusetzen. Zur Landeshauptstadt, México D. F., die drei bis vier Busstunden entfernt ist, hingegen, bestehen regelmäßige Beziehungen, bedingt durch Familienangehörige und Verwandte, die dort leben und arbeiten. Auf der Durchgangsstraße unterhalb des Dorfes fahren fast stündlich Busse vorbei, die abwechselnd direkt in eine dieser Städte führen, so daß die Verbindungen leicht und ohne viel Aufwand aufgenommen werden können.

Daxhó ist von außen nicht als Dorf erkennbar, denn die 80 Familien leben isoliert in ihren weit verstreuten, hinter Kakteen und Büschen versteckten Häusern, die sich in Quartieren gruppieren. Zehn bis fünfzehn Familien leben in der Nähe des »Zentrums«, der Teppichwerkstatt und der Schule, die das Patrimonio vor zwanzig Jahren aufbaute, entlang der Schotterstraße, die nach Nalcan, ins nächste Dorf, führt. Einige Häuser sind sichtbar, die meisten verdeckt von dichtem Gebüsch.

In der Talsenke hinter dem Dorf lebt eine besonders arme Gruppe von Familien; eine andere befindet sich oben auf dem Hügel in der Nähe der winzigen Kapelle, einige Ranchos liegen am Tulafluß, etwa zwei bis drei Kilometer entfernt in einem Canyon; und schließlich gehören auch jene Familien, die weit weg, in den langgestreckten Hügeln im Norden, um eine Quelle herum leben, zum Dorf. Zwischen diesen Quartieren liegen, mitten in Maisfeldern, einzelne verstreute Höfe.

Diese Siedlungsform scheint der Tradition der Otomi zu entsprechen, denn schon in den ersten Beschreibungen der Missionare wird dasselbe Dorfbild geschildert: »Die Häuser dieser Armen bedeckten die Landschaft, so daß sie nicht als Dörfer erschienen, sondern wie einzelne Höfe« (Grijalva, 1624, zit. n. Carrasco, 1950). »Sie hatten ihre Höfe auf bergigem und unwegsamem Gelände zwischen Felsen und Bergschluchten, fünf an einem Ort, vier an einem anderen und weniger am nächsten Ort« (Serna, im 17. Jh., zit. n. Carrasco, 1950).

Ganz wenige Häuser sind noch in der traditionellen, vorspanischen Art gebaut: die Agavenhütten. An einem Gerüst aus Holzstäben, das in der Form eines Zeltes angeordnet ist, werden über die querlaufenden Stäbe frische Agavenblätter gelegt, so daß sie wie Ziegel übereinanderlappen und den Regen abhalten. Mit der Zeit trocknen die Agavenblätter und werden steif. Die meisten Häuser bestehen aber aus Holzstä-

Frauen des Dorfes bei der Arbeit, beim Waschen (oben) und beim Reinigen von Schafwolle (unten)

ben, die mit Lehm übertüncht werden. Oft setzt sich die eine oder andere Hauswand aus Organo-Kakteen zusammen, einer orgelpfeifenähnlichen Kaktussorte ohne Seitenäste von zehn bis fünfzehn Zentimetern Durchmesser, die bis drei Meter hoch wird. Diese Organokakteen wachsen so langsam, daß sie, eng aneinander gepflanzt, als Baumaterial dienen.

Carrasco zitiert zu den Häusern frühe Quellen, die sie aus »Holzstäben mit Lehm ohne mehr Verputz noch Verstrebungen« beschreiben, und Grijalva beschreibt die Häuser im Mezquital als »enge Hütten aus Agavenblättern, in denen kaum eine Person Platz hat« (Carrasco, 1950: 88).

Ein Drittel der Häuser besteht aus Natursteinen, häufiger aus Adobe, Ziegelsteinen aus getrocknetem Lehm und Mist, oder aus selbstgegossenen Zementziegeln. Die meisten Häuser haben einen Raum ohne Fester, in welchem auf Strohmatten auf dem Boden oder auf erhöhten Brettern geschlafen wird. Die neueren Zementhäuser haben zwei Räume, einen zum Schlafen und Weben und einen zum Kochen mit Gasherd oder zur Aufbewahrung von Maisvorräten.

Gekocht wird aber fast ausnahmslos mit Holz in der luftigen Holz-Küche mit Feuerstelle und kleinen Hockern, auf denen man sich zum Essen um das Feuer herumsetzt, während die Frau noch die letzten Tortillas bäckt, die am liebsten ganz frisch gegessen werden. Vorräte und Utensilien hängen an den Wänden oder an der Decke. Da wird wenig gebraucht: der Comal, das große runde Blech, auf dem die Tortillas, die Maisfladen, gebacken werden; der Metate, eine aus porösem Lavastein gemeißelte schräge Fläche in A4- oder A3-Format, auf der mit einem länglichen Steinstab, dem Metrapil, der Mais gemahlen wird, wenn die Mühle kaputt ist, aber auch Kaffee, Chilischoten und anderes; der Molcajete, eine Lavaschale, in der aus Chili, Knoblauch, Tomaten und Zwiebeln eine scharfe Sauce zu den eher faden Tortilla-Fladen gestampft wird. Verschiedene Tontöpfe für die täglichen Frijoles, rote oder schwarze Böhnchen, die viel Protein enthalten, oder für einen Fleischeintopf; Tonschalen und Tonkrüglein für die Getränke. Besteck ist selten vorhanden, die Speisen werden mit den Tortillas gefaßt oder gelöffelt.

In der Küche verbringen die Frauen die Hälfte des Tages; dort setzen sich auch die Besucher und die Kinder auf einen Hocker. Manche Küchen sind sehr groß, mit einem Tisch und Holzstühlen. Die hungrigen Hunde, die sich gierig hineindrängen wollen, um einen Bissen zu erhaschen, werden mit Steinen und Fußtritten verscheucht.

Jede Familie hält einige Tiere: ein oder mehrere »Spar«-Schweine; sie werden mit Abfällen gefüttert und in einem Krankheits- oder sonstigen Notfall, auch für ein Fest, verkauft oder geschlachtet. An einem Baum oder Kaktus etwas abseits des Hauses angebunden, ziehen sie ihre Kreise im aufgewühlten Boden. Hühner, Truthähne, Schafe und Ziegen in ganz verschiedener Anzahl, selten ein Rind, eine Kuh, die sich von den abgeernteten Maisstauden ernähren, bevölkern den Hof. Es ist meist die Großmutter, die Schafe und Ziegen in die trockenen Hügel zum Weiden begleitet, selber mit einer Handarbeit beschäftigt: Sie spinnt Agavenfasern zu feinen Schnüren oder häkelt ein Deckchen, mit dem die warmen Tortillas zugedeckt werden. Esel werden kaum gehalten, Pferde von zwei Familien.

Ein Drittel der Familien hat Großfamiliencharakter. Großeltern, Eltern und Kinder leben mit alleinstehenden oder verwitweten Geschwistern und Cousins in einem Haushalt zusammen. Es leben so zehn bis fünfzehn Personen zusammen. Die anderen Familien gleichen unseren Kleinfamilien; sie machten sich von Eltern und Schwiegereltern unabhängig, sobald genügend Geld und ein Stück Land vorhanden waren, um sich, oft in der Nähe der Eltern ein eigenes Haus zu bauen. Alle besitzen etwas Land, die einen mehr, die anderen weniger. Wenige besitzen einige Hektar, die meisten nur ein oder zwei Ar, für Mais und Bohnen. Sowohl Frauen wie Männer weben: juteartige Tragnetze aus Agavenfasern, Schals und Taschen mit kunstvollen Mustern aus heller und dunkler Wolle oder dicke schwere Wolldecken. Reicht der Ertrag des Bodens und der Webereien nicht zum Überleben aus, sind die Männer gezwungen, ihre Arbeitskraft in den USA, in der Hauptstadt oder auf den großen Agrarbetrieben in der Gegend zu verkaufen. Die jungen Mädchen werden manchmal als Dienstmädchen in die Hauptstadt geschickt; einige bleiben dort, andere kommen zurück und heiraten im Dorf.

Die Dorfversammlungen werden in der Schule oder in der Teppichwerkstatt abgehalten. Direkt hinter der Werkstatt befindet sich die Pulquería, dort werden Pulque, das traditionelle Agavenbier, und Büchsenbier verkauft. Die Männer und Frauen, die regelmäßig »ihren« Pulque brauchen, treffen sich dort, stehen zu einem kurzen Schwatz in der großen Küche von Epitania und gehen dann wieder ihren Arbeiten nach. Der Platz vor der Werkstatt bildet eine Art Zentrum, weil sich hier viele Wege kreuzen und jeder, der unterwegs ist, aufs

Feld, nach Murillo oder zu einem Besuch, da vorbeikommt. Meist stehen dort zwei bis drei Leute zusammen, begrüßen sich kurz und gehen dann weiter; die eine mit einem Tragsack, den sie an einem Stirnband auf den Markt trägt, die andere mit einer Herde Schafe, die sie in die Hügel treibt, ein Dritter, der mit seiner Hacke aufs Feld zieht, Kinder streunen herum. Selten hält dort ein Auto; das sind Funktionäre oder Beamte vom Patrimonio, welche die staatlich unterstützte Kollektiv-Werkstatt besichtigen oder den Dorfchef suchen, um wegen der Neuaufteilung des Gemeindelandes, der Kollektivierung des Ejidos eine Versammlung zu vereinbaren.

Die Werkstatt, ein großes, leuchtend blau gestrichenes Haus, wurde in den 50er Jahren mit Hilfe des Patrimonios gebaut, um den Männern eine zusätzliche Einnahmequelle zu geben. Daxhoaner webten an großen hölzernen Webstühlen Putzlappen und grobe Stoffe. Aber der Ertrag blieb unbefriedigend, weil die Funktionäre des Patrimonios den Verkauf schlecht organisierten oder die Gelder veruntreuten. So stand die Werkstatt immer wieder ungenutzt und wurde für Versammlungen gebraucht. Deswegen wollte das Patrimonio sie 1970 schließen. Doch da wurden plötzlich einige Frauen im Dorf aktiv. Sie nahmen die Werkstatt in Beschlag und begannen zu weben; als Angestellte des Patrimonio kamen, um die Webstühle abzuholen, setzten sie sich darauf und verhinderten den Abtransport. Nach neuen Verhandlungen konnten die Webstühle bleiben; und nun durften auch Frauen dort arbeiten, doch dies kam den Männern sehr ungelegen. Später tauchten neue »Entwicklungshelfer« mit neuen Ideen auf – sie lehrten die Interessierten auf denselben Webstühlen große, bunte Teppiche zu knüpfen. Die Besetzerinnen, Mütter mit einem landwirtschaftlichen Betrieb, konnten aus zeitlichen Gründen die neue Technik nicht lernen und blieben ausgeschlossen, junge Mädchen und Männer traten an ihre Stelle, was die Besetzerinnen immer noch mit Bitterkeit erfüllt. Obwohl kollektiv organisiert, ist die Werkstatt bis heute ein Herd fortwährender Uneinigkeiten und Gerüchte. Wer darf dort arbeiten, wer ist der Chef des Kollektivs, wer verwaltet das Geld, wer arbeitet mehr und wer betrügt wen – das sind die Fragen, um die es geht.

Die Kinder gehen zur Schule. Es gibt zwei Klassen, die eine für erstes bis drittes Schuljahr, die andere für viertes bis sechstes. Im Municipio wird eine Sekundarschule geführt. Etwa ein Viertel der Kinder geht zu Fuß dort hin. Die Oberstufe besuchen sehr wenige, in einem vierzig Kilometer entfernt liegenden Internat oder in der Hauptstadt, falls dort Verwandte leben, bei denen sie wohnen können.

Geheiratet wird früh. Die Mädchen werden zum Teil schon mit zwölf Jahren »geraubt«, von ihrem Liebhaber zu sich ins Haus genommen, was bedeutet, daß das Mädchen seine Frau ist. Viele Paare wählen sich frei und ziehen mit der Erlaubnis der Eltern ins Haus der Frau oder des Mannes, je nachdem, wo es genügend Platz und Geld gibt. Die Männer heiraten ab achtzehn. Etwa die Hälfte der Ehen wird auf dem Zivilstandesamt registriert, die anderen leben in freier Union zusammen. In den ersten Ehejahren kommt es vor, daß eine Frau ihren Mann und vor allem ihre Schwiegereltern stehen läßt und wieder zu den Eltern zurückkehrt, weil ihr die Situation unerträglich schien. Die Männer verschwinden gelegentlich, sei es, daß sie zu einer anderen Frau in einem anderen Ort ziehen oder sich in den USA neu verheiraten und einfach nicht mehr zurückkommen. Die Paare, die schon mehrere Kinder haben, bleiben in der Regel zusammen, schlecht und recht, mit unterschiedlich häufigen Zerwürfnissen, Eskapaden, vor allem des Mannes oder selten auch der Frau.

In der Relación de Querétaro von 1582 heißt es dazu: »Und wenn sie sich verheiraten wollten, bat der Mann um die Frau, und wenn die Eltern unter sich einverstanden waren, wurde ausgemacht, ob der Mann ins Haus seiner Frau ziehen soll, oder die Frau ins Haus ihres Mannes. Dann richteten sie das Fest her und aßen und tranken in ihrer Art. In der folgenden Nacht zogen sie zusammen; und wenn der eine oder andere nicht zufrieden war, trennten sie sich wieder, indem sie sagten, daß sie nicht mehr zusammenbleiben wollen« (Relación de Querétaro, 1897). Weitere Quellen erzählen, daß sehr früh geheiratet wurde und Sexualbeziehungen vor der Ehe üblich waren (Carrasco, 1950: 100f.).

Die Beziehungen zu den Nachbardörfern und zum Municipio Murillo sind intensiv. Nalcan, ein kleiner Ort mit Dorfplatz, liegt einige Kilometer weiter in den Hügeln, zurückgezogen am Ende der Schotterstraße. Gehen die Nalcaner nach Murillo, führt sie der Weg durch Daxhó. Verwandtschaftliche und nachbarliche Beziehungen der gegenseitigen Hilfeleistung und des Tausches verbinden die beiden Dörfer miteinander. Zu Llano Verde, dem alteingesessenen großen Nachbardorf, das unten am Tulafluß auf außerordentlich fruchtbarem Boden liegt, bestehen starke Bindungen. Mehrere verheiratete Frauen kommen von dort. Llano Verde ist ein besonderes Dorf, es hat seit fünfzig Jahren eine Schule, und viele seiner Mitglieder verfügen über einen überdurchschnittlich hohen Bildungsgrad. Der in der Gegend bekannte, kämpferische Lehrer Francisco Muñoz baute die Schule mit auf. Zwei seiner Söhne wurden Ethnologen, der eine, vom Präsidenten Lázaro Cárdenas zur Ausbildung nach Frankreich geschickt, ist seit 1972 der Chef des Patrimonio. Lehrer, Beamte und höhere Angestellte sind aus diesem Dorf hervorgegangen.

Fruchtbarer Boden, gute ökonomische Verhältnisse und Beziehungen nach außen erlauben den Bewohnern von Llano Verde eine andere, viel aktivere und stolzere Identität als denen von Daxhó. Dies wird in Llano Verde schon an der Dorfstruktur sichtbar: ein großer, gepflasterter Dorfplatz, verziert mit Blumen und Bänken, gesäumt von der Kirche, der Schule und einer Lederwerkstatt, bildet das Zentrum des mit seinen Steinhäusern und rechteckig angeordneten Straßen spanisch anklingenden Dorfes. Daxhó, kaum drei Kilometer entfernt, wirkt dagegen arm und vollkommen ländlich. Man sagt, daß sich die Leute der Gegend oft über die Daxhoaner mokieren, weil der Dorfname eine Ähnlichkeit mit dem Otomi-Wort für »altes Weib« aufweist. Es gibt einen Mythos über die Entstehung von Daxhó: Vor langer Zeit lebten hier auf dem Hügel bei der Kapelle nur zwei alte Frauen, denen das Land gehörte. Als sie starben und keine Erben vorhanden waren, kamen alle armen, landlosen Leute aus der Gegend und siedelten sich hier an. So ist nach und nach dieses Dorf entstanden. Es ist mir nicht ganz klar, ob der aus Llano Verde gebürtige Maurillo Muñoz mir aufgrund dieses Mythos riet, in Daxhó zu arbeiten; es gebe dort auffallend viele Probleme mit den Frauen, sagte er. Die Legende deutet auf eine bestimmte Identität der Dorfbewohner hin; sie definieren sich über einen gemeinsamen Mangel: Die Bedürftigen haben sich hier zusammengefunden auf diesem fremden, herren- oder frauenlosen Land, das sie sich aneigneten. Sie erleben sich nicht als alteingesessene, von einer

Vorsehung zu Besitzern dieses Landes bestimmte Bauern, sondern eher als ein besitzloser und gewissermaßen entwurzelter Haufen, der aus Armut und Zufall zusammengefunden hat. Die ökonomische und kulturelle Realität des Dorfes entspricht dieser Identität in großem Ausmaße. Alles spricht dafür, daß Llano Verde eine jener von den spanischen Kolonisatoren angeordneten Zwangssiedlungen im Talboden ist, denn die Siedlungsstruktur ist spanisch, während Daxhó später unkontrolliert entstanden ist und der prähispanischen Siedlungsform entspricht.

Die Beziehungen zu Murillo, dem Municipio, sind zum Teil verwaltungstechnisch begründet, zum Teil kommerziell und verwandtschaftlich. Murillo ist ein kleines Städtchen mit 8000 Einwohnern. Dort befindet sich das Municipio, das Rathaus mit allen zugehörigen Behörden: dem Richter, der Polizei, den Zivilstands- und Bodenbesitz-Ämtern, dem Bewässerungsbüro, in welchem Scheine gekauft werden, die zur Bewässerung des Ackers berechtigen. In Murillo wohnt der italienische Pfarrer, der nach dem Zweiten Weltkrieg von seinem Orden hierher geschickt wurde; mit ihm werden Taufen, Hochzeiten, Begräbnisse und bisweilen eine Beichte besprochen. Hier gibt es eine Post, wo die Briefe der in den USA arbeitenden Ehemänner abgeholt werden können, und eine Bank, um den im Brief erhaltenen Scheck zu wechseln. Zum sonntäglichen Markt auf der Plaza von Murillo gehen fast alle Daxhoaner, sei es, um einige Zitronen oder Feigen aus dem Garten zu verkaufen, Gewebe anzubieten, oder um die nötigen Eßwaren einzukaufen. Man trifft Bekannte und Verwandte aus den umliegenden Dörfern und trinkt Pulque. Die Männer stehen den ganzen Tag herum, plaudern und trinken, um abends – ziemlich angeheitert – nach Hause zu kommen. Die Plaza von Murillo ist ein allgemeiner Treffpunkt, dort warten die Chauffeure der Kollektivtaxis auf Kunden, halten die Busse nach Ixmiquilpan, Pachuca und México, gibt es Bars und verschiedene Läden. Jeder geht gern nach Murillo, der Gang in das Städtchen bedeutet Abwechslung, Begegnungen und neue Informationen.

Der Tagesablauf in Daxhó ist in den meisten Haushalten gleich. Die Frau steht zwischen fünf und sieben Uhr auf, setzt Wasser für Atole, Kaffee oder Kräutertee auf das Feuer und geht dann in die Mühle, wo die am Vorabend in warmem Kalkwasser eingeweichten Maiskörner gemahlen werden. Die elektrische Mühle ist der Treffpunkt der Frauen, hier tauschen sie beim Warten Neuigkeiten aus, bitten sich um gegenseitige Hilfe, planen gemeinsame Unternehmungen. Bei der Rückkehr wird eine Tortilla vom Vortag aufgewärmt und mit Salz gegessen. Die Kinder gehen zur Schule, der Mann, wenn er gerade eine Stelle hat, zur Arbeit, als Hilfsarbeiter auf einem Bau in Murillo oder Ixmiquilpan, als Magaziner in einem Unternehmen oder Spital. Oder er schläft länger, um später aufs Feld zu gehen, Erledigungen zu machen, nichts zu tun. Die Frau füttert die Haustiere, Hühner und Schweine, wischt mit einem aus feinen Zweigen gebundenen Besen den Lehmboden im und um das Haus und beginnt dann mit der Tortilla-Produktion. Über die Morgenstunden hinweg schallt aus fast allen Häusern das klatschende Geräusch der Hände, die die Maisbällchen zu runden, dünnen Scheiben formen, die dann auf dem heißen Comal gebacken werden. Diese Arbeit dauert Stunden.

»Um den reifen Mais zu verwenden, wurde er zuerst mit Kalk gekocht, um den Nixtamal (halbweich gekochte Maiskörner, M. N.) herzustellen. Dann wurde er zu einer Teigmasse gemahlen. Die wichtigsten Nahrungsmittel, die daraus hergestellt werden, sind Tortillas, Tamales (in getrocknete Maisblätter eingewickelte gekochte Maismasse, M. N.) und Atole (ein Getränk aus Maismasse, M. N.)« (Carrasco, 1950: 50).

Später holen die Frauen Wasser am privaten Wasserhahn, für den monatlich bezahlt wird, oder am öffentlichen bei der Schule, der Werkstatt oder beim Laden, um Geschirr und Kleider zu waschen. Sie weben, erledigen Dringliches, bringen dem Mann das Essen auf die Baustelle in Murillo oder aufs Feld, das manchmal weit entfernt liegt. Oft arbeiten beide auf dem Feld, ist niemand anderes da, geht die Frau mit den Schafen und Ziegen in die Hügel. Am Nachmittag kommen die Kinder aus der Schule zurück. Einzeln oder gemeinsam wird die große Mahlzeit eingenommen: Tortillas mit scharfer Sauce und Böhnchen, eventuell Fleisch, Reis, Kartoffeln, dazu Pulque. Abends weichen die Frauen die Maiskörner für den nächsten Tag in Kalkwasser ein und wärmen den Kübel auf dem Feuer; sie weben oder nähen, der Mann ist nachts oft unterwegs, um auf dem Feld Wasser zu verteilen, weil er im Bewässerungsturnus endlich an der Reihe ist, auf den Wegen im Gespräch mit anderen oder in der Pulquería. Allgemein wird früh zu Bett gegangen.

2. Die Machtverhältnisse in der Geschichte

Kolonisation

Der Name »Otomi« ist aztekischen Ursprungs. Man hat ihm verschiedene Bedeutungen zugesprochen. Die einen behaupten, er komme aus einer Zusammensetzung des aztekischen »Otocac«, was bedeutet »der, welcher geht« und »mitl«, was »Pfeil« bedeutet, denn die Otomi, große Jäger, trugen Pfeile bei sich. Andere versuchten das Wort aus der Otomi-Sprache abzuleiten und kamen auf »das Volk, das sich nirgends niederlassen konnte«. Die Otomi selber nennen sich nyâ/nyû, was bedeutet »das Volk, das nyû spricht«; nyû bedeutet Otomi (Soustelle, 1937: 3f.). Die Azteken hielten die Otomi für faul und wenig intelligent, und das Wort Otomi, Totomitl, wurde von ihnen als Schimpfwort für ungeschickt und dumm verwendet. Auch sonst hielten sie die Otomi für Vielfraße, Luftikusse, Säufer und Barbaren (Soustelle, 1969: 112).

Sahagún, ein spanischer Chronist aus dem 16. Jahrhundert, beschreibt die Haltung der Otomi so: »Diese Otomi waren sehr träge, obwohl sie außerordentlich stark, fähig und gute Feldarbeiter waren. Sie bemühten sich nicht besonders um ihre Nahrungsbeschaffung; sie waren nicht ständig an ihren alltäglichen Arbeiten, denn wenn sie die Feldarbeit vollbracht hatten, trieben sie sich als Faulenzer umher, ohne sich mit weiteren Arbeitsleistungen zu beschäftigen, außer mit der Jagd, ... sonst höhlten sie die Agavenpflanze aus, um das Honigwasser zu trinken oder um daraus Pulque (gegärten Agavensaft, M. N.) zu machen und sich täglich zu betrinken und in die Taverne des Wirtes zu gehen. Mit all solchen Dingen verbrachten sie ihre Zeit« (Sahagún, 1956, III: 197f.). An diesen Vorurteilen wird zum Teil heute noch, vor allem von Beamten und Priestern, festgehalten.

Heute beträgt die Größe der linguistischen Otomi-Familie rund 375000 Mitglieder. Die rein Otomi-Sprechenden zählen 300000 (Manrique, 1969: 683; Garibay, 1938). Sie leben im Hochland Zentralmexikos; im Valle de Toluca, in der Sierra von Puebla, im Hochland von Querétaro und Guanajuato sowie im Staate Hidalgo, im Valle del Mezquital. Im Valle del Mezquital leben nach dem Zensus des Patrimonio Indígena del Valle del Mezquital von 1970 183 000 Personen, wovon etwa 59 000 Otomi sprechen; 48 000 davon sind zweisprachig (PIVM: 1971).

Die wenigen Quellen, die über die Otomi vorhanden sind, Schriften der spanischen Missionare und Verwalter, wurden vor allem von Soustelle (1937) und Carrasco (1950) aufgearbeitet. Die Otomi lebten neben den Olmeken und Tolteken im Hochland von Mexiko. Diese Völker waren niedergelassene Agrikultoren, durch kulturelle und kommerzielle Beziehungen miteinander verbunden. Die Otomi wurden immer wieder von den nördlichen Nomadenstämmen, den Chichimeken, bedroht und überfallen, konnten aber bis ins 14. Jahrhundert ihre Autonomie in den meisten Zonen bewahren.

Gegen 1370 eroberten die Azteken das Hochland von Mexiko. In weniger als dreißig Jahren wurden die Otomi gezwungen, ihnen den besten und fruchtbarsten Boden des Valle de Mexico zu überlassen, sie mußten in die trockenen und unfruchtbaren Berge und Täler am Rande des Valle ausweichen. Mitte des 15. Jahrhunderts waren alle Otomi der Herrschaft der Azteken unterworfen. Nur einige Gruppen in den hohen Bergen konnten frei weiterleben, sie waren zu arm und zu wild, als daß es gelohnt hätte, sie zu unterwerfen. Die Azteken etablierten mit den unterworfenen Völkern eine Konföderation, die auf administrativer Autonomie, Tribut- und Militärpflicht der Abhängigen basierte. Aber immer wieder versuchte die eine oder andere Gruppe, die Tributeinzieher umzubringen und sich für unabhängig zu erklären. So war das aztekische Imperium ständig damit beschäftigt, die Aufständischen durch militärische Aktionen zurückzuerobern und zu bestrafen. Viele Rebellionsversuche der Otomi wurden blutig niedergeschlagen.

Die Ankunft der Spanier wurde von den Untertanen als eine Möglichkeit zur Befreiung betrachtet. Die Otomi, erniedrigt durch Verachtung, Bestrafung und Tributpflicht, gehörten zu den ersten Stämmen, die den Spaniern ihre Hilfe anboten und zu zuverlässigen Söldnern bei der Unterwerfung der Nomaden im Norden wurden. In kurzer Zeit konvertierten sie zum Katholizismus, und einige begannen nun selbst die Verbreitung der neuen Religion zu betreiben. »So waren viele Otomi während des 16. Jahrhunderts die Avantgarde der Spanier in ihrer Expansion in Nueva España; als Gegenleistung erhielten sie Land; ihre Häuptlinge wurden in Ämter eingesetzt. Sie galten als geschickt und weise; ohne brutal zu sein, waren sie notfalls gute Soldaten und – wenigstens äußerlich – überzeugte Katholiken. Das 16. Jahrhundert war für die Otomi eine der besten Epochen, obwohl natürlich die effektiven Vorteile der Situation vor allem den Häuptlingen (Kaziken, M. N.) zukamen, während das Volk eine ständige Reduktion seines Landbesitzes und die zunehmende Last der »Encomienda« (der Schutzherrschaft der Spanier, M. N.) zu erleiden hatte« (Tranfo, 1974: 42).

Die Gegend von Pachuca wurde 1524 von den Spaniern besetzt, sie errichteten ihre Schutzherrschaft, die Encomienda, und brachten die ersten Epidemien mit, die die indianische Bevölkerung stark reduzierten. Aber erst mit der Entdeckung der Silberminen begann sich das Leben der Otomi grundlegend zu ändern: die Spanier brauchten Arbeitskräfte in den Minen. Es wurden Otomi, von weiter her Mexikaner und Chichimeken zur Zwangsarbeit hergebracht sowie Negersklaven »importiert« (Samperio Gutierrez, 1975: 176). Für die Amalgamierung der Erze ließen die Spanier Millionen von Hektaren Wald abholzen. Austrocknung und Erosion des Bodens sowie die Vernichtung zahlreicher indianischer Gemeinden waren die Folgen. Ortega Rivera (1975: 22f.) schätzt die Opfer dieser Eingriffe auf Millionen Menschen. Borah und Cook berechneten, daß die etwa 25 Millionen Bewohner von Zentralmexiko innerhalb von hundert Jahren auf eine Million reduziert wurden (Borah und Cook, 1962–63: 5).

1576 gründeten die Spanier die Stadt Zimapan und eigneten sich die dort von den Chichimeken und Otomi betriebenen Minen an (Plowes, 1976: 106f.).

Gleichzeitig mit der Besetzung der Gegend begann die Missionierung, 1534 entstand die erste Kapelle in Pachuca, wo Massentaufen veranstaltet wurden. Die Mönche begannen mit einer systematischen Schulung in der katholischen Doktrin und regelmäßiger Zelebrierung der Messe – auch in den abgelegensten Gegenden. Samperio Gutierrez zitiert die

Notizen des Padre Francisco Ruiz von 1569, der die Evangelisierungsarbeit beschreibt: »Der Befehl, der für alle Indianer des Distriktes gilt, ist folgender: Am Sonntag und den Festen sollen sich die Indianer bei den Kirchen versammeln, wo jeweils die Messe gelesen wird. Vor der Messe wird ihnen die christliche Doktrin gelehrt, die vier Gebete, das Persignum Crucis in Latein und dann in Mexikanisch und Otomi, schließlich die Hauptpunkte des Glaubens und die Gebote Gottes und der Kirche, die Werke der Miserikordia und die fünf körperlichen Sinne in ihrer eigenen Sprache. Nach der Lehre der Doktrin werden ihnen die Fest- und Fastentage der folgenden Woche angekündigt, die sie einzuhalten verpflichtet sind, und es wird ihnen auf Otomi und Mexikanisch angezeigt, was sie zu tun und zu erfüllen haben, um ihre Seelen zu retten. Dann wird für alle die Messe gelesen... (Es müssen auch alle regelmäßig beichten), und was die heilige Taufe anbetrifft, so werden jeden Sonn- und Festtag, wenn es nötig ist, alle zu christianisierenden Kreaturen getauft, die Kinder der Spanier, Neger oder Indianer« (Ruiz, 1904, zit. n. Samperio Gutierrez 1975: 179f.). In der ganzen Gegend entstanden Klöster und Kirchen. Das wegen seiner Wandmalereien mit prähispanischen Motiven berühmte Kloster von Ixmiquilpan wurde 1554 gegründet (Guerrero G., 1975).

Die Christianisierung der nördlichen Chichimeken bot mehr Schwierigkeiten. Diese nomadischen Jäger weigerten sich, sich unter der Aufsicht der Missionare niederzulassen; sie flohen oder brachten sich um. Nach der Entdeckung der Minen von San Luis Potosi und Zacatecas um 1700 machten die Spanier kurzen Prozeß: sie hoben die Missionsstationen der Gegend auf und begannen, die Chichimeken in einem militärischen Feldzug auszurotten, den Boden in Besitz zu nehmen und so den Zugang zu den Minen zu sichern. Die überlebenden Chichimeken durften sich als rechtlose Tagelöhner in der Nähe der Latifundien niederlassen.

Auch für die Otomi verschlechterte sich die Situation. Die Haciendas, die Viehzucht und das Bedürfnis nach kontrollierten Transportwegen ließen die Spanier zunehmend das fruchtbare Land des Tales besetzen. Ende des 18. Jahrhunderts kam es zu einer schweren Krise der kolonialen Ökonomie. Sie war bedingt durch die Schließung des spanischen Marktes für die kolonialen Produkte und den folgenden

Preissturz. Zu jener Zeit gehörte das ganze Valle del Mezquital dem Conde de Regla; nach seinem Tode wurde es auf seine Söhne aufgeteilt, die ihre Anteile verkauften. Es entstand der parzellierte Privatbesitz, die »pequena propiedad«, die in die Hände der begüterten Spanier und Mestizen kam. Die Otomi wurden vertrieben oder zu besitzlosen Tagelöhnern gemacht. Auch die Minenproduktion stagnierte; die notwendige Modernisierung der Produktionsmittel erforderte hohe Kapitalinvestitionen, die nicht erbracht werden konnten, so daß die Minen teilweise stillgelegt und die Minenarbeiter zur Migration in anderen Gegenden gezwungen wurden. Bereits Ende des 18. und zu Beginn des 19. Jahrhunderts läßt sich eine Verminderung der männlichen Bevölkerung feststellen. In einigen Dörfern lebten fast doppelt so viele Frauen wie Männer. Der Unabhängigkeitskrieg zwischen den königstreuen Spaniern und den Aufständischen führte ebenfalls zu demographischen Veränderungen. Viele Otomi-Männer nahmen auf der Seite der Aufständischen an den Kämpfen teil, während andere von den Königlichen zwangsrekrutiert wurden (Arrellano Zavaleta, 1966: 617f.).

Die Etablierung von Machtstrukturen

Die heute im Mezquital herrschenden Machtstrukturen sind das Produkt einer langen – besonders von der Kolonialzeit geprägten – Geschichte ununterbrochener, heftiger Kämpfe um ökonomische, rechtliche, politische und militärische Positionen in und um die Comunidad indígena herum. Die Kenntnis dieser Geschichte soll uns die für den Außenstehenden fast undurchdringliche Lokalpolitik etwas durchsichtiger machen und Einsichten in die Funktionsweisen der Comunidad indígena vermitteln.

Die aztekische Herrschaft und die Spanische Krone

Die aztekische Herrschaftsform wird als despotisch-tributär bezeichnet, denn sie beschränkte sich ausschließlich darauf, Tribute einzutreiben, um davon zu leben. Gewaltsame Strafaktionen wurden nur dann notwendig, wenn sich eine Gruppe weigerte, die Tribute abzuliefern. Die Azteken machten überhaupt keinen Versuch, ihre Lebensweise, Sprache oder Religion den unterworfenen Völkern aufzuzwingen, es wurden nur militärische Garnisonen in den verschiedenen Zentren eingerichtet, Sammelstellen für die Abgaben.

Die Spanische Krone versuchte das System der aztekischen tributären Despotie fast ohne Veränderung zu übernehmen. Die Errichtung der Encomienda, einer von der Spanischen Krone abhängigen zentralisierten Bürokratie, war die Basis ihrer Herrschaft. Die Höhe der zu entrichtenden Tribute wurde unverändert von den Azteken übernommen, sie betrug 30 % des agrarischen und handwerklichen Produkts.

Die administrativ-politische Form der Organisation der unterworfenen Gemeinden und das kommunale Besitzrecht entstanden ebenfalls in enger Anlehnung an vorspanische Rechts- und Organisationsformen. Die einheimischen Bewohner wurden – zwecks besserer Kontrolle – zwangsweise in dörflichen Siedlungseinheiten zusammengefaßt. Die rechtlichen Formen aber knüpften an die Tradition der einheimischen Bevölkerung an. Dies verhinderte einen radikalen Bruch, der zur Auflehnung hätte führen können. Gleichzeitig sicherte diese Kontinuität die Erfüllung des Zweckes, den die Kolonialverwaltung verfolgte: Eintreibung der Tribute und die polizeiliche Kontrolle im Dorf. Diese Anpassung der Eroberer an ihre Vorgänger ist vor allem damit zu erklären, daß der Entwicklungsstand des Feudalismus in Spanien jenem der eroberten Gebiete nicht bedeutend voraus war, und daß die Politik des indirect rule der relativ kleinen Gruppe von Eroberern viele Umstände ersparte.

Die spanische Politik teilte die koloniale Gesellschaft in zwei Sektoren: die República de Indios und die República de los Españoles. Die República de Indios bestand aus einer indianischen Dorfverwaltung, die von den Spaniern abhängig war. Sie setzte sich aus einem Gobernador (Kaziken), mehreren hierarchisch gestuften Alcaldes (Bürgermeistern) und aus mehreren Regidores, ausführenden Kräften, zusammen. Die gewählten indianischen Funktionäre mußten lesen, schreiben und spanisch sprechen können. Durch besondere Gesetze und die Zwangssiedlungen wurde die indianische Bevölkerung streng von der spanischen Gesellschaft separiert, in den Comunidades isoliert und auf die Agrikultur reduziert.

Die koloniale Gesellschaft basierte auf einer höchst heterogenen Wirtschaftsform, in welcher der tributäre Despotismus, Feudalismus und präindustrielle Kapitalismus nebeneinander existierten. Im 18. Jahrhundert wurde das Geld zur dominanten Tauschform, und damit war der Übergang zum präindustriellen Kapitalismus vollzogen, der tributäre Despotismus war überholt. Die koloniale Kirche selber hatte sehr früh angefangen, mit Geld zu »arbeiten«. Das durch Opfergaben und Geschenke eingenommene Geld wurde mit hohen Zinsen ausgeliehen, wenn zur Sicherung des Kredits der Kirche ein Bodentitel überschrieben wurde. Meist blieb dann der Boden im Besitz der Kirche. Schließlich kontrollierte die Kirche die Mehrheit der ruralen und städtischen Besitztümer, und fast das gesamte Kreditkapital befand sich in ihren Händen. Dieses Kirchenkapital stellte gleichzeitig eine mächtige Bremse in der kapitalistischen Entwicklung dar, denn es stand hauptsächlich in Verbindung mit den feudalen Sektoren, die in einem überbordenden Luxus lebten (Semo, 1975: 167ff.).

Kaziken »Caciques« und das Patensystem »Compadrazgo«

Das Wort »Cacique« wurde von den Spaniern eingeführt. Mit diesem aus dem Arawakischen entliehenen Begriff bezeichneten sie die indianischen adeligen Häupter. An der Spitze der indianischen sozialen Pyramide stand der Kazike als oberster politischer und religiöser Führer. Traditionen und soziale Gremien wie der Ältestenrat schränkten aber seine Machtbefugnisse ein. Die wirtschaftliche Grundlage des Kaziken bildete sein Landbesitz, der von seinen Untertanen als Tributleistung bepflanzt wurde. Weitere Tributleistungen wurden ihm in Form von landwirtschaftlichen und handwerklichen Produkten sowie in Form von verschiedenen Arbeitsleistungen erbracht. Die Verteilung der Nutzungsrechte war die Grundlage der Gesellschaftsordnung in den Cazicazgos Mittelamerikas (vgl. Egli, 1982: 35ff.).

Mit der Einsetzung der Republica de Indios übernahmen die Spanier die alte Herrschaftsstruktur, um sie innerhalb der indianischen Gemeinden weiterwirken zu lassen, sie sich als gesamte aber zu unterwerfen. Die oberste Stelle der Republica de Indios nahmen die Kaziken ein, sie hatten die Vermittlung zwischen dem einheimischen Volk und der spanischen Regierung zu organisieren. Als Gegenleistung für diesen Dienst behielten sie ihr altes Tributrecht. Das bedeutete, daß das Volk sowohl ihnen als auch den Spaniern Tribute abgeben mußte. So standen die Bauern unter verschiedenen Organisationsmechanismen, von denen sie gleichzeitig ausgebeutet wurden. Die Kaziken standen in der Kolonialzeit weiterhin an der Spitze der einheimischen regionalen Gruppe.

»Die Anerkennung des Caciquen-Titels kam praktisch der Einsetzung eines adeligen Feudalherrschers durch die Spanische Krone mit denselben Insignien und Privilegien gleich, die auch der spanische Adel innehatte« (Egli, 1982: 96). Meistens mißbrauchten die Kaziken im Valle del Mezquital »die Unwissenheit der Indianer, vor allem wenn es sich um rechtliche oder administrative Angelegenheiten handelte. Die Ausbeutung erreichte (um 1800, M. N.) ein solches Ausmaß, daß teilweise sogar die Intervention der spanischen Administration notwendig wurde, um eine Überausbeutung der Ressourcen zu verhindern. ...Zudem war es üblich, daß die Comuneros die eingesetzten indianischen Funktionäre mit Eßwaren und Gütern bezahlten... und wenn diesen Funktionären etwas fehlte, verkauften sie darüber hinaus noch (in illegaler Form) die Gemeindeländereien« (Arrellano Zavaleta, 1966: 619).

1808 mußte der Kazike von Orizabita, einer Gemeinde im Mezquital, wegen schamloser Übergriffe abgesetzt werden. Selbst nach der Unabhängigkeit, als die Comunidades der neuen national-staatlichen Administration unterstellt wurden, blieb die informelle Autorität der Kaziken die real gewichtigere und bedeutsamere; die Bauern hatten sich primär nach ihr zu richten. Die Autorität des Presidente municipal, die rechtliche und formale Instanz, galt erst in zweiter Linie. Nolasco Armas stellt in einer Studie von 1963 und 1966 fest, daß der Caciquismus im Mezquital unverändert weiterfunktioniert, nur daß die lokalen Kaziken heute auch nationalen Einfluß haben. »Die sozialen Fortschritte in der Rechtsprechung haben das Valle del Mezquital noch nicht erreicht, auf jeden Fall gelten sie nicht für die indianische Bevölkerung. ...Die Teilnahme der Indianer am politischen Leben der Region und des Landes war und ist gleich Null; und wenn die Zeit der Wahlen kommt, begegnen sie diesen mit vollkommener Gleichgültigkeit, außer sie werden durch die Autoritäten des Municipios (oder die Kaziken, M. N.) zur Wahl gezwungen« (Nolasco Armas, 1966: 644f.). Die von Nolasco Armas festgestellte unveränderte Präsenz der Macht der Kaziken bezieht sich nur auf die äußere Erscheinung, denn in der inneren Funktionsweise des Kaziken-Systems haben grundlegende Änderungen stattgefunden. Waren sie früher ein integrierter Bestandteil der indianischen Hierarchie mit einem vererbbaren adeligen Titel und traditionell zugesprochenen Bodenverfügungsrechten, so wurden sie vor allem nach der Unabhängigkeit zu einer Art Großgrundbesitzer mit Privateigentum, die sich einzig durch ihre spezielle Beziehung zu den Comunidades von den reichen Ladinos unterschieden.

1968 wurden in Pueblo Nuevo zehn Bauern von persönlichen Wächtern des lokalen Kaziken nach ihrer Arbeit erschossen, als sie in einem Laden Getränke kaufen wollten. Es ging um wüstenartiges Hügelland, das den Bauern gehörte und durch welches ein Bewässerungskanal gebaut werden sollte. Als es dem Kaziken durch Erpressung und andere Versuche nicht gelungen war, den Bauern das Land abzunehmen, ließ er sie erschießen. Die Mörder waren sehr bald wieder frei (Benítez, 1972: 173–189). Einer der Wächter dieses Kaziken lebt heute als Familienvater in Daxhó. Ähnliche, aber komplexere Fälle von Caciquizmo im Mezquital wurden aus den siebziger Jahren beschrieben, in Zimapan und Mixquiahuala (vgl. Martinez Vázquez, 1975: 148–194).

Diese Überlebenskraft einer ursprünglich prähispanischen Machtfigur hängt mit ihrer spezifischen Vernetzung im gesamten System zusammen: mit der Comunidad indígena und mit den staatlichen Organismen. Der »Caciquismus« nahm in der Kolonialepoche wie im heutigen Nationalkapitalismus eine sehr vergleichbare Position ein: er war und ist der politische Vermittler zwischen zwei verschiedenen Produktionsformen, früher zwischen der despotisch-tributären und der kolonialen, später zwischen der kapitalistischen und der nicht-kapitalistischen Warenproduktion, wobei gleichzeitig die beiden verschiedenen Produktionsformen Teil eines ganzen Systems bilden. Die politische Kontrolle, die er aufgrund seines Prestiges und seiner ökonomischen Potenz ausüben konnte, erfüllte ihre Funktion auf beiden Seiten des Systems.

Die Macht der Kaziken stützte sich auf verschiedene Quellen: die Verbindung mit den Kolonisatoren erlaubte ihnen die weitere Nutzung ihrer traditionellen Vorrechte. Später, nach der Unabhängigkeit, profitierten sie zusammen mit den meofeudalen Großgrundbesitzern von der »Befreiung des Bodens, den Desamortisationsgesetzen« von 1823 und 1856, die das kirchliche und kommunale indianische Besitzrecht auflösten. Durch Kauf dieses Landes wurden sie zu Privateigentümern, die aber weiterhin die traditionelle Beziehungsstruktur zu den Comuneros pflegten und somit weiterhin wichtige Vermittler zwischen der indianischen Bevölkerung und dem Nationalstaat blieben.

»Wo verschiedene Produktionsformen miteinander verbunden sind, besteht eine historische Notwendigkeit für politische Vermittler zwischen der dominanten Klasse und der vorherrschenden Produktionsform und der Gruppe im dominierten Produktionssystem. Wenn wir uns auf den »Caciquismo« – oder Neo-»Caciquismo« – des Mexiko im 20. Jahrhundert beziehen, dann sprechen wir vom politischen Vermittlungsprozeß, der notwendig ist, um die Implantation des Kapitalismus in einem nicht-kapitalistisvhan Milieu zu vollziehen« (Paré, 1977a: 402). Nach der mexikanischen Revolution etablierte sich die Bourgeoisie an der Macht. In den ländlichen Gebieten, wo die Bauern für ihre Rechte gekämpft hatten, übernahmen oft die Revolutionsführer die politische und ökonomische Macht, diese lokalpolitischen Führer nannte man Caudillos. Sie verbündeten sich bald mit der nationalen Partei. In der Zeit der populistischen Regierung von Lázaro Cárdenas (1934–1940) wurde die unvermittelte Teilnahme der Bauern an der Agrarpolitik gefördert, die Bauern waren teilweise direkt in den politischen Apparaten repräsentiert, man brauchte keine Vermittler. Nach 1940 wurde die Agrarreform gestoppt, eine politische Kontrolle war wieder notwendig, um die bäuerlichen Forderungen einzuschränken und eine strukturelle Krise zu verhindern. Vermittler, die die öffentliche Politik von oben vertraten, aber genügend Kenntnisse und Unterstützung von unten hatten, um des bäuerlichen Gehorsams sicher zu sein, kamen erneut zum Zuge. Sie fanden sich unter den alten Caudillos und den alten Kaziken, die nie ganz verschwunden waren (vgl. Paré, 1975; 1977).

Im Valle del Mezquital, wo die Revolution selber wenig spürbar wurde, scheinen die Kaziken immer einen großen Einfluß bewahrt zu haben. Fabila (1938) erwähnt Petitionen und Klagen von 1920 und 1936, in denen sich die Bauern gegen die Übergriffe von Kaziken und politischen Funktionären, denen sie ausgeliefert waren, wehren.

Eine wichtige Machtquelle der modernen Kaziken besteht neben ihrer ökonomischen und politischen Macht in der spezifischen, informellen Organisation der Macht. Sie stützt sich nicht nur auf physische Gewalt, sondern auf die traditionellen Sozialbeziehungen: die Verwandtschaft, das Compadrazgo-System, die Religion und die Ethnizität. Der Kazike ist eine lokale Autorität: er kennt die Sitten und Bräuche der Bauern, oft spricht er ihre Sprache, so daß er als einer der ihren erscheint. Seine ausgedehnten verwandtschaftlichen Beziehungen ermöglichen ihm den Zugang zu intimen Bereichen der Campesino-Kultur. Diese »Vertrautheit« wird durch das Patenschafts-System, den Compadrinazgo gestützt.

Der *Compadrinazgo* ist eine der wichtigsten Sozialorganisationen in Mittelamerika, er leitet sich von Verwandtschafts- und Freundschaftsbeziehungen ab und vereinigt deren Vorteile in sich (Foster, 1961). Obwohl dieses Patensystem hauptsächlich von den Spaniern eingeführt wurde, ist es zu einem ganz typischen und vitalen Element der zwischenfamiliären Beziehungen der Campesino-Bevölkerung geworden und reguliert deren sonst eher reduzierte Alltagsbeziehungen. Es gibt viele Möglichkeiten, um in eine Compadre- oder Comadre-Beziehung zueinander zu kommen: man wird Pate oder Patin vorwiegend bei der Taufe eines Kindes, bei seinem 15. Geburtstagsfest oder bei dessen Hochzeit. Oft wählen sich zwei Erwachsene als gegenseitige Comadres oder Compadres aus Sympathie bei einem Zutrunk oder anläßlich anderer besonderer Ereignisse.

Der Compadrinazgo etabliert zwischen den Eltern des Patenkindes und dem Paten eine ernsthafte, verantwortungsträchtige Beziehung, die eine Reihe von Verpflichtungen mit sich bringt: gegenseitiger Respekt, Solidarität, ökonomische und politische Rückendeckung in Krisenmomenten (Tranfo, 1977). Der Compadrinazgo ermöglicht es, ein den verwandtschaftlichen Beziehungen ähnliches Netz im nichtblutsverwandten Bereich der Gegend auszubreiten. Es ist üblich, den Paten für das Kind in einer etwas höheren und reicheren Gruppe zu wählen. »So wird die Compadrinazgo zu einer Institution, die die Beziehungen zwischen Ausbeuter und Ausgebeuteten heiligt und zu etwas ›Reinem‹ macht« (Paré, 1975: 59). Da der Kazike meist die reichste, im kommunalen System noch zugängliche Instanz ist, wird er sehr häufig gebeten, Pate bei den Kindern zu sein. Damit wird der potentielle Feind in rituelle Verwandtschaftsverpflichtungen eingebunden und entschärft, wobei diese Verbindung für die Eltern des Kindes ebenfalls einen verpflichtenden und bindenden Charakter dem Kaziken gegenüber hat. Es gibt Kaziken, die bis über hundert Patenkinder und Compadres haben, die so indirekt zu seiner politischen Anhängerschaft werden und seine Macht stützen, während er ihnen ab und zu Geschenke geben muß.

Diese Sozialstrukturen und informellen Beziehungskanäle ermöglichen die Festigung der Macht des Kaziken auch auf ideologischer Ebene. Versuche, sich gegen die Ausbeutung und Abhängigkeit von den Kaziken zu wehren, enden meist mit einem Auftritt ihrer Pistoleros und einigen Toten (Benítez, 1972: 173–189). Im Laufe des ökonomischen und kulturellen Wandels geschieht es, daß die Machtstrukturen der Kaziken derartig rigide und autoritär werden, daß sie hinter der Zeit zurückbleiben und eliminiert werden können – bisher haben sich aber immer andere, der Zeit angepaßtere Personen gefunden, die an ihre Stelle treten konnten (Martinez Vázquez, 1975: 191).

Der Kazike selber ist eigentlich nur das hervorstechende Haupt einer ganzen Gruppe von Mestizen und Ladinos, die in seinem Wirkungsfeld ebenfalls diese »janusköpfige« Rolle von Agenten, die zwischen nationalen und bäuerlichen Institutionen vermitteln, spielen. Es sind »parasitäre« Gruppen, die zwischen dem dominanten und dem bäuerlichen System eine Schlüsselposition einnehmen als Händler, Makler, Kleinunternehmer und Funktionäre. Wolf (1956) zeigt, wie diese Institution des Vermittlers und mit ihr die Institution des Kaziken sowohl den Untergang der Krone als auch den Zerfall der Haciendas und die Revolution überlebte und sich den veränderten ökonomischen und politischen Gegebenheiten anpaßte. Roger Bartra (1977) beschreibt für das heutige Mezquital zwei Formen, wie die dominante Klasse ihre Interessen durchsetzt: einerseits durch das Kaziken-System, das die ethnische Identität als Mittel der Kontrolle einsetzt, und andererseits durch die national-lokale Beamtenmaschinerie, die sich mit Eingeborenen-Organisationen verbindet. Das Kazikensystem versucht, die Campesinos im Rahmen der traditionellen sozialen Beziehungen zu fixieren und ihre direkte Beziehung zum Nationalsystem zu unterbrechen. Die politische Kommunikation wird durch den Kaziken monopolisiert, womit er sich seine despotische Kontrolle über die Comunidades sichert. Die Beamten-Gruppe funktioniert mehr administrativ als persönlich und hat die Tendenz, die traditionellen Kultur- und Machtmechanismen auszuschalten, weil sie ihr hinderlich erscheinen. Indem sie die Probleme der Otomi mit technologischen Eingriffen zu lösen versucht, wird der Rassismus durch einen Technokratismus, der mit Demagogie verbunden wird, ersetzt.

Die Comunidad indígena

Die Comunidad campesina oder indígena ist eine Siedlungsgruppe, die durch eine gemeinsame Geschichte, gemeinsame Vorfahren und gemeinsame Glaubensinhalte verbunden ist und ihre sozialen Bezüge über Verwandtschafts- und Compadrazgo-Beziehungen regelt. Die Bewohner der Comunidad werden durch ihre aktive Teilnahme an der gültigen Sozialorganisation zu akzeptierten Mitgliedern der Gemeinschaft. Der soziale Zusammenhalt fundiert sich in der politisch-religiösen Hierarchie, die in den religiösen Festen ihren Ausdruck findet. Spezifische soziale Regeln und gegenseitige Arbeitsleistungen bilden den integrierenden Mechanismus, der die indianischen Gemeinden zu einer von den Mestizen unterscheidbaren Einheit werden läßt (vgl. Bennholdt-Thomsen, 1976: 42f.).

Im Laufe der Kolonisation lassen sich ganz spezifische Mechanismen aufzeigen, die einerseits zur formalen Erhaltung der Comunidad beigetragen haben, so daß sie heute oft noch ein sehr traditionelles Erscheinungsbild präsentiert, was einige Autoren dazu kommen läßt, vorwiegend zu betonen, wie ähnlich diese heutigen Otomi den prähispanischen sind (Séjourné, 1952; Fabila, 1938; Rojas Gonzales, 1939; Garibay, 1957).

Diese kulturelle Traditionalität entspricht einer ökonomischen Marginalität in bezug auf die Produktionsform, täuscht aber über das Ausmaß der ökonomischen Integriertheit der Comunidades in das Gesamtsystem hinweg. Diese vollzieht sich fast unsichtbar über den Markt und die Politik. Die Unterscheidung zwischen Ladinos/Weißen und Indianern/Campesinos ist nicht einfach kulturell zu definieren, sie ist, wie die Geschichte zeigt, untrennbar mit ihrer ökonomischen Lage und ihrer nicht-kapitalistischen Produktionsform verbunden. Was die Indianer aufgrund von rassischen Merkmalen, Sprache und Sitten als eine eigene Ethnie erscheinen läßt, ist in Wirklichkeit das komplexe Produkt von historischen und aktuellen Macht- und Gegenmacht-Strukturen, in welchen Ideologie, Kultur und Ökonomie eine sich ergänzende Rolle spielten.

Man kann annehmen, daß sich innerhalb der Comunidad Mechanismen entwickelt haben, die die Entwicklung einer gemeinsamen Identität erlaubten. Ribeiro (1979) betont, daß die spezifische Form von Identität und Widerstand der indianischen Bevölkerung nicht erfaßt werden kann, wenn sie mit einem mißverstandenen marxistischen Ansatz auf das Klassenbewußtsein reduziert wird. Der Widerstand der Indianer birgt ethnische Identitätsfaktoren in sich, die ihn von einem »Klassen«-Kampf unterscheiden. An der Geschichte der Comunidad indígena in Mexiko wird deutlich, wie sie zu einem ökonomisch integrierten, aber kulturell und sozial marginalisierten Element der kolonialen und nationalen Gesellschaft gemacht wurde und wie diese Situation spezifisch ethnische oder indianische Identitäts- und Widerstandsformen entstehen ließ.

Die spanische Verwaltung versuchte die indianische Bevölkerung durch eine Politik der Isolierung und Kontrolle von der spanischen Kultur und Entwicklung zu separieren. Dies geschah durch eine Reihe von Gesetzen und Zwangsmaßnahmen. Der zwangsweisen Umsiedlung in zugängliche und überwachbare Dörfer entsprach die Einrichtung von speziellen Quartieren für Indianer in den Städten. 1536 und 1563 wurden Gesetze erlassen, die »Vagabunden«, freilebende Indianer, für illegal erklärten. Den Indianern wurden europäische Kleidung, Feuerwaffen und das Pferd, sowie die Teilnahme in städtischen, spanischen Zünften verboten. Viele Gesetze der spanischen Rechtsprechung hatten für sie keine Gültigkeit, sie durften keine Schulden machen oder Kredite aufnehmen, und nur jene, die lesen und schreiben konnten, durften in der Republica de Indios ein Amt übernehmen. Sie wurden auf die Agrikultur, die Lohnarbeit und die Comunidad reduziert (Semo, 1975: 70ff.).

Die Unabhängigkeit brachte die Abschaffung der »Indianer-Gesetze«, die Aufhebung der Kastenregelung sowie das Verbot der rassischen Diskriminierung. Die sozialen Rechte galten für alle gleich. Aber mit der gleichzeitigen Abschaffung der Republica de Indios ging die Präsenz der Indianer in den politischen und administrativen Organen noch mehr zurück. Durch die massive Ausbreitung der Hacienda und die Entmündigung der Campesinos als abhängige Taglöhner wurde ihre reale soziale Diskriminierung eher verschärft.

In den Dörfern verbanden sich indianische Traditionen mit spanischen Organisationsstrukturen. »Es entstanden dauerhafte indohispanische Mechanismen, die der Erhaltung der kooperativen Existenz der Comunidad dienten, indem sie den akkumulierten Reichtum in nicht-ökonomische Richtungen kanalisierten und so eine ökonomische Differenzierung und die Entstehung von sozialen Klassen (innerhalb der Comunidad, M.N.) verhinderten« (Semo, 1975: 71). Der Surplus wurde durch Tribute und später Steuern abgeschöpft oder in den Festen verausgabt. Die Feste verschlingen heute noch derartige Summen, daß eine interne Akkumulation zum Kauf von Gütern oder zur Modernisierung der Produktionsmittel verhindert wird (Favre, 1971: 276ff.). So ist jener ein Indianer, der zu einer Comunidad gehört und an ihren Regeln teilnimmt, in der Comunidad kann er nicht reich werden, und so kann er auch nicht mit den Mestizen und Ladinos in Konkurrenz treten. »Der Boden bildet das physische Verbindungsglied, das die verstorbenen Generationen mit den lebenden verbindet... « (Favre, 1971: 109). Der Landbesitz ist überhaupt das wichtigste und zugleich heikelste Element der kommunitären Gleichheit. An ihm materialisieren sich die gegenseitige Abhängigkeit und Kontrolle, aber auch Konflikte, wenn Verstöße begangen werden.

Das Pendant zum Egalitarismus ist der »institutionalisierte Neid«, denn wer sich nicht konform verhält zu den traditionellen ökonomischen Regeln, wird zum Gegenstand von Gerüchten und Verfolgungen. Wer immer einen relativen Wohlstand genießt, wird bewundert und überwacht. Reichtum ist immer verdächtig. Schon Foster hat dieses Zusammenspiel von gegenseitiger Kontrolle, Neid und Druck zum Egalitarismus beschrieben und dafür den Begriff des »image of limited goods« verwendet; der bäuerliche Glaube an die Beschränktheit der Güter sei der Grund für dieses Verhalten (Foster, 1965).

Dieser vielfältige innere Zusammenhang der Comunidades hat eine paradoxe Wirkung: er erhält die Existenz der Gemeinde einerseits und macht sie abhängig und beherrschbar durch die ökonomisch »entwickeltere« Gruppe der Ladinos andererseits. Während all der Jahrhunderte nach der Eroberung haben sich die Comunidades sporadisch gegen diese Ausbeutung gewehrt. Das Bild der trägen und resignierten Comunidad, die sich willenlos der Expansion der Spanier unterwirft, entspricht nicht der Realität. Am Anfang zogen viele die Flucht oder den Tod der Unterwerfung vor, nachher lassen sich durch all die Jahre und im ganzen Land fast ununterbrochen Rebellionsversuche feststellen, gegen Sklaverei, Zwangsarbeit, Landraub und schlechte Behandlung, Agrarkrisen und Hungersnöte und gegen den Caciquismo. Die Protestformen reichten von Klagen auf rechtlichem Weg, Morden an Funktionären und Kaziken, Landbesetzungen, In-Brand-Setzen von Großgrundbesitzen bis hin zu gezielten Aufständen. Jean Meyer faßt die Aufstände von der Unabhängigkeit bis zur Revolution zusammen und erwähnt allein für den Staat Hidalgo und das Mezquital, also die Regionen der Otomi, dreizehn größere Erhebungen (Meyer, 1973: 7–25). Neuere Studien beschreiben die heutigen Kampfformen im Valle del Mezquital. Auch in diesen Arbeiten wird deutlich, daß nicht primär ein Klassenbewußtsein die Landkämpfe auslöst, sondern eine unmittelbare Betroffenheit durch soziale Ungerechtigkeit, die die Struktur der Comunidad zur Basis des gemeinsamen Kampfes werden läßt (Boege, 1974; Lara Flores, 1977).

Andere Widerstandsformen bestehen in dem altbekannten und viel beschriebenen Verhalten der Langsamkeit, Abwesenheit, Unverständnis und Verschlossenheit. Favre beschreibt diese Haltungen: der Indianer zeigt den Herren gegenüber eine ostentative Unterwerfungshaltung, um ihm das Gefühl der Omnipotenz zu geben, und betont die eigene Misere, Entwürdigung und Elendigkeit, um dessen Mitleid zu erwecken, betont aber auch, wie fleißig und arbeitsfähig er sei. Er verteidigt sich durch Lüge, rächt sich durch Faulheit und redistribuiert die Güter durch Diebstahl.

Das heutige Machtnetz im Valle del Mezquital

In der Revolutionszeit wurden im Mezquital keine Landbesetzungen vorgenommen; die Machtstrukturen und der Caciquismus aus dem Porfiriat konnten fast unverändert weiter existieren. Zwar erließ der damalige Präsident, Venustiano Carranza, am 6. Januar 1915 das Gesetz der Rückgabe des Bodens an die Bauern, und 1922 wurden die Ejido-Gesetze ausgearbeitet. Das Ejido-Land ist Boden, den der Staat den Großgrundbesitzern wegnahm oder abkaufte und an die Bauern verteilte. Diese müssen das Land bearbeiten, sonst geht es an den Staat zurück; es ist unverkäuflich. Trotz der Existenz dieser Gesetze wurde bis zur Präsidentschaft von Lázaro Cárdenas (1935–1940) sehr wenig Land verteilt. Im nördlichen Teil des Mezquital wurden 1936 Ejidos an die eingeschriebenen Bauern verteilt, das meiste Land war aber so steinig, daß es weder pflügbar noch bebaubar war. Zwar wurde den Bauern auch besseres Land zugesprochen, aber die alten Besitzer gaben es oft jahrzehntelang nicht frei. Weil die Armut des Valle del Mezquital in den 50er Jahren vergleichsweise extrem groß war, aufgrund der veralteten Machtstrukturen, des Klimas und der Bodenbeschaffenheit wurden verschiedene Hilfsprojekte in Angriff genommen: die Bewässerung und die Gründung des Patrimonio Indígena del Valle Mezquital (PIVM).

Schon seit dem 17. Jahrhundert wird die Stadt Mexiko von regelmäßigen Überschwemmungen bedroht, der Abfluß des Regens und der Abwässer ist seit der Trockenlegung des Sees, auf dem Mexiko Tenótchtitlán schwamm, ein Problem. 1607 wurde der erste Kanal durch die nördlichen Berge beendet, durch welchen die Abwässer der Hauptstadt in den Tulafluß geleitet wurden. Alexander von Humboldt erwähnte das Werk mit großer Bewunderung; 15 000 Indianer mußten daran arbeiten. Ende des 19. Jahrhunderts wurde ein 50 Kilometer langer Kanal zu dem Tunnel gebaut. Von 1937–1943 entstand ein neuer Parallelkanal. Diese Abwässer wurden schon seit Anfang des Jahrhunderts zur teilweisen Bewässerung benützt, aber ihre systematische, durch den Staat organisierte Verwendung begann erst in den 50er Jahren. Der Rio Tula, der die »Aguas negras«, so werden die Abwässer genannt, aufnimmt, durchquert das ganze Mezquital nach Norden, bis Murillo und Llano Verde. 1969 wurden verschiedene Staudämme gebaut, um die Gegend von Ixmiquilpan, Actopan und Murillo zu versorgen. 43 000 Hektar Land sollten mit diesem Bewässerungssystem bewässert werden können, wovon 24 000 Bauernbetriebe profitieren sollen. Nach der Darstellung der Secretaría de Recursos Hidráulicos aber besitzen 20 % der Betriebe 60 % des bewässerten Bodens und 80 % der Kleinbetriebe, die bis zu zwei Hektar besitzen, benützen nur 40 % des bewässerten Bodens (SRH, 1970).

Diese ungleiche Verteilung des bewässerten Bodens hat sehr viel mit der Machtstruktur des Mezquital zu tun, denn sobald bekannt wurde, daß der Kanal gebaut wird, setzten die Kaziken und Großgrundbesitzer alle Hebel in Bewegung, um einerseits die Kanalführung durch ihr Land zu erzwingen und um andererseits noch billiges, trockenes Land den unwissenden Bauern abzukaufen; eine Welle von Intrigen, Morden und Erpressungen ging los, lange bevor die Comunidades begriffen, was passierte (Benítez, 1972; Martinez Vazquez, 1976; Gutiérrez, 1976).

Francisco Muñoz, ein bekannter und kämpferischer Lehrer aus Llano Verde, erzählte: »Die Leute, die heute in Murillo viel bewässertes Land besitzen, haben es schon früher zu sehr tiefen Preisen gekauft... Die Autoritäten des Municipio sind dieselben; wenn ihnen ein Terrain, ein Stück Land gefiel, fanden sie einen Weg, um es dem Campesino, dem Armen, wegzunehmen. Sie wußten auch immer, wie einer dazuzubringen war, ihnen den Boden zu vermieten. So kam es, daß heute in Murillo der größte Teil des bewässerten Bodens in den Händen einiger weniger ist; sie kauften ihn billig, bevor die Bewässerung kam« (Benítez, 1972: 169). Obwohl die Bewässerung für viele Bauern, auch in Daxhó, Erleichterung bringt, bedeuten die Aguas negras der Hauptstadt eine große Gefahr: auch wenn das Wasser viel organische Materie mitführt, welche den Boden düngt, enthält es Waschmittelrückstände und Abfälle aus den chemischen Fabriken in Texcoco. Diese chemischen Stoffe zerstören gewisse Pflanzen, zum Beispiel den Klee, und lassen den Boden mit der Zeit veröden

(Finkler, 1973: 45–47). Nach den Aussagen eines Funktionärs der SRH wird der bewässerte Boden in zehn bis zwanzig Jahren für Jahrzehnte unbrauchbar sein. Ein zweiter unerwünschter Effekt der Aguas negras ist der sprunghafte Anstieg von gastroenteritischen Krankheiten, verursacht durch Bakterien, Typhus und Parasiten; viele davon führen zum Tode, weil sie nicht oder zu spät behandelt werden. Die SRH empfiehlt denn auch, nur Mais und Getreide zu bewässern, aber kein Gemüse, das frisch gegessen wird (SRH, 1970). Man sieht denn auch im ganzen Mezquital an den Kanalstellen, wo das Wasser abfällt, meterhohe Schaumberge, die sich aus der wiederbewegten chemischen Brühe bilden. Die Kinder spielen gerne mit dem Schaum, und viele Frauen waschen im Kanal ihre Kleider, ohne zu wissen, wie viele Krankheitskeime er birgt.

Die zweite staatliche Hilfeleistung gegen die Armut des Mezquital ist die Gründung des Patrimonio Indígena del Valle del Mezquital in Ixmiquilpan, kurz das »Patrimonio« genannt. Es wurde am 31. Dezember 1952 im Sinne einer dezentralisierten regionalen Entwicklungsinstitution gegründet. Sie ist direkt dem Präsidenten der Republik unterstellt, in der Hoffnung, so die Einflüsse der lokalen Machthaber umgehen zu können und die soziale und ökonomische Hilfe wirklich der indianischen Bevölkerung zukommen zu lassen. Die Autonomie der Institution gegenüber der lokalen Bourgeoisie ist also formal gegeben; de facto aber gelang es der lokalen Bourgeoisie, den Chef des Patrimonio zu einem ihrer Alliierten zu machen. Das bedeutete, daß die Neuerungen und das Geld des Patrimonio nur im Einverständnis mit den lokalen Caciquen eingesetzt werden konnten, das heißt wenn sie deren Interessen nicht zuwiderliefen.

Zehn technische Abteilungen gehören zum Patrimonio: Erziehung, Gesundheit, Viehzucht, Recht, Infrastruktur und Straßen, Ökonomie, Konstruktion, Agrikultur, anthropologische Forschung, Hydraulik und Bewässerung. Hunderte von Spezialisten, Funktionären, einfachen Hilfskräften und Arbeitern sind dort angestellt. Erst ab 1971 hat sich die Politik des Patrimonio geändert, weil damals der Sohn jenes bekannten Lehrers Francisco Muñoz aus Llano Verde, Maurillo Muñoz, selber ein Otomi und Anthropologe, Chef des Patrimonio wurde. Wie schon sein Vater war er entschlossen, gegen den Caciquismo der Gegend zu kämpfen. So wurde das Patrimonio während seiner Amtszeit zu einer Gegenkraft gegen die regionale Machtstruktur und zu einem direkten Ausläufer der Politik des Präsidenten Echeverria, der allgemein, zur Beruhigung der vielen Bauernaufstände, gezwungen war, die Kaziken des Landes zu bekämpfen und Kredite in die Comunidades zu pumpen (Armando Bartra, 1980: 33–40). Die meisten Familien aus Daxhó kannten Maurillo Muñoz und dessen Familie. Jene, die aus Llano Verde stammten, standen in einer Compadre-Beziehung zu ihm. So reisten während seiner Amtszeit immer wieder kleine Dorfdelegationen zu ihm nach Ixmiquilpan, um Petitionen einzureichen und Unrecht anzuklagen. Die sonst üblichen Gefühle des Mißtrauens und der Angst vor Funktionären und Institutionen konnten jetzt von denen, die der Macht der Kaziken ausgeliefert waren, dank der ethnischen, nachbarlichen und verwandtschaftlichen Beziehungen überwunden werden. Jene aber, die in guten Beziehungen zu den lokalen Kaziken standen, schätzten die Macht von Maurillo Muñoz nicht und sprachen abschätzig über ihn und das Patrimonio.

Aufgrund einer mehrjährigen soziologischen Untersuchung beschreiben Roger Bartra und Pilar Calvo (1975: 88–130) die dominante Gruppe in Ixmiquilpan folgendermaßen: die regionale Agrarbourgeoisie besitzt die politische, soziale, administrative und ökonomische Macht; sie setzt sich aus kapitalistischen Agrarunternehmern, Händlern sowie aus staatlichen und gewerkschaftlichen Funktionären zusammen. Diese Machtgruppe hat zwei Tendenzen: die eine, die um die Kaziken gruppiert ist, zeigt eine traditionelle, konservative Haltung gegenüber dem Staat und den Bauern; sie versucht, ihre Hegemonie mit allen Mitteln zu halten. Die andere, liberalere, verbündet sich mit den legalen staatlichen Institutionen und versucht von dort her, ihre Hegemonie zu sichern. Trotzdem bilden diese beiden Tendenzen eine einzige Struktur. 80 % dieser rund 40 Personen sind miteinander verwandt und gruppieren sich um zwei bis drei Kaziken. Eine Anzahl von sozialen Kontrollmechanismen ermöglicht ihnen die Erhaltung ihrer Position und Interessen. Die starke Verwurzelung im Volk und den Dörfern über Verwandtschaft und Compadrinazgo sichert den »populären« Anhang; Dorfautoritäten und Bauern bitten den Kaziken um Hilfe und

Beratung; als Gegenleistung unterstützen sie und die Gemeinden ihn bei politischen Wahlen. Zweitens gelingt es den Kaziken, ihre Anhänger und Verwandten in die öffentlichen Ämter einzusetzen. Der Presidente Municipal, der Repräsentant der Bewässerungskommission, die Häupter der lokalen Parteiorganisation der PRI und der staatlichen Bauerngewerkschaften in Ixmiquilpan sind seine Leute.

In Murillo, dem vier Kilometer entfernten Municipio von Daxhó, lassen sich ganz ähnliche Strukturen feststellen. Murillo gilt als eines der ärmsten der 23 Municipios im Mezquital, es hat mehrere abhängige Comunidades zu organisieren. Die Beziehung zwischen dem Municipio und den Comunidades ist eine Quelle ständiger Konflikte. Die Autoritäten der Administration werden als sichtbares Hindernis für die Entwicklung der Gemeinden erlebt, weil die Funktionäre staatliche und dörfliche Steuergelder veruntreuen, anstatt sie in Straßen, Schulen und anderem zu investieren. Kaja Finkler erzählt aus Nalcan, dem Nachbardorf von Daxhó, daß der Taxidienst, der von Murillo über Daxhó nach Nalcan führt, 1970 in den Händen des Präsidenten von Murillo und seiner Familie war. Er benützte sein Recht, Geldstrafen aufzuerlegen, um sein Geschäft in Gang zu halten, indem er jeden Händler, der jemanden am Weg in seinen Camion auflud, bestrafte; Leute mitzunehmen, sei illegal. Ebenso verhinderte er bis heute die Einrichtung einer geteerten Straße und eines öffentlichen Verkehrsmittels. Er verbot, daß der Dorfrichter Geldstrafen gegen Dorfmitglieder verhängt – nur er habe das Recht dazu. Wurde dieses informelle Gesetz von einem Dorfrichter nicht beachtet, wurde er sofort unter irgendeinem Vorwand festgenommen. Man vermutet, daß diese Bußen einen Teil des privaten Einkommens des Präsidenten von Murillo ausmachen (Finkler, 1973: 208f.).

Murillo hatte bis zur Landaufteilung in den 30er Jahren einige Großgrundbesitzer. Vor dem Bau der Durchgangsstraße 1934 war der Wochenmarkt von Murillo einer der wichtigsten der Region. Jetzt aber ist die Gegend eine der zurückgebliebensten des Mezquital. Neben wenigen kapitalistischen Agrarunternehmen auf dem guten Boden gibt es einen breiten Sektor von Kleinbetrieben, die wegen der geringen regionalen Investition kaum ein Wachstum aufweisen; ihre Besitzer verarmen und müssen migrieren. Einige der

Großgrundbesitzer geben sogar schlechte Parzellen den Campesinos in Pacht, weil sich für sie die systematische Bearbeitung des Bodens mit Lohnarbeit und moderner Technologie nicht lohnt. So haben sie kein Risiko und doch die Hälfte des Ertrages für sich (Gutierrez, 1973: 70). Die meisten sind auf Viehzucht, Schafe und Ziegen spezialisiert.

Die lokale Bourgeoisie von Murillo basiert auf Ressourcen, die der durchschnittlichen ökonomischen Entwicklung Mexikos nicht angepaßt sind; sie ist reaktionär und parasitär, sie bezieht ihren Reichtum kaum aus der produktiven Investition von Kapital in Industrie und Landwirtschaft, sondern vorwiegend aus dem Handel, der direkten Ausbeutung der Bevölkerung über die administrativen Ämter, Bestechungsgelder und der Pacht. Daher erklärt sich auch die zunehmende Verarmung der Comunidades von Murillo und die zunehmende Tendenz der Männer zur Migration. Der Einfluß der Kaziken bewirkte, daß die Bewässerung die armen Gemeinden wie Daxhó und Nalcan nur teilweise erreichte, damit ihre eigenen Ländereien vollumfänglich bewässert werden. So kann die zunehmende Armut auch durch die teilweise Bewässerung nicht aufgehoben werden. Zumal selbst die bewässerten Teile der Dörfer ihr Wasser oft nicht erhalten; der Kazike von Murillo ließ verschiedentlich den Kanalverwalter festnehmen, um ihn zu zwingen, die für die Dörfer bestimmte Wassermenge öfter auf seine eigenen Felder zu leiten (Finkler, 1973: 208).

Obwohl die kleine Machtgruppe von Murillo, Viehzüchter, Händler und Funktionäre, über den lokalen Reichtum dieser Region verfügt, ist sie im nationalen Maßstab relativ arm, da sie ihre Produktion nicht effizient kapitalisieren kann. Ihre Gewinne sind im Verhältnis zur Bourgeoisie von Ixmiquilpan gering. Gutierrez bezeichnet sie aus diesem Grunde als eine Gruppe von Klein-Bürgern, die im regionalen Rahmen die Macht innehat (Gutierrez, 1975: 75). Die Bauern, armen Händler und Handwerker der Gegend werden von dieser kleinbürgerlichen Caciquengruppe kontrolliert. Zentral ist die Kontrolle jener, die die politischen Posten in den Comunidades besetzen: des Kommissär des Ejido, des Dorfrichters, des Dorfrepräsentanten und schließlich der Dorflehrer. Da die Anhänger der Kaziken viele öffentliche Posten besetzen, versuchen sie die Wahlen der Dorfautoritäten über informelle Beziehungen (Compadrazgo etc.) oder durch Drohungen zu beeinflussen und so ein enges Netz ihrer Machtstruktur bis in die kleinsten Dörfer hinein zu bilden.

Das Ergebnis ist ein Prozeß der systematischen Isolation der Comunidades aus der öffentlichen Politik. Die dorfinternen Konflikte, seien sie sozialer oder ökonomischer Natur, gehen folglich selten über das lokale Niveau hinaus und können daher leicht von den Kaziken für ihre eigenen Interessen vereinnahmt werden (Boege und Calvo, 1975: 131–147). Wenn die Bewohner von Daxhó über die Geschichte ihres Dorfes erzählen, lassen sich überall deutlich die Spuren dieser Machtverhältnisse erkennen.

3. Die bäuerliche Ökonomie

Die Bauerngesellschaften heute sind Produktionseinheiten, die innerhalb eines übergeordneten Systems, eines Staates, eine Teilkultur bilden. Oft führen sie politisch und kulturell ein relatives Eigenleben, haben aber kaum Einfluß auf nationale Entscheidungsprozesse; sie sind von dem ihnen übergeordneten System abhängig. Somit ist die Beziehung nach außen durch Ohnmacht, Mißtrauen und Feindschaft bestimmt (Wolf, 1955, 1956; Shanin, 1971, 1973). Sie stellen keine sich selbst reproduzierende Produktionsweise dar, sondern eine dem kapitalistischen System über den Markt und die nationale Verwaltung eingegliederte Produktionsform.

Die Produktionsform der Bauern ist eine nicht-kapitalistische: sie basiert auf der Familie, die im Besitz der eigenen Produktionsmittel ist und für den Eigenkonsum wie für den Markt produziert. Da das Geld zu einem zunehmend wichtigen Faktor im bäuerlichen Alltag wird, Werkzeuge, Insektizide, Industrieartikel notwendig werden, muß durch den Verkauf der Landwirtschaftsprodukte auf dem Markt oder durch Lohnarbeit außerhalb eine Einnahmequelle geschaffen werden. Das Resultat ist eine enge Verschränkung der bäuerlichen Produktionsform mit der kapitalistischen, die zusammen ein festes System bilden (Vergopoulos, 1977, 1977/78). Diese Nahrungsmittel produzierende Wirtschaft gehört also zur Zirkulationssphäre des Kapitalismus, weil sie ihn mit Lebensmitteln und Arbeitskraft versorgt, und bleibt gleichzeitig außerhalb der kapitalistischen Produktionssphäre, da das Kapital nicht direkt in sie investiert wird und die Produktionsverhältnisse hier häuslicher und nicht kapitalistischer Art sind.

Die Daxhoaner sind Campesinos. Sie arbeiten mit einem geringen Einsatz an Technologie und Lohnarbeit, hohem Selbstkonsum, geringer Kommerzialisierung der Produkte und einer niedrigen Konsumation auf dem Markt.

Nur fünf Familien können zu den »mittleren Bauern« gerechnet werden; sie bearbeiten über fünf Hektar Land, stellen

Lohnarbeiter an und verkaufen regelmäßig Teile ihrer Produktion auf dem Markt. Die Familienarbeit macht aber den Hauptanteil ihrer Arbeit aus, sie können kaum als kapitalistisch Produzierende angesehen werden, denn bei der sporadischen Anstellung von Nachbarn in Lohnarbeit findet keine eigentliche Ausbeutung statt.

Rund ein Drittel sind »verarmte Campesinos« (vgl. A. Bartra 1976b: 17ff.). Sie besitzen nicht genügend Boden, um den Bedarf der wachsenden Familie zu decken, und bepflanzen ihr Land zum ausschließlichen Selbstkonsum; die Männer suchen regelmäßig Arbeit außerhalb der Gemeinde. Luisa Pare (1977: 56f.) beschreibt diese Gruppe als Halbproletarier.

Die Mehrheit der Daxhoaner verfügt über zwei bis fünf Hektar steiniges Hügelland, das sie vorwiegend zum Selbstkonsum anbauen, bei guter Ernte aber gerne etwas auf dem lokalen Markt verkaufen. Diese ›armen Campesinos‹ sind je nachdem, wie die Ernte ausfällt, darauf angewiesen, zusätzliche Einkunftsmöglichkeiten außerhalb zu suchen. Einige bleiben im Dorf und versuchen mit hohem Arbeitseinsatz ihre Ernte zu verbessern. Sie sind relativ beweglich und an Neuerungen wie der Kollektivierung des Ejidos oder zusätzlichen Verdienstmöglichkeiten durch den Verkauf von Handwerksprodukten interessiert. Wollen sie sich einen ›Luxus‹, ein Steinhaus, ein Tonband oder einen Gasherd, leisten, versuchen sie es für eine Weile in den USA.

Die ›mittleren Bauern‹, jene fünf Familien, bilden in der Gemeinde die bestimmende Schicht mit ausgebauten Beziehungen zu kleinen Unternehmern und Funktionären der ruralen Bourgeoisie. Sie seien über illegale Landaneignung, gute Beziehungen zum lokalen Kaziken und intensive Lohnarbeit in den USA zu ihrem Grundkapital gekommen, das sie im Ort produktiv investierten: in ein Taxi, einen Lebensmittelladen, eine elektrische Mühle, eine kleine Hühnerfarm, eine Wollzerreißmaschine, eine Kantine für Mineralwasser und alkoholische Getränke. Diese Familien sind im Besitz von Produktionsmitteln, die sie in Form von Dienstleistungen den anderen Dorfbewohnern zur Verfügung stellen. Sie alle versuchen, sozial aufzusteigen und sich in reiche Bauern zu verwandeln, was schwierig ist, da sie selber wiederum von der ruralen Bourgeoisie abhängig sind, mit der sie in Handelsbeziehungen stehen, aber auch darauf achten müssen, sich politisch und sozial mit ihr gut zu stellen, um Interessenkonflikte zu vermeiden. Das bedeutet Bestechung, Geschenke und zeitraubende soziale Beziehungen nach außen. Eric Wolf bezeichnet diese indianischen, ökonomisch aufsteigenden Bauern, die Beziehungen zur nationalen Bourgeoisie pflegen, als »Brokers«, Vermittler zwischen der Comunidad und dem nationalen System (Wolf, 1956).

Die Daxhoaner erleben die bäuerliche Produktion allgemein und von alters her als eine mühselige und oft schwierige Arbeit. Einer der ›reicheren‹ Bauern, der Vater von Martina und Paco, dem Dorfchef, erzählte, daß es schwierig sei, als Bauer mit den »Leuten von draußen« zurechtzukommen. Einmal, als er seine Bohnen- und Feigenernte einem Händler verkaufen wollte, kam dieser mit einem Lastwagen, um die Ware aufzuladen. – Und das Geld? fragte Eleuterio. – Heute abend auf der Plaza von Murillo, antwortete der Händler. Natürlich war am Abend niemand dort. Das sei hier ab und zu passiert in den letzten Jahren. – Und man kann gar nichts dagegen machen, wir sind denen ausgeliefert, klagte Eleuterio.

Der alte Schulpräsident von Daxhó erzählte, daß früher die Leute des Kaziken von Murillo zu Besuch kamen und einen zwangen, ihnen das beste und fruchtbarste Land zu verkaufen; war man nicht einverstanden, drohten sie mit Mord oder Vergewaltigung der Frauen und Töchter. Es blieb einem nichts anders übrig, als drei Kreuze unter einen Text, den man nicht lesen konnte, zu setzen; dafür erhielt man einige hundert Pesos und war sein Land los. Viele klagten darüber, daß die Händler in Murillo ihnen den Mais und die Bohnen zur Erntezeit zur Hälfte des Preises abkauften, den sie einem später in der Vorerntezeit, wenn die private Maisreserve knapp geworden ist, wieder abnehmen. Gute Saatqualität wird bei Händlern oft zum dreifachen Preis gekauft. Um in der Trokkenzeit die Bewässerung der Felder regelmäßig durchführen zu können, muß nicht nur auf dem Büro der Secretaría de Recursos Hidráulicos für jedes Ar ein Bonus gekauft werden, sondern der Kanalmann will eingeladen und bestochen werden, sonst gibt es kein Wasser. Andere erzählten, wie sie von reisenden Handelsvertretern überredet wurden, teure Insektizide und Spritzapparate zu kaufen, die sie anderswo viel billiger erhalten hätten. Es scheint, daß lokale Händler, Funktionäre, etablierte Bauern sowie die Kaziken Peso für Peso

Peso aus den Campesinos herauszuholen versuchen. Händler, Verkäufer, Müller, Kantinenbesitzer, Taxichauffeure, Funktionäre und Ärzte nehmen ihnen bei jeder Gelegenheit etwas zuviel ab.

Gelangt eine Bauernfamilie an die Grenze des Existenzminimums, so bedeutet das nicht unbedingt die Auflösung der Farm. Es bleiben drei Ausweichmöglichkeiten zur zusätzlichen Geldeinnahme: die Lohnarbeit, die Aufnahme von Krediten und das Handwerk.

Die *Wanderarbeiter*, deren Familien auf der Farm bleiben und die frei sind, dem Angebot des Arbeitsmarktes zu folgen, werden sowohl in Mexiko wie in den USA zu Minimallöhnen angestellt, die nach dortigen Verhältnissen die direkte Reproduktion des Arbeiters erlauben, aber seine erweiterte Reproduktion nicht beinhalten. Weder der Unterhalt für seine Frau und Kinder, noch seine Alters-, Kranken- und Invalidenversicherung sind in diesem Lohn inbegriffen. Aber trotz all dieser negativen Aspekte der Wanderarbeit, der Unsicherheit des Arbeitsplatzes, der monatelangen Arbeitslosigkeit und der großen Entfernung von der Familie, ist der Lohn für die Daxhoaner relativ hoch – wenn sie Glück haben, bringen sie nach einigen Monaten hundert bis dreihundert Dollars mit nach Hause. Für das internationale Kapital sind die Wanderarbeiter durchaus von Interesse, sie stellen eine leicht verfügbare und billige Reservearmee dar (vgl. Meillassoux: 1976).

Die Frauen, die in der häuslichen Produktion zurückbleiben und diese sowie die Familie erhalten, damit der arbeitslose, kranke oder invalide Mann einen Rückhalt und Rückzugsort hat, übernehmen die Produktion dieses indirekten Lohnanteils. Theoretisch gesehen sind es also auch die Frauen der migrierenden Bauern, die einerseits für das Kapital von Bedeutung sind, und für die nationale Politik andererseits, denn sie verzögern die totale Emigration vom Land in die Städte und damit die sowieso schon gefährliche Ballung von arbeitslosen Menschenmassen, die zu bedrohlichen Unruheherden werden können. Als dritter Vorteil bleibt durch sie die Produktion von Nahrungsmitteln im Campesinosektor erhalten. Die Arbeit der Frauen von Daxhó hat von daher gesehen eine über das Dorf hinausgehende Bedeutung. Die Fixierung der Bauersfrau ans Haus wird durch die traditionellen und ethnischen Verhaltensregeln für die Frau gestützt.

Dörfliche Normen und internationale Interessen ergänzen sich in einer unsichtbaren und den Betroffenen nicht bewußten Weise.

In Daxhó haben fast alle Männer einmal als Wanderarbeiter gearbeitet, wenige als festangestellte Arbeiter in einer Fabrik. Trotz der enorm hohen Reisekosten und Bestechungsgelder für die Menschenschmuggler an der Grenze nach Texas, des hohen Risikos, nach einigen Tagen oder Wochen geschnappt und auf eigene Kosten zurückgeschickt zu werden, versuchen es alle jungen Männer einmal. Die Hälfte hat Glück, die andere Hälfte kommt ohne Geld und verschuldet zurück. Es ist ein Glücksspiel in der Hoffnung auf ein eigenes Haus, ein Radio, ein zusätzliches Stück Land, in der Hoffnung auf ein ruhiges und etabliertes Bauernleben. Nur wenige finden eine gute Stelle dort in Texas, an die sie regelmäßig und gesichert zurückkehren können; sie bringen ein wenig Geld zurück, das hier seinen Wert hat, weil die Frau den Hof inzwischen allein weitergeführt hat. Das kleine Vermögen ist in den folgenden Monaten schnell verbraucht, vertrunken, verschenkt.

Ich weiß von etwa zehn bis fünfzehn Männern im Dorf, die aufgrund von Arbeitsunfällen und Krankheiten nicht mehr in der Fabrik arbeiten können. Zwei haben eine Seifenlunge aus der Seifenfabrik, zwei eine Silikonlunge aus den Minen, sie haben Rücken- und andere Organschäden. Zum Glück hat die Frau das Haus und das Land erhalten, sagen sie, so habe ich einen Ort, wo ich überleben kann; mich will niemand mehr, in der Stadt wäre ich verloren. Silvia Téran (1976) hat aufgrund ihrer Forschungsarbeiten im Valle del Mezquital gezeigt, daß selbst die Bauern, die seit Jahren als volle und festangestellte Proletarier in den Städten leben, aufgrund der Unsicherheitsfaktoren der Lohnarbeit ihre bäuerliche Identität beibehalten und in ihrem Stückchen Land dort im Dorf mehr Sicherheit und Zukunftssinn sehen als in einer syndikalen Bewegung oder dem politischen Kampf als Arbeiter.

Eine weitere Möglichkeit, der drohenden Verarmung durch knappen Boden und den erhöhten Bedarf an Bargeld zu entgehen, ist das *Kreditsystem*. In dem Maße, wie es sich für das Industriekapital nicht lohnt, direkt in eigene Landwirtschaftsbetriebe zu investieren, weil der natürliche Risikofaktor, Transport- und Lagerungskosten zu hoch sind, tendiert es dazu, sein Geld indirekt in Form von Krediten in die Landwirtschaft hineinfließen zu lassen (Mann und Dickinson, 1977/8). Dieser Weg bietet Vorteile: die Bauern können zu intensiverem Landanbau mit höherem Technologieeinsatz ermuntert werden, was die Surplusproduktion und den Konsum von landwirtschaftlichen Geräten aus der Industrieproduktion erhöht. Traktoren, Insektizide, Dünger werden von der Campesinoschicht vermehrt gekauft, eine neue Konsumentenschicht entsteht; die Zinsen für dieses Kreditkapital bleiben den Geldgebern sicher. Gleichzeitig verhindern die Kredite wiederum die Abwanderung aus der Landwirtschaft. Es besteht die Tendenz, daß sich die Agroindustrie vermehrt am Eingang und Ausgang der direkten Landwirtschaftsproduktion ansiedelt in Form von Produktionsmittelfabriken und Nahrungsmittel-Verarbeitungsfabriken, die das Risiko des landwirtschaftlichen Anbaus umgehen, die Bauern aber indirekt und nach und nach auch direkt von sich abhängig machen (R. Bartra, 1974; A. Bartra, 1979).

In Mexiko wird die Kreditvergabe durch staatliche Institutionen, zum Beispiel durch das Patrimonio, rurale Banken und die nationale Ejidobank (Banco Nacional de Crédito Ejidal) organisiert. Der Kredit wird vorwiegend an Bauerngruppen vergeben, die sich in einer ejidalen Kooperative zusammengeschlossen haben; die Mitglieder sind gemeinsam für die Zinsen und die Schuld haftbar. Gutelman (1971: 189–95, 241–45) zeigt, wie diese organisierte Verschuldung dazu führt, daß innerhalb des Ejidos eine Schichtung entsteht, indem es einzelnen möglich wird, ihre ökonomische Position zu sichern, während die Mehrheit einer »technisch-ökonomischen Kontrolle« unterworfen wird. »Denn es geht darum, den Campesino in politische und syndikale Strukturen einzuwickeln, die ihn ideologisch und organisch in das kapitalistische System integrieren; und es geht darum, den Kredit zu organisieren, Preise und Löhne festzulegen, die Bewässerungspolitik zu bestimmen – und immer entstehen dieselben inneren Widersprüche« (a. a. O., 1971: 241). Im Inneren der Ejidokollektive entsteht eine harte soziale Kontrolle; die Ejidatarios müssen sich gegenseitig überwachen, selektionieren und die »schädlichen Elemente« ausschließen, zu armen Campesinos machen. Unabhängige soziale Bewegungen und Aufstände können durch diese unter den Bauern vorangetriebene Klassenspaltung verhindert werden (Paré, 1976).

Die Kollektivierung des Ejido kann von verschiedenen Machtgruppen benutzt werden, um die bestehenden Kräfteverhältnisse zu verschieben. An einem anderen Ort im Mezquital wurde die Kollektivierung des Ejidos von der lokalen Kleinbourgeoisie kontrolliert und als Kampfmittel gegen die lokalen Kaziken verwendet. (Boege et al., 1976) Das Ejido unterstellt die Campesinos einer direkten staatlichen und lokalen Kontrolle, indem ihnen ökonomische Verbesserungen und Unabhängigkeit vom Joch des Kaziken versprochen wird. Der bäuerliche Widerstand gegen die Kollektivierung, oft als reaktionär abqualifiziert, »enthält in seinem Kern die Vorstellung einer anderen Kollektivierung, einer, die für die Produzenten selber Verbesserung bringt, und einer, die den Anfang einer besseren Gesellschaft darstellen würde« (Warman, 1977: 56).[10]

Im Jahr 1975 hatte das Patrimonio den Ejidatarios von Daxhó vorgeschlagen, das hügelige und wüstenartige Ejidoland zusammenzulegen und durch Bodenbereinigung und einen Bewässerungskanal fruchtbar zu machen, um dann Nuß- und Feigenbäume zu pflanzen. Mit einem Kredit von mehreren Millionen Pesos wurden die Aufbereitung und die geleistete Arbeit im Taglohn bezahlt. Rund zwanzig erwachsene Männer haben dadurch für etwa zwei Jahre ein mehr oder weniger regelmäßiges Einkommen im Dorf selber gefunden. Die Abzahlung der Schulden wird in den folgenden fünfzehn Jahren durch die abzuliefernde Ernte direkt geleistet. Durch solche Kreditverleihungen, Bodenmelioration und Landreformen können der nicht-kapitalistisch produzierende Sektor erhalten und dessen Produktionsrate erhöht werden.

Die Ejidatarioversammlung hat zur Verwaltung des Geldes und der Arbeit einen der vertrauenswürdigsten Männer des Dorfes gewählt. Er erzählte mir, daß man ständig versucht, ihn zu bestechen, Dorfbewohner und Außenstehende – jetzt gehe ihm auf, was man da für ein Geld machen könnte. Fast wöchentlich kommen Landwirtschaftsberater vom Patrimonio und der Bank vorbei, um die Arbeit und die Abrechnungen zu regeln und die Produktion zu überwachen. Mit der Kollektivierung des Ejidos ist Daxhó endgültig und institutionalisiert dem nationalen Markt einverleibt worden.

Zur selben Zeit hat eine lokale Bauernvereinigung den Ejidatarios vorgeschlagen, eine Hühnerfarm in Daxhó zu errichten, in der über tausend Hühner in einem turnhallengroßen Raum gezüchtet werden. Die moderne Anlage wird durch eine Familie bedient. Seit Jahren nun werden die Hühner wöchentlich abgeholt, und noch nie ist eine Abrechnung erstellt worden. Die Daxhoaner vermuten, daß die Organisatoren sich den Gewinn einstreichen, denn jedesmal, wenn eine Abrechnung verlangt wird, gibt es Krach und Drohungen. Man munkelt, der Chef dieser regionalen Ejidoorganisation sei ein großer Kazike aus Ixmiquilpan oder aus Mixquiahuala, deswegen gebe es in dieser Angelegenheit wenig auszurichten.

Ich war nicht wenig erstaunt, als ich zur selben Zeit in der Hauptstadt einen Agroingenieur traf, der mir erzählte, er habe ein eigenes Büro und sei reich geworden, weil er das Agrarministerium dazu gebracht habe, ihm Aufträge zu geben. Seine Idee war, in armen Bauerngemeinden, die er ausfindig macht, Kaninchen- oder Hühnerzuchtanlagen zu installieren. Der Staat bezahlt ihm seine Arbeit und die Installation des Gebäudes direkt und versucht dann, das Geld durch die Kaninchen- oder Hühnerproduktion wieder einzunehmen. Das Valle del Mezquital war ihm wohlbekannt. Der progressive Agroingenieur ist aufgrund seiner »Sozialarbeit«, indem er den Staat als Vermittler und Gläubiger einsetzte, reich geworden. Die staatlichen Funktionäre, die die Hühnerproduktion verwalten, werden ebenfalls reich. Die Betrogenen sind die Bauern im Dorf und das Volk, dessen Steuergelder in dieser Weise ungleich »verteilt« werden. All diese Entwicklungsprojekte vergrößern vor allem den Arbeitsmarkt für mittlere Kader, wo das Geld auch hängenbleibt.

Die Werkstatt von Daxhó stammt aus den fünfziger Jahren, den Anfängen des Patrimonio.[11] Sie wird bis heute regelmäßig von dieser Institution betreut. Sie ist als Kollektiv organisiert; die zehn bis fünfzehn Personen, die dort arbeiten, verwalten den Betrieb paritätisch, einer wird als Repräsentant gewählt, um mit den Behörden zu verhandeln, die auch den Verkauf der Teppiche organisieren. Mit einem achtstündigen Arbeitstag verdienen die Knüpfer etwa soviel wie ein Tagelöhner auf dem Ejido, manchmal etwas mehr. Aber entsprechend der bäuerlichen Alltagsstruktur (Ley, 1979: 29–49) wird sehr unregelmäßig gearbeitet; wenn gerade Feldarbeit verrichtet werden muß, ein Fest stattfindet, jemand krank ist oder andere Ereignisse dazwischenkommen, fällt die Arbeit aus. Der Betrieb läuft nicht wie geplant, was die Funktionäre dazu führte, sich bei mir ausführlich über die Faulheit, Dummheit und Unzivilisiertheit der »Indios« zu beklagen. Mein Argument, daß diese Leute nebenher noch das Feld bearbeiten und nach anderen Zeiteinteilungen leben als ein Fabrikarbeiter, machte sie nachdenklich oder verlegen: Dann müssen sie es lernen, sonst funktioniert der Betrieb nicht. Aber sie sind rückständig und wollen das Neue nicht annehmen! antworteten sie.

Es wurde erzählt, daß gewisse Funktionäre den Werkstattbetrieb privat betreuen und die Teppiche unter der Hand verkaufen, denn ihr Salär sei zu gering. Diese Information paßt zur allgemeinen Tendenz der Sozialingenieure und Agroberater des Patrimonio, sich während ihres »Landaufenthaltes« im Valle del Mezquital ein kleines Vermögen anzuschaffen. Sie richten in kleinen und großen Dörfern des Mezquital private Werkstätten ein mit fünf Nähmaschinen zur Hemdenproduktion, Webstühlen zur Stoffproduktion, oder sie machen lokale Handwerker von sich abhängig, indem sie ihnen das Arbeitsmaterial vorschießen und die Ware direkt abkaufen. Mit den Beziehungen und den Transportmitteln des Patrimonio ist es ihnen ein leichtes, das Doppelte ihres Lohnes herauszuwirtschaften. Im Schatten der staatlichen Institutionen, die als Hilfsorgane für die Bauern des Mezquital eingerichtet wurden, wird massiv ausgebeutet und Kapital akkumuliert. Der Staat wird als technisches Hilfsmittel zur einfacheren Kapitalakkumulation benützt.

Im Dorf selber entstehen immer neu Streit, Spaltungen und Gerüchte um die Werkstatt herum. Mancher, der dort gerne einen Nebenverdienst erarbeiten würde, wird vom Kollektiv abgewiesen; die eigenen Angehörigen und Freunde werden vorgezogen, wenn möglich junge, die noch keine Familie haben. Als ich im Dorf lebte, war der Dorfchef Paco auch Repräsentant der Werkstatt, wodurch er seine Beziehungen zum Patrimonio förderte und seine Machtposition im Dorf selber ausbaute. Als Pacos Amtszeit abgelaufen war, bekam er eine Promotorenstelle im Patrimonio. Ähnlich wie beim Ejido stützt auch die Werkstatt die dorfinterne Schichtung und führt zu Spaltungen in der Comunidad.

Die dritte Möglichkeit zur zusätzlichen Geldeinnahme ist

das *Handwerk*. Die alten Frauen stellen noch Ayates her, lockere Geflechte aus gesponnenen Agavenfasern, in welchen Kinder, die Maisernte und alle möglichen gewichtigen Gegenstände transportiert werden. Die Frauen verkaufen sie innerhalb des Dorfes oder auf dem Markt von Murillo zu niedrigen Preisen an Einheimische. Das Weben von Wolldecken an den alten spanischen Holzwebstühlen wird vor allem von den Männern übernommen, die Frauen präparieren und spinnen die Wolle. Es wird im Auftrag einer Nachbarsfamilie, die die Wolle liefert, gearbeitet, oder für den einheimischen Markt in Zimapan. Die Herstellung der kunstvoll gemusterten Schals, Taschen und Deckchen mit der prähispanischen Webtechnik, bei der die Webarbeit zwischen der Taille der Webenden und der Hauswand oder einem Baum aufgespannt wird, übernehmen vor allem die Frauen. Diese Arbeiten gelangen über verschiedene Zwischenhändler auf den touristischen Markt. Manche Frauen kennen private Händler in Murillo, die ihnen die Ware zu sehr niedrigen Preisen regelmäßig abnehmen, andere geben sie in den Kunsthandwerkladen vom Patrimonio in Ixmiquilpan in Kommission; dort verkaufen sich die Arbeiten aber nur sehr sporadisch. Ab 1975 haben sich Kontakte zu staatlichen Organisationen ergeben, die den Verkauf der Gewebe übernehmen: Banken in Mexiko (Banco de Mexico, Banco Nacional de Comercio Exterior). Die Gruppen, die zu diesen Organismen in Kontakt stehen, haben sich im Dorf auf informeller Ebene gebildet und funktionieren nach dem Verwandtschafts- und Compadrazgoprinzip. Der Repräsentant der Gruppe, der evangelistische Besitzer der Maismühle, erlaubt nur auserwählten Familien, vor allem evangelistischen, ihre Webereien an die Bank zu schikken. Dies schafft im Dorf Spannungen und Neid.

Die Herstellung der Handwerksarbeiten geschieht wie die Feldarbeit unter nicht-kapitalistischen Bedingungen im Rahmen der häuslichen Produktion. Da sie aber als Waren für den kapitalistischen Markt produziert werden, beginnen diese Marktverhältnisse die Produktionsbedingungen mitzubestimmen. Die große Bedeutung des touristischen und exportorientierten Marktes in Mexiko führt auf nationaler Ebene zu einer direkten Abhängigkeit der häuslichen Produktion vom privaten und staatlichen Handelskapital. »Die Handwerksarbeit in Mesoamerika ist nicht als ein Relikt der nicht-kapitalistischen ökonomischen Formen zu verstehen, sondern als eine Aktivität, deren Dauerhaftigkeit, Wachstum und Entwicklung in der Gegenwart im Zusammenhang mit dem allgemeinen Prozeß der Klassendifferenzierung, Arbeitsteilung innerhalb der kapitalistischen Entwicklung und mit der Vereinnahmung von nicht-kapitalistischen Produktionsformen durch kapitalistische erklärt werden muß. Obwohl die Handwerksproduktion weiterhin ›präkapitalistische‹ Züge hat, sind ihre Produktionsbedingungen zunehmend durch die allgemeine kapitalistische Ökonomie bestimmt« (Littlefield, 1979: 486).

Victoria Novelo zeigt, wie die Erhaltung des häuslichen Handwerks auf nationaler Ebene verschiedene Funktionen erfüllt: sie hemmt die Migration in die Städte, indem sie den Campesinos zusätzliche Einnahmequellen verschafft, sie sind wichtig als ländliche Konsumenten von Industriewaren. Sie ermöglicht dem privaten und staatlichen Handelskapital einen zum Teil massiven Gewinn durch die oben beschriebene Verschränkung zweier verschiedener Produktionsformen (Novelo, 1976: 230–33). Auch auf diesem Gebiet kommt der Arbeit der Frauen eine überregionale ökonomische Bedeutung zu, die auf ihre Arbeit in für sie nur indirekt faßbarer Weise Einfluß nimmt. Im Dorf spürbar werden nur der zunehmende Konkurrenzdruck, die Verteuerung der Wolle und des Garns sowie die Bildung von rivalisierenden Machtgruppen, von denen die einzelne Frau ohnmächtig abhängig ist, ohne darauf Einfluß nehmen zu können.

Diese Formen der »Ausbeutung« der ländlichen Arbeit implizieren eine besondere Dynamik im Arbeits- und Sozialleben der Bauern. Die Frauen sind nicht wie in den Industriezentren vorwiegend als Konsumentinnen von Wichtigkeit, sondern als Produzentinnen von Gebrauchswerten und Waren, wodurch sie die halbproletarische Arbeit der Männer verbilligen. Das führt dazu, daß sie einer enormen Anforderung von physischen und psychischen Anstrengungen unter sehr einfachen Verhältnissen gerecht werden müssen: sie kultivieren das Feld, verarbeiten die Nahrungsmittel, ziehen die Kinder auf, erledigen die Hausarbeit, stellen Handwerksprodukte her und pflegen den Garten: Janvry und Garramón (1976: 210–15) sehen diese extrem hohe Anforderung an die Bauernfrau in direktem Zusammenhang mit den Anforderungen des kapitalistischen Systems, das den Sektor der Subsistenzproduktion mit dem der Warenproduktion verbindet, um den Profit zu maximieren. Ein wichtiger Ausweg für die Frauen aus dieser Überforderung ist die hohe Kinderzahl. »Die Leute sind nicht arm, weil sie viele Kinder haben, sondern sie haben viele Kinder, weil sie arm sind!«

Kinder werden als *Produzenten*, Sicherheitsgaranten sowie als Versicherung im Alter angesehen. So werden sie von früh an zur Mitarbeit angehalten, in der Hoffnung, den familiären Ruin hinauszögern zu können. In die Ausbildung der Kinder werden besonders große Erwartungen gesetzt, denn diese ist das einzige Mittel, das einen Zugang zu zusätzlichen Ressourcen außerhalb des Dorfes verspricht. »Der Widerspruch ist perfekt; größere Armut bedeutet persönlichen Bedarf nach mehr Kindern, und mehr Kinder bedeuten den Preis einer höheren Armut. Der demographische Widerspruch verstärkt den ökologischen Widerspruch auf der privaten und der öffentlichen Ebene« (Janvry und Garramón, 1976: 214).

Um diese strukturell bedingte Pauperisierung zu verhindern, muß der Staat vermehrt intervenieren, die Abwanderung muß gestoppt, die Frauen an ihre häuslichen Aufgaben fixiert und die Geburtenrate gebremst werden. Während der Staat sich bemüht, den Frauen zu gleichen Rechten wie dem Mann zu verhelfen, bewirken die ökonomischen Kräfte (mangelnde Produktivität und Konkurrenzdruck auf dem Arbeitsmarkt) gerade das Gegenteil (vgl. Young, 1979: 300).

Die komplexe ökonomische Situation und der steigende Konkurrenzdruck bewirken ein Gefühl der Ohnmacht und des Ausgeliefertseins, das sich in einem starken gegenseitigen Mißtrauen und großer Reserviertheit äußert. Diese Art von Distanz und geringer Kooperationsbereitschaft scheint in vielen Bauerngesellschaften vorhanden zu sein. »Jeder hält den anderen für egoistisch und sucht in seinem Verhalten nach egoistischen Motiven, auch wenn sie nicht offen zutage treten. Bauern sind neidisch auf die Erfolge der anderen, und sie versuchen daher, ihren Reichtum vor den anderen zu verstecken. In der Unterhaltung neigen sie dazu, dritte, nicht anwesende Personen zu kritisieren. Sie nehmen nur das Negative und nicht das Positive bei den anderen wahr. Zu Reserviertheit, Mißtrauen, Neid und Kritiksucht gehört auch die

Furcht vor anderen. Man unterstellt dem anderen meist böswillige Absichten und versucht, sich dagegen zu schützen« (Spittler, 1977: 70).

Spittler bringt das bäuerliche Mißtrauen in Zusammenhang mit der Tendenz der Bauern, sich nicht in Form von kooperativen Gruppen und Tätigkeiten, sondern in dyadischen Beziehungen zusammenzuschließen; seien es verwandtschaftliche, freundschaftliche wie der Compadrazgo oder ungleiche dyadische Beziehungen wie die Patron-Klient-Beziehung, die in Südamerika ebenfalls als Compadre-Beziehung bezeichnet wird. In diesen dyadischen Beziehungen suchen die Bauern eine kalkulierbare und überschaubare Sicherheit, eine unmittelbare gegenseitige Verpflichtung, die, da sie nach einem familiären Muster funktioniert, von großer Bindung ist. Spittler meint, daß gerade in den Entwicklungsländern, wo der Staat in großem und wechselndem Ausmaß in den Agrarsektoren eingreift, die Auswirkungen dieser Interventionen sehr unsicher sind: »Für die Entstehung von Klientelbeziehungen ist nun entscheidend, daß diese staatlichen Interventionen zwar als generelle Regeln formuliert werden, daß aber in der Praxis diese Regeln nicht gelten und die Interventionen daher unkalkulierbar sind« (a.a.O.: 1977: 79). Seien es Kredite, Landverteilungen oder Stellenangebote, die Erfahrung ist, daß meist nur eine Minderheit von diesen Angeboten profitiert.

Daxhó als Gemeinde ist stark vom staatlichen System beeinflußt, dessen Projekte für die Werkstatt, das Ejido und die Handwerksproduktion das Dorf strukturieren und in Machtgruppen zergliedern.

4. Kultur und Ethnizität

Der Begriff der Ethnie, des Volkes, wird in den letzten Jahren vermehrt in einem gesellschaftskritischen Zusammenhang verwendet. Daß gerade die deutschen Intellektuellen sehr skeptisch auf diese Begriffe reagieren, ist eine notwendige Reaktion auf die Vergangenheit. Dudek (1983) vermutet hinter den Argumentationen, die für Regionalismus und nationale Selbstbestimmung plädieren, die Illusion, vorkapitalistische Sozialstrukturen innerhalb eines kapitalistischen Systems rekonstruieren zu können; Sigrid Meuschel (1983) verweist die Behauptung, nationale Fragen seien zählebiger als soziale, in die Reihen der Rechten.

Marxistische Ethnologen und Soziologen in Lateinamerika (Dokumente ..., 1979) und auch in Europa (Zülch, 1975) hingegen beginnen sich mehr mit der politischen und sozialen Bedeutung des »Volkes« und der Kultur auseinanderzusetzen, weil sie erfahren haben, daß die polit-ökonomische Argumentation die Realität der unterdrückten Minderheiten nur teilweise erfaßt. Für das Verständnis der Verhältnisse in Daxhó scheint es mir nützlich, den kulturtheoretischen Begriff der Ethnie von dem polit-ökonomischen der Klasse zu unterscheiden.[12] Die Bauern von Daxhó gehören zum Volk der Otomi; sie bilden eine Ethnie, die sich durch Sprache, Geschichte und gemeinsame Bräuche von der übrigen nationalen Bevölkerung und von anderen Ethnien unterscheidet. Die ständige Präsenz kapitalistischer und nationaler Strukturprinzipien sowie der hegemoniale Kultur-Anspruch der dominanten Klassen begründet den internen Kolonialismus in Mexiko (Barabas, 1979: 79). Ich möchte das Aufeinanderstoßen verschiedener Lebensstile und traditioneller Werte als einen *Kulturkampf* bezeichnen. Am heftigsten wird der Kulturkampf auf der Ebene der Bildung, der Religion und der politischen Teilnahme sichtbar.

Zur präziseren Unterscheidung zwischen ethnischen Prinzipien und Klassenprinzipien mag der von Max Weber (1956: 223–29) geprägte Begriff des »Standes« angewendet werden:

er unterscheidet die Klasse als eine Gruppe, die dieselbe Marktlage teilt, vom Stand, der eine Gruppe bezeichnet, die nicht durch den Besitz, sondern durch eine bestimmte Hierarchie von Ehre und Prestige, durch eine bestimmte Art der Lebensführung von anderen unterschieden werden kann. Diese ständische soziale Ordnung, die die Verteilung des Sozialprestiges über Normen und Verbote, über Konventionen, Stilisierungen und zeremoniale Vorschriften regelt, deckt sich nicht notwendigerweise mit der ökonomischen Ordnung. »Eine soziale Klasse läßt sich niemals allein aus ihrer Lage und Stellung innerhalb einer gesellschaftlichen Struktur, d. h. aus den Beziehungen bestimmen, die sie objektiv zu anderen Klassen der Gesellschaft unterhält; eine Reihe ihrer Eigenschaften verdankt sie nämlich dem Umstand, daß die Individuen, die diese Klasse bilden, absichtlich oder ohne es zu merken in symbolische Beziehungen zueinander treten, die die Differenzen von Stellung und Lage in logischer Systematik ausdrücken und diese Unterschiede somit in *signifikante Unterscheidungsmerkmale* zu verwandeln trachten. Die relative Unabhängigkeit dieses Systems von Handlungen und Signalements oder – wenn man so will – Unterscheidungszeichen, kraft derer die Subjekte ihre Stellung in der Sozialstruktur ausdrücken und zugleich für sich selbst und die anderen... konstituieren, erlaubt es,... eine spezifisch kulturelle Ordnung methodologisch zu autonomisieren« (Bourdieu 1970b: 57f.).

Diese von den Subjekten getragene symbolische Ordnung von Unterscheidungszeichen machen die kulturelle Seite der Ethnie aus, die neben der Konstituierung einer eigenen Identität auch die gesellschaftliche Funktion hat, Einschluß und Ausschluß, Trennung und Verbindung als Zeichen von Gemeinschaft und Unterscheidung auszudrücken, wobei diese Zeichen »für die Struktur einer Gesellschaft jeweils kennzeichnend sind, indem sie die konstitutiven Elemente dieser Struktur, Gruppen oder Individuen der *Bedeutungslosigkeit* entreißen« (a. a. O.: 63). Das »Spiel der symbolischen Unterscheidungen« verleiht den Angehörigen einer Gruppe gemeinsame Erkennungszeichen, die sie zugleich von jenen, die außerhalb stehen, unterscheiden. Die Autonomie der kulturell-symbolischen Ordnung ist aber nur relativ; Herrschafts- und Klassenbeziehungen bilden den Rahmen für den Variationsspielraum, innerhalb dessen sich die kulturellen Zeichen und die symbolische Ordnung entfalten können – auch mit der Funktion, die Herrschaftsbeziehungen zu transformieren.

Für die Ethnie der Otomi trifft zu, daß sich ihre kulturelle Eigenart fast ganz mit der Klassenlage deckt; die große Mehrheit ihrer Mitglieder gehört zu den armen Bauern und dem Halb-Proletariat. Die wenigen individuellen Ausnahmen wie die Lehrer, Maurillo Muñoz oder der evangelistische Pfarrer haben wenig Einfluß auf die Lage des Volkes, denn sie sind selten zu organischen Intellektuellen für ihr Volk geworden, sondern zu Aposteln der nationalen Gesellschaft. Man kann sagen, daß eine Otomi-Bourgeoisie nicht existiert, nur einzelne Personen, die zur nationalen Bourgeoisie hin tendieren. Die Otomi als Ethnie stellen also im nationalen Rahmen auch eine Klasse dar. Darin unterscheiden sie sich zum Beispiel von den Maya in Yucatán, wo sich innerhalb der Ethnie eine Bourgeoisie, die die Unterscheidungsmerkmale ihrer Gruppe weiterhin teilt, entwickelt hat.

Es ist auffallend, wie lustlos und oberflächlich der Nationalfeiertag durch die Schule in den indianischen Dörfern gefeiert wird. Die Kinder singen und führen europäische Tänze vor, ihre stolzen Mütter schauen etwas verlegen zu. Gerade im Vergleich zu der fiebernden Freude und Eifrigkeit um das Dorffest herum wird deutlich, wie tief das ethnische Element die Identität und Lebendigkeit der Dorfbewohner berührt und betrifft und wie wenig Zugang sie zur Symbolik der nationalen Feste haben. In diesem Zusammenhang ist das Konzept von Pierre Bourdieu zur »kulturellen Reproduktion« von Interesse. Es geht ihm darum, zu zeigen, »daß das Erbe der akkumulierten und von den früheren Generationen hinterlassenen (kulturellen, M. N.) Güter real... nur denen gehört, welche die Mittel besitzen, es sich anzueignen. Da die kulturellen Güter als symbolische Güter nur von denen als solche erfaßt und besessen werden können (gleichzeitig wie die symbolischen Befriedigungen, die mit einer solchen Inbesitznahme einhergehen), die den Code besitzen, der es ermöglicht, sie zu entziffern,...« (Bourdieu, 1972: 96). Bourdieu spricht von der Klassengesellschaft, die einen ungleichen Zugang zu kulturellen Gütern ermöglicht. Für unsere Fragestellung nach dem Verhältnis der Ethnizität zur nationalen

Gesellschaft und den Ursachen der Überlebenskraft der Ethnizität bekommt dieser Satz eine neue Bedeutung: er erklärt das Desinteresse der Dorfbewohner an den nationalen Festen, die auf Codes basieren, deren Symbole für Daxhóaner irrelevant sind, da sie fremde Werte und Interessen repräsentieren. Zweitens aber macht Bourdieux' These klar, daß die Ethnie selber teilweise über Codes verfügt, die ihrerseits – wenigstens partiell – die Nationalkultur negieren. Die Ethnie bleibt nicht nur von vielen Codes und damit dem Zugang zu nationalen kulturellen Gütern ausgeschlossen, sondern sie selber schließt zeitenweise Fremde, die nicht über den ethnischen Code verfügen, vom Zugang zu den ethnischen kulturellen Gütern aus. Die »Gesetze der kulturellen Übermittlung« reproduzieren den Graben zwischen Nationalstaat und Ethnie immer neu. Es scheint mir sehr wichtig, diesen Teilaspekt der kulturellen Übermittlung ethnischer Identität zu berücksichtigen – im Prozeß der zunehmenden äußeren Anpassung erlaubt er, die Virulenz der damit verbundenen psychischen Konflikte zu erfassen.

Gegen Ende meines zweiten Aufenthaltes in Daxhó haben mir die Frauen mit leiser Stimme – denn es handelte sich um Geheimnisse gegenüber Fremden – von ihren Göttern, der Sonne, dem höchsten Gott, der alles beeinflußt in der Welt der Otomi, erzählt: bei einer Krankheit geht es darum, abzuklären, ob sie von der Sonne geschickt wurde. Wenn ja, dann will sie etwas von diesem Menschen. Er wird ihr eine Speise zubereiten und sie ihr bei Sonnenaufgang offerieren, dazu eine Kerze anzünden und Weihrauch. Die unglücklichen Toten gehen zur Sonne, die anderen zum Mond, der die Mutter und Erde ist. Die bösen Geister bewegen sich nachts, mit Limpias (Reinigungen) und Kräutern können sie vertrieben werden. Auch der Regengott ist in dieser trockenen Zone wichtig, früher – bevor der Bewässerungskanal gebaut wurde – seien einige Bauern jedes Jahr auf einen bestimmten Berg gestiegen, um dem Regengott Opfergaben darzubringen. Auch vor der Ernte werden ihm Opfer gebracht. Es wurde mir immer ausführlicher über die Krankheiten und ihre spirituellen Zusammenhänge erzählt. Als mir bei meinem zweiten Aufenthalt verschiedene Gegenstände aus meiner Küche abhanden gekommen sind, sagte meine Nachbarin Celia: Komm, wir gehen zum Heiler. Weit außerhalb des Dorfes in den Hügeln lag eine einsame Hütte zwischen den Maisfeldern; ein alter Mann und eine alte Frau lebten dort. Celia redete in Otomi mit ihm, er hieß mich Bohnen werfen und sagte, man habe mich bestohlen. Er machte mir eine Limpia, ließ mich eine bittere Flüssigkeit trinken und befahl mir, während drei Nächten eine Kerze auf der Türschwelle anzuzünden, einige Tropfen von einer Essenz darauf zu schütten und drei Steine dazuzulegen. Niemand hatte mir bisher von diesem Wahrsager und magischen Heiler erzählt. – Man redet nicht davon, sagte Celia, – erzähl niemandem, daß wir hier waren.

Der Zeitpunkt und die Art, in der mir diese ethnischen Wissens- und Glaubensinhalte vermittelt wurden, machten mir klar, wie stark der Kulturkampf in diese Gemeinde eingegriffen hat und verinnerlicht worden ist. Der permanente Auseinandersetzungsprozeß mit dem diskriminierenden Druck von außen ließ eine oberflächlich zur Schau gestellte Anpassung zustande kommen, die die ethnischen Glaubens- und Handlungswerte unsichtbar macht; sie sinken quasi in den Untergrund, von wo her sie weiterhin identitätsbildend und als regulatorisches Prinzip zwischenmenschlichen Zusammenlebens wirken.

Die unterdrückten Ethnien müssen immerzu zwischen Anpassung nach außen und Erhaltung der eigenen Identität zu vermitteln suchen. In diesem Prozeß entwickeln sich der heutigen Realität angepaßte Überlebens- und Widerstandsstrategien, die selber wieder ambivalent sind. Frantz Fanon beschäftigt sich ausführlich mit der Frage, ob die traditionellen Bräuche nicht ein Hindernis im Prozeß der Bewußtwerdung für sich selber seien. »Wenn man an die für die koloniale Epoche so charakteristischen Anstrengungen denkt, die kulturelle Selbstentfremdung der Eingeborenen herbeizuführen, begreift man, daß nichts zufällig geschehen ist: es war das von der Kolonialherrschaft angestrebte Ziel, den Eingeborenen einzuhämmern, der Kolonialismus müsse sie aus der Nacht herausreißen...« (Fanon, 1961: 161). Ihn interessiert die Ambiguität der Identität, die sich auf Traditionen stützt; einerseits ermöglicht sie die Abgrenzung von den diskriminierenden Werten der Kolonisatoren, und gleichzeitig kann sie zu einer Selbsteinschränkung werden. »Inzwischen geht das Leben jedoch weiter, und aus den schreckenserregenden

Mythen, an denen die unterentwickelten Gesellschaften so reich sind, leitet der Kolonisierte Hemmungen und Verbote ab, die seine Aggressivität eindämmen« (a.a.O.: 42). Wenn der Feind nicht klar erkannt und definiert ist, können die durch Unterdrückung und Entwertung angestauten Aggressionen nicht sinnvoll und gezielt eingesetzt werden, sondern müssen in der Inszenierung traditioneller Rituale entladen werden. »Diese Zerstörungen der Persönlichkeit, diese Verdoppelungen, diese Auflösungen erfüllen eine ›ökonomische‹ Funktion, die für die Stabilität der kolonisierten Welt unentbehrlich ist« (a.a.O.: 44). Fanon kritisiert die exotisierende Betrachtung der ethnischen Traditionen, denn damit soll die Tatsache des Kolonialismus verschleiert werden. Ich werde versuchen, anhand der Gespräche mit den Frauen von Daxhó eben diese Ambiguität der Tradition und der Ethnizität aufzuzeigen, die Widerstands- und die Anpassungsaspekte, an denen auch die Frauen beteiligt sind.

Oft konstituiert sich die ethnische Identität als negative Identität, indem sie als soziales Stigma verstanden und die Diskriminierung als Selbstentwertung verinnerlicht wird. Albert Memmi (1966) beschreibt in seinem »Portrait des Kolonisierten« das unerbittliche Gefesseltsein des Kolonisierten an den Kolonisator und die Zwiespältigkeit seiner Selbstbehauptung. Innerhalb einer kolonialen Gesellschaft scheint es fast unmöglich zu sein, ein Gleichgewicht zwischen der lebensnotwendigen Anpassung und der identitätsstärkenden Abgrenzung, die auch Widerstand ermöglicht, zu finden. Der gegen sich selbst gerichtete Rassismus ist ein Ausdruck dieser Schwierigkeit. Die Zugehörigkeit zur Ethnie wird in den alltäglichen Erfahrungen, Handlungen und in den Beziehungen erlebt. In diesen subjektiven Erfahrungen formieren sich das entsprechende Denken und Bewußtsein. »Deswegen«, schreibt Memmi, »begann ich zu ahnen, welche Hilfe für die Menschen im Kampf die einfache, aber genaue und systematische Beschreibung ihrer Nöte, ihrer Demütigungen und ihres objektiven Zustands der Unterdrückung sein konnte« (Memmi, 1966: 14). Ein abgrenzendes Bewußtsein des Kolonisierten ist abhängig von der bewußten Wahrnehmung seiner objektiven Lage und der subjektiven Gefühle und Leiden, die darin empfunden werden. Ein eigenes ethnisches Bewußtsein ist das Ergebnis eines Identifikationsprozesses mit inner-ethnischen Empfindungen, Beziehungsformen und Interpretationsmustern, sowie mit der gemeinsamen Vergangenheit, aktuellen gültigen Bräuchen und Regeln, es ist ein Produkt eines Zugehörigkeits- und Mitgliedschaftsstatus, der die Teilnahme an kollektiven kulturellen Ausdrucksformen darstellt.

Es wurde eine ganze Reihe von Faktoren beschrieben, die die Dauerhaftigkeit des ethnischen Bewußtseins mitbedingen. Die Mehrheit der mexikanischen Bauern sind Angehörige einer der etwa 50 Ethnien dieses Landes. Die ländlichen Lebensbedingungen erlaubten die Erhaltung des ethnischen Zusammenhaltes und einiger Traditionen über lange Zeiträume hinweg. Die wichtige politische und soziale Einheit ist die Comunidad, die von den Spaniern für ihre Verwaltungszwecke eingesetzt wurde, vom Kapital als ökonomische Einheit angepeilt wird (Perelló, 1979) und als ein von der nationalen Gesellschaft ausgeschlossenes Reservat, als eine segregierte Teilkultur erhalten wird, in welcher sich die Wanderarbeiter reproduzieren und von wo sie je nach Bedarf als Reservearmee abberufen werden können (Favre, 1971; Meillassoux, 1976). Gleichzeitig hat gerade diese politisch gesteuerte Segregation der Comunidad ihre innere Festigung und ihr Überleben gefördert.

Die indianischen Feste werden sehr häufig als eine die ethnische Identität wiederbelebende Institution verstanden, als eine sinnlich erlebbare Festigung der gemeinsamen Werte und Traditionen.

Das alljährliche Fest spielt in Daxhó eine große Rolle. Die Verantwortung für das Fest wird ein Jahr vorher in Form von Cargos an auserwählte Männer verteilt, die dann für ein Jahr lang als Mayordomo für das Essen, das Feuerwerk, die Musik, die Prozession, die Messe, den Schmuck der Kirche und anderes mehr gelten. Diese religiösen Festämter sind von den politischen Ämtern getrennt und unabhängig. Die Übernahme eines Fest-Mayordomia bedeutet für die Familie des Mayordomos einen beträchtlichen Kosten- und Arbeitsaufwand, an dem sich die Frauen oft sehr intensiv beteiligen (vgl. Gubelmann, 1981).[13]

Die große Bedeutung des Festes im Leben der Daxhóaner wird während der Festvorbereitung spürbar. Schon Wochen und Monate vorher wird viel über das Fest gesprochen, von den Beiträgen, die jede Familie liefert – die Familienangehörigen der Mayordomos gehen von Haus zu Haus und sammeln eine kleine »cooperación« – und es wird jedesmal bitter festgestellt, daß die Evangelisten nicht mitmachen. Der Graben zwischen den Katholiken und den Evangelisten wird zu dieser Zeit besonders deutlich. Die jungen Mädchen ziehen von Haus zu Haus, um Geld für den Kirchenschmuck zu sammeln. Die Mütter und Näherinnen nähen Kleider für die Mädchen, die an der Prozession teilnehmen. Die jungen Männer sind abends damit beschäftigt, die kleine Kapelle von außen weiß zu kalken, von innen blau. Die Frauen der Mayordomos, ihre Nachbarinnen und Verwandten beginnen wochen- und tagelang vorher mit der Essenszubereitung, der Mole, dem Schlachten, der Organisation der notwendigen Utensilien. Dann das Feuerwerk: monatelang sitzen die Männer zusammen und stopfen die Knallkörper, die, an kunstvollen Türmen befestigt, rauschhafte Lichterregen entstehen lassen. Die jungen Mädchen kommen in Gruppen zusammen und stellen haufenweise Papierblumen für die Prozessionsstationen und die Kirche her. Die vier Geiger des Dorfes treffen sich, um ihre Lieder zu üben, mit denen sie den Umzug begleiten werden. Wo die Agavenpflanzen reif genug sind, wird Pulque in genügendem Maße vorbereitet. Während der Vorfestwochen war in vielen Haushalten eine freudige und auch etwas aufgeregte Emsigkeit spürbar, die sich in den letzten Tagen steigerte – der geordnete Alltagsrhythmus wurde umgeworfen, jeder mußte noch schnell etwas erledigen, etwas besorgen, jemanden informieren. Das Fest selber dauerte dann drei Tage mit vielen Prozessionen, Festessen von morgens früh bis abends spät, Einladungen bei den Mayordomos und Tanz am Abend des dritten Tages. Die Verwandten kamen aus der »Ferne« angereist, um dabeizusein; gruppenweise zogen sie von der Busstation unten ins Dorf hinauf. Die evangelistischen Familien schauten aus einiger Distanz zu; die erwachsenen Söhne der einen Familie nahmen zur Überraschung und Freude der anderen am Fest teil. Hast du gesehen, er ist auch gekommen, flüsterten sie sich zu.

Guzman-Böckler (1975) sieht in den Festen, der Musik, den Tänzen sowie in den Handwerksarbeiten den Ausdruck einer Kosmovision, eine soziale Strategie, die angelegt ist, die Existenz und Individualität eines Volkes zu bewahren. Durch diese gemeinsamen Tätigkeiten wird eine eigene Konzeption der Welt und des Lebens aufrechterhalten und verstärkt; so formt sich immer wieder neu eine kollektive Identität, die die Vitalität lebendig erhält.

So findet denn auch ein großer Teil des Kulturkampfes auf der politischen Ebene der Religion statt. Der mexikanische Staat hatte sich in seiner Indianer-Politik, die vorwiegend darin besteht, die verschieden-sprachigen Bauern in die nationale Kultur zu integrieren (vgl. Brändli, 1981), auch auf eine evangelistische Sekte gestützt, das Summer Institute of Linguistics (SIL). Mitglieder dieser sehr reichen Sekte lebten bei den Indianern, lernten ihre Sprache und übersetzten die Bibel in dieselbe (vgl. Agence Latino-americaine, 1978; Hvalkof und Aaby, 1980).

Der mexikanische Präsident Lázaro Cardenas, 1936 wegen der Nationalisierung des Petrols in großen Spannungen mit der nordamerikanischen Regierung, sah in dem Vertrag, den er mit dem Gründer des SIL, William Townsend, abschloß, eine Möglichkeit, die konservativen Politiker Nordamerikas zu versöhnen (Rus, 1980). Townsend pflegte intensive Kontakte und Freundschaften mit hohen mexikanischen Funktionären, die seine Missionsarbeit mit Beglaubigungen, Geld und staatlichem Boden für seine Missions-Tempel stützten. Das Instituto Nacional Indigenista holte sich Leute des SIL als Berater für ihre Indigenista-Politik. Ihr Ziel war der Kampf gegen den Alkohol, die Hexerei und die Einsprachigkeit (Monolinguismus). Sie förderten die Alphabetisierung und die kulturelle Anpassung anhand der zweisprachigen Bibellehre. Mit Hilfe der Religion trennten sie die Konvertierten von ihrer Ethnie, deren Festen und Ritualen ab, um sie in einem calvinistischen Geist des Sparens, Arbeitens und des Puritanismus den Erfordernissen der kapitalistischen Ökonomie anzugleichen. So erreichten sie, daß die ethnische Identität geschwächt wurde und daß die Eingeborenen die Entwertung ihrer Kultur und Tradition akzeptierten.

Rus und Wasserstrom (1979) zeigen, wie das SIL in Chiapas die politischen und sozialen Spannungen zwischen den Comunidades und den Großgrundbesitzern benützte, um die Männer und Frauen in Momenten der Hoffnungslosigkeit zur Konversion zu bewegen. Damit haben sie Krisen und Spaltungen innerhalb der Comunidades ausgelöst, wie sie vorher nie existierten.

Eines Abends tauchte in Daxhó eine evangelistische Equipe auf, die durch ganz Mexiko reiste, um vor der Werkstatt einen Tonfilm zu zeigen. Ich stand mit Josefina und ihren Kindern in ihrer Küche, und wir schauten uns durch die Holzstäbe hindurch den Film an. Er zeigte afrikanische und australische Eingeborene bei ihren Initiations-Ritualen. Ihre Nacktheit wurde groß im Bild gezeigt, wenn möglich zusammen mit blutüberströmten Opfertieren oder fremd wirkenden Festbemalungen, und als Zeichen der gottlosen Primitivität und gefährlichen Brutalität dieser Menschen kommentiert. Später sah man dieselben Menschen mit lachenden Gesichtern und freundlichen Gesten, ordentlich westlich gekleidet im Gebäude der Evangelisten bei der gemeinsamen Bibellektüre sitzen: sie hatten den Weg zu Gott gefunden. Der Text wandte sich gleichzeitig an die Indianer Mexikos, die ebenfalls noch an Hexen und heidnische Dinge glauben würden; sie wurden mit den Menschen im Film gleichgesetzt. Mich beeindruckte die Reaktion von Josefinas Kindern: fasziniert, neugierig, folgten sie dem Film, sich oft schaudernd abwendend, um dann jedesmal beschwörend die Mutter zu fragen: – Mama, nicht wahr, wir sind nicht so? Wir sind zivilisiert, wir sind anders, wir können lesen und schreiben.

Die Provokationen nahmen kein Ende. Bei meinem zweiten Aufenthalt begannen die wenigen evangelistischen Familien auf dem Boden der ehemaligen Missionarinnen einen Tempel zu bauen, ein Haus mit zwei etwa acht Meter hohen Türmen. Sie ragten, nicht weit von der Werkstatt entfernt, provokativ sichtbar und prunkvoll über die Kakteenlandschaft. Das Geld kam von der Zentrale in Ixmiquilpan, wo der oberste Pastor, ebenfalls ein Otomi, residierte.

Der katholische Pfarrer aus Murillo, ein überzeugter Mussolini-Anhänger, kam einmal im Jahr ins Dorf, um am Tag des Dorffestes eine Messe in der alten katholischen Kapelle abzuhalten. Seine Rede unterschied sich wenig von der des Filmes: – Ihr seid hier, um einen heiligen Tag zur Ehre Gottes zu feiern, aber ihr seid dieser Heiligkeit unwürdig; ihr seid unzivilisierte Primitive, abergläubisch und hexengläubig, streitsüchtig und besoffen. Ihr zeugt die Kinder wie die Tiere. Denkt an Gottes Wort an diesem Tag und vergeßt nicht, daß ihr Menschen seid! Sauft den Pulque nicht kübelweise wie die Schweine, streitet euch nicht, zeigt euch würdig.

Sowohl der Film wie die Predigt haben negative oder ungewohnte Eigenschaften mit dem Ethnischen in Zusammenhang gebracht und damit eine typisch rassistische Verknüpfung hergestellt. Sie fördern die Verinnerlichung des Rassismus und die Anpassung an die nationalen Werte und die Entwertung des Ethnischen.

Dies sind nur zwei Beispiele für die ständig gegenwärtige diskriminierende Ideologie des Rassismus. Roger Bartra (1977) zitiert aus Interviews mit reichen Funktionären und Unternehmern des Valle del Mezquital Beispiele dieser Haltung: »Die Otomi waren schon immer faul und apathisch, seit man von ihnen weiß... Sie sind schwierige Menschen, eine sture Rasse« (a.a.O.: 423), oder »Nun, ich meine, daß sie halb verblödet sind, sie haben keine Bildung« (a.a.O.: 424), und »Vor allem haben sie keine Kultur, ich denke, daß die Otomi ein natürlich marginales Volk sind. Der Eingeborene ist ein vollkommen isolierter Typ, er hat einen Komplex – als Bauer – das ist seit der Eroberung so... Aber der Indio, der sich von all dem befreit, ist gefährlich...« (a.a.O.: 424f.). Die Umgebung wirft die Otomi tagtäglich in ihre kulturelle Isolation zurück – eine kulturelle Barriere verschärft den ökonomischen Widerspruch.

In der Schule spielen sich ganz ähnliche Mechanismen des Kulturkampfes zwischen der ethnischen und der nationalen Rationalität ab. Die Lehrer bringen den Kindern eine ihnen fremde Sprache, Denkweise und Geschichte bei, in welcher sie sich selber immer nur als die Störenfriede und Minderwertigen begegnen. Der Bezug zur eigenen Herkunft wird zerstört (vgl. Hernandez, 1979). »Wenn eine ethnische Gruppe beginnt, ihre Sprache zu verlieren, ist dies ein sehr schwerwiegendes Problem, das schließlich die Zerstörung der ethnischen Gruppe zur Folge hat« (Varese, 1979: 41). Die Sprache ist wichtig, weil sie die Formulierung einer eigenen Geschichte, Utopie und Weltinterpretation, also eine Abgrenzung nach außen erlaubt.

In Daxhó existieren sechs Schulklassen, die bis 1975 von zwei, später von drei Lehrern geführt wurden. Die Kinder tragen Schuluniformen, wie alle Kinder in Mexiko, sie werden regelmäßig auf ihre Sauberkeit und ihr Sozialverhalten hin geprüft. Es ist unerwünscht, daß sie in den Räumen der Schule und in den Pausen Otomi sprechen. Der Lehrer, selber ein Otomi, erklärte mir, es sei seine Aufgabe, den Kindern Anstand, Sitten und Zivilisiertheit beizubringen, denn die Leute hier seien denkbar primitiv, zurückgeblieben und abergläubisch und zum Teil aus mangelnder Bildung arm. Bei einem längeren Gespräch betonte er wieder, wie dumm die Leute von Daxhó – er kam aus Llano Verde – seien, denn sie glauben an Hexen und Zauberei; dabei gebe es dergleichen gar nicht, das habe er im Lehrerkurs gelernt. Später aber, als er seine Familiengeschichte erzählte, kam er auf seinen Bruder zu sprechen, dem es schlecht ergangen war. Dieser sei von den Vampiren verfolgt worden, die eines seiner Kinder aussaugten und später den Bruder selber in den Wahnsinn trieben. Wie er sich das erkläre, fragte ich. Nun, es gab Leute, die seinem Bruder Böses wollten, die haben ihm das Unglück geschickt. Der Arzt konnte ihm nicht helfen. Ein berühmter Heiler in Tamazunchale habe das dann herausgefunden, und er, der Lehrer, habe daraufhin versucht, zwischen seinem Bruder und dessen Feinden zu vermitteln. Daraufhin sei es dem Bruder bald besser gegangen.

Oberflächlich hat der Lehrer seine Lektion gelernt und vertritt sie vor den Schülern und vor mir. Seine eigenen Lebenszusammenhänge aber interpretierte er im ethnischen Rahmen, in einer Weise, die er als Lehrer diskriminieren muß. Der Kulturkampf durchdringt jeden einzelnen und erzeugt eine Spannung.

Einerseits identifiziert er sich mit den »emanzipatorischen« und modernistischen Lehren der nationalen Gesellschaft, als deren Vorläufer er sich sieht, und andererseits kann er in seinem Sozialleben und Alltag nichts damit anfangen. Der Heiler hat die sozialen Konflikte, die die Krankheit seines Bruders verursachten, besser herausgespürt als ein moderner Arzt, er hat sie in der Symbolsprache der Ethnie erklärt.

Ein weiterer wichtiger Faktor des doppeldeutigen Ethnischen ist der Umgang mit der Zeit. Nach Guzman-Böckler (1975) besteht eine koloniale Strategie darin, den Kolonisierten »außerhalb der Zeit« zu plazieren; durch die Zerstörung seiner historischen Identität, seine Ausgrenzung und Diskriminierung. Gleichzeitig übernimmt aber der Kolonisierte dieses Außerhalb-der-Zeit-Sein selber, um sich, wenn er will, den Zielen und Zeitrhythmen der durch die Weißen regierten Gesellschaft zu entziehen. Damit schafft er sich einen Schutzraum, in welchem er eine Art eigener Identität aufrechterhält – und wirke diese noch so gebrochen. Das bedeutet, daß die Zeit schrumpft, die Gegenwart negiert wird, daß nur die Zukunft mit den Zeichen der Vergangenheit bleibt. Gerade dieser Umgang mit der Zeit macht den Unterdrückten teilweise unerreichbar, stützt aber auch wieder jene Vorurteile über die Dumm- und Faulheit der »Indios«, über die sich die Funktionäre des Valle del Mezquital so ausführlich beklagen.

Im Dorf bin ich anfänglich fast verzweifelt, wenn eine Versammlung auf zehn Uhr angesagt wurde und ich dann erst einmal allein dort saß, weil die Versammlungen erst zwei bis drei Stunden später anfingen. Etwa nach eineinhalb Stunden begannen sich die ersten Leute zu versammeln, sich zu begrüßen und zu plaudern: Momente der Kontaktnahme, des geteilten verzögerten Zeitrhythmus (sie orientierten sich nach der Sonne), des Ausruhens und Entspannens. Am Morgen früh kamen sie jeweils ein bis zwei Stunden zu früh.

Thompson sieht die Zeiteinteilung, die sich nach der Sonne und den zu erledigenden Aufgaben richtet, als einen »natürlichen« Rhythmus. »Diese aufgabenbezogene Zeiteinteilung ist für Agrargesellschaften die vielleicht effektivste Art der Orientierung... Drei Punkte sind in diesem Zusammenhang festzuhalten. Erstens: die aufgabenbezogene Zeitorientierung ist für den Menschen verständlicher als die Zeit nach der Uhr. Der Bauer oder Landarbeiter erfüllt eine Aufgabe, deren Notwendigkeit er unmittelbar wahrnimmt. Zweitens: in Gesellschaften mit aufgabenbezogener Zeitorientierung scheint die Trennung zwischen »Arbeit« und »Leben« am wenigsten ausgeprägt zu sein. Interpersonelle Kontakte und Arbeit vermischen sich – der Arbeitstag verlängert oder verkürzt sich je nach der zu bewältigenden Aufgabe – und es gibt kaum das Gefühl des Konflikts zwischen »Arbeit« und »Zeit verbringen«. Drittens: eine derartige Arbeitsauffassung erscheint dem, der gewohnt ist, nach der Uhr zu arbeiten, als verschwenderisch und ohne jeden Sinn für Dringlichkeit« (Thompson 1967b: 39).

Die von Thompson beschriebene Verschränkung von Arbeits- und Lebenszeit hat insofern etwas mit dem Ethnischen zu tun, als die indianischen Gruppen in Südamerika fast immer Bauern sind, also in Agrargesellschaften leben. In Daxhó wurde der Graben zwischen der agrarischen und der nationalen Zeiteinteilung immer wieder sehr scharf spürbar; zwischen den Daxhoanern hingegen, die sich gemeinsam an dieser Zeiteinteilung orientierten, habe ich nie Spannungen beobachtet, weil lange gewartet werden mußte, die Sitzung spät anfing – im Gegenteil, es schien jeder zu wissen, wann die »richtige« Zeit für die Versammlung gekommen war.

Obwohl der Compadrazgo nicht auf die indianischen Gruppen beschränkt ist, scheint er aber im Alltagsleben eng mit dem Ethnischen verknüpft zu sein. In den Compadre-Beziehungen gilt das Gesetz, daß keiner den andern übervorteilen darf, sondern daß geleistete Hilfedienste und Gefälligkeiten den einen so lange in der Schuld des anderen belassen, bis er sie auf seine Art begleichen kann. Diese freiwillig eingegangenen Verpflichtungsbeziehungen – sie können von gleich zu gleich, aber auch zwischen Personen in ungleichen Positionen im Sinne einer Patron-Klient-Beziehung eingegangen werden – wirken in der belasteten und schwierigen sozialen Atmosphäre des Dorfes wie ein Sicherungsnetz, das zerstörerische Explosionen verhindert. Mir scheint, daß die für die Compadre-Beziehung geforderte Loyalität und die den Möglichkeiten des einzelnen angepaßte Reziprozität eine Art von sozialem Konsens darstellen, der handlungsorientierend wirkt und die offizielle Ideologie bestimmt. Es wird so geredet, als ob alle Dorfmitglieder einander wie Compadres behandeln sollten, obwohl jeder weiß, daß dies nicht möglich ist. Im Sinne der moralischen Ökonomie existieren Vorstellungen dessen, was sein sollte und was nicht; und werden die gesetzten Grenzen übertreten, kann dies zur moralischen Verurteilung oder zur sozialen Isolation der betreffenden Person führen, außer man stehe in einer Compadre-Beziehung zu derselben und muß sie verteidigen.

Die Aggressionen im Dorf sind stark; Schlägereien und machistisches Verhalten sind ein Ausdruck davon, ebenso die Bedeutung des Alkohols; etwa die Hälfte der erwachsenen Dorfbewohner ist vom Nachmittag an leicht oder schwer betrunken. Es wurde mir immer wieder empfohlen, die Daxhoaner am Morgen früh zu besuchen, weil sie dann noch nüchtern seien. Verstöße gegen das geforderte Gegenseitigkeitsprinzip werden selten direkt geahndet, nur in massiven

Fällen, sondern indirekt über soziale Marginalisierung, Gerüchte und Ablehnung ausgedrückt. Die zunehmende Auflösung der traditionellen Sozialstruktur in Daxhó ruft als Gegenreaktion eine Verstärkung bestimmter Verhaltensweisen hervor, anhand derer Spannungen, Aggressionen und ökonomischer Konkurrenzdruck abgeleitet werden können. Meine These ist, daß sowohl Machismo, Alkoholismus wie magische Krankheiten und Heilungspraktiken Teil einer situationsspezifischen Antwort auf die Bedrohung der bäuerlich-ethnischen Tradition sind. So kann es leicht geschehen, daß diese Verhaltensweisen als ausschließlich dem Ethnischen zugehörig betrachtet werden – in Realität sind sie aber aus dem Zerstörungsprozess des Ethnischen heraus verstärkt und verzerrt worden oder erst entstanden.

5. Die soziale Organisation im Lebensraum der Frau

Der Begriff des Raumes ist vielfältig. Er kann einen konkreten physischen Raum bezeichnen oder einen sozialen, ideologischen, symbolischen. Soll die Subjektivität der Frau verstanden werden, so müssen ihr kultureller Raum und seine Lage im gesellschaftlichen Koordinatensystem bekannt sein. Welcher soziale und symbolische Raum wird der Frau zugeschrieben und als weiblich bezeichnet; und welcher Raum wird von der Frau sichtbar oder heimlich besetzt und in Beschlag genommen? Widerständigkeit der Frau ließe sich am Überschreiten der zugewiesenen Raumgrenzen erkennen, oder an der Art und Weise, in der verfügbarer Raum genützt wird. Es gibt unzählige Möglichkeiten, um den Raum der Frau zu untersuchen (vgl. Ardener, 1981); ich werde mich hier vorwiegend auf den der Arbeit, des Alltages und der dazugehörigen Symbolik konzentrieren.

Der mexikanische Machismo – die Realität einer Ideologie

Die Ideologie der Geschlechter, die Art der kulturellen Konstruktion der Geschlechterbilder drückt sich sehr überspitzt im System des sogenannten Machismo (sprich: Matschismo) aus.[14] Diesen Komplex aus Verhaltensnormen, Idealbildern und Definitionen bezüglich der Geschlechter möchte ich hier ausführlich darstellen.

Das System des Machismo ist als eine Ideologie der Geschlechterbeziehungen bekannt, obwohl seine Bedeutung weit über die Geschlechter hinausgeht. Im Unterschied zu anderen Kulturen, wo ebenfalls eine Ideologie der männlichen Dominanz vorherrscht, weist der Machismo besondere Züge auf. Er wird aktiv und fast ununterbrochen manifestiert durch aggressive, verherrlichende oder verächtliche Werbung gegenüber dem weiblichen Geschlecht. In vielen Fällen impliziert er die gewaltsame Durchbrechung der gel-

Ein Fest wird vorbereitet

tenden Normen, indem verheiratete und versprochene Frauen besonders gern verführt werden. Diese im Machismo enthaltene Logik, die die Ehre der eigenen Frau aufs äußerste verteidigt und die Frau des Nachbarn als Sexualobjekt anpeilt, führt zu heftigen Spannungen in den Geschlechterbeziehungen und im sozialen Leben, die wiederum häufig mit Gewalt gelöst werden: die eigene Frau wird geschlagen, um sie fügsam zu machen, mit dem Rivalen wird oft bis aufs Blut gekämpft. Hinter diesen Verhaltensweisen steht ein spezifisches Konzept der Ehre und ein bestimmtes soziales Ideal der männlichen Persönlichkeit. Die Ehre eines Mannes ist in kolonialisierten Gesellschaften ununterbrochen bedroht, er sieht sich gezwungen, seine Ehre, Stolz und Rechte von Moment zu Moment zu verteidigen und so seinen Status und seine Selbstachtung zu sichern. Peristiany, der dem Konzept der Ehre in der Mittelmeerwelt nachgegangen ist, zeigte auf, daß der höchste Wert die Ehre des Mannes ist, die durch Einhaltung bestimmter Regeln erlangt wird.

Da er als Kolonisierter oder Bauer wenig Chancen hat, sich gegen die eigentlichen Ursachen seiner Misere und Entrechtung zu wehren, beweist er seine Ehre in einem Akt der Verschiebung, in der Bewachung seiner Frau und seine Mannhaftigkeit in der Eroberung anderer Frauen. Die Spannung zwischen dem Kolonisierten und seinem Unterdrücker wird in die Beziehung zwischen den Geschlechtern hineingenommen und dort ausagiert. Wobei jemand, der sich bereits eines hohen Prestiges erfreut, eine Anzahl der geforderten Regeln durchbrechen kann, ohne in Mißkredit zu fallen. »Es gilt sogar das Gegenteil: ein Mann, der niemals den Besitz, das Leben und die Ehre seiner Kompatrioten bedroht, kann sich keinen hohen Ruf als Ehrenmann erwerben, denn die bloß passive Einhaltung der sozialen Regeln genügt nicht dazu« (Peristiany, 1968: 12). Peristiany vermutet, daß Ehre und Scham die ständige und vorherrschende Besorgnis der Individuen sind, die in Bauern- und anderen in sich geschlossenen Gesellschaften leben, die gleichzeitig größeren nationalen Systemen unterworfen sind. In diesen Gesellschaften, wo die menschlichen Begegnungen nicht anonym, sondern von ›Angesicht zu Angesicht‹ stattfinden, werden die persönliche Ehre und das soziale Prestige zum wichtigsten Faktor der männlichen Kommunikation. Aus der Ohnmacht des Unterdrückten heraus ist das Konzept der Ehre des Mannes eng mit den Geschlechterrollen verbunden worden, mit der Position des Mannes gegenüber der Frau und der Familie. Vor dem Hintergrund des christlichen Marienkults und der aztekischen Geschlechterbilder (vgl. Del Rio, 1973: 87–148) entwickelte sich in Mexiko eine besondere Form des Umganges mit der Scham und der Ehre der Geschlechter: der Machismo.

Fast jede Studie, die sich ausführlich mit dem Sozialleben in Mexiko beschäftigt, enthält eine Beschreibung und Definition des Phänomens »Machismo«. Dieses »traditionelle Stereotyp« (Elu de Leñero, 1969: 21) definiert den Mann als der Frau überlegen; es ist ein Kult der Virilität. Der machistische Mann wird als stark, mutig, unabhängig, sinnlich und sexuell potent beschrieben (Rodriguez Baños, 1973; Reyes-Nevares, 1971). Die Bewahrung seiner Ehre und Integrität ist die wichtigste Sorge in den zwischenmenschlichen Beziehungen; notfalls verteidigt er sie mit Faust oder Messer. Unnachgiebigkeit, Kompromißlosigkeit und Unversöhnlichkeit (intransingencia) sind die wichtigsten Grundhaltungen des Macho-Mannes. In seiner Beziehung zu Frauen steht die Bestätigung seiner Männlichkeit im Zentrum. Der Macho erobert viele Frauen und, um jeden Zweifel an seiner Männlichkeit zu ersticken, muß er ihnen als unzweifelhaften Beweis seiner

Potenz wenn möglich ein Kind machen. Da aber behauptet werden könnte, das Kind sei nicht von ihm, ist er gezwungen, die Frau oder Geliebte eifersüchtig zu überwachen; sie darf nur mit ihm in der Öffentlichkeit auftreten, mit keinem anderen Manne reden, sollte wenn möglich zu Hause bleiben. Von der Frau wird erwartet, daß sie dem Manne gehorsam, unterwürfig und passiv gegenübersteht, seine Wünsche erfüllt, ohne eigene zu haben oder Fragen zu stellen.

Naiv-entwertende Theorien zum Machismo

Eine Reihe von mexikanischen Autorinnen weist den Machismo vorwiegend den armen Bauern, Indianern und Arbeitern zu. Sie beschreiben ihn als ein »primitives« Geschlechterverhältnis, als ein System der sozial institutionalisierten Brutalität gegenüber der Frau, die in entwürdigender Weise behandelt werde. Die Mexikanerin akzeptiere all diese Erniedrigungen, und »es erscheint ihr weder schlimm noch ungerecht, denn sie hat ihre Abhängigkeit von anderen schon akzeptiert, bevor sie selber denken konnte; sie betrachtet es als normal. Sie ist Frau, und damit hat es sich, sie fragt nicht und will auch nicht mehr wissen. Sie scheint kein Konzept der Gerechtigkeit zu besitzen« (Loreto Hernandez, 1961: 52). Loreto Hernandez schreibt zur Indianerin: Wenn wir ihr Leben studieren, »begegnen wir einer Frau, oder besser gesagt einem Weibchen (hembra), das in unmenschlicher Form in vollkommener Ignoranz lebt. Es ist dringend notwendig, sie zu befreien, indem sie an die Zivilisation angepaßt wird... Diese Aufgabe der Akkulturation ist die vordringlichste Aufgabe« (a.a.O.: 84f). Weiter unten zitiert sie eine Untersuchung, die nachweist, daß die Indianerinnen eine geringere Intelligenz aufweisen als ihre Männer, was mit ihrer Unterdrückung und Ignoranz zusammenhänge. Maria Elvira Bermudez greift zu ähnlichen Beschreibungen: »Die Liebe ist für diese Frauen eine biologische Funktion, die sie mit der Passivität und dem Stoizismus einer Kuh oder einer Stute erfüllen. Sie gebären einsam oder mit der Hilfe einer ignoranten Hebamme und unterbrechen ihre mühselige Tagesarbeit nur für wenige Stunden... (Der Mann) verlangt von ihr eine ununterbrochene Arbeitsleistung, einen stummen Gehorsam und verbietet ihr die minimalste Eigeninitiative. Dafür schlägt und maltraitiert er sie. Die Bauern- und Indianerfrau akzeptiert diese Situation mit einem blinden Fatalismus. Wenn sie nicht geschlagen wird, betrachtet sie das als einen Mangel an Liebe« (Bermudez, 1955: 35). Alegría vertritt die These, daß die Frauen zum Teil selber schuld seien an dieser Situation, weil sie aufgrund ihres Masochismus, ihrer Servilität und ihrer Selbstverleugnung den Machismo verstärken, anstatt ihn zu bekämpfen. »Die mexikanische Frau wird nicht erniedrigt, sondern als Erniedrigte geboren. Der Machismokult vernichtet sie in ihrer intimsten Substanz als Frau« (Alegría, 1975: 143).

Diese Beschreibungen zeigen, wie stark und unbewußt der Rassismus, die Verachtung und Ignoranz der gebildeten Klassen in den fünfziger und sechziger Jahren gegenüber der indianischen Bevölkerung gewesen sein muß. Diese Art des »intellektuellen Feminismus« versuchte sich über die vorurteilshafte diskriminierende Beschreibung der Frauen der ausgebeuteten Klassen zu profilieren. Es scheint sich eher um Projektionen der bürgerlichen Frauenprobleme als um eine Auseinandersetzung mit Bäuerinnen, Indianerinnen und Arbeiterinnen zu handeln.

Psychologische Theorien zum Machismo

Andere Autoren haben versucht, den Machismo von einer psychologischen Fragestellung her anzugehen: welche psychische Struktur entspricht dem Machismo, und welche Verhaltensweisen entstehen, wenn seine Normen verinnerlicht werden? Die Autoren machen ausführliche Beschreibungen des Phänomens und der stereotypen Wertungen und versuchen, diese mit Hilfe der psychologischen Theorien von Adler über Jung bis zu Freud mit der Mutter-Kind-Beziehung und der Angst des Mannes vor der Frau und Mutter zu erklären (Aramoni, 1961, 1973; Gonzalez Pineda, 1966[2]; Diaz Guerrero, 1967).

Die Mehrheit dieser Untersuchungen geht von der Beschreibung der machistischen Ideologie aus, von den stereotypischen Verhaltensweisen und stellt aufgrund dieser Daten psychologische Spekulationen auf. Das Resultat sind interessante psychologische Zusammenhänge, denen aber teilweise ein vorurteilshafter Charakter anhaftet und der in bezug auf die indianische Bevölkerung zu grotesken Verzerrungen führen kann. Solange die Ideologie des Machismo selber als Ausgangstheorie der Untersuchung angenommen wird, muß die Schlußfolgerung notwendigerweise eben diese ideologischen Prämissen wieder reproduzieren.

Die soziologischen Unterscheidungen, die mit psychoanalytischen Ansätzen arbeiten von Ramirez, Maccoby und Gilmore möchte ich etwas ausführlicher zitieren, weil sie die Psychodynamik des Machismo von der Seite des Subjektes her zu beschreiben versuchen. Der Ursprung des Machismosyndroms wird mit der frühen Mutter-Kind-Beziehung erklärt. Das erste und oft zweite Lebensjahr verbringt das Kind in engster und absolut befriedigender Nähe zur Mutter, die es fast ununterbrochen bei sich trägt und je nach Bedürfnis stillt. Diese Zweisamkeit wird durch die Ankunft des nächsten Kindes abrupt unterbrochen, das Kind wird entthront und den Geschwistern zugesellt. Zurück bleibt eine ewige und unstillbare Sehnsucht nach der Mutter, der unerreichbaren Frau, sowie eine aggressive Enttäuschung über ihren Verrat. Die Identifikation mit dem autoritären Bild des meist abwesenden und mystifizierten Vaters bringt den Knaben dazu, sein Werbeverhalten der ›verlorenen‹ Mutter gegenüber in Form einer aggressiv demonstrierten Männlichkeit auszudrücken. Später wird dieses Werbeverhalten auf die Frauen, die Liebespartnerinnen übertragen. Daraus erklärt sich die Ambivalenz des Frauenbildes eines Mannes. Fast alle schweren Flüche drehen sich um die Mutter; die Beschimpfung der Mutter eines Gegners enthält die tiefstmögliche Kränkung (Hurensohn etc.), denn das Bild der Mutter wird manifest zutiefst verehrt, was in Liedern und in der nationalen Anbetung der Heiligen Jungfrau Maria von Guadalupe, der Guadalupana, Ausdruck findet (vgl. Ramirez, 1959, 81 ff).

Ziemlich bekannt ist die Studie von Erich Fromm und Michael Maccoby »Soziopsychoanalyse des mexikanischen Bauern« (1970). Anhand eines Fragebogens, der aufgrund psychoanalytischer Konzepte konstruiert wurde, haben die Autoren die männliche Bevölkerung eines mexikanischen Dorfes befragt. Es ging in dieser Studie darum, sozio-ökonomische Daten mit psychoanalytischen Kategorien zu verbinden. Es wird nachgewiesen, daß sich die Bauern verschie-

Es ist Markt

den aktiv und zielgerichtet verhalten im ökonomischen und politischen Bereich, je nachdem wie ihre Beziehung zur und die Trennung von der Mutter verlaufen ist. War sie abrupt und unempathisch, so wird der erwachsene Mann passiv, tendentiell süchtig und machistisch, d. h. frauenverächtlich in seinem Verhalten. Jene mit einer günstigeren Trennungserfahrung werden aktiv, ökonomisch innovativ und erfolgreich; sie führen eine »gute« Ehebeziehung. Frauen werden in dieser Studie als Subjekte nicht erwähnt, sie tauchen nur in einem vom Manne projizierten »Mutterbild« auf.

Maccoby geht in seinen Arbeiten von denselben psychoanalytischen Prämissen aus, er untersucht den Zusammenhang zwischen Machismo und Alkoholismus und findet, daß 63 Prozent der Alkoholiker eines mexikanischen Dorfes extremes Macho-Verhalten zeigen, und daß 57 Prozent intensiv an ihre Mutter fixiert geblieben sind, also die frühe und plötzliche Trennung von ihr nicht verarbeitet haben. Gleichzeitig fällt auf, daß genau diese Männer in der Gemeinde sozial und ökonomisch eine marginale Position einnehmen. Maccoby schließt daraus, daß der alkoholische Macho aufgrund seiner Mutterbindung in einer rezeptiv-passiven Haltung verharrt, die den kulturellen Männlichkeitserwartungen widerspricht. Folge dieser kulturell unangepaßten Passivität ist die ökonomische und soziale Randstellung. Aus dieser Situation der Schwäche, Abhängigkeit und Unterlegenheit sucht er eine Kompensation in seiner Sucht und in der machtvollen Beherrschung anderer, vor allem der Frauen. »Der alkoholische Macho drückt eher seine Angst vor Frauen als die Überzeugung seiner Überlegenheit aus... er reagiert auf seine Angst vor Frauen« (Maccoby, 1970b: 25).

Die Gefahr dieser Ansätze scheint mir in der Psychologisierung gesellschaftlicher und kultureller Verhältnisse zu liegen. Um die Verachtung des Mannes gegenüber der Frau zu erklären, ist es nicht notwendig, sich auf die früheste Kindheit und die Tatsache, daß die Mütter mehrere Kinder bekommen, zu beziehen. Es würde reichen, mit den kulturellen Geschlechterbildern, die die Frau entwerten, zu argumentieren, um verständlich zu machen, daß ein Knabe und Adoleszenter, der um eine ehrenhafte männliche Identität in seiner Gesellschaft ringt, sich radikal vom entwertet Weiblichen abgrenzen muß (vgl. Choderow 1974, 1978).

In einer anderen Studie wird der Zusammenhang von Machismo, Geschichte und ökonomischen Verhältnissen untersucht. Der »Krieg zwischen den Geschlechtern« (Maccoby, 1966a) ist abhängig vom kulturellen Wandel, der durch die Revolution ausgelöst wurde: die altetablierte patriarchale Struktur wird durch die zunehmende Teilnahme der Frauen in politischen und ökonomischen Bereichen aufgeweicht und verstärkt den Kampf der Männer um ihre bedrohte Position; sie versuchen, durch extrem machistische Verhaltensweisen den Wandel zu verhindern. Zweitens stellte Maccoby eine signifikante Korrelation zwischen machistischem Auftreten und tendentieller Verarmung fest. Der Mangel an Land und Arbeitsplätzen macht es den Campesinos immer schwerer, ihre Familien zu erhalten und über ihre ökonomische Funktion die familiäre Autorität zu besetzen. Damit wird ihnen die wichtigste Waffe im Umgang mit ihrer Angst vor den Frauen (der allmächtigen verräterischen Mutter) entrissen. Sich auf Marx beziehend, schließt Maccoby: die Beziehung zwischen Mann und Frau kann nicht höher entwickelt sein als diejenige zwischen dem Menschen, seiner Arbeit und der Natur. So kann der in seiner produktiven Arbeit entfremdete Mann auch keine Sicherheit in seinen Liebesbeziehungen entwikkeln. Deswegen muß er die Frauen mit Zwang und Gewalt zu besitzen suchen, um eine Macht zu beweisen, die er nicht besitzt.

Gleichzeitig beobachtet Maccoby, daß die Frauen im Hause dominant sind und daß eine Tendenz zum »matriarchalen Haushalt« besteht, ähnlich den schwarzen Familien in den armen Schichten der USA oder der Karibik. Das Verhalten der Frauen zeige starke Tendenzen, den Mann lächerlich zu machen und als Rache die väterliche Autorität bei den Kindern zu unterminieren, indem die Knaben verweichlicht und die Mädchen zu Mißtrauen gegenüber Männern erzogen werden (Maccoby, 1967). Der Zusammenhang von ökonomischer Marginalität, Arbeitslosigkeit und Haushalten mit starken Müttern als psychologische Ursache für extrem machistisches Verhalten wurde bereits verschiedentlich untersucht und bestätigt: von Anne Parsons (1969) für Neapel und von Margaret und David Gilmore (1979) für Andalusien.

Der spanische Machismo ist ausschließlicher auf sexuelle Aggressivität konzentriert als der mexikanische, wo die soziale und physische Kraft und Ehre im Zentrum stehen (Foster, 1965: 300). Gilmore und Gilmore versuchen den andalusischen Machismo einerseits als post-ödipalen Mechanismus zu erklären, durch welchen sich dominierte Männer in Vater-abwesenden Schichten von der machtvollen Mutterfigur abzugrenzen suchen und andererseits als eine Folge von erniedrigenden sozio-ökonomischen Determinanten, denen der Arbeiter und Bauer Andalusiens ausgesetzt ist. Die Autoren zeichnen ein differenziertes Bild der Interdependenz von familien- und schichtspezifischer Psychodynamik des Machismo.

Sozioökonomische und historische Theorien zum Machismo

Bei all diesen Arbeiten fällt auf, daß sie den Machismo ausschließlich der Unterschicht zuweisen, obwohl eine ganze Reihe von Studien zeigt, daß die entsprechende Ideologie auch in der Mittel- und Oberschicht der betreffenden Länder vorhanden ist (Paz, 1950; Mc Ginn, 1966; Peñalosa, 1968; Chaney, 1973; Flora, 1973; Jacquette, 1973, 1975, 1976). Die klassenspezifische Zuteilung des Machismo-Phänomens muß damit zusammenhängen, daß die entsprechenden Verhaltens-

Eine Frau beim Weben

weisen in den unteren und ökonomisch bedrohten Schichten auffallender, häufiger und sichtbarer in Szene gesetzt werden müssen, da dort der Mann in seiner Ehre kontinuierlicher bedroht ist als in höheren Schichten. Pitt-Rivers (1968: 61–64) beobachtete ebenfalls in Andalusien, daß für die Oberschicht zwar dieselben Konzepte der Ehre gültig sind, daß bei einem Verstoß aber nicht jene sozialen Sanktionen wirksam werden, die im »Volk« üblich sind. Die Ehre der Bourgeoisie und Aristokratie basiert mehr auf ihrer Abstammung und ihrer ökonomischen Lage als auf der Überprüfung ihrer ehrenhaften Verhaltensweisen. Er kommt zum Schluß, daß bei der Oberschicht die Ehre eine Frage der Klassenzugehörigkeit und der Herkunft ist, während sie im »Volk« zu einer Frage der Sexualität und der Geschlechterrollen wird.

Das kulturhistorische und soziopsychische Phänomen des Machismo kann nicht nur am Mann abgehandelt werden, es muß nach dessen Verankerung in der Geschlechterbeziehung und in den Frauen gefragt werden. Evelyn Stevens (1965, 1973 a, 1973 b, 1973 c) hat das Problem des Machismo von der kulturhistorischen Seite her beleuchtet und auf die Frau bezogen. Sie meint, daß das Normensystem des Machismo durch dasjenige des *Marianismo* ergänzt wird. Die Inhalte der Marianismo-Normen sind eng verknüpft mit dem Bild der Maria, die die spirituelle Überlegenheit der Frau, ihre moralische und physische Reinheit symbolisiert. Indem sich die Frauen mit diesen Werten identifizieren, können sie ein Gefühl der inneren Überlegenheit über den Mann erhalten, was sich darin zeigt, daß sie oft über ihre Männer wie von kleinen Jungen sprechen, die von der Welt nichts verstehen. Stevens betont, daß Machismo und Marianismo sich ergänzende Mythen- und Normensysteme sind, die von Mann und Frau gemeinsam aufrechterhalten werden, ohne daß dies nun bedeuten würde, daß sie danach leben. Vielmehr können sich beide Geschlechter durch die Aufrechterhaltung dieses Mythos einen Freiraum schaffen, in welchem sie ihre Interessen ungestört vom anderen Geschlecht durchsetzen können. Jedes Geschlecht hat einen verschiedenen Stil, verschiedene Selbst- und Fremdbilder, um seine Ziele verwirklichen zu können. Wie diese Freiräume aussehen, beschreibt Stevens nicht.

Wir können annehmen, daß die Dauerhaftigkeit des Machismo nur möglich ist, weil in den bewußten und unbewußten Sozialregeln zwischen den Geschlechtern ein Konsens entstanden ist, eine Art impliziter Komplementarität, an der beide Geschlechter aufgrund ihrer Ambivalenzen und der Unsicherheit der eigenen Identität teilhaben. Adaljiza Sosa Riddell, empört über die Vielfalt ideologischer Erklärungsversuche zum Machismo, sucht weitreichendere Erklärungszusammenhänge. Argumente wie, der Machismo sei schuld an der hohen Geburtenrate Mexikos, er sei die Ursache der Unterdrückung der Frau und der Unterentwicklung allgemein, weist sie als imperialistische Vorurteile zurück. Historisch stellt sie ihn als das Erbe der aztekischen Mann-Frau-Beziehung (Paz, 1950) sowie der Mittelmeerkulturen dar. Mit Frantz Fanon versteht sie den Machismo als eine Widerstandsstrategie gegen die Kolonialherren, die die Eingeborenen ihrer Frauen, Würde und Unabhängigkeit beraubten. Sie vermutet, daß die Herrschenden selber – amerikanische und europäische (männliche) Ethnologen oder die mexikanische Bourgeoisie und ihre Politiker – den Mythos des Machismo gerne stützen, um in der entwertenden Darstellung der Ausgebeuteten die eigene Überlegenheit und die Notwendigkeit ihrer Eingriffe zu legitimieren (Sosa Riddell, 1976: 257–68). Die Erklärungsansätze von Stevens und Sosa Riddell sind interessant, weil sie das kulturelle Stereotyp des Machismo in seiner Ambiguität zu erfassen versuchen und damit die phänomenologische Betrachtungsebene verlassen. Sie zeigen, daß das Machismosyndrom in die gesellschaftlichen Strukturen eingreift und gleichzeitig eine Art Symptom derselben ist.

Der Alltag des Machismo

Die Existenz eines klischeehaften, polarisierten Machismo und die elende und unterwürfige Position der Indianerinnen werden in Arbeiten von Ethnologinnen, die selber länger in einem indianischen Dorf gelebt haben, selten bestätigt.

Sie sind Ausländerinnen, also einer fremden Kultur zugehörig, und haben am Alltag und der Gefühlswelt der Frauen teilgenommen (Pi Sunyer, 1973; Arispe, 1975; Paul, 1978; Trümpy, 1980; Gubelmann, 1981). Es scheint, daß sich innerhalb dieser konkreten identifikatorischen Beziehungen und Freundschaften die Schärfe des Machismoklischees verflüchtigt. Es lassen sich zwar machistische Strukturen feststellen, aber es wurde auch wahrgenommen, welche Macht- und Kampfstrategien die Frauen einsetzen, um sich eigene autonome Räume zu schaffen. Keine der Studien kann das Bild der ohnmächtig ausgelieferten Frau bestätigen. Im Gegenteil, die zitierten Untersuchungen beschreiben, wie die Frauen dem Phänomen des Machismo durch die Schaffung oder Erhaltung von weiblichen sozialen Strategien und Aktionsräumen entgegentreten; die Frauen erscheinen als aktiv und zielgerichtet Handelnde innerhalb der Gegebenheiten einer Kultur, die in ihren Idealbildern diese Seite der Frauen nicht enthält.[15]

Doren Slade (1975: 129–148) beobachtete in einem Nahuatl-Dorf bei Puebla, daß es keine Facette im Alltagsleben gibt, von der die Frauen ausgeschlossen sind, und zeigt, daß das Cargosystem, dessen Mayordomías wie überall nur von Männern besetzt werden können, ohne die komplementäre Teilnahme der Frauen überhaupt nicht funktionieren könnte. Erstens bestimmen die Frauen durch ihre Gerüchte die Reputation eines Mannes und damit seine Chance, gewählt zu werden; zweitens kann der Mayordomo seine Pflichten ohne die Hilfe seiner Frau gar nicht erfüllen; »der Mann muß heiraten, um im Cargo zu dienen...« Die Frau ist pragmatisch und ehrgeizig, sie sorgt für die Karriere ihres Mannes, und inso-

Eine Frau am Spinnrad

fern hängt er vollkommen von ihr ab. Wenn ein Mann seine Frau verliert, so bedeutet das einen Verlust an Status und Prestige im öffentlichen Bereich, während es für eine Frau Gewinn bedeuten kann, wenn sie den Mann verliert. In den Gerüchten und Streitigkeiten, die von den Frauen ausgehen, sieht Slade vor allem eine sinnvolle Strategie, die es dem Mann und damit der Frau ermöglichen soll, ihre gemeinsamen Interessen und Ziele zu sichern. Darin grenzt sie sich von Jane Collier (1974: 89–98) und Louise Lamphere (1974) ab, die diese konfliktfreudigen Verhaltensweisen der Bauernfrauen vor allem als einen Kampf *gegen* den Mann im Dienste der eigenen Interessen verstehen. Jane Collier beobachtete in Zinacantan, wie die jungen Frauen über Streit und mißliebiges, »unkorrektes« Verhalten sich gegen die Schwiegermutter abgrenzen und die öffentliche Meinung zu beeinflussen suchen, um ihre ökonomische und soziale Sicherheit zu erhöhen. Ebenso wichtig sei es, daß diese Frauen ihre Söhne als mögliche Bündnispartner an sich binden. Während die öffentliche Meinung die Frauen als selbst- und streitsüchtig, skandalös und unfähig zu sozialem Leben abqualifiziert, ist eben dies Verhalten die einzige Möglichkeit, um in den männlichen Domänen Einfluß zu gewinnen. Während Slade die Gemeinsamkeit des Kampfes betont, beschreibt Collier den Kampf als auch gegen den Mann gerichtet. Ich nehme an, daß je nach den ökonomischen und sozialen Verhältnissen der Familie und Gemeinde dieser Kampf unterschiedliche Richtungen nimmt. Wenn die Verarmung und Verelendung so groß sind, daß es gemeinsam nichts mehr zu erkämpfen gibt und die Männer gleichzeitig, wie dies Maccoby (1970a), Parsons (1969) und Gilmore und Gilmore (1979) beschreiben, verstärkt machistische Verhaltensweisen annehmen, dann »muß« der Kampf der Frauen sich auch gegen die Männer richten.

In all diesen Arbeiten werden zwei Sachen deutlich: der Machismo ist ein soziales Phänomen, das weit mehr Bedeutungen und unbewußte Anteile enthält, als dies auf den ersten Blick erscheint; und der Machismo ist in keiner Weise nur auf den Mann beschränkt, sondern er findet seine Entsprechung bei der Frau, die ihn auch im Dienste ihrer eigenen Interessen verwendet und abwandelt. Das Problem des Machismo und die Position der Frau können nicht verstanden werden, ohne die Interdependenz zwischen den Geschlechtern zu beachten. Dies bedeutet, daß die in Bauerngesellschaften komplementäre Natur der Geschlechterrollen, aber auch die spezifische ökonomische und soziokulturelle Verflechtung der einzelnen Gruppe differenziert erarbeitet werden sollten. Die normative Definition der Situation der Frau aus den Stereotypen der Machismoideologie heraus führt notwendigerweise zu diskriminierenden und vorurteilshaften Schlüssen, die die herrschenden Klischees erhärten. Nur die lange und ausführliche Teilnahme am Alltag der betreffenden Gruppe oder die Erhebung von selbstreflexiven Gesprächen können zu einem differenzierten Bild führen.

Die kulturelle Vieldeutigkeit des Machismo

In Form einer Hypothese möchte ich den Machismo als einen kulturellen Zug in einer Gesellschaft definieren, die durch ihre spezifischen politischen, ökonomischen und historischen Verhältnisse dieses Syndrom produziert und immer wieder neu belebt. Es muß gesellschaftliche Kräfte geben, die an der Erhaltung des Phänomens interessiert sind; ein eindimensionaler Ansatz kann die Funktionsweise des Machismo nicht erklären, denn er weist eine überraschende Multifunktionalität auf, die weit über die Grenzen der individuellen Psychologie und der unmittelbaren Klasse und Gruppe hinausgeht. Wird der Machismo als ein die »Gesamtheit der Gesellschaft betreffendes kulturelles Phänomen« verstanden, das seine ökonomischen, ethnischen, historischen, psychologischen und ideologischen Seiten hat, kann er auf seine Wirksamkeit hin untersucht und hinterfragt werden. Seine Reduktion auf die Geschlechterfrage entspricht nur seinem ideologischen Erscheinungsbild und verschleiert seine aktuelle gesellschaftliche Bedeutung.

Wiederum in Form von Hypothesen möchte ich die möglichen Bedeutungen des Machismo sowohl im psychischen System des Subjektes als auch im gesellschaftlichen auflisten. Auf der Ebene der Bedürfnisse und Interessen der einzelnen Subjekte ermöglicht die Inszenierung der Machismogesetze teilweise deren Befriedigung:

- Die Inszenierung der Machismogesetze verschafft dem Mann ein notwendiges Gegengewicht gegen das »Weibliche«, die dominante Mutter oder die als mächtig erlebte Ehefrau; sie gibt ihm die Möglichkeit, seine unsichere Identität und sein Selbstbewußtsein in der Identifikation mit der kulturell anerkannten Rolle des Machos zu stärken.

Frauen bei der Feldarbeit

- Der Machismo reguliert das Verhältnis der Geschlechter zueinander und verhilft bei strikter Einhaltung der Regeln *beiden* Geschlechtern zu Freiräumen, die sie im eigenen Interesse nutzen können: Der Mann kann sich kulturkonform große Freiheiten gegenüber seiner Familie und seinen Bezugspersonen herausnehmen; die Frau kann durch Bezug auf die für sie geltenden Machismoregeln in einem männerfreien Raum allein oder mit den anderen Frauen zusammen ihren Interessen nachgehen und Einfluß ausüben.
- Der Bezug auf die Marianismoideologie kann die Identität der Frau stärken, weil sie sich mit einer kulturell anerkannten Rolle identifiziert, gleichzeitig kann sie die dazugehörige Moral als ein Kontroll- und Kampfmittel gegen ihren Mann oder bedrohliche Frauen einsetzen.
- Die Inszenierung der Machismo-Rolle kann dem Mann der ausgebeuteten und marginalisierten sozialen Klassen über die kränkenden und erniedrigenden Erfahrungen als Wanderarbeiter oder diskriminierter ›Indianer‹ hinweghelfen und ihm ein kompensatorisches Gefühl der Größe ermöglichen. Die Frauen können aus Solidarität an dieser reparatorischen Inszenierung teilnehmen und in der Marianismo-Rolle mitspielen.

Ich gehe von der These aus, daß der Machismo, der innerhalb einer ethnischen Gemeinde inszeniert wird, auch seine Bedeutung für die Ethnie und deren Überleben selber bekommen kann. Obwohl er als Phänomen nicht auf das Ethnische reduziert ist, kann er dort eine besondere Ausprägung und Intensität erfahren, weil er zusätzliche Funktionen erfüllt:

- Die Inszenierung der Machismogesetze kann identifikatorische Bedürfnisse befriedigen, indem sie die persönliche und ethnische Ehre und die Abgrenzung vom nationalen System aufrechthält; die Verinnerlichung der Rassendiskriminierung wird hinausgezögert.
- Die gemeinsame dorfinterne Inszenierung der Machismo- und Marianismoregeln kann ein entspannender Kanal für alle möglichen Aggressionen, Widersprüche und Streitigkeiten sein, die im Prozeß der zunehmenden Schichtung und Akkulturation entstehen und gleichzeitig unlösbar sind. Das bedeutet, daß sozioökonomische Konflikte auf die ideologische Ebene der Geschlechtermoral verschoben werden können und dort in altbekannten Bahnen ausagiert und entspannt, aber nicht gelöst werden.

Als eine Hypothese kann vermutet werden, daß die Inszenierung der Machismo-Gesetze auch auf der Ebene der nationalen und internationalen Politik, in welcher die mexikanischen Bauern als billige Arbeitskraft und als potentiell rebellische ›Masse‹ ein nicht zu vernachlässigender Faktor sind, einen nicht unerwünschten Effekt erzeugen:

- Indem sie die Frau normativ ins Haus verweist und damit die häusliche Produktion sichert, ermöglicht sie die nationale und internationale Ausbeutung der Wanderarbeiter sowie die Ausbeutung der häuslichen Produkte nach dem Prinzip des ungleichen Tausches.
- Sie kann den Kampf der Geschlechter untereinander so verschärfen, daß sie zu einem geeigneten Mittel der Klassenspaltung werden kann. Domitila Barrios de Chungara erzählt, wie die bolivianische Regierung auf die Minenarbeiter Druck ausübte; sie sollten ihren Frauen verbieten, an Streiks teilzunehmen und sie auf die Hausarbeit verweisen (Viezzer, 1977: 81).
- Als Verschiebung von Klassenkonflikten auf machistische Rivalität kann sie vor allem in Verbindung mit Alkohol derartig viel menschliche Energie absorbieren, daß für den

Klassenkampf oder den ethnischen Kampf keine Kraft mehr übrigbleibt; sie kann die Menschen leichter regierbar machen.

- Die fortgesetzte Inszenierung der Machismo-Gesetze bestätigt die herrschenden Vorurteile und Ressentiments gegenüber der indianischen Bevölkerung und legitimiert und verschleiert damit deren Unterdrückung und Ausbeutung.

Bei der Interpretation der Gespräche mit den drei Frauen werde ich diese Hypothesen gegenwärtig haben und sie als eine mögliche Sichtweise an die Gespräche herantragen.

Die Frau und ihre Arbeit

Die neueren ethnologischen Arbeiten zur Position der Frau beziehen sich auf die verschiedensten Faktoren, um ihre Lage zu definieren. Diese Determinanten, die zum Teil auch am Beispiel von Jäger- und Sammler- oder Ackerbauergesellschaften entwickelt wurden, müssen für Daxhó mit Vorbehalten angewendet werden, da die Verflechtung des Dorfes mit dem nationalen Wirtschaftssystem eine starke Beeinflussung und Veränderung der traditionellen Position der Frauen mit sich bringt.

Margarita Camio de Alba (1957) beschreibt die Situation der indianischen Frau in Zentralamerika als eine relativ gleichberechtigte mit dem Manne, obwohl alle diese Gesellschaften patriarchale Sozialstrukturen haben. Die geschlechtsspezifische Arbeitsteilung verweist den Mann auf die Feldarbeit, bei der ihm die Frau je nach Gegend viel oder gar nicht hilft. Die Hausarbeit und Nahrungszubereitung ist die Aufgabe der Frau sowie die handwerkliche Webe- und Stickarbeit. Der Besitz wird auf alle Kinder, männliche und weibliche, vererbt, die Tendenz der Residenz nach der Heirat ist virilokal oder neolokal. Im öffentlichen Sozialleben gilt, daß der Mann die Familie dominiert; in Wirklichkeit aber fällen die Ehepartner ihre Entscheidungen gemeinsam, ebenso wie die Beschlüsse, die die Männer für ihre öffentlichen Ämter zu fassen haben. Die politische Kontrolle ist in den Händen der Männer, die Frau ist aber immer gegenwärtig und informell daran teilnehmend. Im großen und ganzen trifft diese Beschreibung auch für die Frauen von Daxhó zu.

Die Maismasse wird geknetet

Die Frauenarbeit ist von großer Vielfalt. Grundsätzlich übernimmt die Frau die reproduktiven Aufgaben wie Kindererziehung, Nahrungsmittelzubereitung und Besorgung des Haushaltes. Dieser Bereich ist ausschließlich ihre Domäne und wird nur in Notfällen von Männern übernommen; deswegen ist sie dort, sowohl in der Organisation ihrer Arbeit wie in zu fällenden Entscheidungen, relativ autonom und dominant. Die Handarbeit, Weberei und der Garten sind Angelegenheiten der Frau, sie ermöglichen ihr, wenn sie will, kleine Handelsgeschäfte; Gartenfrüchte verkauft sie auf dem lokalen Markt und die Gewebe an Zwischenhändler. Der Ertrag dieser Verkäufe gehört der Frau; je nachdem behält sie ihn heimlich für sich, um sich dadurch ein Gefühl der Unabhängigkeit gegenüber dem Manne zu erhalten, oder sie läßt es in den gemeinsamen Haushalt einfließen.

Die Feldarbeit wird vorwiegend vom Mann übernommen, aber sehr häufig hilft ihm die Frau beim Säen, Jäten oder Ernten. Es ist mir aber aufgefallen, daß immer gesagt wird, nur der Mann arbeite auf dem Feld. Selbst wenn ich ein Paar gemeinsam auf dem Acker arbeiten sah, wurde mir gesagt, die Frau habe nur schnell das Essen gebracht. Der Mann scheint seine Arbeitsdomäne verteidigen zu wollen, zumal die Frau wegen der periodischen Migration der Männer mehr und mehr die Feldarbeit übernimmt. Öffentliches Prestige kann sie also aus dieser Arbeit nicht ableiten, außer sie ist Witwe oder geschieden. Sind die Männer als Wanderarbeiter oder fest Angestellte unterwegs, übernehmen die Frauen die Kultivierung der Felder; diese »Feminisierung der Agrikultur« (Barberis, 1972) wirkt sich auf die traditionelle Arbeitsteilung verändernd aus. Andererseits wird die Frau durch die Modernisierung und Subventionierung der Feldarbeit zunehmend aus ihr ausgeschlossen und auf den Haushalt zurückverwiesen.[16]

Seit das Ejidoland von Daxhó melioriert wurde, können die Männer dort im Tageslohn arbeiten, während die Frauen von dieser Einnahmequelle ausgeschlossen bleiben. Obwohl sich mehrere junge unverheiratete oder verlassene Frauen für diese Verdienstmöglichkeit meldeten, wurden ihnen die Männer vorgezogen. Nur am Nachmittag wandern die Ehefrauen in Gruppen dorthin, um den Männern das Essen zu bringen, das gemeinsam auf dem Ejido eingenommen wird. Es sind also durch die zunehmende Integration des Dorfes in den nationalen Markt zwei Tendenzen zu beobachten.

Die Abwesenheit der Männer durch die Migration erweitert den Tätigkeits- und Entscheidungsbereich der Frauen, sie erhalten Zugang zu männlichen Aktivitäten und damit zu wichtigen ökonomischen Ressourcen. Sanday (1974) unterscheidet drei Formen der weiblichen Übernahme von bisher männlicher Arbeit: sie übernimmt die Arbeit nur während seiner Abwesenheit, oder sie bleibt immer in diesem Sektor dominant; in beiden Fällen bleibt ihr öffentlicher Status niedrig. Wenn sie aber diesen Arbeitsbereich bei der Rückkehr des Mannes mit ihm in einer ausgewogenen Arbeitsteilung gemeinsam besetzt, dann kann die Frau ökonomische und politische Macht entwickeln. In Daxhó sind alle drei Möglichkeiten zu beobachten; der teilweise politische und ökonomische Machtzuwachs zeigt sich an der zunehmenden Teilnahme der Frauen an öffentlichen Versammlungen und nicht-traditionellen Ämtern. Wenn Witwen oder verlassene Frauen den männlichen Bereich der Agrarproduktion übernehmen, steigen ihr Prestige und ihre soziale Freiheit rapid an, aber nur unter der Bedingung, daß kein Mann mehr im Haushalt lebt. Die sporadische Abwesenheit der Männer erlaubt den Frauen allgemein eine freiere und selbstbestimmtere Alltagsstruktur, eine freie Organisation ihrer Arbeit, die durch seine Rückkehr wieder aufgehoben werden können.

Auf der anderen Seite führt die staatliche Institutionalisierung der Feldarbeit zu einem Ausschluß und einer Einschränkung der Frauen. Kay Martin und Barbara Voorhies (1975) sowie Ester Boserup (1970) zeigen, wie die Modernisierung der Feldarbeit die Frauen davon ausschließt und sie auf den Haushalt reduziert, sie dort von den Männern und der Öffentlichkeit isoliert und damit den Trend zur Kleinfamilie stützt. Diese beiden gegenläufigen Trends – der vermehrten Feldarbeit der Frau sowie ihres Ausschlusses aus der Feldarbeit – sind in Daxhó gleichzeitig zu beobachten, oft kreuzen sie sich in derselben Familie. Dies verlangt von der Frau eine hohe adaptative Fähigkeit, denn je nach dem Arbeitsort des Mannes muß sie sich unterschiedlich verhalten. Gerade deswegen ist es für sie wichtig, sich einen Bereich zu schaffen, der soweit wie möglich von ihren eigenen Entscheidungen abhängt: im Handel mit Eiern, Früchten oder Gemüsen, in der Produktion von Webarbeiten oder in der Spezialisierung auf andere Tätigkeiten wie Heilen, Spinnen, Karden oder Nähen. Es gibt im Dorf keine Frau, die sich ausschließlich mit der Verrichtung der Hausarbeit be-

Aus den Teigbällchen werden Tortillas geformt

schäftigt und nur vom Einkommen des Mannes abhängt. Jede versucht eine zusätzliche, oft nur sporadische Einnahmequelle zu finden: für andere waschen, ab und zu im Taglohn bei der Feldarbeit helfen, im Auftrag die Agaven schaben und das Honigwasser für den Pulque aussaugen oder für die Festvorbereitung kochen.

Die geschlechtsspezifische Arbeitsteilung ist also nicht starr; in Ausnahme- und Notzeiten kann sie gelockert werden, wobei Frauen eher männliche Arbeiten übernehmen, als Männer typische Frauenarbeiten. Es sind vor allem Männer, die Zugang zu Arbeiten haben, die einen sozialen Aufstieg ermöglichen: Arbeit in den USA und Zugang zu politischen Stellen.

Die Möglichkeit zu einer relativen wirtschaftlichen Autonomie steht in einem Gegensatz zu den sozialen und kulturellen Regeln und Normen, die das Leben der Frau organisieren und definieren. Die ökonomischen Daten können nur im Zusammenhang mit den sozialen Regeln betrachtet werden. Während Martin und Voorhies (1975) sowie Boserup (1970) behaupten, daß die zunehmende Integration der Bauerngesellschaften in die nationale Wirtschaft eine verstärkte Isolation der Frau und Reduktion ihrer Arbeitsbereiche zur Folge haben, betonen Reiter (1975 b) und Sacks (1975) vor allem die politische Bedeutung des Staates in diesem Prozeß. Indem der Staat einerseits alle rechtlichen und politischen Funktionen der früheren Verwandtschaftsgruppe übernimmt und sich als Verwalter einer Klassengesellschaft vorwiegend für die Arbeit des Mannes interessiert, wird die Frau auf den häuslichen Bereich zurückverwiesen. Sacks' theoretische und Reiters Felddaten aus Südfrankreich treffen für Mexiko nicht zu.

Der mexikanische Staat ist nicht daran interessiert, möglichst viele Funktionen der Großfamilie und Verwandtschaftsgruppe zu übernehmen, um eine zentralisierte Kontrolle auf diesem Weg zu erhalten. Im Gegenteil, der Staat muß seine sowieso schon überforderte Kapazität, die durch die tiefe Industrialisierungsrate zusätzlich belastet wird, entlasten. Die Politik besteht darin, die wirtschaftliche Unabhängigkeit der Campesinos zu stützen und sie an der Landflucht zu hindern.

Da die nationale ökonomische Bedeutung der produktiven und reproduktiven Tätigkeit der Frau nicht zu unterschätzen ist, wird der Frau in Entwicklungsprogrammen vermehrt Beachtung geschenkt. In Daxhó tauchen immer häufiger staatliche Entwicklungshelfer und -helferinnen auf, die die

Frauen beraten und sie auffordern, sich in Frauenkomitees zu organisieren und beim Staat Subventionen für ihre Handarbeit zu fordern. In dem Maße auch, wie die existentielle Bedeutung der Frau für die Erhaltung der häuslichen Campesinoproduktion erkannt wird, nehmen regionale Entwicklungsprogramme auf sie Rücksicht und versuchen sie zu aktivieren.

Die Qualität der Ehebeziehung ist für die Alltagssituation der Frau von nicht geringer Bedeutung. Ist sie gut und solidarisch, wird so viel wie möglich gemeinsam gearbeitet, entschieden und politisiert. Ist sie schlecht, kommen alle Machismo-Stereotypen zum Zuge, was das Leben für die Frau oft sehr schwer macht. Ferner ist es von großer Bedeutung, ob der Mann anwesend oder abwesend ist. Ist der Mann über lange Zeit abwesend, als Lohnarbeiter, verschwunden oder im Gefängnis, so entwickelt die Frau ein komplexes System von produktiven Tätigkeiten, die sie autonom bestimmt. Außerdem spielt es eine wichtige Rolle, ob die Frau im eigenen Haushalt oder mit den Schwiegereltern zusammen lebt. Je nach dem, wie die Beziehungen untereinander sind, ist die Frau sehr abhängig und den gültigen Normen unterworfen, oder sie kann gemeinsame und selbstbestimmte Aktivitäten entwickeln.

Lebensalter und Ideologie

Zu jeder Lebensphase der Frau – Kindheit, Adoleszenz, Ehe, Mutterschaft, frühes und spätes Alter – gehören geschlechtsspezifische Normen und Werte. Schon bei der Geburt wird ein Knabe freudiger begrüßt als ein Mädchen. Wenn viele Kinder da sind, wird ein neugeborenes Mädchen eher vernachlässigt, damit es wieder stirbt. Eine Frau hatte bei ihrer neunten Schwangerschaft einen derartig winzigen Bauch, daß niemand merkte, daß sie schwanger war. Eines Nachts, ich hatte 1977 ein Auto bei mir, bat sie mich, sie in das Spital zu fahren, sie habe Bauchweh. Nur zufällig hörte ich, wie sie bei der Anmeldung im Spital sagte, sie komme wegen einer Geburt. – Sag es niemandem, bat sie mich. Als ich sie zwei Wochen später besuchte, lag das winzige Mädchen, grau, mager und voll von Fliegen in einer Ecke, es hatte noch keinen Namen. Kurz darauf war es tot.

Der Wert eines Sohnes liegt darin, daß seine Chancen, eine

gute Stelle zu erhalten, viel Geld in den USA zu verdienen, oder aufzusteigen, größer sind als die eines Mädchens – er ist eine bessere Altersversicherung als die Tochter, wenigstens in der hoffnungsvollen Phantasie der Mütter.

Die kleinen Mädchen werden früh in ihrer Körperlichkeit eingeschränkt und auf ihre Weiblichkeit verwiesen. Es vergeht kein Tag, ohne daß den zwei- bis zehnjährigen Mädchen gesagt wird, sie sollen ihr Röcklein herunterziehen, sonst sehe man ihre Nacktheit oder ihre Hose, sie sollen sich anders hinsetzen, nicht mehr auf die Bäume klettern. Sie werden vermehrt im Haushalt zu kleinen Hilfeleistungen aufgefordert und zur spielerischen Teilnahme an der Tortillaproduktion angehalten, während die Knaben draußen spielen, Wasser tragen, Schafe weiden. Es sind meist die Mädchen, selten ihre Brüder, die ihre kleinen Geschwister hüten; schon Fünfjährige schleppen ein wenige Monate altes Kind stundenlang mit sich herum, wiegen es, wenn es schreit und bringen es der Mutter an die Brust, wenn es nicht zu beruhigen ist. Sonst spielen sie ebenso laut und lustig oder aggressiv wie ihre Brüder, bis sie von der Mutter verwiesen oder gerufen werden. Sie werden – wie das eine Vielzahl von Studien für verschiedene Kulturen nachweist – aufgrund des Kriteriums Geschlecht auf spezifisch weibliche Einstellungs- und Verhaltensweisen hin sozialisiert (Fridan, 1966: Chodorow, 1974; Poirier, 1975; Prokop, 1976).[17]

Die Pubertät bedeutet einen Einschnitt, der die Mädchen endgültig von den Knaben abtrennt. Sie werden angehalten, sich in der Öffentlichkeit mit ihrem Schal zu bedecken, nicht mit den Knaben zu reden und vermehrt an der Hausarbeit teilzunehmen. Über die Menstruation wird das Mädchen nicht informiert, eines Tages ist sie da, löst Angst aus und wird dann von der Mutter mit einer Reihe von Verhaltensregeln kommentiert: das Mädchen sei nun eine Frau, solle sich während der Menstruation nie baden, weil dies Schaden anrichte und zu niemandem davon reden (Guerrero, 1950: 1–4). In diesem Alter beginnen die Mädchen sich schüchtern und unfrei zu bewegen. Werden sie angesprochen, schauen sie weg und kichern, geben selten eine Antwort, außer: – Ich weiß nicht; wer weiß; weiß Gott und dergleichen. Man sieht sie schnell und ohne nach links und rechts zu blicken durch das Dorf huschen oder mit einer Gleichaltrigen zusammenstehen und tuscheln. Für mich als Fremde war es fast unmöglich, zu diesen »Muchachas« in Beziehung zu treten, ich gehörte eher zu den verheirateten Frauen. Die jungen Männer, die abends regelmäßig auf dem Platz neben der Schule Baseball spielen oder in Gruppen herumstehen, plaudern, lachen oder nach Murillo in die Bar wandern, bemühen sich um die Mädchen, warten ihnen auf und rufen ihnen nach, was immer verlegenes Gekicher auslöst. Die Werkstatt, wo heute vor allem unverheiratete Männer und Frauen arbeiten, ist zu einem informellen Treffpunkt der Jungen geworden. Die Mädchen besuchen ihre Freundinnen, die Männer ihre Freunde, die dort arbeiten, so treffen sie sich in der Werkstatt, was von den verheirateten Frauen mit abschätzigen Bemerkungen und Schimpftiraden vermerkt wird. Die Frauen, die dort arbeiten, sind für sie unanständig. Sie reden mit Männern, gehen frei herum und arbeiten sogar mit unverheirateten Männern im gleichen Raum.

Es geschieht immer häufiger, daß junge Mädchen aus armen Familien als Dienstmädchen in die Städte geschickt werden, damit eine Esserin weniger im Haus ist, und mit der Hoffnung, sie werden einige Pesos mit nach Hause bringen. Zwischen zwölf und sechzehn werden sie zu Verwandten in der Stadt geschickt, die ihnen helfen, einen Arbeitsort zu finden. Das Leben in der Stadt und die verschiedene Lebensweise der Frauen dort verändert die jungen Frauen. Bei Besuchen im Dorf führt dies regelmäßig zu Auseinandersetzungen mit der Mutter, die ihre Kleidung, ihr Verhalten – oft wird geraucht, sind die Fingernägel lackiert, die Haare modern geschnitten – kritisiert und sofort den Verdacht, die Tochter gehe mit Männern, erhärtet findet. Dieser Kulturschock kann zu einem Bruch mit der Familie führen; Töchter kommen oft jahrelang nicht mehr zurück und lassen erst als verheiratete Frauen wieder von sich hören. Andere, die ins Dorf zurückkehren, haben Mühe, sich anzupassen, sie arbeiten in der Werkstatt, finden aber, da sie schon zwanzig oder älter sind, keinen Mann, außer einen bereits verheirateten.

Die im Dorf verbliebenen Mädchen heiraten früh. Einige werden schon mit zwölf Jahren »geraubt«, indem der Mann sie zu sich ins Haus nimmt, andere gelten für ein bis zwei Jahre als befreundet oder verlobt und heiraten dann mit dem Einverständnis der Eltern (vgl. Guerrero, 1950: 4–7). Hat die

Familie des Mannes genügend Platz, zieht die Frau zu ihm. Der umgekehrte Fall ist aber nicht unüblich; wenn die Familie der Frau über mehr Raum und Arbeitsmöglichkeit verfügt, zieht der Mann zu ihr. Am begehrtesten sind jene Männer, die sich aufgrund ihrer Lohnarbeit in den USA bereits ein eigenes Haus bauen konnten. Die Heirat wird mit einem großen Fest vollzogen, wenn sie geplant und öffentlich beschlossen wurde. Heute drängen die Eltern darauf, daß die Verbindung auf dem Zivilstandesamt registriert wird, weil bekannt ist, daß dann der Mann rechtlich verpflichtet ist, für die Frau und die Kinder aufzukommen, auch wenn er sie verläßt. Trotzdem besteht heute noch ein Drittel der Ehen in einer Unión libre, einer weder kirchlich noch zivil registrierten Verbindung.

Die ersten Ehejahre sind wohl die schwerste und eingeschränkteste Zeit im Leben einer Frau. Von ihrer eigenen Familie getrennt, ist sie als Schwiegertochter im fremden Haushalt allein und, vom außerhalb arbeitenden Ehemann ungeschützt, den Befehlen und Kritiken der Schwiegermutter ausgesetzt. Oft wird ihre Arbeitskraft gezielt benutzt, um den Lebensstandard der Familie zu heben. Eine Reihe von allgemein gültigen Normen schränkt ihre Bewegungsfreiheit vollkommen ein: sie darf das Haus nicht ohne Arbeitsgrund verlassen, sollte mit niemandem außerhalb des Hauses reden, auf keinen Fall mit einem Mann, da sie ständig vom Verdacht der Untreue verfolgt wird, vor allem vom eigenen Ehemann. Oberstes Gebot für sie sind Arbeitsamkeit, Unterwürfigkeit und Gehorsam sowie Schweigsamkeit, sie hat keine Widerrede zu leisten.

Diese ersten Jahre des Schwiegertochterstatus sind in der Literatur vielfach beschrieben und diskutiert worden (Collier, 1974; Lamphere, 1974; Reiter, 1975). Um sich einen eigenen Status und Handlungsraum in der Familie des Mannes zu sichern, sind die jungen Frauen gezwungen, gegen die für sie gültigen Gebote zu verstoßen. Sie versuchen die etablierte Familienstruktur aufzubrechen, sich der Macht der Schwiegermutter zu entziehen und eine eigene aufzubauen; sie müssen den Ehemann von seiner Mutter trennen, mit ihm ein Bündnis bilden, um einen eigenen Haushalt, eine eigene Hausmacht aufzubauen. Um ihre Land- und Besitzinteressen durchzusetzen, lassen sie sich in heftige Konflikte mit der

Verwandtschaft ihres Mannes ein und suchen so, Einfluß zu gewinnen. Sie bauen eine intensive Bindung zu ihren eigenen Kindern auf, um in ihnen den notwendigen Rückhalt in Konflikten, aber vor allem eine Sicherheit im Alter zu finden. Als Gegengewicht zu sozialer Isolation und ökonomischer Abhängigkeit tendieren sie dazu, mit ihren Kindern eine »uterine Familie« (Wolf, 1976: 168) zu bilden. Die Strategie des Überzeugens ist der geeignetste Weg, um Einfluß zu gewinnen – in welcher Form auch immer –, sei es durch Streit, Konfrontation, scheinbare Anpassung oder Verführung, es geht immer darum, daß die Frau andere dazu bringen muß, ihre Wünsche zu berücksichtigen. Je stärker die Trennung zwischen weiblicher und männlicher Sphäre, um so wichtiger werden die informellen Machtstrategien der Frau, um den Mann in der Ausführung seiner Autoritätsämter zu beeinflussen.

Rosaldo, Reiter und Collier arbeiten stark mit der Unterscheidung öffentlich–privat und setzen ihr jene von männlich–weiblich gleich. Diese Trennung muß als ein Ethnozentrismus betrachtet werden, denn in den industrialisierten Gesellschaften ist tatsächlich eine entsprechend verlaufende Grenzlinie zu finden. Wenn sie aber in Daxhó ebenfalls zutrifft, dann nur dort, wo moderne nationalstaatliche oder arbeitstechnische Strukturen eingeführt worden sind: bei den politischen Ämtern, in der Werkstatt und dem reorganisierten Ejido. An sich stellt der kulturelle Lebensraum der Frauen eine durchaus einflußreiche Öffentlichkeit dar – die Mühle, die Küchen, die Handelsbeziehungen, der Laden, die Zeit der gemeinsamen Festvorbereitung –, in welcher politische und moralische Ansichten gebildet und festgelegt werden. Darum ist es auch schwierig, mit herkömmlichen Begriffen das sogenannte »Politische« vom »Nichtpolitischen« zu unterscheiden. Es kann angenommen werden, daß in den Bereichen der Frau sehr viel Politik betrieben wird – familiäre, frauliche, dörfliche –, die insofern informell bleibt, als sie nicht innerhalb eines staatlich anerkannten Gremiums betrieben wird.[18]

In Daxhó beginnt sich die scharfe Trennung zwischen männlichem und weiblichem Bereich zu lockern, die Frauen beteiligen sich zunehmend an Informations- und Wahlversammlungen für die Dorfrepräsentanten, die Ejidovertretung, die Festcargos, die nur von Männern besetzt werden können. 1975 wurde zum erstenmal eine Frau als Schulpräsidentin vorgeschlagen, ein neueres, vom Erziehungsministerium eingeführtes Amt. Mehrere Frauen sind Besitzerinnen eines Ejidotitels, sie haben ihn vom Vater übernommen, vom verstorbenen Mann oder sich allein darum beworben, weil ihr Mann nicht vom Dorf ist. Auch im Alltagsleben ergeben sich Überschneidungen zwischen dem sogenannt männlich-öffentlichen und dem weiblich-häuslichen Raum. Frauen arbeiten auf dem Feld mit, Männer weben oder flechten zu Hause, holen Wasser am Waschtag oder hüten im Notfall sogar die Kinder. Die Festcargos werden ausschließlich den Männern zugeteilt, wobei die Frauen bei der Durchführung der Aufgaben die Regie führen (vgl. Slade, 1975; Gubelmann, 1981); sie kochen gemeinsam, schmücken die Kirche und die Stationen der Prozession, schenken Getränke aus, verteilen Eßwaren vor der Kirche und beteiligen sich laut und aktiv an den kirchlichen Ritualen. Gestritten und beeinflußt wird viel um diese Ämter herum. Die Frauen der Männer, die ein Festcargo haben, treiben diese während des ganzen Jahres an, mehr Geld zu verdienen und zu sparen, denn ein Cargo kommt teuer zu stehen; je großzügiger es ausgeführt wird, um so höher steigt das Prestige der betreffenden Familie.

Der Versuch der Frauen, über ein eigenes Einkommen zu verfügen, ist ebenfalls geeignet, der unausgeglichenen Machtverteilung entgegenzuwirken. Die häusliche Macht einer Frau ist davon abhängig, ob sie über eigene ökonomische Ressourcen verfügt, die es ihr erlauben, sich innerhalb der Familie eine Position aufzubauen, die die kulturell vorgeschriebene Hierarchie der Geschlechter aufhebt. Oft ist es für eine solche Frau günstiger, ihre intrafamiliale Macht schweigend auszunützen und sich nach außen anzupassen und die kulturell vorgeschriebene Haltung der Unterwürfigkeit einzunehmen, um nicht in Konflikt und Rivalität mit den anderen Frauen zu kommen (siehe die Heilerin von Daxhó). Die marianistische, in der Öffentlichkeit sichtbare Unterwürfigkeit ist dann nur ein Mittel, um die reale, aber informelle Macht um so ungestörter ausführen zu können.

Die Machtstrategien der Frauen sind mehrheitlich individuell und selten kollektiv, was der sozialen und politischen Isolation der jungen Frau entspricht. Selbst ihre häufige Bereitschaft, sich den Forderungen des Mannes schweigend zu unterziehen, kann eine Strategie im Interesse der eigenen Ziele sein. Da die Frau im häuslichen Bereich der physischen Aggression des Mannes vollkommen ausgeliefert ist, zieht sie es oft vor, sich ihm im Sinne eines Konflikt-Managements zu unterwerfen, um nicht geschädigt zu werden und um später, in indirekter Form, ihren Willen durchzusetzen. Das oberflächliche Mitspielen in den von der Frau geforderten Unterwerfungsgesten ist selten Ausdruck einer wirklichen Servilität, wie dies von verschiedenen Autoren behauptet wurde (Alegría, 1975, Bermudez, 1955; Loreto Hernandez, 1961), sondern vielmehr ein ausgewogener, den Verhältnissen angemessener Umgang mit realen und ideologischen Machtverhältnissen, eine vernünftige Strategie, um sich zu schützen und trotzdem zum gesetzten Ziel zu kommen. Quinn (1977: 190) erwähnt, daß die durch die Rollennormierung der patriarchalen Gesellschaft entstandenen Spannungen in der Intimität der Ehebeziehung fast unweigerlich dazu führen, daß die Männer ihre Frauen schlagen. Frauen können gegen diese physische Gewalt nur ihre verbale Aggressivität einsetzen, indem sie sich untereinander oder direkt über die Männer lustig machen und sie als lächerlich hinstellen (Maccoby, 1966b). Diese Verhaltensweise wurde oft übersehen, weil viele Ethnologen die Frauen vorwiegend im öffentlichen Bereich erlebt haben, wo sie sich den Normen gemäß verhalten. Susan Rogers (1975) schreibt nach ihrer Untersuchung in einem französischen Dorf, daß die Frauen sich so benehmen, als hätten die Männer alle Macht in den Händen, obwohl die Frauen auf informeller Ebene ebenso einflußreich sind. Sie meint, die Frauen seien an der Aufrechterhaltung dieses Mythos der männlichen Stärke interessiert, weil sie sich nur so ihre informelle Macht sichern können; sie überlassen den Männern die relativ unbedeutenden Prestigeämter und den Glauben an ihre Herrschaft. Ich glaube, daß Rogers die Bedeutung des öffentlichen Prestiges und der sozialen Anerkennung für das Selbstwertgefühl eines Individuums und einer Gruppe von Individuen unterschätzt. Solange die rechtlich-soziale und ökonomisch-materielle Anerkennung der Frau weder ideologisch noch konkret durchgesetzt ist, bleibt ihre Diskriminierung bestehen, und all ihre Versuche, informelle Macht zu erlangen, bleiben »Listen der Ohnmacht« (Honegger und

Heintz, 1981), psychische und physische Überlebensstrategien von Unterdrückten.

Ich gehe in dieser Arbeit davon aus, daß die soziale und ideologische Entwertung der Bauernfrau eine weit über die Dorfgrenzen hinausreichende Bedeutung hat; sie ist kein mythologischer Trick der Frauen oder Männer, sondern eine folgerichtige Konsequenz des Akkulturationsprozesses der Eingeborenenbevölkerung in Lateinamerika (vgl. Leon de Leal, 1980; Werlhof, 1978, 1981).

Die Frauen von Daxhó reden viel über die Gewalt der Männer und die Rechtlosigkeit der Frau. Während meines Aufenthaltes haben zwei junge Frauen ihren Mann verlassen und sind zu ihren Eltern zurückgekehrt, weil sie sich mit der Schwiegermutter schlecht vertragen haben und zu viel arbeiten mußten. Zwei andere junge Frauen wiederum waren sehr zufrieden mit ihrer Heirat, die Schwiegermutter war gestorben und mit dem Schwiegervater verstanden sie sich gut. Die Männer, die ihre Frauen häufig schlagen, sind im Dorf bekannt; ihr Verhalten wird mit Mißbilligung kommentiert.

Als eines Tages Anselmo, der mich des Kommunismus bezichtigte, mit einem dicken Verband um den Kopf durch das Dorf ging, wußten schon alle Frauen mit ambivalenter Schadenfreude zu berichten, daß er im Rausch seine Frau und die Kinder derartig zusammenschlug, daß schließlich Fernanda, die Schwester seiner Frau, mit einem Holzprügel auf ihn losging und ihn verletzte. Anselmo zog tagelang mit seinem weißen Turban durch das Dorf und erzählte jedem in klagendem Ton, er sei von seiner Schwägerin halbtot geschlagen worden. Er sollte sich schämen, meinten die Frauen, sich damit noch zu brüsten und Mitleid zu heischen, er ist ein Trunkenbold und ein Schläger und hat es verdient... also diese Frau, hat es ihm einfach gegeben!! Vielleicht ist sie etwas weit gegangen! Von den Männern wurde Anselmo allgemein bemitleidet, und sie hofften, seine Schwägerin komme ins Gefängnis deswegen, denn er hatte sie, blutüberströmt wie er war, in Murillo bei der Polizei verklagt, bevor er zum Arzt ging. Die Polizisten fuhren sofort mit einem Taxi ins Dorf und nahmen Fernanda mit, ließen sie stundenlang warten und hielten ihr dann eine lange Standpauke über das korrekte Verhalten einer Frau. Die Buße, die sie ihr aufbrummten, entsprach etwa ihren Lebenskosten für zwei Monate. Sie war verzweifelt, und weil mich die Sache interessierte, ging ich mit ihr auf den Polizeiposten und erkundigte mich nach dem Grund der hohen Buße. Der Beamte stotterte und wußte nicht, was zu sagen, und zählte dann auf: die Kosten des Taxis, die Arztkosten, die Schreibkosten..., dann wußte er nicht weiter und ließ Fernanda mit einem Zehntel der Summe laufen. Die Frauen im Dorf waren befriedigt über den Ausgang der Sache.

Es ist selten, daß ein Streit zwischen Mann und Frau so viel Öffentlichkeit erhält. Die für mich sicht- und hörbaren Reaktionen machten deutlich, daß die Frauen sich im allgemeinen sofort mit der betroffenen Frau solidarisieren und über das Gerede auch Druck ausüben, ebenso wie dies die Männer zugunsten des Mannes tun.

Mit zunehmender Kinderzahl beruhigt sich der normative Druck auf die Ehefrau. Beide Ehepartner kämpfen gemeinsam um das Überleben der Familie, und in den meisten Fällen ergänzen sie sich in der Planung ihrer Arbeiten. Während der Mann auf dem Feld oder im Taglohn arbeitet, versucht die Frau, Zusatzeinkünfte zu organisieren. Zwar muß sie ihren Mann immer noch um Erlaubnis bitten, wenn sie einen Botengang erledigen will, doch hatte ich oft den Eindruck, daß sie ihn mehr über ihre Entscheidung informiert als wirklich fragt. Die Kinder werden zunehmend zu Haus- und Feldarbeiten herangezogen, doch die oberste Sorge ist ihre Schulbildung. Fast alle Eltern sind bemüht, ihre Kinder so lange wie möglich zur Schule zu schicken, damit sie eine Arbeit finden, bessere Chancen auf dem Arbeitsmarkt haben. Es kommt aber häufig vor, daß ein Kind sechs bis sieben Jahre zur Schule geht und nicht über die zweite oder dritte Klasse hinauskommt; seine analphabetischen Eltern schicken es hin, weil sie an die Bedeutung der Schule glauben.

Wenn die Kinder erwachsen werden und die Frau vierzig bis fünfzig Jahre alt ist, beginnt ihre beste Zeit. Oft ist sie ohne Mann, weil dieser gestorben, verschollen oder bei einer anderen Familie ist. Die Kontrolle ihres Verhaltens nimmt ab, sie wird zunehmend frei, ihre Position gleicht sich zum Teil der des Mannes an.

Von der Pubertät an, dem Beginn der potentiellen Reproduktionsfähigkeit der Frau, bis zur Menopause sind die Frauen besonderen Zwängen unterworfen, denn das Erbe soll nur an Sprößlinge verteilt werden, die von der Familie des

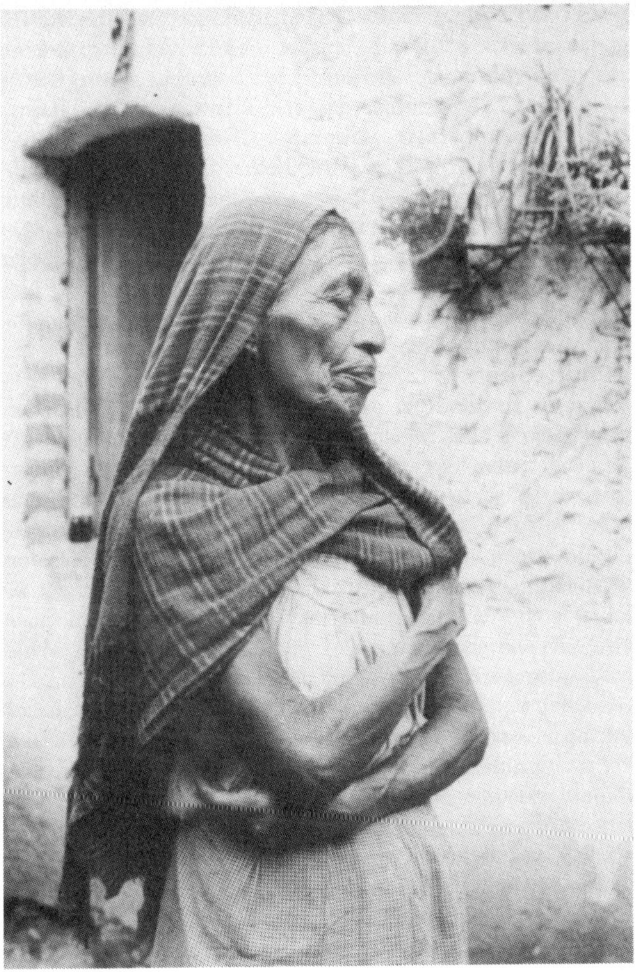

Arbeitspause

Mannes abstammen, und die Ehre des Mannes kann es nach machistischen Regeln nicht auf sich sitzen lassen, daß fremde Sprößlinge in ›seiner‹ Familie aufwachsen. Der Verlauf der Pubertät und der Adoleszenz ist für das Verhalten der erwachsenen Frau von einschneidender Bedeutung. Wenn sie sehr früh heiratet, so wird sie direkt aus der Kinderrolle in die der Erwachsenen gestoßen, sie hatte wenig Raum, um sich als eigenständiges Subjekt zu erleben; die Ehe wird oft zum enttäuschenden Zwang, dem die Frau ohnmächtig ausgeliefert ist. Ist sie in den Adoleszenzjahren unterwegs in der Hauptstadt, für eine Berufsausbildung oder eine »gute« Arbeitsstelle, dann wird ihre Rückkehr in die traditionelle Frauenrolle schwierig. Das Leben in der städtischen Kultur hat ihr eine kritische Distanz zur Familie und der Ethnie gegeben, eine Distanz, in der sie eigene Ideen und Wertungen über ein Frauenleben entwickelte, eigene Utopien und Entwürfe erarbeitete, die die Identifikation mit der Tradition erschweren. Andererseits kann die junge Frau gerade wegen der vorübergehenden Distanz zur Ethnie oft ein eigenständigeres Verhältnis zu den Regeln im Dorf entwickeln, das ihr einen spielerischen Umgang mit denselben erlaubt: spielerischen Umgang in dem Sinne, daß sie weder in zwanghafter Opposition zur Außenseiterin werden muß, noch in distanzloser Unterwerfung von den Regeln erstickt wird, sondern so damit umgehen kann, daß ihre eigenen Interessen befriedigt werden und der Kontakt zur Umgebung nicht gestört wird.

Nach der Menopause oder als Witwe ist die Frau von vielen Zwängen befreit, sie kann sich sozial entfalten, sich frei bewegen und sogar eine gewisse offizielle Autorität erwerben. Die Mehrheit der älteren Frauen von Daxhó ist sehr aktiv. Sie lassen ihren Acker von Verwandten oder Nachbarn, denen sie etwas bezahlen, bearbeiten und betreiben verschiedene Handwerke oder Handelsgeschäfte. Sie spinnen, weben, karden, reisen als Zwischenhändlerinnen auf die verschiedenen Märkte, um die Produkte anderer Frauen, die noch ans Haus gebunden sind, zu verkaufen, oder sie helfen im Haushalt ihrer Kinder. Die ganz alten Frauen leben im Haushalt eines Kindes, wo sie als Hilfskräfte einfachere Arbeiten übernehmen: das Haus und die Kinder hüten, den Mais entkörnen und verlesen. Ältere Frauen sind oft Ratgeberinnen der jüngeren, sie genießen allgemein Respekt und Achtung, außer sie sind Trinkerinnen und »Herumtreiberinnen«, die bei den anderen betteln. Diese Frauen werden zwar versorgt, aber sie sind lästig und außer als Gerüchteträgerinnen ungern gesehen.

Gegen Ende meines Aufenthaltes im Dorf wurde ich von Celia, der älteren, sehr selbständigen und seit der Geburt ihres Sohnes vor 35 Jahren allein lebenden Nachbarin zu einem

Fest auf ihrem Feld eingeladen. Am Nachmittag gingen wir zu einem abgelegenen Maisfeld, in dessen Mitte, versteckt von den hohen Maisstauden, eine kleine Holzhütte mit einer Bank davor stand. Es kamen vier ältere Frauen und die junge Tochter der einen. Sie galten alle als Außenseiterinnen im Dorf. Die eine, Cirila, die »Dorfhure«, die auch junge Männer in die Liebe einweiht, und die »Bettlerin«, die Gerüchte herumträgt. Von der anderen, Sabina, wurde gesagt, sie habe zwei Frauen vergiftet und habe deswegen im Gefängnis gesessen; die dritte war eine notorische Säuferin, so wie Celia, meine Nachbarin, auch. Celia ist eine magere, sehnige Frau mit einer polternden, tiefen Männerstimme. Wenn sie redet, ist jeder ihrer Sätze mit mehreren Flüchen gespickt; sie kennt die ganze Palette der in Mexiko üblichen Verwünschungsformeln. Viele Frauen meiden sie deswegen und nennen sie Celia-macha. Auf diesem geheimen Plätzchen nun – die Frauen schleppten eine mit Pulque gefüllte Ziegenhaut an – begann ein richtiges Gelage. Auf einem Feuer wurden frische Maiskörner in Fett gebraten, eine aromatische und süße Luxusspeise, viel Pulque getrunken und gelacht, gespottet, gewitzelt, geflucht. Die Frauen begannen sich anzufassen, spielerisch zu kämpfen, klopften sich auf den Hintern und wurden immer wilder. Auch ich wurde in die Spiele miteinbezogen. Sie faßten mich an, meine Haare, meine Haut, hoben mich auf und füllten mich mit Pulque und Mais. – Mein Pulque ist mein Leben, riefen sie und ließen sich über diese Trottel von Männern aus, indem sie sich gegenseitig Geschichten über diesen und jenen »Idioten« erzählten, der meint, er sei jemand, aber nicht merkt, wie lächerlich er ist. Sie redeten teilweise in Otomi, um mir aber sofort die Geschichte und deren Pointe zu übersetzen. Dieses ausgelassene Erntefest der fünfzig- bis sechzigjährigen, grauhaarigen Frauen, die wie junge Mädchen herumhüpften und kicherten und wie Männer fluchten, brüllten und tosend lachten, erinnerte mich an mittelalterliche Hexen. Gegen Abend packten wir die fast leere Ziegenhaut, den Comal und die Hockerchen zusammen und zogen gegen das Dorf. Noch auf dem Weg ging das Spiel weiter. Celia trug die Ziegenhaut auf dem Rücken, Cirila versuchte, sich ihr ebenfalls auf den Rücken zu setzen, Celia rannte ihr nach und spritzte sie mit Pulque an, während Sabina versuchte, ihr das Bein zu stellen, bis sie wieder in tosendes Gelächter ausbrachen und sich die Bäuche halten mußten. Von da an begannen mich diese Frauen, die mich außer Celia bisher gemieden hatten, auch zu besuchen. Meine Teilnahme an ihrem heimlichen Fest hatte ihr Mißtrauen abgebaut. Diese Begegnung machte mir klar, daß viele meiner bisherigen Wahrnehmungen über das Leben der Frauen aus dem »öffentlichen« Bereich stammten – jetzt wurde ich in die unsichtbaren Welten der älteren Frauen eingeführt: gemeinsame Solidarität, Genuß, Selbstbewußtsein und ein Gefühl der Überlegenheit wurden da in einer geheimen Nische des Alltagslebens zelebriert. Alle vier Frauen hatten keinen Mann mehr, ihre Kinder waren schon groß, sie lebten von ihren Feldern oder von Hilfsdiensten, die sie für andere leisteten; in der Öffentlichkeit der Versammlungen habe ich sie nie auftreten sehen. Sie scheinen ein äußerlich zurückgezogenes, aber auf der informellen Ebene reiches Sozialleben mit vielfältigen Bezügen, Freuden, Geschäftchen und Machenschaften zu führen.

Die soziale Organisation der landwirtschaftlichen Hausgemeinschaft ist durch die Erfordernisse ihrer Reproduktion bestimmt, sie ist die vorherrschende Sorge. »Das Pathos, das auf der Heirat liegt; die matrimonialen und paramatrimonialen Institutionen; die Filiation; die Fruchtbarkeitskulte; die mit der Schwangerschaft verknüpften Vorstellungen; die Veränderung der Lage der Frau je nach ihrer Position im Zyklus der Fruchtbarkeit; die Besorgnis, die Ehebruch und außereheliche Geburten wecken; die Sexualverbote usw. – all das sind Zeugnisse für den Platz, den diese Funktion einnimmt« (Meillassoux, 1976: 51f). Die soziale und materielle Reproduktion der Individuen unterliegt von der Geburt an einer aufmerksamen Kontrolle, die die Gesamtheit der öffentlichen Beziehungen beherrscht.

Der Machismo ist in diesen besonderen Verhältnissen der bilateralen Vererbung, Neo-Lokalität und der Möglichkeit der Frauen, einen ökonomischen Status zu erwerben, ein geeignetes Instrument, um die Autorität der Männer wenigstens in der Öffentlichkeit zu erhalten. Das bedeutet, daß die Kontrolle über die Frau ebenso wichtig – oder wichtiger – ist wie die Kontrolle über den Besitz.

Mit der zunehmenden Integration Daxhós in das nationale Verwaltungssystem und den kapitalistischen Markt beginnen sich die frauenspezifischen Normen zu lockern. Angefangen bei den Mädchen, die in den Städten arbeiteten und neue Verhaltensmuster erfahren haben, die sie zum Teil nicht mehr aufgeben wollen, über die Migration der Männer, die die häusliche Produktion voll in den Händen der Frauen zurücklassen, bis zur Gefahr der Verarmung aus Mangel an Boden und lokalen Arbeitsmöglichkeiten, der die Frauen nach immer neuen und innovativen Überlebensmöglichkeiten Ausschau halten läßt – all das sind Faktoren, die die Frauen zwingen, die traditionellen normativen Verhaltensgrenzen und weiblichen Räume zu überschreiten und neue Überlebensstrategien und Verhaltensweisen zu entwickeln sowie das dazugehörige Selbstbewußtsein. Dieser Prozeß verläuft sehr langsam, fast unmerklich. Gerade in diesen Zeiten des Wandels bekommt die ökonomische Tätigkeit der Frau eine besondere Bedeutung: »Heute gilt weiterhin, daß die Frauen in geringer entwickelten Gesellschaften oder in den armen sozialen Klassen hervorragende ökonomische Aktivitäten ausüben, was dazu führte, daß ein bestimmter Frauentyp entstanden ist: sie sind stark, geduldig, ergeben und, abgeleitet aus ihrer ökonomischen Funktion, oft dominant« (Garcia Ferrando, 1977: 27f). Häufig kommt die Bauernfrau in eine Doppelbelastung hinein, indem sie sowohl die Hausarbeit als auch die Feldarbeit übernimmt, während der Mann versucht, einträglicheren Tätigkeiten nachzugehen.

In Daxhó ist dieser Wandel der Frauenrolle fast nur bei alleinstehenden Frauen festzustellen, erst die Abwesenheit des Mannes erlaubt die notwendige Umstellung des Tagesablaufes auf einen eigenen, von ihm unabhängigen Rhythmus sowie die volle Ausschöpfung der zur Verfügung stehenden Freiräume.

Es folgt die Darstellung der Beziehungen, Gespräche und Begegnungen, die ich im Verlauf meines ersten Aufenthaltes im Dorf mit drei Frauen hatte. Von fünf Frauen stelle ich drei dar. Ich habe sie gewählt, weil sie verschieden alt sind und von daher verschiedene Generationen repräsentieren, weil sie in unterschiedlichen sozialen Verhältnissen leben und von daher eine sehr ungleiche Position im Dorf einnehmen und weil jede sehr spezifische und eigene Strategien entwickelt hat, um mit diesen Verhältnissen umzugehen. Die drei Frauen decken mit ihrer Lebenspraxis ein breites Spektrum ihrer Gesellschaft ab.

Die einzelnen Begegnungen sind mit Nummern versehen und sie werden gleich im Anschluß mit meinen theoretischen und subjektiven Gedanken und Irritationen – teilweise im Dorf selber aufgetaucht, teilweise zu Hause am Schreibtisch entstanden – kommentiert: in bezug auf kulturelle Muster, in bezug auf persönliche Funktionsweisen und in bezug auf die emotionale Qualität und den Verlauf unserer Beziehung.

Der Versuch einer zusammenfassenden Auswertung der Irritationen wird im vierten Teil des Buches unternommen: zur Person und zur Kultur, zum Verhältnis gesellschaftlicher Objektivität und Subjektivität der Frau sowie zum Verhältnis der Geschlechter.

III. Teil:
Drei Frauen: Leben und Alltag

Mariana: »Das ist alles schwierig mit diesen Männern. Für mich ist alles schwierig, und mit meinem Mann ist es noch viel schwieriger.«

1.
Mariana ist mir sofort aufgefallen. Am Tag meiner Ankunft im Dorf kam sie mit anderen Frauen zusammen in die Schule; sie erwarteten eine Frau vom Agrarministerium, die Saatgut bringen sollte. Sie war etwas älter als die anderen Frauen, etwa fünfzig, und wirkte in ihrer schlanken Behendigkeit auffallend besonnen und zielstrebig. Sie stellte sich in meine Nähe und übernahm es bald, mir die Organisation des Frauenkommitees zu erklären. Als mich die Frauen baten, ihre Namen zu notieren, die ich nicht verstand und falsch aufschrieb, und sich alle herzlich über meine Unbeholfenheit amüsierten, lachten, giggelten, rief sie laut: hört, diese Frau kann nicht so gut spanisch wie wir, sie versteht deswegen die Namen schlecht, wir dürfen nicht über sie lachen, sondern müssen ihr helfen. Sie sagte mir dann die Namen langsam und deutlich vor und korrigierte mich, wenn ich sie falsch notierte. Da gab es Namen wie Pamfila, Filomena, Casimira, Eleuteria, Abundia, Irmea, Hermelinda, Epigmenia, Cleotilde, Leovigilda, Ceferina und Gricelda, bis hin zu den vielen Marias.

Mariana sprach und bewegte sich sicher, bemüht um Vermittlung und Korrektheit gegenüber der Fremden, mit einem verschmitzt strengen Unterton – auch sie mußte ein wenig schmunzeln über die Konfusion. Am nächsten Tag erfuhr ich, daß diese Frau die Heilerin sei, sie behandle Wunden, wisse mit Kräutern umzugehen und mache auch Injektionen. Ich beschloß, sie bei Gelegenheit aufzusuchen.

2.
In den folgenden Wochen ging ich mehrere Male bei Mariana vorbei, traf sie aber selten allein. Sie war jedesmal außerordentlich freundlich, fast herzlich und erkundigte sich ausführlich nach meinem Ergehen. Weil sie Besuch hatte, oder sonst sehr beschäftigt wirkte, blieb ich nie länger als einige Minuten dort.

Im Gegensatz zu den meisten anderen Frauen läßt sie sich durch meinen Besuch weder beirren noch ablenken. Selbstbewußt geht sie ihren Arbeiten nach. Trotzdem ist sie herzlich und sehr freundlich. Sie macht auf mich den Eindruck einer sehr sicheren Frau, die mit ihrer Arbeit gerne umgeht.

3. (16. 8.)
Eines Morgens treffe ich Mariana allein an, sie ist beim Tortillabacken. Sie fordert mich auf, mich dazuzusetzen und will genau wissen, was ich hier mache, worin meine Arbeit bestehe. – Ah, du willst das Leben der Frauen hier verstehen, das ist gut, viele haben es schwer hier. Hast du keine Angst so allein hier, ist das nicht gefährlich? fragt sie. Ich bin verunsichert durch ihre Frage und will wissen, was sie meint damit. – Nun, es gibt viel Streit und Spannung hier, die Leute können sehr böse sein. Ich verabschiede mich etwas verunsichert. Sie sagt, ich solle wieder kommen.

Marianas Warnung beunruhigt mich. Mache ich etwas falsch? Löse ich den Unmut der Leute aus? Gerade weil Mariana auf mich den Eindruck einer sicheren und zielbewußten Frau macht, die im Dorf eine überlegene Stellung innehat, trifft mich ihre Bemerkung. Ich nehme mir vor, bald wieder hinzugehen und meine Fragen mit ihr zu besprechen. Indem Mariana meine Angst und Unsicherheit anspricht und nicht nach den Preisen in der Schweiz fragt, verführt sie mich gewissermaßen. Hier wirst du als Person mit deinen Problemen wahrgenommen. Damit bietet sie mir ein bestimmtes Beziehungsmuster an, das ich gerne annehme: sie sorgt sich um mich, interessiert sich für meine Arbeit, für mich.

4. (18. 8.)
Einige Tage später gehe ich zu ihr. Sie bittet mich sofort herein, holt einen Hocker und beginnt zu fragen, wie es geht, was ich mache, ob ich mit den Leuten hier zurechtkomme. Sie bringt mir ungefragt etwas zu trinken und eine Tortilla, sie umsorgt mich und fragt wieder. In jener Zeit hatte ich es schwer im Dorf, man begegnete mir mit Mißtrauen, Rollenprojektionen und Forderungen. Die vorhergehenden Tage hatte ich mich mit der für mich recht gefährlichen Kommuni-

stenangst auseinandergesetzt, die mißtrauischen Familien besucht, mit ihnen geredet, mir Briefe von Maurilio Muñoz, dem angesehenen Ethnologen aus dem Nachbardorf, geben lassen, und ich war voller Zweifel und Unsicherheit über meine Zukunft hier. Eben hatten mich noch zwei betrunkene Männer beschimpft, weil sie forderten, daß ich ihnen »ihren« Pulque zahlen soll, was ich ablehnte.

Marianas mütterliche und umsorgende Fragen lösen meine Spannung. Meine tapfere und aktive Ethnologinnenrolle schmilzt, mir kommen Tränen, ich weine. Nun kommt Mariana erst recht in Fahrt. – Was, sind sie nicht nett zu dir? Was haben sie dir angetan? Ja, hier gibt es viele schlechte Leute, sie reden zuviel, sie verstehen nichts.

Ich beginne zu erzählen, sie hört mir aufmerksam zu und versucht mich zu trösten. – Mach dir keine Sorgen, sie haben dich erschreckt mit ihrem Gerede, aber das ist hier immer so. Es gibt hier wirklich schlechte Personen, die über alle immer bös reden. Hüte dich vor ihnen, vor allem, wenn sie getrunken haben, dann sind sie bös und unangenehm, das gibt immer Streit. Sie stemmt die Arme in die Hüften. – Wenn sie dir etwas tun, dann komm zu mir, ich weiß mich schon zu wehren.

Ich sitze da und lasse mich trösten, nehme ihre Stärke dankbar an. Immer wieder unterbricht sie sich und sagt: Weine doch, weine nur, das tut gut, das muß rauskommen, sonst sitzt es da unten im Bauch und macht dich krank – weine! Wenn du willst, helfe ich dir bei deiner Arbeit, ich kann dir von meinem Leben berichten. Sie bringt mir noch einen Kaffee, setzt sich zu mir und beginnt, von sich zu erzählen.

Sie ist im Nachbardorf, Llano Verde, aufgewachsen, als Tochter von armen Bauern. Sie waren vier Kinder, zwei Brüder und zwei Schwestern. Mariana besuchte die Schule nur sporadisch, denn sie half ihrem Vater, der Körbe machte. Er wanderte mit seinen Freunden oft weit den Fluß hinauf, um Weideruten zu suchen. Sie begleitete ihn, um den Männern das Essen auf einem Holzfeuer zu wärmen; manchmal schliefen sie draußen unter einem Baum. Die Männer erzählten sich dann lange Geschichten vor dem Einschlafen. Das war schön. Auch sonst gab es viel Arbeit: Schafe hüten, Wasser holen, Tortillas backen. Als sie etwas größer war, wurde sie zur Großmutter geschickt, damit diese nicht so allein sei. Dort mußte sie um vier Uhr morgens aufstehen und den Nixtamal von Hand auf dem Metate zu Masse mahlen, die Tortillas backen, die Bohnen aufsetzen. Wenn sie früh genug aufgestanden war, reichte es, um noch in die Schule zu gehen. Nun sei sie hier verheiratet und habe es schwer mit ihrem Mann, wie alle Frauen hier. Am Anfang der Ehe habe er nicht zugelassen, daß sie aus dem Haus gehe, aber sie webte viel und verkaufte ihre Handarbeiten. Sie habe dann einfach gesagt, ich gehe jetzt, und du bleibst da bei den Kindern. Zuerst war er dagegen und schlug sie, sie sei voller Wunden gewesen, am Kopf und überall, aber sie habe immer wieder gesagt, ich gehe jetzt und du bleibst da, bis er es akzeptierte. Wenn sie ihn zum Maiskaufen schickte, vertrank er das Geld. So war oft nichts Eßbares vorhanden für sie und die vier Kinder; sie schickte ihn dann zu Nachbarn, wo er Mais ausleihen sollte, sie selber hätte das nie gemacht. Wenn er auswärts arbeitete, hat er ihr nie auch nur einen Centavo zukommen lassen, sondern alles für sich und Frauen verbraucht. Dann mußte sie vollkommen allein für den Lebensunterhalt aufkommen: nähen, weben und vor allem das Feld bebauen, den Mais kultivieren. Sie habe Glück, denn sie sei geschickt, habe vieles gelernt: nähen, weben, als Krankenschwester arbeiten, sie habe mal einen Kurs gemacht; deswegen habe sie es viel leichter als andere Frauen, die überhaupt nichts können, nichts gelernt haben.

Eigentlich brauche sie ihren Mann nie um etwas zu bitten; wenn er ihr etwas gibt, dann ist es gut, wenn nicht, dann eben nicht. Sie habe ihre eigenen Fähigkeiten und im äußersten Notfall noch den Vater in Llano Verde. So sei das mit den Männern. Jetzt ist ihr Mann, Pompiliano, häufiger zu Hause, weil er eine Stelle im Patrimonio als Chauffeur hat, er komme öfter nach Hause und gebe ihr eher mal Geld. Jetzt macht es ihr nichts mehr aus, wenn Pompiliano andere Frauen hat, sie sage, wenn du willst, dann geh, aber dann lassen wir uns scheiden und du mußt bezahlen. Doch das will er wieder nicht, das würde ihn teuer zu stehen kommen. – Am Anfang, als ich erfuhr, daß er mit anderen Frauen geht, habe ich viel geweint, bin immer traurig gewesen. Jetzt weniger. Es sind ja alle Männer so, sie wollen viele Frauen und keine Verantwortung. Die Frauen sind nicht so, die wollen nicht einfach Männer besitzen, sondern sie haben es schwer, so schwer, und gerade das wollen die Männer nicht begreifen. Sie verbieten der Frau, allein auszugehen, weil sie mit anderen Männern gehen könnte. Wie wenn das uns interessieren würde! Dazu hat es nicht mal Zeit, wir müssen doch die Kinder versorgen und schwer dafür arbeiten. Ich will den Mann nicht fürs Bett, sondern für den Lebensunterhalt der Familie. Die anderen Frauen denken auch so.

Einmal habe er eine von nebenan gehabt, die Schwiegertochter von Celia, das habe sie dann doch nicht ertragen. Sie sei hingegangen, habe die Frau verprügelt und gesagt: Wenn du ihn willst, dann sollst du ihn haben, aber nicht hier, dann geh woanders hin. Darauf habe die Frau das Dorf verlassen.

Mein Weinen läßt eine intensive Beziehung zwischen uns entstehen: Mariana erlebt meine Ohnmacht und bietet sich mir als mütterlich-beschützende Freundin an: sie tröstet mich, will mir helfen, mit mir arbeiten. Ich bin dankbar für ihre Direktheit und Offenheit. Ich erlebe sie als einen zuverlässig sicheren Ort, wo Fragen und Unsicherheiten geklärt werden können. Ich vermute, daß ihre spontane Einfühlung und Aktivität aufgrund großer Gefestigtheit möglich sind, aber auch aufgrund ihrer eigenen verletzlichen und überforderten Seiten.

Es überrascht mich, wie schnell und präzise Mariana mir die Grundzüge ihrer Lebensgeschichte erzählt. Bin überrumpelt von so viel Material, so viel gezielter und auf mich bezogener Sprachfähigkeit, bestaune ihre klare Präsenz, ihr Selbstbewußtsein. Der schnelle Wandel zu gezieltem Erzählen entspricht wohl Marianas Überlebensstrategie: was auch immer geschieht, sie kann auf ihre geistige und sprachliche Fähigkeit zurückgreifen, um sich vor Unsicherheit und Schmerz zu schützen.

Die Grundthemen sind die Kindheit, geprägt von gemeinsamen Erlebnissen mit dem Vater; das Eheleben, ein konfliktiver Machtkampf mit dem Mann, und dann ihre Autonomie und Wehrfähigkeit als Frau. Ihr Verhalten zeigt eine spontanidentifikatorische Hilfsbereitschaft und Mütterlichkeit und eine klarüberlegene Fähigkeit, etwas zu vermitteln, zu erzählen, darzustellen, gegenwärtige Offenheit und kontrollierte Präzision. Diese Themen und Verhaltensweisen werden über unsere Gespräche hinweg zentral bleiben.

In der heutigen Begegnung gehe ich, ohne es zu merken, auf Marianas Angebot der letzten Begegnung ein: ich zeige Angst und Unsicherheit, und Mariana nimmt mich unter ihre Obhut, bietet mir von sich aus an, mit mir zu arbeiten. Es entwickelt sich eine Beziehungskonstellation, die Marianas sozialer Position und ihren Alltagsbeziehungen entspricht. Ich bin kaum eine Verunsicherung für sie.

5. (21. 8.)
Drei Tage später treffe ich Mariana wieder in ihrem Haus an. Es liegt inmitten von einem Stück Land, unter großen Bäumen, umgeben von einem Gewirr blühender Sträucher, Blumen und Kräuter, im weiteren Umkreis Agaven und Kakteen von verschiedener Größe. Das Haus ist klein; die Wände aus knorrigen, aneinandergestützten Holzstäben, die durch Zweige miteinander verflochten und mit Lehm überschmiert sind. Niedrig, braun und alt hockt dieses Häuschen direkt unter einem riesengroßen Blätterbaum, dem Pirúl. Seine Zweige und Blätter werden in ganz Mexiko für magische Heilungen verwendet, für die Reinigung des Körpers, die Limpia. Man kann nur durch die Küche in das Haus eintreten, diese ist direkt vor den Eingang gebaut: Wände aus Holzstäben, die die Luft frei zirkulieren lassen, eine erhöhte Feuerstelle und ein halber Baumstamm als Bank hinter dem kleinen, wackeligen Tischchen. An den Wänden und der Decke hängen Körbe und Töpfe mit Küchenutensilien und Eßwaren. Alles ist sehr klein und niedrig, aber geordnet und gemütlich. Das Haus selber ist zur Hälfte vom Bett gefüllt, einigen erhöhten Brettern mit Wolldecken; im anderen Teil des Hauses, von einem Zwischenboden zur Aufbewahrung des Maises überdacht, werden Kleider und Gegenstände in scheinbar wildem Durcheinander aufbewahrt. Doch Mariana wußte immer, wo die Dinge zu finden sind.

Der Garten um das Haus herum ist prächtig. Der Pirúl und einige Nadelbäume überschatten das Haus und den kleinen Hof aus hellem, festgetretenem, täglich frisch gefegtem Sandboden. Im weiteren Umkreis Agaven für den Pulque und dazwischen Blumen, zwei Meter hohe Weihnachts-Kaktus-Gebüsche, Zitronen-, Orangen-, Feigen- und Pfirsichbäume, weiter hinten Kräuter und Stauden, die alle für Tees und sonstige Heilmittel verwendbar sind.

Etwa zwei Drittel der Häuser im Dorf entsprechen in ihrer Bauart diesem Haus-Typ. Viele sind ebenfalls von Blumen und Sträuchern umgeben, aber Mariana hat wohl den üppigsten Garten des Dorfes. Ihr Mann hat nie ausschließlich als Bauer gearbeitet, denn dazu besaßen sie nicht genug Land; er mußte sich seit seiner Jugend periodisch als Lohnarbeiter ein Auskommen suchen, sei es in den USA, in der Hauptstadt oder in der Gegend selber. Seine feste Anstellung als Chauffeur sichert ihm jetzt ein relativ gutes und vor allem regelmäßiges Einkommen, das von Marianas Zusatzeinkünften ergänzt wird. Die drei älteren Kinder, die zwischen 18 und 21 Jahren alt sind, leben in der Hauptstadt zur weiteren Ausbildung, verdienen sich ihren Unterhalt selber und bringen ab und zu einen kleinen finanziellen Beitrag für die Mutter mit. Aufgrund ihrer Heilerfähigkeit wird Mariana im Dorf geachtet, manchmal auch beneidet. Sie hat »nur« vier Kinder geboren und alle haben überlebt, sie waren gute Schüler und machen jetzt eine höhere Ausbildung in der Hauptstadt: Abitur und dann ein Studium in Medienkommunikation, Ingenieur.

Ich fühle mich sofort wohl in Marianas Umgebung. Sie strahlt in der extremen Einfachheit des Lebensstils einen kulturellen Reichtum aus. An den Büschen pendeln getrocknete Pfefferschoten gegen Geister, im Weihnachtskaktus ein ausgelaugter Hunde-Schädel gegen das böse Auge. Jede Pflanze hat ihre Geschichte und ihren Grund, hier zu wachsen. Am Morgen wird der ganze Garten sorgfältig mit Wasser vom Wasserhahn, der weiter hinten im Garten erstellt worden ist, begossen.

Heute ist Marianas jüngste Tochter, Ofelia, da. Sie ist fünfzehn und geht in die Sekundarschule in Murillo. Sie offerieren mir Tortillas, und wie Mariana hört, daß ich Darmbeschwerden habe, bereitet sie mir sofort einen Tee. Wir gehen zusammen in den Garten, wo sie mir alle Kräuter zeigt und erklärt, wofür sie gut sind. Sie erinnert sich an verschiedene Krankheiten ihrer Kinder oder von Frauen aus dem Dorf, denen sie mit Kräutern helfen konnte; sie erzählt auch, wie sie jedesmal, wenn sie eine Behandlung machte, Angst hatte, die Krankheit könnte sich noch verschlimmern und man könnte ihr die Schuld dafür geben. Meist aber habe sie helfen können. Aus den etwa zehn Kräutern, die sie gesammelt hat, kocht sie in einem Topf, den sie in die Glut stellt, einen goldgelben, aromatischen, etwas bitteren Tee.

Sie erkundigt sich ausführlich nach meiner Arbeit und dem Verhalten der Dorfbewohner zu mir.

Mit meinen Darmbeschwerden spreche ich Mariana in ihrer Heilerinnen-Rolle an. Meine Unsicherheit und die Krankheit werden zu Regulatoren unserer Beziehung. Meine Bedürftigkeit festigt die für Mariana gewohnte Rollenverteilung; in unseren Begegnungen ist sie eins mit ihrer Arbeitsidentität, die ihre Stärke ausmacht. Im Gegensatz zu anderen Frauen im Dorf bin ich für sie keine Verunsicherung, sondern eine Bestätigung, denn sie führt mir selbstbewußt ihre Fähigkeiten und Tätigkeiten vor, was ich dankbar annehme.

Von da an gehe ich fast jeden Tag zu Mariana. Morgens etwa um neun beginnt sie Tortillas zu machen; sie war dann bereits in der Mühle, hat den Schweinen zu fressen gegeben und die Pflanzen gewässert. Wenn es geht, suche ich sie von nun an um diese Zeit auf, klemme mich hinter den kleinen Küchentisch und plaudere mit ihr, während sie gleich daneben an der Feuerstelle die Tortillas formt und bäckt. Später, nach meinem Umzug in das leere Haus der Evangelisten, werden wir Nachbarinnen, und mein Weg führt mich meist an ihrem Haus vorbei, das etwa 30 Meter abseits des Weges, im Gebüsch versteckt, liegt.

Die Gespräche mit Mariana sind anders als die mit den anderen Frauen. Sie ist meine Lehrerin und Beschützerin. Sie führt mich systematisch in ihre Kultur ein, indem sie mir nach und nach die Regeln und Bedeutungen von alltäglichen Verrichtungen vormacht und erklärt, Sitten und Bräuche, Gewohnheiten erläutert, oder über die Menschen des Dorfes spricht, deren Geschichte sie genau kennt. Oft, wenn ich komme, hat sie sich vorbereitet und sagt: so, heute werde ich dir die Geschichte meiner Kindheit erzählen, oder von den Küchengeräten, vom Mais oder von unseren Sitten bei einem Todesfall.

Sie erzählt selten nur von sich, sondern überlegt gleichzeitig, was ich wissen müßte, um ihr Leben im Zusammenhang zu verstehen. Sie bettet die persönlichen Daten in kulturelle, historische und soziale Regeln und Ereignisse ein und vermittelt mir dadurch ein reiches Material.

6. (23. 8.)
Ich bin spät, Mariana hat die Tortillas schon beendet. Wir setzen uns vor das Haus unter den Pirúl. Sie erzählt vom Frauenkomitee, daß es dort Streit gab wegen Amanda, die als Kassiererin zurücktrat. Mariana geht in die Versammlungen, weil sie hofft, dort etwas lernen zu können; die Sozialpraktikantin zeigt den Frauen, wie man aus dickem Garn kunstvolle Täschchen knüpfen kann. Sie holt ihre angefangene Arbeit und zeigt, wie die Knöpfe gemacht werden und macht dann gleich weiter an der Arbeit. Sie will die Tasche ihrer Tochter Ofelia schenken. Dann erklärt sie mir verschiedene Wörter auf Otomi, und wir unterhalten uns über die Bedeutung des Dorfnamens Daxhó. Sie meint, das komme von ›Angst‹. Wie ich erwähne, man habe mir gesagt, das heiße ›Frau‹ = ›datzú‹ wird sie ganz verlegen und sagt, das sei ein grobes Wort für Frau. Nur Celia kenne die genaue Bedeutung des Namens Daxhó, aber sie sage es niemandem. Mariana ist eifrig und freundlich, konzentriert und präsent beim Thema.

Marianas Reaktion auf das Wort ›datzú‹ überrascht mich. Ich nehme an, daß es so etwas wie ›alte Vettel‹ bedeutet. Mariana hat ein ausgeprägtes Normen- und Etikettenbewußtsein, ein Teil ihrer Stärke im Alltag besteht darin, diesen Regeln gerecht zu werden. Was sich nicht gehört, soll auch nicht gezeigt werden. Später wird deutlich, daß Mariana sich mit dem Älterwerden beschäftigt, sie fürchtet sehr, als »alte Vettel« angesehen zu werden. Das Wort datzú muß diesen Konflikt in ihr angesprochen haben.

7. (6. 9.)
Ich war für einige Tage in Mexiko und bin inzwischen in das Haus der Evangelisten umgezogen.

Mariana freut sich, daß ich komme, sie empfängt mich sehr angeregt und eifrig. Sie hatte eben Besuch von einer Nachbarin, die ihre Commadre ist, und erklärt mir, wie diese Beziehung zustande kommt. Man wird Commadre entweder dadurch, daß man bei der Taufe, dem fünfzehnten Geburtstag oder der Hochzeit des Kindes Pate steht und einen Teil der Kosten übernimmt. So bleiben sich auch die Erwachsenen freundschaftlich verbunden und helfen sich in Notzeiten. Aber dann gibt es noch eine andere Art, Commadre zu werden: wenn zum Beispiel zwei Frauen zusammen sind und auf eine Zwillingsfrucht treffen, wie zum Beispiel zwei zusammengewachsene Pfefferschoten, Feigen oder Zitronen, dann können sie, wenn sie sich gern haben, beschließen, Commadres zu werden: Die eine faltet die Hände und die andere streift mit den beiden Früchten zwischen ihren Händen durch – darauf wechseln sie die Rolle. Dann ist man auch Commadre, weil man es will und sich gewählt hat.

Mariana begleitet mich bis zum Weg und wünscht mir alles Gute.

Zuerst kann ich die Eifrigkeit und Ausführlichkeit, mit der Mariana das Thema der Wahlcommadre beschreibt, nicht nachfühlen, dann wird mir klar, wie existenziell wichtig diese Beziehungen für eine ältere Bauernfrau sind, die sich mit dem Mann nicht besonders gut versteht, deren Kinder das Haus verlassen und die aus dem Nachbardorf stammt; sie sind ein Gegengewicht zur männlich dominierten Kultur, zur sich auflösenden Familie und lassen eine Art Frauen-Gemeinschaft entstehen, die über die dörflichen Rivalitäten hinweg verpflichtend ist.

8. (9. 9.)
Mariana ist am Tortillamachen. Sie erzählt, daß jede Tortilla nur zweimal gewendet werden darf, dann muß sie perfekt durchgebacken sein. Auch wird sie mit der Seite nach oben in den Korb gelegt, die zuletzt auf dem Blech lag. Sie holt getrocknete Agavenblätter für das Feuer. Inzwischen ist eine Tortilla leicht angekohlt, die sie gleich selber ißt. – Ist eine Tortilla angebrannt, was leicht geschehen kann, wenn sie ungleich dick ist, bedeutet das, daß die Frau eine Schlampe ist, die Küche bei der Arbeit verläßt, um zu schwatzen oder mit einem Mann zusammen zu sein.

Am Rand des großen runden Backbleches sitzt immer ein Kügelchen Masse. Das ist der »hijo del comal« (Sohn des Comal), der sorgt dafür, daß der Comal nie allein bleibt, nie ganz leer ist, denn sonst würden die Frauen unfruchtbar bleiben, die Schwangeren Schmerzen leiden, das Kind würde geschädigt und krank geboren. Aber nicht nur bei Menschen wirkt sich das Alleinsein des Comal so aus, sondern auch bei Tieren. Bei Hühnern kann das Ei im Bauch bleiben und nicht herauskommen, dann stirbt das Huhn.

Ebenso wichtig ist es, wie mit dem Metate umgegangen wird. Der Metrapil nämlich, die Hand des Metate, muß nach der Arbeit immer der Länge nach auf den Metate gelegt werden und nicht quer, sonst werden die Kinder nicht in der richtigen Lage geboren, sie kommen quer oder verkehrt herum, was das Leben der Mutter bedroht. (Viele Küchengeräte und deren Handhabung scheinen Symbole für den weiblichen Körper und dessen Funktionieren zu sein.)

Mariana erzählt eifrig, klar, indem sie auch die entsprechenden Gegenstände in die Hand nimmt und mir die korrekte Handhabung vormacht. Sie ist intensiv auf ihr Thema konzentriert, aber auch gleichzeitig auf mich bezogen, indem sie immer wieder fragt und überlegt, ob ich das kenne oder nicht, was sie mir auch noch erklären müßte.

Ich sage, du kannst so schön erklären. – Ja, ich habe auch den Evangelistinnen geholfen, als sie hier lebten, ich habe ihnen Otomi beigebracht. Ich mache mit Mariana ab, daß sie mir täglich zehn Tortillas bäckt, und daß ich ihr diese zahlen werde. Wenn ich von nun an nicht zu ihr gehen kann, kommt sie kurz vorbei und bringt die Tortillas, oder legt sie vors Fenster.

Die liebevolle Ausführlichkeit, mit der Mariana die korrekte Ausführung der Küchenarbeit beschreibt, macht mir klar, daß hier Frauen ihrer monotonen Hausarbeit einen Sinnzusammenhang gegeben haben, indem die Küchentätigkeit mit sozial bedeutungsvollen Verhaltensweisen und weiblichen Fähigkeiten verknüpft wird. Eine Entleerung der alltäglichen Hausarbeit wird durch den Bezug zu Empfängnis, Schwangerschaft und Geburt, zur reproduktiveren sozialen Rolle der Frau, verhindert. Biologische Fähigkeiten werden zu kulturell getragenen Werten. Durch ritualisierte und symbolträchtige Gesten werden diese Werte, die in der patriarchalischen Kultur fast unsichtbar bleiben, täglich bestätigt, identitätsstärkend inszeniert und in Selbstbewußtsein umgewandelt. Ich hatte nicht den Eindruck, daß diese Rituale wie eine disziplinierende Unterdrückung wirken, sondern eher wie eine spielerische Bedeutungsanreicherung der Frauenarbeit. Mariana genießt es offensichtlich, damit umzugehen, die mühelose, fast kunstfertige Einhaltung der Regeln hat eine entlastende Wirkung.

9. (11. 9.)
Ich frage Mariana, ob sie mir meinen Fragebogen beantworten würde, um mir dann zu sagen, ob ich ihn so auch den anderen Frauen vorlegen könne. Sie ist sofort einverstanden und erzählt ernsthaft und ausführlich von ihrer Vergangenheit und ihren Familienverhältnissen.

Ihr Vater ist Bauer und Korbflechter in Llano Verde. Die Mutter machte die übliche Hausarbeit und webte. Sie ist vier Jahre älter als der Vater, Mariana ist ebenfalls vier Jahre älter als Pompiliano. Mariana ist das zweite von vier Kindern, der ältere Bruder ist Bauer in Llano Verde, die jüngere Schwester macht den Haushalt des Pfarrers in Murillo und der Jüngste ist Lehrer in Zimapan, verheiratet und hat als einziger der Geschwister acht Kinder. Mariana ging vier Jahre zur Schule, ab zwölf wurde sie für die Haus-, Feld- und Hütearbeit gebraucht und lernte weben. Später fand sie eine Stelle im Spital von Ixmiquilpan, wo sie dem Arzt half und medizinische Betreuung lernte. Sie arbeitete fünf Jahre dort, fuhr mit dem Bus hin und her, so wie es ihr Mann heute noch tut. Oft reisten sie als Equipe in die Otomi-Dörfer, um die Frauen über die notwendigsten Gesundheitsmaßnahmen aufzuklären. Doch obwohl sie selber Otomis waren, wurden sie immer mit einem fast unüberbrückbaren Mißtrauen empfangen, denn der Zusammenhang mit einer öffentlichen Institution machte sie zu Feinden ihrer eigenen Leute, die von ihnen nur Schaden und Probleme erwarteten. Dies war vor etwa 25 Jahren.

Pompiliano lernte sie im Bad, der warmen Quelle bei Llano Verde, kennen. Sie heirateten, als sie 25 Jahre alt war, in der Kirche und zivil. Am Anfang lebte das Paar im Haus von Marianas Eltern – später konnten sie sich dieses Stück Land kaufen und das eigene Haus bauen. Ihr Mann gab ihr recht bald nach der Eheschließung kein Geld mehr; er behauptete, die Kinder seien nicht von ihm. Damals begann sie zu weben, weil er sie nicht auswärts arbeiten lassen wollte. Später ging er während vieler Jahre nach den USA oder Mexiko als Wanderarbeiter, kam aber jedes Jahr für einige Monate ins Dorf, um sich auszuruhen; dann arbeitete er nichts und lebte von ihrem Einkommen; Ersparnisse hatte er offenbar nie zurückgebracht. Jetzt, als Chauffeur beim Patrimonio, verdient er 1500.– Pesos (1975 ca. sfr. 300,–). Da er aber noch eine andere Familie in einem Nachbardorf hat, gibt er ihr nur Geld, wenn sie es verlangt. Als sie vor Jahren an einem schweren Typhus erkrankt war und im Sterben lag, nahm ihre Schwester, die schon damals beim katholischen Pfarrer in Murillo arbeitete, sie für über ein Jahr zu sich. Sie nahm nur ihre kleinste Tochter Ofelia mit. Damals war Pompiliano gezwungen, sich um die drei größeren Kinder zu kümmern. Er kam sie über all die Monate nicht einmal besuchen und verkaufte zum Überleben einfach alles, was im Haus zu verkaufen war, die Hühner, das Schwein, die Nähmaschine.

Unser Gespräch wird durch den Besuch einer Commadre von Mariana unterbrochen, und ich verabschiede mich.

Was Mariana über ihr und ihres Mannes Leben erzählt, erscheint mir sehr bezeichnend:

- Pompiliano ist ein typischer Wanderarbeiter, dessen Frau Hof und Kinder erhält und in arbeitslosen Zwischenzeiten auch den Mann, ihre Tüchtigkeit ist auch eine ökonomische Notwendigkeit.
- Der Verlauf der Ehejahre entspricht den oft beschriebenen Ehephasen der zentralamerikanischen Frauen: Nach der Heirat wird die Frau mißtrauisch kontrolliert und bewacht; von einer gewissen Anzahl Kinder an nimmt die Bedeutung ihrer Arbeitsleistungen zu, die Kontrolle geht zurück, der Mann hat andere Frauen.
- Mariana hat nur vier Schuljahre, weil sie zu Hause als Arbeitskraft gebraucht wurde, während die Brüder bessere Schulbildung erhielten.

Die lebensgeschichtlichen Ereignisse, Lohnarbeit von Frau und Mann, ungenügender Bodenbesitz und Auflösung der Familie, lassen an sich eine Desintegration und Entfremdung erwarten. Aber Marianas Alltag drückt das Gegenteil davon aus. Hier wird über das Typisierende hinaus ihre Persönlichkeit wichtig: Sie hat es geschafft, nach fünfjähriger Arbeit im Spital, wo sie modernes medizinisches Wissen aufgenommen hat, dieses Wissen ins Dorf zurückzutragen und in die Tradition zu integrieren.

Diese Begegnung wird durch den Fragebogen strukturiert, unsere Beziehung spielt dabei eine sekundäre Rolle. Mir wird klar, daß sich Mariana aufgrund ihrer Erfahrungen als mißtrauisch betrachtete Gesundheitsberaterin in den Otomi-Dörfern besonders gut mit meiner Situation im Dorf identifizieren konnte, was sie mir gleich von Anfang an vermittelte. Ähnliche Erfahrungen machen den Kontakt leichter.

10. (13. 9.)
Wir beenden den Fragebogen. Ofelia ist auch da und sitzt aufmerksam dabei. Mariana wirkt zum erstenmal zerstreut, abwesend, wie unter Druck.

Wir berechnen ihre durchschnittlichen Ausgaben pro Woche:

Mais	55.–
Bohnen	25.–
Zucker	5.–
Oel	3.–
Grüne Tomaten	3.–
Pfefferschoten (Chili)	2.–
Seife	5.–
Kalk f. Tortillas	3.–
Salz	0.50
Zwiebeln	2.–
Knoblauch	1.–
Elektrisch	2.50
Wasseranschluß	3.–

Das macht wöchentlich 120.– bis 130.– Pesos für das direkte Überleben. Dazu kommen sporadische größere Ausgaben für eine Bluse, Sandalen, den traditionellen Schal, Fleisch, Gasbomben. Da die Familie im Moment kein Land bebaut, fallen die Ausgaben für die Feldarbeit weg. Mariana geht jede Woche am Sonntag auf den Markt in Murillo, um die Nahrungsmittel zu kaufen. Für spezielle Sachen fährt sie einmal im Monat nach Ixmiquilpan auf den großen Regionalmarkt. Sie lehnt es ab, im Dorfladen einzukaufen. Etwa einmal im Jahr reist sie nach Mexiko, um die Kinder zu besuchen, und alle paar Monate besucht sie den Bruder in Zimapan.

In Daxhó ist Mariana mehreren Familien verwandt – mit all jenen Frauen, die auch aus Llano Verde kommen: Amanda, Anselma, Martinas Mutter, Cata, der Armen, und anderen. Durch Pompiliano ist sie mit dessen Verwandtschaft verschwägert. Die wichtigen Beziehungen hat sie aber mit ihren

Commadres. Diese Verbindungen sind weniger belastet als die verwandtschaftlichen, die eher formal-rituellen Charakter haben. Eine junge Frau, Antonina, kommt zu Besuch. Sie reagiert auf mich äußerst schüchtern, wendet sich verlegen ab, wie ich sie begrüße. Schließlich setzt sie sich hin, und ich verabschiede mich.

Mariana ist nervös und zerstreut. Mag sein, daß etwas Unangenehmes geschehen ist, kann auch sein, daß der Fragebogen sie verwirrt, weil ich zum erstenmal nicht ihr den Gesprächsfaden überlasse, sondern selber die aktive Rolle übernehme.

11. (17. 9.)
Mariana ist allein. Sie empfängt mich freudig, will mir vieles anbieten und mich unbedingt dabehalten, als ich sage, ich könne heute nicht sehr lange bleiben. Mariana meint, der Fragebogen sei in Ordnung, ich könne so die anderen Frauen fragen, solle aber nicht immer erwarten, daß sie mir die Wahrheit sagen. Ich sage ihr, daß mich die Frauen hier sehr beeindrucken, woraufhin sie gleich freudig zu erzählen beginnt, wie sie sich in ihrem Leben durchgesetzt hat und wie sie sich gegen ihren Mann wehrt. Vor 15 Jahren kam er einmal völlig betrunken nach Hause und schlug sie halb tot, schleifte sie an den Haaren umher, kniete auf ihr und drückte ihr die Kehle zu. Schließlich entkam sie ihm und floh mit Ofelia zu ihrer Wahlcommadre Casimira, die sie zwar aufnahm, aber am nächsten Tag nach Llano Verde zu ihrem Vater schickte, damit man im Dorf nicht böse auf Casimira werden konnte, weil sie die Frau gegen den Mann aufhetze. So machte sie sich auf den Weg nach Llano Verde zu ihrem Vater. Dieser war so ärgerlich auf den Schwiegersohn, daß er ihn bei der Polizei in Murillo verklagte, woraufhin Pompiliano für einige Tage ins Gefängnis gebracht wurde. Das hat ihn sehr beeindruckt. Von da an habe sich Mariana entschiedener gegen ihren Mann gewehrt, der sie bis heute ständig zu provozieren sucht: Was würdest du machen, wenn du meine zweite Frau treffen würdest, frage er oft. Bis sie ihm etwas an den Kopf schmeißt und er sie in Ruhe läßt. Schließlich sage sie ihm immer wieder, er solle doch gehen, sich von ihr scheiden und die Hälfte des Lohnes an sie auszahlen lassen. Dann werde er jedesmal ruhig.

Mariana betont, wie wichtig es für sie ist, gute Commadres zu haben; vor allem von Casimira wisse sie, daß sie ihr in jeder Lage bedingungslos helfen würde. Über all die Jahre seien sie sich schon oft gegenseitig beigestanden. Mariana erzählt mit leuchtenden Augen, wird ganz jugendlich und verliert ihre zuweilen moralisch-lehrerinnenhafte Korrektheit.

Ich sage, daß mich die Frauen hier beeindrucken. Mariana reagiert darauf sehr spontan, indem sie mir stolz erzählt, wie sie sich gegenüber ihrem Mann durchsetzt. Ihre strahlende Begeisterung dabei deutet nicht nur auf Leiden und Resignation, sondern auf intensive Haß-Liebe, genüßlichen Kampf, Lust am Gewinnen und am Erleben der eigenen Kraft. Sie hat Wege gefunden, um mit den Gegebenheiten der Frauenrolle umzugehen.

Ich bin für Mariana wichtig, weil ich ihr ermögliche, nach und nach sämtliche Aspekte ihrer Persönlichkeit darzustellen, zu zeigen, mir vorzuführen, und damit fühlt sie sich gestärkt und bestätigt. Ich bin eine aufmerksame und einfühlsame Zuhörerin und störe sie kaum mit Fragen und Eingriffen.

12. (18. 9.)
Ich bringe, wie gestern besprochen, zum erstenmal das Tonband mit. Mariana will versuchen, sich an die Geschichten zu erinnern, die ihr Vater abends am Feuer erzählte, wenn sie auf Weidenrutensuche unterwegs waren. Sie ist nervös vor dem Apparat und beginnt mir die Geschichte probeweise zu erzählen, bevor ich den Apparat anstelle. Ich sage – weißt du, ich finde die Dinge, die du mir erzählst, so wichtig und vielfältig, daß ich Angst habe, etwas zu vergessen, oder mich falsch zu erinnern, deswegen soll mir das Tonband helfen, dich ganz richtig zu verstehen. – Ja, das ist gut, es soll dir helfen, alles zu verstehen, antwortet Mariana, und wir kommen überein, daß ich das Band probeweise anstelle. Mariana beginnt dieselbe Geschichte noch mal zu erzählen, zuerst leiert sie fast wie ein Schulmädchen, das ein Gedicht aufsagen muß, dann beginnt sie sich wieder ihrer Arbeit zuzuwenden und scheint das Band zu vergessen.

– Es war einmal ein altes Schaf, das man im Hause nicht mehr wollte, und so wurde es in den Hügeln ausgesetzt; und wie es so traurig umherging, traf es einen Coyoten, der sagte, er werde das Schaf jetzt fressen. Da sagte das Schaf, laß uns Compadres werden, denn so konnte der Coyote es nicht ohne weiteres fressen. Überraschenderweise akzeptierte der Coyote den Vorschlag, und während sie ihre Patenschaft besiegelten, dachte das Schaf: Nun, eines Tages wird der mich ja sowieso fressen wollen, und er hat die Patenschaft angenommen, damit er mich öfter trifft, mich sicher hat. Aber da er mich sowieso fressen will, werde ich ihm auch eins auswischen. Und es sagte zum Coyoten: Wenn du Hunger hast, ich weiß, wo es einige Schafe gibt. Der Coyote fand auch, daß er ein Schaf brauchte und akzeptierte den Vorschlag. Das Schaf wußte einen Ort, wo es einige Cardón-Kakteen hatte, die von weitem in der Sonne wie Schafe leuchteten. Es führte ihn in die Nähe und sagte: Aber du mußt dich von weitem mit großem Anlauf auf sie stürzen, sonst rennen sie weg. Und der arme Coyote nahm seinen Anlauf, machte einen Satz und landete in den stacheligen Cardones. Inzwischen machte sich das Schaf davon.

Es wurde wieder Zeit, daß die beiden Compadres sich begegneten. Jetzt, Compadre, sagte der Coyote, werde ich dich fressen, denn du hast mich das letzte Mal betrogen. – Ich will aber nicht. – Es muß jetzt aber sein. – Nun denn, antwortete das Schaf, laß mich wenigstens den Ort auswählen, wo du mich fressen wirst. Und weil sie Compadres waren, akzeptierte der Coyote diesen Wunsch. Das Schaf führte ihn an den Rand eines Abgrundes und sagte nichts, gar nichts mehr, sondern gab ihm einen Stoß und der Coyote stürzte in den Abgrund und aß nichts mehr, sondern starb. Und das Schaf überlebte.

Ja, das ist die Geschichte des Schafes, das überlebte, meint Mariana. Nun werde ich dir gleich noch eine Geschichte erzählen: Es war eine Familie, die allein lebte, in jenen alten Häusern aus Agavenblättern. Ihre Glut machten sie ein wenig abseits. Sie hatten zwei Buben, der größere war mit der Mutter an der Kochstelle, den Kleinen ließen sie allein im Haus schlafen. Als sie gegessen hatten und schlafen gehen wollten, fanden sie das Kind nicht mehr, und die Kerze vor dem Heiligenbildchen war ausgelöscht. Sie suchten es überall, aber fanden es nicht, sahen aber ein Irrlicht, das überall herumhüpfte. Da dachten sie, daß die Hexe da war. Schließlich fanden sie das Kind unter den Kleidern und Decken versteckt, die sie dort hatten. Die Hexe hatte ihm zwar nicht das Blut ausgesaugt, aber das Kind hatte ein tränendes Auge. So glaube ich, daß die Hexen wirklich gefährlich sind; diese Hexe hatte das Kind nicht ausgesaugt, ihm aber ein Leid zugefügt, vielleicht kratzte sie es, wer weiß, was sie tat, auf jeden Fall blieb das Kind mit dem tränenden Auge. Das ist wahr, das ist vor 40 Jahren geschehen.

Vor kurzem sah der Sohn von Griberta, als er nachts heimkam, auch so ein Irrlicht, das überall herumhüpfte. Er achtete nicht darauf, aber als er heimkam, war er stumm. Er hatte sich erschreckt, aß nichts mehr. Inzwischen geht es ihm besser. Seine Großmutter sagte mir, daß es die Hexe war.

Anselma sagte ebenfalls, daß es Hexen gibt, sie ist eine Tonta (Dumme), eine ängstliche. Sie hört nicht gut und sagt Dinge, die nicht sind. Sie hatte zu mir gesagt, daß die Hexe herumgeht und mir mein Kind aussaugen werde. Ich sagte nein, aber sie insistierte. Nun, sagte ich, damit du nichts mehr sagen kannst, werde ich das Haus verlassen und gehe zu meinem Vater, damit die Hexe geht. Aber nein, jedes Lichtlein, das sie sieht, ist für sie eine Hexe. Jedes Auto, das nachts vorbeifährt. Ich bin aber doch erschrocken, man erschrickt schon, wenn sie so reden. Aber es war nicht die Hexe. Ich für meinen Teil habe nie eine gesehen. Aber sie sagen, daß es welche gibt. Vielleicht lügen sie?

Eine andere Geschichte haben sie auch noch erzählt, damals am Feuer. Früher reisten die Leute in die Dörfer der Sierra, um etwas zu verkaufen. Ein Mann war einmal unterwegs und begegnete der Hexe. Er nahm seinen Gürtel, formte ein Kreuz damit, und sie fiel um. Der Händler sagte, er werde sie jetzt töten. – Um Gottes Liebe, laß mich leben, bat sie. – Was gibst du mir dafür? fragte er. – Ich werde dir morgen früh das Frühstück bringen. Er war neugierig, ob das stimmte und ließ sie los.

Am Morgen, als er im nächsten Dorf seinen Stand aufstellte und an nichts dachte, kam eine junge Frau und stellte ihm einen Korb voller Eßwaren hin. Er wollte nichts essen, weil er wußte, daß die Leute in der Sierra einem oft böse wollen. Da sagte sie: iß es mit allem Vertrauen, denn ich bin die Frau, mit der du gestern nacht gesprochen hast. Er war verwundert, denn es war eine junge schöne Frau, die sehr lieblich aussah.

– So können alle Hexen sein, frage ich? – Ja, alle, man sieht es nicht.

Mariana erzählt noch eine Geschichte von einem Mann, der sich beim Anblick der Hexe so erschreckte, daß er daran starb.

Sie meint dann: – Wenn man stark erschrickt (susto), kann man sterben; man ißt nicht mehr, kann nicht mehr gehen, man wird immer schwächer; es ist, wie wenn der Geist den Körper verlassen hätte durch den Schock. So wie wenn einer schläft und ganz plötzlich aufwacht, dann bleibt er ohne seinen Geist. Um jemanden zu wecken, bewegt man ihn so ein ganz wenig, ganz langsam und sanft, damit er nicht erschrickt, so hat sein Geist Zeit, in seinen Körper zurückzukehren. Ich glaube, daß die Reisen, die unser Geist im Schlaf macht, wie unsere Träume sind.

– Träumst du auch? – Ja, ich träume auch, manchmal sind sie fürchterlich, so daß ich mich ängstige; manchmal sind sie schön, dann bin ich mit Freunden, Freundinnen, Verwandten; das fühlt sich gut an. Manchmal stolpere ich, falle, springe ins Wasser – dann erschrecke ich. Aber der Schreck des Traumes ist nicht so gefährlich; obwohl, auch von dieser Angst kann man krank werden. Deine Angst zum Beispiel kann krank machen, sie kann dein Bauchweh oder andere Schmerzen bewirken. Man sagt, man könne vom Susto sterben. Einige sagen, daß auch Justino daran gestorben ist, weißt du, der vor drei Tagen dort oben am Hügel starb. Seine Angehörigen hinterbleiben sehr arm und klein. Der große Knabe scheint tonto, er hat keine Lust zu arbeiten, zu gehen, seine Mutter auch nicht, wie wenn sie keinen Sinn hätten, keine Vernunft. – Man sagt, er habe die Kinder mit seiner Tochter gemacht? – Ja, das ist wohl so. Ich weiß nicht, ob ich zur Totenwache gehen kann, ob ich den Schlaf besiegen kann, aber wenn du möchtest, frage ich meinen Mann um Erlaubnis und wir gehen zusammen hin, damit du siehst, wie die »neunte Nacht« verläuft. Ja, ich werde fragen. Viele gehen, es ist die letzte Möglichkeit, um sich vom Verstorbenen (dessen Körper bereits begraben ist), zu verabschieden...

Vor kurzem starb die Schwester von Eleuterio in Mexiko, und sie brachten ihre Leiche her, um sie hier zu begraben. Da ich die Señora schätzte, machte ich einen Besuch, um eine Kerze zu bringen. Ich ging mit meinem Mann, der mich fast nie zu solchen Anlässen begleitet. Aber kaum nähern wir uns dem Haus, da erreicht uns jener Geruch; es roch sehr schlimm. Er bleibt stehen: ich gehe nicht hin. Los gehen wir, sage ich ihm, jetzt hat man uns schon mit der Kerze gesehen, und dann kehren wir um. Was würden auch die Leute sagen! Und er antwortet: gut, du weißt, was du tust, ich gehe nicht hin. Und er geht wieder heim. Es riecht wirklich schrecklich. In der neunten Nacht ist der Tote schon begraben.

Dann erzählt Mariana noch vom Begräbnis von Francisco Muñoz, dem Vater von Maurilio Muñoz, dem Ethnologen aus Llano Verde. Wie vornehm und eindrücklich die Karosse war und daß die Leute aus ganz Mexiko anreisten. Sie ging hin, weil Maurilio ihr Compadre ist. Wie das Tonband fast zu Ende ist, fragt Mariana: läuft es noch? Kannst du jetzt alles hören? – Ja, jetzt habe ich unsere Stimmen darauf und kann sie wieder hören. Ich spiele ihr meine Stimme vor. Mariana scheint zufrieden damit. Hoffen wir, daß es dir bei deiner Arbeit hilft, dann ist es ja gut, meint sie.

Ich bringe das Tonband, und Mariana reagiert darauf ängstlich, sie bereitet sich darauf vor und wählt Geschichten, die der Vater und seine Freunde erzählten. Das Tonband ist ein starker Eingriff in unsere Beziehung, es verändert die bisherige Rollenverteilung. Ich werde zur fremden Instanz, die Marianas Aussagen mit einem Apparat festhält, weiterträgt. Sie distanziert sich, indem sie Geschichten erzählt.

Die Geschichte vom Coyoten und dem Schaf beschäftigt mich sehr: es geht um den Machtkampf zwischen zwei ungleichen Gegnern, der anhand der Compadre-Beziehung, die die direkte Aggression hemmt, umgedreht wird. Ich nehme an, daß das Thema mit unserer Situation heute zu tun hat, bin aber unentschieden, ob sie mich als den Coyoten oder das Schaf sieht. Ich komme mir eher wie der Coyote vor.

Die Funktion des Compadrazgo-Systems wird in ihrer tieferen Bedeutung sichtbar: es schafft nicht nur solidarische (Frauen-) Gemeinschaft, sondern dämpft die Aggression der potentiellen Feinde; es schafft einen Freiraum, in dem der Schwächere eine Chance hat. Die Regeln des Compadrazgo sollen die interessenmäßigen und sozialen Widersprüche in den Hintergrund rücken, gerade deswegen ist es wichtig, daß der Schwächere möglichst viele Commadres und Compadres hat, gleichgestellte, aber auch stärkere. Mariana ist die Commadre von Maurilio Muñoz, dem Chef des Patrimonio. Mag sein, daß ihr Mann deswegen dort eine Stelle bekommen hat.

Die anderen Geschichten, die Mariana erzählt, handeln von Hexen und Tod: von unfaßbaren und unvorhersehbaren Bedrohungen, die einen überkommen können. Wenn sie halbüberzeugt darüber spricht, daß es damit seine Bewandtnis hat, dann drückt sie gleichzeitig auch aus, daß sie es für möglich hält, daß ich sie doch betrügen oder ausnehmen werde, denn jeder kann eine Hexe sein. Das Aufstellen des Tonbandes löst eine Krise in unserer Beziehung aus, die am Schluß etwas geglättet wird, als ich ihr meine Stimme vorspiele und sie sich wieder mit meiner Arbeit identifizieren kann: Wenn es dir bei der Arbeit hilft, dann ist es ja gut, meint sie.

Beim Bearbeiten der Gespräche fällt mir erst auf, daß ich unsere Beziehung innerhalb von kurzer Zeit starken Belastungen aussetzte: zuerst der Fragebogen, dann das Tonband. Damals hielt ich es für sinnvoll, den Fragebogen zuerst mit Mariana zu besprechen und mit der Zeit das Tonband einzuführen. Jetzt frage ich mich, ob mich unsere fixe Rollenverteilung störte, erinnere mich, daß ich ihre korrekten Erzählungen manchmal als lehrerinnenhaft-moralisch empfunden habe, Mariana oft als sehr überich-haft erlebte. Von dieser Stunde an hat sich etwas in unserer Beziehung verändert. Ich erlebe sie nun lebendiger, zerbrechlicher, ambivalent-aggressiver. Trotzdem bleibt sie die Heilerin und in dieser Identität unverändert stark, selbst in dieser Begegnung »behandelt« sie mich und deutet mir meine Schmerzen als Folge meiner Angst und Spannung im Dorf.

13. (19. 9.)
Mariana ist eben fertig mit den Tortillas. Sie setzt sich mit mir in den Hof unter den Baum und beginnt sich die Haare zu kämmen und zu flechten. Sie knüpft an die gestrigen Themen an und erzählt von ihrem Onkel, dem die Hexe das Kind tötete. – Das war, als meine Großmutter, die immer alle Leute gut empfangen und bedient hatte, starb. Ihre Schwiegertochter war eine schlechte Frau, sie empfing die Leute unfreundlich und wollte ihnen nichts anbieten. Deswegen fügte eine Hexe der Familie Leid zu. Jeden Tag, wenn mein Onkel aufs Feld ging, war sie hinter ihm her; sie verfolgte ihn als Irrlicht,

bis er beschloß, sie mit anderen Männern zusammen zu jagen. Und gerade in dieser Nacht kam sie als alte Frau und bat um Erlaubnis, dort übernachten zu dürfen. Laßt mich hierbleiben; so bat sie darum. Und sie sagten, warum nicht, bleib. Am anderen Morgen früh war die Señora weg, sie war gegangen, ohne sich zu verabschieden, und der Knabe starb. Sie hatte ihn ausgesaugt. – Wie sah man das? – Es kam Blut aus seiner Nase. – Was tut man gegen Hexen? – Wenn man weiß, daß jemand eine Hexe ist, dann behandelt man die Person besonders gut; wenn sie zu Besuch kommt, gibt man ihr zu essen, zu trinken, alles, damit sie nichts Schlechtes tun wird. Den Kindern werden Stecknadeln in Form eines Kreuzes angesteckt, oder man legt eine offene Schere in Kreuzform ans Kopfende ihres Lagers. Auch die Faja (langer gewobener Gürtel) wird in Kreuzform ans Kopfende gelegt. – Wird die Hexe nicht verfolgt? – Nein, eigentlich nicht, man behandelt sie besonders gut, gibt ihr das Nötige, damit sie nicht böse wird, sich ärgert und Schlechtes tut. Natürlich offeriert man auch anderen Personen etwas zu essen, vor allem, wenn sie von weit her kommen, ob sie nun Geld haben oder nicht. Manche kommen von fernen Orten her zu mir für eine Injektion, krank und müde, denen gebe ich auch immer etwas.

Da kommt Agustina, eine andere Wahlcommadre von Mariana zu Besuch und ich verabschiede mich.

Mariana fährt mit dem Hexenthema fort, bringt es aber in einen sozialen Kontext, zeigt Wege, wie mit den Hexen umgegangen werden kann: Man muß sie und alle Gäste gut behandeln, dann tun sie einem nichts. Die Hexendrohung bekommt eine sozialregulative Bedeutung, wenn Freund und Feind gut behandelt werden, gibt es weniger Streit.

Mariana kann die Krise von gestern schnell verarbeiten, indem sie kulturspezifische Geschichten und Muster zur Erklärung heranzieht, ihre Ambivalenz und Angst beruhigt, indem sie sich daran erinnert, daß einem nur Schaden zufügt, wen man schlecht behandelt hat, und sie hat mich ja ohne Zweifel immer sehr gut behandelt. Mariana verfügt über eine erstaunliche Fähigkeit, Gefühlskonflikte und Ambivalenzen anhand von Geschichten und Erzählungen zu verarbeiten, so daß unsere Beziehung entspannt bleibt.

14. (21.9.)
Am Sonntag gehe ich nie zu Mariana, weil ihr Mann zu Hause ist und eventuell auch die Kinder aus Mexiko zu Besuch gekommen sind. Am heutigen Sonntagnachmittag kommt Mariana und bringt mir die Tortillas. Sie war mit Pompiliano auf dem Markt. Er ist dort geblieben, um zu trinken. Sie redet einerseits sehr kritisch über ihn, betont aber ständig, daß sie nun wieder gehen müsse, weil er vielleicht zurückkommen könnte und sie ihm das Essen bereiten müsse. Auch sonst fällt mir auf, daß sie jedesmal, wenn sie etwas unternehmen möchte, betont, daß sie zuerst Pompiliano fragen müsse, daß sie nicht wisse, ob er ihr die Erlaubnis geben werde.

Marianas Ambivalenz gegenüber Pompiliano ist mir schon früher aufgefallen. Sie schimpft über ihn, seine Kontrolle und Forderungen und geht gleichzeitig voll darauf ein. Ich nehme an, daß sie es sich von ihrer sozialen und ökonomischen Stellung her leisten könnte, frei zu entscheiden, was sie tun will. Aber sie hängt auch an ihrem Mann und möchte ihn lieber zu Hause halten, als herumtreiben lassen. Sie erlebt seine Autorität und Gegenwart zeitenweise als Schutz, denn ohne Mann wäre ihre soziale Position weniger stark. Und wenn schon ein Mann, dann ein richtiger, wie er sein soll, ein autoritärer Macho, das wiegt mehr. Neben ihrer Empörung ist ihr Stolz unverhohlen spürbar.

15. (22.9.)
Mariana fragt wie immer, wie es mit mir und meiner Arbeit laufe. Ich gehe im Moment mit dem Fragebogen von Haus zu Haus und stoße auf viel Mißtrauen, vor allem bei jenen, die mich weniger gut kennen.

Mariana erzählt von ihren Erfahrungen als Krankenschwester: Wir gingen mit Aufklärungsprogrammen in die Dörfer, und obwohl wir Otomi sprachen, sagten sie uns, wir sollen draußen bleiben, wir würden die Kinder erschrecken. Die Leute sind sehr schüchtern und ängstlich. Das war 1952. Vor dir haben sie Angst, weil du nicht Otomi sprichst, du sprichst nur Spanisch. Das macht sie verlegen, sie schämen sich, weil viele nicht gut Spanisch sprechen; sie haben Angst zu plaudern, zu sprechen. Die Jungen nicht, die sind schon gebildeter, auch gewohnter, mit fremden Menschen zu sprechen. Gut, es gibt immer noch einige dieser jungen Mädchen, wie Damiana, Auria, die furchtbar schüchtern sind, sie reden nicht, wie es sein sollte. Immer wenn sie reden, tun sie es verschämt, mit viel Verlegenheit, es macht ihnen Mühe, am liebsten würden sie nichts sagen. Ich weiß nicht, warum, meine Kinder sind nicht so, denn ich habe sie von Anfang an rausgeholt, nach Ixmiquilpan mitgenommen, wenn ich die Gewebe verkaufen mußte. Ich ging jede Woche und nahm meinen ganzen Haufen Kinder mit, wir haben uns alle fünf an der Hand gehalten, und wenn sie auf dem Markt eine Frucht sahen, die sie nicht kannten, dann fragten sie, Mamá, wie heißt diese Frucht? Und ich sagte es ihnen, und dann sagten sie, Mamá, gib uns so eine Frucht, und ich sagte, dazu braucht man Geld, manchmal hatte ich welches, manchmal nicht. Und so haben sie ihre Angst verloren. In diesem Moment kommt Pompiliano und begrüßt uns kurz. Er ist ein großer, schwerer, sehr breiter und starker Mann mit einem jungenhaften Gesicht, das heftige Emotionen ausdrückt, auch eine Art pfiffiger Schläue. Er bringt mit dem Lastwagen Zementsäcke; offenbar hat er vor, ein neues Haus zu bauen. Ich fürchte, er könnte sich an meinen Besuchen stören. Er beachtet uns aber nicht weiter und fährt gleich wieder weg.

Mariana kommentiert: Ja, er weiß, daß du kommst, versteht, was deine Arbeit ist, und sagt nichts. – Es gibt Männer, die wollen nicht, daß ich mit ihren Frauen rede. – Ja, wir, die Armen, sind am übelsten dran, wir sind die Zerknicktesten... wir wissen nie, wovon leben, womit überleben. Und die Familien, die ganz arm sind, die wirklich gar nichts haben, die sind am ängstlichsten, am hilflosesten, so wie die Familie des verstorbenen Justin. Die Frau kann gar nichts, nicht einmal schnell gehen, sie kann nichts und ihre Kinder ebenfalls, sie sind alle Tontos (Ungeschickte, Dumme)... Es beginnt zu regnen und ich gehe schnell in mein Haus, um die Wolldecken hereinzunehmen. Wie ich fünf Minuten später zurückkomme, fragt Mariana: Was werden wir jetzt reden, was gibt es Wichtiges, um es dir zu erzählen? – Es ist alles wichtig. – Alles?... ich möchte, daß du ein wenig Otomi lernst, willst du? – Dann würde ich dich besser verstehen können, wenn ich deine Sprache sprechen könnte, aber ich kann nicht mal perfekt Spanisch. – Ja, ich dachte, es wäre schön, dir ein wenig

Otomi beizubringen, und sie erklärt mir die häufigsten Wörter: Guten Tag, guten Abend, auf Wiedersehen, Danke, bis morgen, Wasser, Mais, Tortillas, Bohnen...

Wir werden von zwei jungen Mädchen unterbrochen, die Geld für das Dorffest sammeln. Mariana gibt ihnen einige Pesos, und sie gehen wieder. – Sie gehen von Haus zu Haus, sagt Mariana, aber zu dir kommen sie nicht, sie schämen sich, zu dir zu kommen, weil du nicht von hier bist, nur für kurze Zeit da bist, sie haben kein Vertrauen. Wir könnten sie belästigen, sagen sie, sie geht ja bald wieder. Aber die anderen machen alle mit, alle geben etwas. – Ich habe ihnen gestern einige Pesos gegeben. – Ah ja... und... ehm... haben sie es angenommen? – Ja, warum nicht? – Ehm... manchmal nehmen sie es nicht, weil... weil sie sich schämen...

Plötzlich wechselt Mariana das Thema. – Also vielleicht gehen wir in die neunte Nacht nach Justinos Tod. Ich frage meinen Mann und wir gehen. Manchmal ist es schön, manchmal ist es traurig... nun ja, da kann man nichts machen, so hat Gott es gewollt, daß wir alle einmal sterben. Schade... das ist so schade, daß wir alle sterben müssen. Meine Tochter sagte, als sie noch klein war, sie wisse nicht, was ein Begräbnis sei, da nahm sie mein Mann mit, und sie meinte nachher: Und jetzt wird diese Person immer dort bleiben und all diese viele Erde auf sich tragen? Armer, und wir werden auch so enden? Ach wie schade, sagte sie, was hat denn der liebe Gott mit uns angestellt, ich möchte lieber nicht sterben. Warum hat wohl Gott gemacht, daß wir sterben müssen, es ist so schön, alles anzuschauen. Das sagte die Kreatur, sie hat schon viel gedacht. Heute sind die Kinder viel schlauer, wendiger, weltoffener als früher. Als ich klein war, dachte ich nie an den Tod, wußte nicht mal, was das ist. Meine Eltern hatten mich auch nie zu einer Beerdigung mitgenommen. Ich war in meinem ganzen Leben etwa bei fünf Begräbnissen, ich gehe fast nie hin, denn es ist so furchtbar traurig. Es ist schon gut, die Toten zu begleiten, aber ich kann nicht, denn ich bin immer allein. In einem Jahr wird auch Ofelia nach Mexiko gehen, und dann bleibe ich ganz allein. – Das macht dich traurig. – Ja, nein, nicht mehr, ich habe mich schon daran gewöhnt. Vorher war es schrecklich, als mein Sohn, der größte, nach Mexiko ging, da habe ich gelitten. Jetzt nicht mehr, nicht mehr so viel. Sie werden dort etwas tun, etwas werden, deswegen macht es mich nicht mehr traurig. Ich gebe mich zufrieden, denn sie werden weiterkommen, sind hier herausgekommen. Ohne das wäre ich untröstlich, ich könnte nicht mehr essen, könnte nur noch an sie denken. Als Ofelia im Dezember und im Juli in Mexiko bei den Geschwistern war, war es so; sie selber konnte auch nicht mehr essen. Jetzt habe ich mich ans Alleinsein gewöhnt. Es ist mir egal, meine Arbeit zu machen, all die Pflichten, das kann ich, aber ich kann mich nicht daran gewöhnen, allein zu sein. Jetzt geht es besser. Es interessiert mich nicht mehr, ob mein Señor zum Essen kommt oder nicht, ob er zum Schlafen kommt oder nicht. Wenn er nicht kommt, dann soll er doch nicht kommen, ich lege mich hin und habe keine Angst. Früher schon. Ich wartete und fragte mich, wann er wohl komme, was er mache... ich war traurig. Jetzt nicht mehr. Ich bin zufrieden, weil sie studieren, weil sie etwas aus ihrem Leben machen, das gefällt mir... es wäre doch gar nicht gut, wenn ich sie alle hier festgehalten hätte, wo sie nichts machen könnten, das hilft mir ja auch nicht weiter, und nachher würden sie leiden, weil sie nicht mal ihr Leben verdienen könnten. Jetzt schon, sie studieren und jeder arbeitet am Morgen als Kellner oder Putzfrau und verdient sich so das Leben und das Studium. Sie sind zusammen in einer Wohnung in Mexiko, der Große schaut nach den anderen, wie wenn er der Vater wäre.

– Meine große Tochter gleicht ihrem Vater am meisten, und er hat sie auch am liebsten. Er hat wohl alle gern, aber er zeigt es nie, kann das nicht zeigen. Ich schon. Die Kinder können es auch nicht zeigen, etwas mehr die Mädchen. Mama, sagt Margarita jedesmal, ich gehe nicht mehr. Sie geht immer traurig. Die Knaben nicht, sie zeigen nichts... Ich habe keines meiner Kinder verloren, würde ich eines verlieren, würde ich sterben vor Schmerz.

Es fällt mir auf, daß ich immer sehr wenig rede bei Mariana. Sie gestaltet unsere Gespräche zu einem komplexen und von ihr gewobenen Netz.

Mariana reagiert merkwürdig auf meine Mitteilung, daß ich die Kooperation für das Fest bereits bezahlt habe. Sie wechselt plötzlich das Thema. Ich kann mir das nicht anders erklären als damit, daß sie, zusammen mit den anderen, immer noch nicht sicher weiß, ob ich wirklich keine Evangelistin bin, sie nicht doch betrüge. Sie meint, man könnte mein Geld abweisen, weil man sich schämt. Wenn ich Evangelistin bin, will man kein Geld von mir annehmen, und da man mir das nicht direkt sagen kann, ohne die Höflichkeitsregeln zu verletzen, löst das Scham aus. Genauso wie Mariana jetzt mit Scham (Verlegenheit) und Vermeidung auf meine Mitteilung reagiert.

Die anderen Themen haben einen inneren Zusammenhang: sie hatte es schön mit den Kindern zusammen, aber als Jugendliche werden sie anders, gebildeter als die Armen, als die Mutter, die nichts wisse, nichts verstehe. Dann kommt sie über den Tod wieder auf ihre fast erwachsenen Kinder zu sprechen, die sie verlassen und allein zurücklassen werden. Was ihr bleibt, ist die identifikatorische Teilhabe an deren Erfolg. Nachdem Mariana das Thema des Todes und des Abschieds vom Toten noch sachlich und distanziert ansprechen konnte, wird sie dann ganz persönlich und emotional, sie fürchtet ihre Einsamkeit, denn sie weiß, daß sie daran leidet, traurig wird. Aber sie wird es ertragen, weil sie die Kinder nicht festhalten darf, das wäre deren Unglück. In diesem Thema wird auch unsere zukünftige Trennung vorausgenommen, jetzt kann sie noch mit mir reden, nachher werde auch ich sie verlassen.

Diese Mutter versucht ihre adoleszenten Kinder, die ihr entwachsen, loszulassen, indem sie die Lösungsproblematik aufgrund ihrer Welterfahrung wieder kulturell verarbeiten kann: an den adoleszenten Kindern erlebt sie den Widerspruch zwischen ethnisch – modern. Wir sind die ungebildeten Armen, während die Jungen gebildet und weltgewandt sind. Mariana hatte es geschafft, diesen Konflikt in ihrer Lebensgeschichte zu integrieren. So versucht sie es auch mit den Kindern zu verarbeiten – sie identifiziert sich mit deren Weg.

Mariana ist mir gegenüber auch mißtrauisch und aggressiv, aber das macht nur einen Teil unserer Beziehung aus. Indem sie immer wieder auf allgemeine, unverfängliche Themen und Geschichten zurückgreifen kann, wie zum Beispiel die Totenwachen, die jenseits von katholisch und evangelistisch sind, feststellt, daß wir letztlich alle sterben müssen, vor Gott gleich sind, kann sie in gewandter und taktvoller Art drohende Störungen aufheben, umgehen, kulturelles Wissen großzügig und weitherzig zur Konfliktlösung einsetzen. Die Totengeschichte taucht aber auch auf, weil sie unsere Trennung vorwegnimmt.

16. (23.9.)
Ich habe einen schweren Tag hinter mir, die Fragebogenarbeit bringt mich in unangenehme Situationen. Heute wurde ich von einem Hund geschnappt und von dessen Besitzer ebenso mißtrauisch empfangen. Ich freue mich, am Nachmittag zu Mariana gehen zu können.

Sie fragt wie immer ausführlich nach meinem Ergehen und meiner Arbeit. Ich erzähle vom Hund. Sie macht mir einen Tee gegen den Schreck. – Sie denken eben, daß du von der Regierung kommst, um herauszufinden, wie wir hier leben, daß dann die Preise steigen. Sie haben Angst. Wenn die von der Regierung kommen, sagen sie auch nichts. Haben sie fünf Aren Land, sagen sie eine, haben sie zwölf Hühner, sagen sie drei. Sie fürchten, man komme, um ihnen den Besitz wegzunehmen. Sie zählt die Namen der wohlhabendsten Familien auf und vermutet, daß gerade diese mir am wenigsten angeben werden, was auch stimmte.

– Es hat schon immer viele Probleme um den Landbesitz gegeben. Vor 13 Jahren gab es einen Dorfchef, der blieb lange, viel zu lange in seiner Stellung. Er machte, was er wollte: verkaufte Kommunalland an die Leute vom Nachbardorf und Leute von hier, das Geld war für ihn. Ebenso verkaufte er Steine vom Kommunalland nach Murillo, er eröffnete einen richtigen Steinbruch. Die Leute, die auf seiner Seite waren, taten alles für ihn, brachten Geschenke, Geld, arbeiteten für ihn, er gab ihnen dann auch Vorteile. Alle, die auf seiner Seite waren, sind heute die Wohlhabenden im Dorf. Die Familie von Martina gehört auch dazu. Ja, und dann spaltete sich das Dorf. Die einen wollten ihn absetzen, seine Anhänger nicht. Es gab eine Versammlung, alle waren wütend. Man sorgte dafür, daß auch alle Frauen in die Versammlung kamen, damit es mehr Stimmen gegen ihn gebe, und wir haben gewonnen, er wurde abgesetzt. Und dann traf es meinen Señor, er wurde zum nächsten Repräsentanten gemacht. Sie heißen fast alle Gonzales, sie haben dem Dorf viel geschadet, haben es beraubt und sind heute reich. Als der damalige Repräsentant Lastwagen voller Steine verkaufte, und das langsam bekannt wurde, ging Pompiliano mit einem Haufen Männer zum Steinbruch und verlangte, daß er die Steine wieder ablade, sonst würden sie ihn töten. Er lud die Steine ab und ging zum Kaziken nach Murillo, daß dieser ihm helfe. Aber die anderen gingen auch zum Kaziken. Da war das dem zu viel, und er verlangte, daß sie sich einigen. Es gab viel gefährlichen Streit damals. Als der Mann von Amanda starb, gab es wieder Streit. Seine Familie hatte seit 33 Jahren ein Stück Land in Pacht, und als der Besitzer es zurück verlangte, gab er es nicht her, denn schon seine Großeltern hatten darauf gearbeitet. Da wurde der Besitzer böse und erschoß ihn.

Es war schon immer so hier, die Leute sind Streithähne, Rebellierende und Trinker. Man sagt, dieses Dorf sei seit jeher gespalten, immer hatte es zwei Gruppen, die sich bekämpften, und immer geht es um das Land. Immer wieder versucht einer, sich etwas anzueignen, und dann gibt es Krach. Als Pompiliano Repräsentant war, war die Familie vom Fluß dabei, ein Stück des Kommunallandes zu verkaufen. Mein Mann ging nach Zimapan, um sie anzuklagen, aber da begannen sie, ihm zu drohen. Pompiliano wollte dann, daß das Dorf entscheide, was geschehen soll. Aber die Leute hatten Angst, so blieb er allein, und es geschah nichts. Ich sagte ihm damals: laß die Leute, misch dich nicht ein. Wir mit unseren Kindern, was würden wir auch machen, wenn etwas passiert. Die Gonzales waren das gewohnt, sie lebten vom Streit, die mußten alle Momente in den Knast, und selbst dort stritten sie weiter. Das war vor 10 Jahren, heute ist es ruhiger, die Männer sind schon älter. Die vom Laden haben auch Gemeindeland verkauft, heute haben sie einen Laden und ein Taxi. Das ganze Dorf war gegen sie. Heute kaufen sie trotzdem ein dort. Es gab auch Streit zwischen Pompiliano und Celia, die seine Tante ist; Celias Mutter ist Pompilianos Großmutter. Als Celia Land von einer gemeinsamen Tante erbte, hat er ihr viel geholfen, damit sie die Dokumente bekam, denn er war auch erbberechtigt; doch am Schluß hat sie ihn betrogen, alles für sich registrieren lassen. Celia hatte es dann viel mit den Evangelistinnen, die von 1945 an für 25 Jahre hier gelebt haben. Sie hat ihnen einen Teil ihres Landes verkauft für deren Haus, dort wo du wohnst. Aber jetzt gibt es weniger Streit als früher.

Mariana erzählt diese Geschehnisse ruhig, obwohl spürbar ist, daß sie sich über Betrug und Übervorteilung ärgert. Sie versucht, nie direkt schlecht über Personen zu reden, erwähnt deren Namen nebenher, bleibt sachlich, wie eine objektive Berichterstatterin.

Es ist auffallend, wie sicher und prompt Mariana jede gegen mich auftauchende Aggression im sozialen Kontext sehr einleuchtend zu deuten weiß. Es ist, wie wenn sie sich über die Abspaltung der eigenen Aggression um so besser mit derjenigen der anderen identifizieren könnte.

- Die Reichen fürchten, ich könnte sie verraten, weil ihr Besitz unrechtmäßig erworben ist und ihn ihnen wegnehmen.
- Die Armen sind derartig zermalmt und ausgebrannt, daß sie vor allem Fremden Angst haben, nicht mehr denken können.
- Die Katholiken vermuten, ich sei Evangelistin und bringe weitere Spaltungen ins Dorf.
- Die wenig Gebildeten und Weltunerfahrenen schämen sich, weil sie nicht gut Spanisch sprechen, ich ihnen zu fremd und anders erscheine.
- Die Bauern fürchten, ich sei von der Regierung, um höhere Steuern einzutreiben, oder die Preise zu erhöhen.

In der Bemühung, unsere Beziehung konfliktfrei zu erhalten, nimmt Mariana Distanz vom sozialen Geschehen und kann es von außen betrachten und einordnen, soziale Mechanismen als Projektion, Schuldgefühl, Unterdrückung oder Fremdenangst deuten.

Mariana hindert Pompiliano daran, sich in die Dorfstreitigkeiten zu verwickeln, er steht zwar auf der Seite der Gerechtigkeit, hat aber keine Macht und Leute hinter sich. Wieder beschreibt sie sich in der Position der außenstehenden Insiderin, die die Alltagsgeschehnisse nach anderen Prinzipien als nach Macht und Besitz ordnet, eher nach Gut und Böse und nach der Erhaltung der eigenen Autonomie. Sie weiß und erfährt alles über ihre Gesellschaft und situiert sich gleichzeitig außerhalb als die Hüterin der moralischen Werte und Regeln. Das muß Marianas Macht- und Überlebensstrategie sein, die ihre Autonomie und Stärke ausmacht.

Mit jedem gelösten Konflikt zwischen uns vertieft sich die Beziehung, und Mariana kann immer neue Aspekte ihres Lebens darstellen. Während sie in der Fragebogenstunde objektive Verhältnisse beschreibt, zeigt sie jetzt mehr und mehr ihre subjektiven Seiten und Machtstrategien. Als »Priesterin« deutet sie die Sozialmechanismen im Dorf und beschreibt als »Historikerin« deren Geschichte. Als Mutter leidet sie ganz persönlich unter dem Verlust der Kinder, kann aber dank ihrer sozialen Tätigkeiten, die ein Gegengewicht zur Einsamkeit bilden (Commadres), damit umgehen. Die Geschichten über den Landstreit haben auch mit dem Thema der Trennung zu tun, Streit ist wie Trennung, aber der Streit ist vergangen. In diesen Geschichten kann Mariana ihre Trennungsangst verarbeiten und sich davon distanzieren.

17. (24.9.)
Ich fühle mich schlecht. Mariana meint, das sei die Galle von der Wut, das sei ganz schlecht, ich sei zu allein hier, um all die Spannungen zu ertragen. Sie führt mich zu einem Gebüsch und will, daß ich es lange und ausführlich umarme. – Dann geht die Galle in die Pflanze, und du bleibst gesund. Die Pflanze wird sterben.

Wir kommen auf die Teppichwerkstatt zu sprechen. – Die Männer dort sind gegen die Frauen, sie sind Frauenhelden, verraten ihre Frauen und Kinder. Deswegen hassen wir sie, aber was sollen wir tun? Ich frage sie, ob sie es leichter fände, ein Mann zu sein. – Ja, eigentlich wäre es leichter, man könnte sagen, was man will, und es müßte so gemacht werden. Man könnte einen nicht erniedrigen, man wäre nicht von der Erlaubnis der Männer abhängig, um auszugehen; man wäre nicht von ihrem Geld abhängig. Als Mann kann man machen, was man will, man verdient sein Geld und verwendet es nach eigenem Gutdünken. Als Frau... wir arbeiten viel, aber es gibt nichts dafür, nichts. Wir können nicht raus, um uns eine Arbeit zu suchen, uns das Leben zu organisieren, wir sind eingesperrt, angebunden... wir können kein Geld verdienen mit unserer Arbeit, es fehlt zwar immer Geld, aber wir können keines verdienen ... das ist sehr traurig, aber was sollen wir machen, wir müssen es ertragen. ... Manchmal, oh dann habe ich eine Wut, weil ich eine Frau bin, und dann sage ich mir wieder, nun ja, es ist das Schicksal, was kann ich dagegen tun. Was soll ich noch mehr kämpfen. Jetzt behandeln sie mich auch nicht mehr so wie früher, jetzt kann ich auch mal einen Moment sitzen bleiben. Vorher war nichts mit sitzen: Arbeit, Arbeit, Arbeit, und dann kommt dieser Mann, um zu streiten und zu fordern. Er will nur das Beste essen, Eier, Fleisch, Suppe... ja woher soll ich das nehmen? Manchmal hatte ich nur Tortillas und scharfe Sauce. Mit dem hatten wir gegessen.

– Wie stellen sich deine Kinder dazu?

Ah, die hielten zu mir, zu ihrem Vater haben sie kein Vertrauen, der ist nie da, geht immer nur fort, macht Streit, gibt kein Geld. Deswegen hassen die Kreaturen ihren Vater, der kein guter Vater ist. – War es für dich auch so als Kind? – Genau gleich, er lebt noch immer, mein Vater, und ich hasse ihn immer noch. Gut, ich grüße ihn, ich sehe ihn, ich pflege ihn, wenn er krank ist, aber ich habe ihn nicht gern. Ich tue alles für ihn, wenn er es braucht, aber ich kann ihn nicht gern haben, aus einem Grund: er machte meine Mutter leiden, eigentlich liebe ich ihn deswegen nicht. Ich behandle ihn mit dem nötigen Respekt, aber nicht wie einen guten Vater. Er war sehr schlecht, auch zu uns. Ich habe nie etwas gesagt, nie, aber ich liebe ihn nicht, er ließ uns alle viel leiden, als wir klein waren, meine Mutter weinte und weinte, und wir versuchten sie zu verteidigen. Sie durfte nie rausgehen, weder zum Bad im Fluß noch sonst, er erlaubte es nie. Zuerst die Arbeit, zuerst die Arbeit, du brauchst dich nicht zu baden, beeile dich, wir wollen essen, oder trag mir das Essen zur Arbeit, schnell, bring es mir auf das Feld. So mußte meine Mama ihm das Essen bringen. Wenn sie nicht zeitig kam, wurde er wütend. Die ganze Zeit stritt er sich mit ihr. Deswegen haben wir ihn nicht gern... Mariana bearbeitet schweigend ein Teigbällchen, es mißlingt ihr. Sie beginnt von neuem.

– Er hatte eben noch mehr Kinder neben uns, auch in Llano Verde. Wir wissen, daß er diesen Kindern Land gab. Wenn er Geld brauchte, verkaufte er von unserem Land. Und... und mir hat er nicht einen Centavo des Erlöses gegeben. Nie hat er mir etwas gegeben, er hat, glaube ich, drei Landstücke verkauft, seien sie auch klein, auf jeden Fall hat er sie verkauft... aber er hat mir nichts gegeben, und sei es ein Brot. Meinen Brüdern schon. Einem meiner Brüder habe er Geld gegeben. Ich weiß nicht, ob es wahr ist, er habe ihm Geld gegeben, damit er ein Stück Land für sein Haus kaufe. Ich habe meine Schwägerin gefragt, aber die sagte, sie wisse nichts von dem Geld, sie hätte sich Geld bei meiner Schwester geliehen. So weiß ich nicht, was er mit seinem Geld machte, mein Papa, ich stelle mir vor, daß er es seinen anderen Kindern gegeben hat. Es sind zwei, nun ich weiß nicht, ob es noch mehr sind, zwei oder drei mit anderen Frauen... ich glaube, es waren drei Frauen. Aber es war meine Mama, mit der er verheiratet war, deswegen lebte sie in seinem Haus, aber er hatte andere. Die eine hatte zwei Kinder, die andere weiß ich nicht, zwei oder drei. Die erste war Witwe, sie betrog uns mit meinem Vater, die andere sah man auch auf der Straße mit ihm, sie verbarg es nicht einmal vor uns. Ich frage mich, was sie machten, ich glaube, er gab ihr Geld, denn diese Señora lebt gut. Sie lebt gut, sie hat ein Haus, Land, gutes Land. Woher soll eine arme Witwe diese Dinge haben. Jeden Augenblick pfändet sie Land. Sie leiht anderen Geld aus und nimmt ihnen ihr Land weg. Sie hat Geld von meinem Vater. Der war für ein Jahr in den USA. Sie sagen, daß er viel verdiente, aber er gab uns nicht mehr als ein Röcklein für jede, ein Hemdlein für jeden; das ist alles, was er uns kaufte, als er zurückkam, noch ein Dutzend Becher und ein Dutzend Teller und fertig. Was machte der nur mit seinem Geld. Jetzt hat er kein Geld mehr, er sieht nichts mehr, hat kein Augenlicht mehr und erwartet, daß wir ihm geben, er lebt nur noch von uns. Und meine arme Mutter muß ihn pflegen... Sie war auch krank. Sie lag im Sterben, deswegen hassen wir meinen Papa, er war dabei, sie umzubringen, das machte uns so wütend; durch seine Schuld sind wir fast Waisen geworden. Wir sind drei Geschwister, die ihn hassen, meine Schwester, die beim Pfarrer arbeitet, mein Bruder, der Lehrer, und ich. Der andere Bruder geht mit ihm, der hat ihn gern. Sie schweigt.

– Ich nicht, ich habe ihn nicht gern, es macht mich wütend, wie er meine Mutter behandelte, er hat sie mir fast getötet. Sie war so krank, von der Galle oder vom Magen, der Bauch war dick, wie wenn sie schwanger wäre, sie war ganz gelb... die Galle, es war sehr gefährlich. So machte er es meiner Mutter.

Es ist die Schuld dieser Frau, daß wir meinen Vater hassen, er pflegte sie nicht... arme mamacita. Meine Kinder sind gleich, sie reden mit ihrem Vater, aber sie mögen ihn nicht, sie mögen ihn aus Anstand, aber nicht so, wie es sein sollte.

Am meisten berührt mich der Satz: Es ist die Schuld dieser Frau, daß wir meinen Vater hassen. Marianas Identifikation mit der Mutter und deren Rolle geht so weit, daß sie ein ähnliches Schicksal wie jene lebt: sie hat einen ähnlichen Mann, der sie ähnlich behandelt, wurde ebenfalls schwer krank, hat ebenfalls vier Kinder, wird ebenfalls von ihrem Mann betrogen. In dem Satz, Es ist die Schuld dieser Frau, ... drückt sich ein aggressiver Vorwurf aus: sie hat mich als Mädchen geboren, hat mir durch ihre Klagen den Zugang zum Vater erschwert, hat mich in dasselbe schwere Frauenschicksal hineinerzogen, das sie selber führte. Durch die Bindung an die Mutter mußte Mariana zur ›Frau‹ werden und die Frauenrolle übernehmen.

Mariana betont aber immer wieder ihre Unabhängigkeit, ihre Autonomie, und es scheint, als ob sie in der Heilerinnenfunktion sowohl ökonomisch als auch sozial ein ganz anderes Leben als die Mutter führen würde. Gleichzeitig aber fühlt sich Mariana emotional stark abhängig von ihrem Mann, fühlt sich ihm ausgeliefert und leidet unter seinen Eskapaden. Auf der Ebene des emotionalen Erlebens hat die Identifikation mit der Mutter Mariana an die Ethnie und den üblichen Lebenslauf einer Indianerfrau gebunden. Eine Otomi-Frau wiederholt das Leben der Mutter: sie kann nur sehr schwer eine positive Beziehung mit dem Vater führen; sie haßt die Frauenrolle, weil sie in dieser immer wieder ihren Liebespartner verliert, der die Machismo-Gesetze inszeniert, und dieser Verlust läßt sie sich abhängig, ausgeliefert und wertlos fühlen. Deswegen muß Mariana immer wieder ihre Autonomie, die ihr eigentlich fehlt und die sie sich so wünscht, betonen.

In diesem emotionalen Zusammenhang erhält das Geld eine andere Bedeutung: es symbolisiert die Liebe, die konstante positive Beziehung, in der man nicht leiden und gegen Verluste und die folgende Entwertung ankämpfen müßte. Was der Mann und Vater nicht gibt, müssen die Frauen mit Hilfe der Arbeit selber erarbeiten: die physische und psychische Nahrung, Arbeit kann das Gefühl emotionaler Autonomie und Unabhängigkeit erzeugen, ein Gefühl, das mit dem Auftauchen des Mannes sofort wieder zerfällt.

Mit dem Satz: Es ist die Schuld dieser Frau ... bin auch ich gemeint: ich löse Gefühle aus, und ich bin schuld, wenn sie leidet, denn ich werde sie verlassen.

18. (26.9.)
Ganz kurzer Besuch bei Mariana, sie bietet mir eine Tortilla mit scharfer Sauce an, wir setzen uns in den Schatten des Pirúl. Wir freuen uns beide über das Zusammensein. Wir sind ganz entspannt, lachen über das Kätzchen, über unsere »Faulheit«, weil wir einfach dasitzen und nichts tun. Ich stelle das Tonband nicht an, weil sie gleich weg will.

Es scheint, daß Mariana die Gefühlskonflikte, die im Laufe unserer Beziehung auftauchen, so direkt und wirksam anhand ihrer Erzählungen verarbeiten kann, daß die Beziehung sich gleich wieder entspannt und auf der Ebene einer guten Identifikation und Freundschaft weitergehen kann.

Ich gehe dann für einige Tage in die Hauptstadt.

Beim Lesen fällt mir auf, daß die Entspannung damit zusammenfällt, daß ich das Tonband nicht anstelle. Es scheint, daß dieser Apparat weiterhin als Bedrohung, Kontrolle und Leistungsdruck erlebt wird. Wenn er läuft, muß Mariana sich vorbildhaft zeigen, so wie man sein soll, den Regeln und dem Selbstideal entsprechend.

19. (1.10.)
Ich treffe Mariana am Morgen nicht an. Am Nachmittag ist sie beim Grasschneiden für die Tiere. Sie wirkt nervös und abwesend. Ich frage mich, ob das mit meiner Abwesenheit zu tun hat, oder ob sie auch böse Gerüchte über mich erfahren habe und unsicher geworden sei, denn seit zwei Tagen haben die Evangelisten angefangen, neben meinem Haus Kirchenlieder zu üben, was alle, die mich besuchen, in große Aufregung bringt und das Mißtrauen, ich könnte doch eine Evangelistin sein, wieder aufleben läßt. Ich muß bald wieder gehen.

20. (2.10.)
Ich gehe zu Mariana, sie ist am Nähen. Sie schneidert eine Uniform für ein Mädchen, das ins Internat gehen wird. Sie wirkt abwesend, klagt über den Regen, daß sie ihre Geschäfte, die Pflanzen, Besuch bei Kranken in Nalcan, das Absaugen des Pulque nicht so erledigen kann, wie sie will.

Ich frage sie, ob sie sich um etwas Sorgen mache. – Nein, warum? – Nun, du machst den Eindruck. – Nein, ich bin unentschieden, ob ich jetzt schnell nach Nalcan gehen soll oder nicht, dann sollte ich noch die Quittungen für die Bewässerung erledigen. Sie bepflanzt ein Stück Land ihres Vaters in der Nähe von Daxhó. Sie geht jetzt jeden Tag nach Nalcan, um jemandem seine Spritze zu geben. Ich frage sie, ob sie lieber gehen möchte. – Nein, reden wir einen Moment, es beginnt zu regnen. Wie ging es dir und dem Fragebogen? – Delfina wollte ihn nicht machen, sie sagte, sie seien schon mal gekommen, um zu fragen, und nachher hätten sie alle Tiere getötet. – Ah ja, die Leute wissen nicht, was sie sagen, in Realität war das 1947 oder 1948, da wurde jenes Gesetz geschaffen, daß die Tiere getötet werden müssen. Sie sagten, es wäre wegen einer Krankheit, aber die waren gar nicht krank. Schon, es starben jedes Jahr einige Tiere, aber das ist wegen des Hungers, wegen der Dürre; damals gab es keine Bewässerung und im Februar, März, wenn es überhaupt keinen Regen mehr hatte, starben sie. Aber die starben nicht an Krankheit, sondern vor Hunger. Damals sagten sie, es sei die Pest und töteten uns alle Tiere. Wir waren sehr böse. Nun, sie haben sie bezahlt. Die meisten haben dann die Tiere getötet, das Fleisch nach Hause genommen und gegessen; den Kommissaren aber wurden die Köpfe und die Eingeweide der toten Tiere gezeigt, so hat jeder auch noch sein Geld erhalten. Aber es war seltsam, denn sie töteten nur hier in der Gegend, von Murillo an dann nicht mehr. Ich weiß gar nicht mehr, ob damals jemand kam, um nach den Tieren zu fragen. Später dann schon, um sie zu impfen, aber die Impfung war ganz schlecht: viele impften, ohne zu wissen, wie und wo, so daß die Tiere daran starben. Es kann sein, daß einige dir deswegen mißtrauen, aber also ich weiß nicht, ich für meinen Teil habe mich nicht einmal an jene Zeit erinnert. Du erklärst mir, was du machst, so brauche ich doch keine Angst zu haben. Aber andere schon, sie sagen das eine und das andere, sie sind nie zufrieden.

Ich für meinen Teil bin bereit, dir zu helfen in allem, was für mich möglich ist, andere aber nicht, sie sind sehr verschlossen. Sie vermuten so viel, obwohl alles nicht wahr ist.

Warst du schon bei Sabina? fragt Mariana. – Nein, sie läßt mich nicht eintreten, gibt vor, nicht im Haus zu sein. – Nun sie kann nicht lesen, nicht schreiben, sie kann nichts, gar nichts, sie ist ganz verschlossen, diese Frau, sie weiß nichts. Sie hat Angst wegen dieser Geschichte der zwei vergifteten Frauen. Mir gefällt das nicht, sie ist unzivilisiert. – Ich denke, daß die Leute hier so viele schwere und negative Erfahrungen gemacht haben mit den Fremden, daß sie allen Grund haben, zu mißtrauen und Angst zu haben. Sie wurden viele Male betrogen und ausgebeutet, sage ich. – Ja, das stimmt. Wir haben viele schlechte Erfahrungen gemacht. Deswegen glauben sie, daß alles, was von außen kommt, schlecht ist. Aber das ist nicht immer so. Es gibt schlechte Dinge und manchmal gute Dinge; das muß man unterscheiden.

Wir sehen eine Tarantel und reden über die Gefahr der Spinnen und Skorpione. Plötzlich sagt Mariana: Die Tochter der Cirila, dieser Bettlerin, die Teresa, das ist eine Atarantada (von der Tarantel gestochen). – So? – Ja, für mich ist das eine Atarantada, die weiß nichts, die ist schlecht, sie ist wie eine Tonta, wie eine Verrückte hinter allen Männern her. Das mag ich nicht, deswegen rede ich nicht mit ihr, ich habe kein Vertrauen zu ihr. Einmal kam sie, um Ofelia mitzunehmen, damit sie Kooperationen für das Fest sammeln. Ich fragte Ofelia, ob sie Zeit habe, und sie sagte ja, obwohl ich erwartete, daß sie nein sagen werde. Da mußte ich sie halt gehen lassen. Wie dann Pompiliano kam, erklärte ich ihm die Sache und er antwortete, dann geh doch und hole sie, ich will auch nicht, daß sie mit dieser Frau ist. Und ich ging, sie holen, sagte, sie müsse mir bei Injektionen helfen, obwohl gar keine zu machen waren. Da war Ofelia ein wenig ärgerlich. Nun, habe ich ihr gesagt, dein Vater wollte es so, er hat mich geschickt, dich zu holen. Nein, diese Teresa ist eine Atarantada. Ihre Mutter auch, die treibt es mit allen im Dorf, auch mit ganz Jungen.

In diesem Moment ruft Amanda von der Straße her, sie suche mich. – Ja geh nur, sagt Mariana, wir haben schon viel geredet und können morgen weitermachen. Ich akzeptiere ihren Vorschlag. – Das ist gut so, vielleicht braucht sie dich mehr, sie hat dich gesucht und wir können uns jeden Moment sehen. Sie hat vielleicht keine Zeit. Dann verabschieden wir uns.

Es fällt auf, daß Mariana heute darum bemüht ist, sich selber auf Kosten der anderen in ein gutes Licht zu setzen. Das muß mit der vorletzten Stunde, jenem intensiv-konfliktiven Gespräch über ihre Mutter zusammenhängen. Wieder kann sie mein Abgewiesenwerden sozial und historisch deuten, tut es aber fast verächtlich-abgrenzend gegenüber den anderen

Frauen. Sie ist heute heftiger und aggressiver, wie wenn sie sich durch die anderen Frauen, respektive durch mich bedroht fühlen würde.

Zu ihrem unvermittelten Haß auf Teresa kommen die Rivalität und der Kampf gegen andere Frauen unverhohlen zum Ausdruck. Später erzählt sie, daß Pompiliano es ab und zu mit der Mutter von Teresa treibt. Mag sein, daß sie sich deswegen unruhig und bedroht fühlt und nach Kampfstrategien sucht.

In der Beschreibung der Szene mit Ofelia zeigt sich Mariana plötzlich als raffinierte Manipulatorin, die die gehaßtnützliche Autorität ihres Mannes einsetzt, um ihren Willen durchzusetzen. Die paternalistische Kultur muß im Notfall in den Dienst eigener Interessen gestellt werden können, vor allem dann, wenn frau von anderen Frauen bedroht wird. Hier zeigt sich die Gegenseite der Frauen-Gemeinschaft, die sie mit den Wahl-Commadres hat, sie muß sich auch vor den Frauen zu schützen wissen.

Delfinas Mißtrauen mir gegenüber symbolisiert das Mißtrauen gegenüber der nationalen Gesellschaft, die als bedrohend, verräterisch und ausbeutend erfahren wurde. So selbstverständlich, wie man ausgebeutet wird, versucht man die Obrigkeit zu umgehen oder ihrerseits zu betrügen; in dieser Hinsicht besteht ein ebenso eindeutiger Konsens wie in der Fabel vom Coyoten und dem Schaf: der Unterlegene versucht seinen Unterdrücker mit den Mitteln, die ihm zur Verfügung stehen, auszuschalten, wobei es wichtig ist, den Feind differenziert einzuschätzen, Gut und Böse zu unterscheiden.

Ich vermute, daß Marianas nervöse Zerstreutheit bei den letzten Begegnungen ebenfalls mit jenem Gespräch über ihre Mutter zu tun hatte.

Sie mußte sich mit der Mutter identifizieren und deren Rolle und Identität übernehmen; deswegen »muß« sie sie hassen. Mit mir muß sie sich auch identifizieren, und das wäre ja gut, denn ich bin anders als die Mutter, aber mich muß sie hassen, weil ich sie wieder verlassen werde. In ihrer Wut über Teresa drückt sie ihre Wut auf mich aus, denn ich bin wie die: eine Herumtreiberin, die mit allen geht, immer unterwegs ist. Geh doch zu Amanda, sagt sie am Schluß und meint, du bist auch so eine. In den Geschichten über die anderen Frauen inszeniert Mariana ihre eigenen Affekte.

21. (3.10.)
Mariana beginnt eben mit dem Tortillabacken. – Bist du schon einmal dagewesen? – Ja, um halb acht. – Ah, da war ich in der Mühle, ich bin spät heute, die Zeit hat mich erwischt, erst jetzt werde ich meine Arbeit in der Küche anfangen. – Vielleicht störe ich dich? – Nein, es ist nur, daß ich ein bißchen spät bin. – Es ist neun Uhr. – Ah, erst neun, ich dachte, es sei schon viel mehr. Mariana ist ganz aufgeregt. Auf dem Küchenboden liegt Asche, die Reste eines Feuers. Sie fegt es mit einigen Ästen weg. – Wenn es kalt ist abends, machen wir ein Feuerchen, um uns zu wärmen. Mein Mann mag es so.

– Heute ist Messe, und ich muß noch das rote Kleid abgeben, das ich genäht habe. Die Zeit reicht einfach nicht. Ich habe keinen Kopf heute. Wenn ich keine Zeit habe, habe ich keinen Kopf. Es gibt so viel Arbeit, so viel zu tun, und bei der Kälte kann ich die Dinge nicht so schnell erledigen. Ich fühle mich kalt. Ich habe nicht einmal Gras geschnitten für die Schweine, wegen des Regens.

Das Feuer will nicht brennen, die Hölzer und Agavenblätter sind feucht. Die ganze Küche ist voll Rauch, wir husten, und Tränen laufen; ich fächle die Glut, sie sucht trockenes Holz. Langsam beginnt es zu glimmen, mit viel vorsichtiger Arbeit brennt es dann.

– Hast du gestern mit Amanda gesprochen, nachdem du weggegangen bist? – Ja. – Redest du immer mit ihr? – Immer wieder. – Dann hat sie dich angetroffen gestern? – Sie ging auf den Acker und kam dann zurück. – Ah, ich dachte, sie sei böse gewesen und weggegangen, und du hättest sie nicht getroffen, sagt Mariana. – Ich habe dich verlassen, um mit einer anderen zu reden. Ich habe dich verletzt. – Nun, nein... ich dachte... gut, wegen der Arbeit... und was soll ich... nun ich arbeite dann. Ich dachte, vielleicht hast du sie verpaßt, konntest nicht arbeiten, weil du weder mit mir warst, noch sie getroffen hast, so konntest du weder hier noch dort arbeiten. – Nein, sie war da. – Dann kam Amanda also zurück. Sie befiehlt sich halt selber... sie wird von niemandem befohlen und überwacht, niemand, niemand sagt ihr, warum bist du so spät, warum bist du nicht da, ja, sie kann hingehen, wo und wann sie will... und niemand fragt sie nach dem Warum. Da hat sie es gut, sagen wir auf der einen Seite, und auf der anderen... nun... mit dem Fracaso (Fiasko, Scheitern), den sie nun hat... jetzt ist sie nicht mehr gut angesehen. – Nein? – Nein, ihre Schwiegermütter stehen nicht mehr gut zu ihr. Sie sind sehr böse auf sie, eben weil sie... ehm... weil sie noch ein Kind haben wird, eines, das nicht von der Familie ist. Vorher hatten sie sie gern, aber jetzt nicht mehr, sie sind wütend, die beiden Señoras. Sie sind schon alt, vor allem die eine. – Woher weißt du das? – Die Schwester ihrer Schwiegermutter, Rita, war da, die Arme, sie weinte vor Wut. Sie sagte, wenn diese Frau krank würde oder stirbt bei der Geburt, denn sie hat immer schwere Geburten, ...was machen wir dann... Sie haben Angst. Was wird sein, fragen sie sich, wer wird ihr helfen, wer wird uns helfen. Deshalb sind die beiden armen Alten so böse. Das Leben dieser Frau ist gefährlich; das macht sie so wütend. Sie fürchten um ihr Leben, sie wird bei der Geburt sterben, es war schon immer schlimm bei ihr. Die beiden Señoras fürchten, daß die Kinder allein bleiben werden, der Vater ist ja schon tot. Amanda sagte mir nie etwas davon, aber Rita schon. Ich sagte zu Rita: Ich glaube, diese Frau hat sich schon wieder verloren. Eben, rief Rita, was sollen wir nur tun? – So sorgen sich alle! – Ja, die arme Amanda, sie ist so fleißig, klug, sie kann so viel. Ich weiß nicht, warum sie sich mit diesem Mann verstrickte... dieser Mann ist verheiratet... sie sagen, es sei Basilio, aber der ist verheiratet. Die Arme, sie wußte nicht zu denken, denn der Mann ist verheiratet, er hat eine Frau. So wird diese Amanda noch viel leiden. Basilio ist vor kurzem nach USA gegangen. Auf jeden Fall wird sie leiden. Sie wird diejenige sein, die zu leiden hat, so oder so. Sie kann sterben, und dann sind die beiden Alten allein mit den Kindern. Die Ältere ist krank. Sie ist immer krank und jetzt noch mehr wegen der Wut. – So viel Wut hat sie? – Ja, sie habe eine ganz furchtbare Wut, die arme Frau. Sie ist auch wütend, weil ein anderes Kind in die Familie kommt. Ach sie konnte nicht denken, jetzt bereut sie es, aber jetzt nützt es nichts mehr. Jetzt weint sie und weint, und die Schwiegermutter ist krank, und das ist ihre Schuld. Sie hat die Schuld! – Das ist also ein Fracaso? – Ja das ist ein Fracaso, weil man nicht mal weiß, wer der Vater ist... arme Frau, sie kann sterben, die Tonta. Ich weiß nicht, was sie tun wird, ihre Kinder kommen nicht heraus bei der Geburt... Mariana formt wütend Tortillas.

– Vor einigen Tagen, als Amanda nach Murillo ging und lange nicht zurückkam, haben sie gefürchtet, es habe sie auf dem Weg erwischt mit der Geburt. Sie wußten nicht ein noch aus. Schließlich schickten sie den ältesten Sohn, daß er sie suche. Rita kam und weinte. Sie war ganz außer sich, traurig, sie halte das nicht mehr aus. So leiden die armen Frauen und Amanda, ganz durchtrieben, leidet nicht einmal darunter, nicht wahr? – Ich glaube schon. – Ach, sie leidet darunter, ach, ich dachte, daß sie das alles nicht kümmert. Die arme Frau. Nun, ich habe nicht mit ihr gesprochen. Sie habe sich überlegt, ob sie die Schwiegermutter verlassen soll, um mit dem Mann zu gehen. Sie würden sich täglich streiten, keine Ruhe haben, bis sogar einer ihrer Söhne eine Attacke bekam, so einen Anfall. Und alle beschuldigten Amanda. Sie hat die Schuld an den Krankheiten der anderen. Ich sagte zu Rita, daß Amanda sich jetzt demütig zeigen solle mit all dem, was sie gemacht hat, sollte sie sich beugen, schweigen... Aber nein, sie wird böse. Nun ja.

Mariana und ich schweigen.

Eine Tortilla zerreißt, als Mariana sie wenden will. – Ja manchmal zerreißt eine, oder es verbrennt eine, oder sie wird ungleich gebacken. Euer Leben dort ist besser, weil ihr nicht diese Tortillas eßt. Ihr nehmt einfach ein Paket Brot, und schon kann man essen. Ihr verbrennt euch nicht die Hände an der Glut, ... wir müssen uns schinden. Und dann schreien die Kinder, die Männer wollen essen, es gibt Streit. Wir kämpfen den ganzen Abend ums nackte Essen, vom Morgen bis zum Abend, die ganze Arbeit für die Nahrung. Wir schweigen wieder.

– Ach die arme Frau, viele reden schlecht über sie. Ich für meinen Teil sage nichts, aber sie hätte sich ja wirklich einen alleinstehenden Mann aussuchen können. Also daß es ein Verheirateter sein muß, das kann ich auch nicht akzeptieren, daß sie so eine ist. Und sei es halt ein Alter, was auch immer. Aber diese Frau... nein, sie mußte sich mit diesem Verheirateten einlassen, das ist das Schlechte, denn die Arme wird leiden mit dem Kind und der andere, der Mann kann über sie lachen, dort weit weg. Das macht mir weh. Schlecht reden will ich nicht über sie... Aus diesen Gründen sagen wir ja immer, daß dieses Leben ein trauriges Leben ist. Mariana schweigt.

– Hätte sie doch einen Ledigen genommen, denn so schadet sie nur sich selber, sich selber fügt sie Leid zu, denn die verheirateten Männer werden nicht lange Geld geben. Vielleicht geben sie im Moment einige Centavos, und dann hört das bald auf. Sie wird leiden. Da hat sie sich nun weggeworfen. Sie kann ja nicht einmal in sein Haus gehen, um etwas von ihm zu verlangen, sie kann ihn auch nicht auf der Straße anreden vor seiner Frau und den Leuten und sagen, gib mir Hilfe. Nichts kann sie sagen, nichts tun. So wird sie ein Kind allein erhalten müssen, wenn sie kann, wenn nicht, dann nicht... Die Señoras werden ihr nichts geben für das fremde Kind, die werden doch nicht ihre Schafe verkaufen, wenn es krank ist... Sicher nicht. Amanda hat nichts Eigenes, es ist alles von der Familie ihres verstorbenen Mannes. Die werden ihr nichts geben. Ihre Söhne seien auch gegen sie, weil ein fremdes Kind ins Haus komme. So sind sie, die heutigen Kinder. Nein, also früher, ... wir hatten verbundene Augen, wir wußten von nichts. Heute sind die Kinder zivilisiert. Sie kennen mehr Wörter als wir, sie sind informiert. Ich weiß nicht, ob das wegen der Schule ist, oder wegen des anderen Lebens heute. Wenn meine Eltern sich stritten, wußte ich nie, worum es sich handelte, ich wurde mir nicht bewußt über den Inhalt ihrer Worte. Heute wissen die Kinder alles...

Ach, die arme Frau, aber ich kann nichts machen. Sie ist zwar verwandt mit mir, aber ich kann nichts für sie tun. Erstens würde es mir mein Mann nicht erlauben, daß ich diese Frau im Haus besuchen gehe, im Notfall, sagen wir. Ich könnte ihr nicht helfen. Ich würde zu ihm sagen: gib mir die Erlaubnis, sie ist krank, ich muß zu ihr. Aber er würde es nicht erlauben. So tut sie mir sehr leid. – Warum würde er es nicht erlauben? – Nun, so sind die Männer, vielleicht hat er etwas gegen diese Frau, vielleicht will er mich ärgern. Es ist doch immer wichtig, jemandem, der in Not ist, zu helfen, wir müssen ihn grüßen, besuchen, etwas bringen, so sind unsere Gesetze, denn eines Tages kann ich auch krank sein und erwarte jemanden, der mich besucht, mir hilft. So glauben wir, daß es sein muß, aber er nicht. Oft verbietet er mir auch, meine Eltern zu besuchen, einfach so, ohne Grund. – Mußt du ihm gehorchen? – Nun, man will ja nicht immer Streit. Wenn ich aber wirklich gehen muß und will, dann gehe ich. Einmal war meine Mutter krank, und er wollte mich nicht gehen lassen. Ich ging trotzdem. Da sagte er, gut, dann komm nie mehr zurück, ich brauche dich nicht mehr. Das war ein großer Streit damals. Man gehorcht, weil man diesen ewigen Streit gar nicht aushält. So ist es, daß ich dieser armen Frau nicht helfen könnte, falls die Geburt sie überkommt. – Bist du sicher, daß er es dir verbieten würde? – Ja, er würde sagen, zu dieser Art von Frau... Ah, nein, sie tut mir leid, ... ich weiß auch nicht... ich habe immer Mitleid mit den Frauen. So erging es auch der Margarita mit ihrer Tochter, die fünfzehn war und auch so nach Hause kam. Margarita war sehr böse: ich schmeiße sie raus, ich prügle sie windelweich, ich zerstampfe sie! So tobte die Mutter und wollte diese Kreatur wegschikken. Und da sagte ich: nein, Commadre, du wirst jetzt wie der Vater des Kindleins sein, du wirst Geld zusammenbringen und deine Tochter pflegen, sonst schadest du ihr für immer. Und schließlich akzeptierte sie es, und heute ist sie ganz verliebt in ihr Enkelkind, der Mann ist verschwunden. All diese Dinge sind sehr gefährlich für eine Frau.

Mariana empfängt mich zum ersten Mal abwesend und gestreßt, ich habe das Gefühl, sie zu stören, am Arbeiten zu hindern. Dann fragt sie nach Amanda, um derentwillen ich sie gestern verlassen habe und erkundigt sich ambivalent und schadenfreudig, ob ich sie vielleicht gestern nicht mehr angetroffen habe und allein dasitzen mußte wie sie selber auch.

In diesem Gespräch drückt Mariana eine Vielzahl von ambivalenten Gefühlen aus, die sie immer mit einer moralischen oder reaktionsgebildet-rationalisierten Erklärung zu verbinden weiß. Am deutlichsten werden ihr Neid auf Amandas Unabhängigkeit, ihre Schadenfreude an deren Fracaso und ihre Wut auf eine, die es mit verheirateten Männern treibt.

Ihre Rache und Ablehnung kann sie wieder durch Bezug auf ihren autoritären Mann legitimieren: Es wird mir nicht erlaubt, daß ich ihr helfe, so wird die Arme allein sein in der schweren Stunde.

Das Thema der letzten Begegnungen setzt sich fort: Marianas Bedrohung durch Frauen, die den Regeln nicht folgen, und ihre heimliche Machtstrategie gegen diese Frauen.

Es fällt mir auf, daß Mariana, die sonst sehr sorgfältig ihr eigenes Arbeitsprodukt von dem ihres Mannes unterscheidet und darauf das Bewußtsein ihrer möglichen Unabhängigkeit gründet, diese Unterscheidung bei Amanda nicht macht. Obwohl sie weiß, daß Amanda mit ihrer Arbeit die Familie allein durchbringt, sagt sie: Sie hat nichts Eigenes, es ist alles von der Familie ihres verstorbenen Mannes. Eine Frau, die gegen die moralischen Regeln verstößt, hat nichts Eigenes mehr, das Produkt ihrer Arbeit, auf das sie sich sonst selbstverständlich stützt, wird ihr abgesprochen. Der moralische Verstoß führt zu ökonomischen und sozialen Sanktionen (die Beistandsregeln werden ungültig).

Daß ich gestern Mariana verließ, um mit Amanda zu reden, hat sie tief gekränkt. Eifersucht, Wut und Haß brechen aus ihr heraus: Warum muß diese Hure einen verheirateten Mann nehmen, respektive die Maya, denn die ist auch besetzt, die gehört zu Mariana. Jetzt bin ich wie ihr Mann, der sie sitzenläßt, um mit einer anderen Frau ein Verhältnis einzugehen.

Um aber mich, oder Pompiliano, vor ihrer direkten Wut zu schützen, verschiebt sie sie auf die Dritte, indem sie sie anhand der offiziell legitimierten Moral kritisiert.

22. (6.10.)
Ich gehe am Morgen früh zu Mariana. Wir plaudern über das bevorstehende Fest, die Vorbereitung dazu, und daß sie kaum Zeit haben wird, hinzugehen, wegen der vielen Arbeit. Dann reden wir wieder über die Tortillas, die ich sehr gerne esse. – Wie traurig, meint Mariana, was wird dann sein, wenn du gehst. – Sie werden mir sehr fehlen. – Vielleicht kannst du dir selber einige machen und dann denkst du an uns. Dann erzählt sie wieder von den Streifzügen mit ihrem Vater, auf der Suche nach Weidenruten. – Wir gingen um drei oder vier Uhr morgens, mit dem Vater von Anselma. Anselma kam auch mal mit. Wir gingen den Fluß entlang oder zu den Quellen in der Sierra. Wir haben Holz gesucht, am Flußufer ein Feuer gemacht für Tortillas und Bohnen. Wenn die Männer zurückkamen, wollten sie zuerst essen, dann haben wir begonnen, die Weidenruten zu schälen. Die Männer haben gesungen, erzählt, geplaudert. Wir blieben manchmal drei bis vier Tage draußen, schliefen unter einem großen Baum, dem Sabino. Ich erinnere mich oft daran.

– Wie war dein Vater zu dir? – Zu mir? Nun, er sagte nicht viel, er hat mich befohlen wegen der Arbeit, sonst nichts. Ich war immer schnell mit der Arbeit. Er aber hat uns nie Ratschläge gegeben, nie zu uns gesprochen. Zu meinen Kindern spreche ich, erkläre, frage, sowohl mit den Mädchen als auch mit den Knaben. Mein Mann ist wie mein Vater, er spricht nie zu seinen Kindern. Nur Befehle, pure Arbeit. Das ist nicht gut. Ich ließ meine Kinder auch mal spielen, plaudern, arbeiten, von allem ein wenig. Aber sobald ihr Vater nach Hause kam, er war ja fast nie hier, da wurden sie... so ganz... ganz schüchtern, sie hatten Angst vor ihm. Und dann schrie er sie an... schrie und schickte sie zur Arbeit. Sie hatten immer Angst. Ich stritt mit ihm deswegen, aber was kann ich tun, die Männer glauben, sie wissen, wie man befiehlt. Aber nein, sie übertreiben, das ist alles, was sie können; wenn sie schlagen, dann schlagen sie hart, sie haben kein Mitleid. Eine Mutter schon. Ich habe auch mal geschlagen, aber danach tat es mir wieder leid. Den Männern nicht, es tut ihnen nicht leid, sie finden sich dann gut, sie kennen kein Mitleid. Es ist, wie wenn sie das Gegenteil von uns wären, etwas ganz anderes oder so...

Mariana holt aus einem großen Tontopf Wasser, er ist mit Wachs geflickt: So ist es mit uns, wir möchten, daß alle Dinge, die wir haben, nie vergehn, nie kaputtgehn. Wir möchten, daß alles für immer wäre. Aber das ist nicht möglich. Eines Tages zerbricht es. Als Kind noch mehr: ein Topf, ein Teller ist mir zerbrochen, und dann wurden wir geschlagen vom Vater. Einmal habe ich einen Metate zerschlagen – oh das war schlimm, da haben sie mich mahlen lassen auf dem Metate, jeden Tag, jeden Tag mußte ich einen ganzen Kübel voll Nixtamal mahlen, ich mahlte und mahlte jeden Tag drei Stunden... immer, ich war zwölf. Mein Vater war hart, so wie mein Mann. – Wie kommt es, daß dein Mann so sehr deinem Vater gleicht? – Weiß Gott, ich denke, das ist eine Strafe Gottes. Ich weiß nicht, ich bin keine Schlechte... aber mein Mann ist schlimmer. Papa war auch ein Frauenheld, aber anders, er präsentierte meiner Mutter seine Frauen nicht, und er redete auch nie davon, nie. Er sagte immer, es ist nicht wahr, das sind Gerüchte, da ist niemand. Pompiliano nicht, ganz heiter sagt er: ja es stimmt, und es macht ihm nicht mal Mühe, er schämt sich nicht. Ich sage dir, die Männer sind schlecht.

Mariana gibt mir eine Tortilla, das Feuer brennt nicht recht, sie kämpft mit den Tortillas, die jetzt auf dem Blech kleben bleiben und zerreißen, weil es nicht heiß genug ist.

Mariana sagt, es ist eine Strafe Gottes, daß sie so einen Mann erwischt habe. Nachdem sie in der letzten Stunde ihre ambivalenten und aggressiven Gefühle so direkt gezeigt hat, scheint mir dieser Satz damit zusammenzuhängen: für soviel Aggression und Wut wird man von Gott bestraft, indem man das Leben der Mutter wiederholen muß. Aber im Umgang mit den Kindern zeigt sie, daß sie doch anders ist als ihre Eltern, ihnen den Raum und die Achtung gibt, die sie selber so gerne gehabt hätte.

Ebenfalls in der Folge der letzten Stunde muß sie an unsere Trennung denken, und kann von ihrem Wunsch, daß alles ewig dauern, nie vergehen möge, erzählen. Sie war offenbar besorgt, daß sie mit ihrer offenen Ambivalenz unsere Freundschaft zerbrochen haben könnte.

Der Arbeitszusammenhang der Kindheit bedeutet für Mariana Beziehung. Sie zogen gemeinsam durchs Land, kochten, sangen und erzählten. Immer wieder erinnert sie sich an jene Erlebnisse, die wie ein Grundmuster ihre Herkunft und Ethnizität versinnbildlichen, einen Teil ihrer positiven ethnischen Identität ausmachen, auf die sie sich bezieht, wenn sie sich bedroht fühlt; sei es durch meine Abreise oder durch anderes. Wobei es scheint, daß die Männer diesen Beziehungsaspekt der Arbeit nicht verstehen; sie fordern abstrakte Arbeitsamkeit; die Frauen und Mütter füllen sie mit Emotionalität und Leben, sie reden und erklären den Kindern die Arbeit.

Meine Position in unserer Beziehung schwankt – einmal bin ich wie der haß-geliebte Mann, der sie verrät, und dann wieder die gute Freundin und Komplizin, die ist wie sie, die sie aber verlassen wird. Je nachdem, wo wir stehen, taucht ein anderes Thema auf: bin ich die Komplizin, redet sie schlecht über die Männer, bin ich der verräterische Mann, schimpft sie über die Frauen.

23. (7.10)
Heute ist der Tag des großen Dorffestes. Ich gehe kurz zu Mariana. Schon am Vortag wurden zur Festvorbereitung viele Einladungen gemacht, Mole offeriert, getrunken.

Mariana konnte nicht hingehen, denn ihr Mann kehrte erst nachts von der Arbeit zurück, da hat sie ihn gar nicht mehr gefragt, ob sie auch hingehen könne. – Wenn er spät kommt, frage ich nichts, suche keine Schwierigkeiten, sonst wird er böse. Man muß es ertragen, wie es ist. Ich könnte schon ohne seine Hilfe überleben, wenn auch mit wenig, ich würde nicht vor Hunger sterben, denn mich achten alle hier, alle laden mich ein, geben mir etwas... Ich habe viele, viele Freunde, Compadres und Commadres, ich wäre nicht allein. Aber ich suche immer einen Weg, damit er nichts sagen kann, damit es keinen Streit gibt. Wir schweigen.

Ich frage, was sie zur gestrigen Dorfversammlung meint, dort hatte der Lehrer den gegenwärtigen Dorfchef, Paco, zur Rede gestellt, weil er Geld, das der Schule gehört, unterschlagen habe. Amanda, Josefina, Mariana und andere Frauen hatten Paco ebenfalls heftig angegriffen. Auch Mariana warf ihm vor, er habe das Geld, das den Kindern zugute komme, verschwinden lassen. Schließlich mußte Paco mit seinem Geld herausrücken.

– Nun es war gut, daß der Lehrer diese Centavos verlangte, meint sie, sonst wären sie verloren gewesen. Paco hätte den Lehrer gern rausgeschmissen, aber es gilt, was das Dorf sagt, basta, der Kampf des Lehrers war notwendig. – Marín sagt, man werde den Lehrer entlassen, erzähle ich. – So, sagt Marín. Es ist nur so, daß Marín überhaupt nichts zu sagen hat, nichts mit diesen Dingen zu tun hat. Dieser Marín kommt einfach daher, zum Fest... von dem kann man sagen, daß er nicht mal vom Dorf ist, er kommt ab und zu von Mexiko her und sonst nichts, macht nirgends mit, auch nicht bei den Fronarbeiten... also der... während wir, wir gehen in die Versammlungen, zur Fronarbeit, ob wir wollen oder nicht, was es auch sei, wir nehmen teil, und dieser Mann macht nur Streit, jetzt will er einfach seinem Freund Paco helfen, Schamloser. Der ist nur wütend, weil der Lehrer ihm gesagt hatte, er brauche nicht in die Versammlung zu kommen, er sei ja doch nie da. Das gab ihm seine Wut. Marín ist schon vierzig, vor kurzem hat er sich mit seiner Frau, mit der er schon große Kinder hat, verheiratet. Eigentlich war das Hochzeitsfest für den Sohn geplant; als dann aber diese Verbindung doch nicht zustande kam, verheirateten sich die Eltern, und das Fest wurde trotzdem abgehalten.

Mariana schimpft über die Frau: Ich hätte mich nie mit diesem Mann verheiratet, sie hätte ihn besser verlassen, sie ist eine tonta, sie kann arbeiten, sie weiß viel, was soll sie sich von diesem Mann abhängig machen. Mir gefällt das nicht, von einem Mann abhängig zu sein. Früher hatte ich Angst, ich fürchtete, er könnte mich verlassen, jetzt ist das anders...

Sie gibt der Katze einen Tritt. – Ich ernähre meine Kinder seit 1963 selber. Von 1963 bis vor zwei Jahren habe ich meine Kinder allein durchgebracht, alle vier, ich schickte sie zur Schule und alles. Und jetzt, wo ich quasi allein bin, wieso soll ich mich nicht auch allein durchbringen. Fast könnte ich froh sein, wenn er gehen würde, ich hätte weniger Last zu tragen. Manchmal will er gar, daß ich ihm etwas kaufe von meinem Geld, das ich mit Nähen verdiene zum Beispiel. Ich habe ihm auch schon etwas gekauft, aber es macht mich wütend, wenn ich darüber nachdenke. Er verdient selber und gibt alles mit seinen alten Weibern aus, mir gibt er nichts. Als ich arbeitete, als Krankenschwester, da habe ich ihm immer Geld gegeben, alle vierzehn Tage kaufte ich ihm etwas, sein Hemd, seine Hose, Socken… er hatte damals keine Arbeit, kein Geld. Oft hat er eines meiner Tiere verkauft. Heute haben wir keine Tiere mehr, nur die Schweine. Mein Vater will mir vielleicht ein Stück Land schenken, vielleicht kann ich damit einen Ochsen ernähren. – Dein Vater will dir Land schenken? – Ja, ich kann ihn ja nicht oft besuchen, aber doch, er will mir das geben, er hat mich schon gern. Ich hasse ihn ja nicht, ich habe einfach nicht so viel Liebe für ihn. Aber nun ist es schon so, daß er mich gern hat, denn er will mir ein wenig Land schenken. – Als Mädchen mochte er dich auch? – Ja auch, er hatte mich am liebsten, denn ich war die Einzige, die ihm half. Ich war sehr fähig, fleißig und schnell, immer, zu jeder Zeit habe ich ihm geholfen, viel. Deswegen hatte er mich gern. – Er war sicher stolz auf dich, weil du soviel gelernt und gekonnt hast. – Ja eben, meine jüngere Schwester war anders, sie half ihm nicht, sie sorgte nur für sich. Sie nähte und lieferte wenig ab vom Geld, das sie verdiente. Ich ging Schafe hüten, ich hatte zwar nichts zum Abliefern, aber ich stand früh auf, ging mit den Schafen auf die Weide, suchte Nüsse, spann Wolle… Meine Schwester war eine schlechte Person, sie wollte den Eltern nie Geld geben. Auch heute noch, sie arbeitet beim Pfarrer und sagt, sie verdiene nichts dafür. Ich glaube, sie sammelt das Geld für sich allein, so ist sie. – Woher weißt du, daß dein Vater dich vorzog? – Nun, er hat es mir gesagt; als ich mich verheiratete und wegzog, da war er sehr bekümmert, ich fehlte ihm, nun hatte er niemanden mehr, der ihm half. Ich war nicht mehr in seiner Familie und er mochte meinen Mann nicht, er sagte, der ist ja arm und hat nichts. Ja, sie sagen, das sei schlecht, einen

Armen zu heiraten, aber ich denke jetzt, das ist schon gut so. – Warum? – Nun, man kann doch keinen Reichen heiraten, man wüßte gar nicht, was für den recht ist, der ist von einer anderen Kategorie. – Wieso? – Nun, weil sie besitzen. Sie wollen gut gekleidet und gepflegt sein, sie wollen gutes Essen, und von all dem wissen wir ja gar nichts, deswegen. Wir denken, wenn da ein Mann ist, der einen will, der wird schon recht genug sein, auch wenn er nichts hat...

Deswegen hatte mich mein Vater gern, weil ich jede Arbeit verrichtete, keine Unterschiede machte, nicht fragte, von wem die schmutzige Wäsche war, ich nahm sie und wusch sie. Meine Schwester ist anders, sie ist schockierend, sie ist wie eine Ladina. Sie wollte alles fein und gut haben für sich, sie kaufte sich gute Kleider, sie pflegte sich. Sie wollte auch keinen Mann heiraten. Wozu soll ich einen Mann nehmen, für den ich arbeiten und verdienen muß und der mich sowieso betrügt? sagte sie. Ich aber denke, daß die Ehe trotzdem gut ist. Denn auch wenn der Mann einen nicht gern hat, dann hat man doch die Kinder, und sie sind es, die einen schützen, für einen sorgen. Aber sie wollte das nicht, ich will keinen Nichtstuer, sagte sie. Jetzt hat sie zwar einen Sohn meiner verstorbenen Cousine bei sich. Die hatte den Bruder von Pompiliano geheiratet und als sie starb, habe ich ihm Geld gegeben für das Begräbnis, und er kam lange Zeit bei uns wohnen, aber er hat mir nie etwas zurückgegeben, auch keinen Fünfer für die Kosten. Da habe ich gearbeitet, damit all diese Faulenzer zu essen haben, ich habe sie beide ernährt, und trotzdem mag er mich nicht.

– Du bist wirklich eine starke Frau, du hast dir immer zu helfen gewußt. – Ja, ich habe keine Angst vor den Männern, sollen sie von mir sagen, was sie wollen, mir reicht einer. Als ich krank war und er alle meine Tiere und meine Nähmaschine verkauft hatte, haben wir gestritten. Ich bin ein Mann! sagte er. Ja, ein Mann, der sich auf der Straße herumtreibt, sagte ich. Geh doch, sagte ich, geh und zahle mir, was du mir zahlen mußt. Ich bin ein Mann, antwortete er dann. Immer dasselbe. Er kann auf die Feste gehen, auf die Tänze, um sich zu vergnügen, während ich mein Maul aufreißen kann dort im Bett. Eigentlich streiten wir uns ununterbrochen, wir streiten immer. – Jetzt auch? Ja, es ist wirklich so, daß ich immer eine Wut habe... dieser Mann, der wie ein Gassenjunge umherstrolcht. (Mariana erzählt das, wie wenn sie ein Geständnis machen würde, sie schaut mich an wie ein kleines Mädchen, das sich schlecht benimmt.) – Es ist schwer, wenn der Mann, den man mag, sich so benimmt, sage ich. – Ja, er sagt, ich bin ein Mann, ich brauche das, ich bin ein Mann... keine Frau... – Eine Frau hat ja auch Bedürfnisse, sage ich. – Nein, sie hat kein Recht... Und sollte sie Bedürfnisse haben, so hat sie doch kein Recht darauf. Wir haben nie ein Recht, für nichts!

Mariana redet jetzt heftig und laut. – Er sei ein Mann, sagt er immer und versteht nichts. Du hast dein Gehirn in den Füßen, sage ich ihm.

Es fällt auf, wie ambivalent Mariana ihrem Mann gegenüber ist, es ist besser ohne ihn: aber er ist doch notwendig, denn man braucht die Kinder. Sie schwankt zwischen Unterwerfung, versucht dem Streit auszuweichen und kraftprotzender Autonomie: ich sollte ihn rausschmeißen, der hat das Gehirn in den Füßen. Ihre autonomistischen Versicherungen erscheinen mir wie eine Abwehr gegen ihre Verletzlichkeit in der unglücklichen Haß-Liebe zu Pompiliano. Sobald sie emotionale Nähe und Intimität spürt, wie in ihrem Ärger über seine Frauengeschichten, reagiert sie mit selbstüberfordernden Autonomiebestrebungen, in denen alle Männer zu kleinen, armen Taugenichtsen werden.

Der Wutausbruch auf Marín paßt in diese Tendenz hinein: er wird zum Sündenbock, er stört die in der Versammlung entstandene Dorf- und Frauensolidarität. Ich habe eine eigene Information von Marín erzählt, Mariana muß sofort schimpfen, denn *sie* ist hier die Informantin, unsere Rollenverteilung wird wieder ins Gleichgewicht gebracht.

Wieder taucht der geliebt-gehaßte Vater auf. Er zog Mariana vor, weil sie tüchtig und flink war, mühelos die erforderlichen Arbeiten erledigen konnte. Diese Fähigkeiten, die vom Vater geschätzt werden, haben für sie einen hohen Wert bekommen. So wie sie als Mädchen ihre Tätigkeiten perfektionierte, um dem Vater zu gefallen, so tut sie es heute, um ihrem Selbstideal zu entsprechen. Sie hat in ihrer Kultur einen höchst kreativen Weg gefunden, um Abhängigkeit zu verhindern und ihrem autonomen Selbstideal zu entsprechen.

Am Anfang des Gesprächs stellt Mariana wieder den Zusammenhang zwischen ihrer Arbeitsleistung und ihrer möglichen Unabhängigkeit von Pompiliano her: Ich könnte ohne ihn überleben, denn mich achten alle hier, ... ich habe viele Compadres und Commadres. Wobei für sie ökonomisches Überleben untrennbar mit sozialer Integration und guten Beziehungen, Freundschaften verbunden ist. Ökonomische Autonomie ist nur möglich im Einklang mit einem qualitativ gut funktionierenden Sozialgefüge.

Am Schluß des Gesprächs ist Mariana verzweifelt hilflos und »gesteht« ganz verlegen, daß sie täglich mit ihrem Mann streiten muß. Es fällt ihr schwer, darüber zu reden; Männerhaß gehört zwar zur Frauenrolle, aber der muß cool und überlegen sein, diese verzweifelten Streitereien widersprechen ihrem Selbstideal.

Jetzt verstehe ich, wie schwer es für sie sein muß, sich abhängig oder unterlegen zu fühlen. Wenn eine intime Beziehung entsteht, wird sie von Gefühlen und Wünschen bedroht und muß sie ins überlegene Gegenteil umkehren. Solange ihre Beziehungen über ihre Tätigkeit laufen, sei es mit Patienten oder den Commadres, gibt es keine Probleme. Wenn aber eine zu große Intimität entsteht, wie auch zwischen uns, dann muß sie ausweichen oder ist von einer Regression bedroht. So erlebe ich sie oft als die überlegene Heilerin, die ihre Affekte im Geschichten-Erzählen verarbeitet, oft aber auch als eine moralisierende Lehrerin, die um jeden Preis für alles eine Erklärung hat und über den Dingen steht. Mariana schwankt zwischen Identifikation mit mir, der Anderen, die nicht so unterworfen ist, und dem Versuch, die Oberhand in der Beziehung zu wahren, hin und her; die Moral rettet sie vor den Gefühlen und ermöglicht eine partielle Distanzierung.

24. (13.10.)
Nach dem Dorffest gehe ich für einige Tage in die Hauptstadt und treffe Mariana erst eine Woche später wieder.

Sie hat mich vermißt, fragt, was ich in Mexiko gemacht habe. – Ich war mit Ethnologen und habe Informationen gesammelt über die Politik in Mexiko. – Wollten sie dich nicht dort behalten? fragt sie. – Nein, ich habe gesagt, ich müsse jetzt wieder zurück zu meinen Freundinnen. – Sind wir deine Freundinnen? – Ja. – Ja? ... es freut mich, daß du uns als deine Freundinnen siehst. Das ist gut. Aber es fehlt wenig, und du wirst zu anderen Frauen an anderen Orten gehen. – Nein, ich war nur hier und werde in die Schweiz zurückkehren in drei Wochen. – Ah, dann sind wir hier deine Freundinnen. Mal sehen, ob du wieder zurückkommst. – Ich werde sicher wieder kommen. – Mal sehen, wo du dann wohnst. – Ja, das mit dem Haus der Evangelisten ist ungünstig, weil alle denken, ich sei Evangelistin. – Ach das ist doch Unsinn, du sagst, es sei nicht so und basta. Ich hatte die Evangelistinnen gut gekannt, wir waren wie Freundinnen, aber nicht wegen der Religion. Sie versuchten mich zu überzeugen, brachten Bücher und insistierten, aber ich sagte nur ja... ja... und legte das Buch weg; ich sehe schlecht, sagte ich, ich kann es nicht lesen. Dann gib es deinen Kindern, sagten sie, und ich sagte wieder ja... ja und legte es weg. So hatten wir keine Probleme.

Du wirst auch keine Probleme mehr haben, jetzt haben dich alle Leute in der Messe gesehen, und der Padre hat öffentlich gesagt, daß du eine von uns bist. Das ist gut so. Die Evangelistinnen gingen nie in die Messe, sie haben es uns aber nicht verboten. Sie erzählten einfach von Gott, der eine neue Religion schaffe und daß diese die einzig gute sei. Damals fragte mich der Pfarrer, ob ich mit den Evangelisten gehe? Nein, Padre, sagte ich. Warum kommen sie dann zu dir? Nun, sie kommen mich besuchen, aber ich höre nicht hin. Laden sie dich ein? fragte er. Ja, sie laden mich ein, aber ich gehe nicht hin. Aber, sagte ich zu ihm, es sind gute Leute, sie schenken uns Spielzeuge, Früchte, viele Dinge. Nun, dann nehmt es an, eßt es, sagte er, aber hört nicht hin. Nein, wir lassen uns nicht kaufen, antwortete ich, aber ich bin arm und ernähre meine Kinder allein, so nehme ich jedes Geschenk an. Das ist schon gut, meinte er. Und so konnte ich den Evangelistinnen meine Gewebe mitgeben, für die USA, sie verkauften dort die Sachen und halfen mir mit Garn und Wolle. Da schaute gutes Geld dabei heraus, sie haben mir damit viel geholfen. An Weihnachten auch, da schenkten sie allen Kindern etwas.

Wir reden wieder über die Wohnmöglichkeiten im Dorf, und dann sagt Mariana, sie habe sich noch an eine Geschichte erinnert, die ihr Vater jeweils erzählt habe.

Es war einmal ein armer Mann, der hatte viele Kinder, und keines wurde satt. Eines Tages hatte der Mann so großen Hunger und so große Lust, sich einmal satt zu essen, daß er dachte, er werde sich etwas Gutes nehmen und weit weg gehen, damit ihm seine Kinder nicht alles wegessen. Er sagte seiner Frau, sie solle ein Huhn braten, nahm es und ging aufs Feld, damit ihn niemand belästige. Er machte ein Feuer und begann sein Essen zu wärmen, und als er eben zu essen anfangen wollte, tauchte ein Mann auf, grüßte ihn und fragte, was er mache. Er erklärte, daß er sich einmal im Leben sattessen möchte und deshalb hierher kam mit seinem Huhn. Da fragte der Fremde, ob er ihm auch etwas abgebe. Nein, antwortete der arme Mann, nein, ich will mich jetzt einmal vollessen. Aber der fremde Mann war Gott. Da sagte der arme Mann zu Gott: Dir hat es auch nicht gefallen zu geben. Anstatt dem Armen zu helfen, machst du ihn reich an Kindern. Das ist der einzige Reichtum, den du uns gegeben hast. Deswegen mag ich dich nicht, mach, daß du wegkommst. Als er das gesagt hatte, packte der Arme sein Essen zusammen und ging weiter, um endlich in Ruhe zu essen. Er fand einen ganz einsamen Ort, sah niemanden weit und breit und begann wieder, sein Feuer zu machen. Und wie er anfing zu essen, kam wieder ein fremder Mann; auch der wollte vom Huhn haben. Wer er denn sei, fragte der Arme. Ich bin der Teufel, antwortete der andere. O nein, auch dir gebe ich nichts, du schädigst sogar jene, die noch im Herzen gut sind. Wieder packte er seine Sachen zusammen und ging weiter. Als er wieder soweit war, daß er essen konnte, kam der Tod vorbei und verlangte ebenfalls zu essen. Der Mann dachte, dem gebe ich besser etwas, sonst nimmt er mich mit, und er fragt ihn: was gibst du mir, wenn ich dir gebe? Nun, ich bin der Tod und habe dir nichts zu geben, antwortete der Tod, aber ich will sehen, ob ich dir irgendwie helfen kann, doch dazu müssen wir Compadres werden. Der arme Mann war einverstanden. Gut, und so werden wir Compadres bleiben, sagte der Tod und jetzt gebe ich dir eine Blume, mit der kannst du jeden Kranken heilen, außer wenn ich am Kopfende stehe, dann will ich ihn haben; so soll unsere Abmachung sein. Und jetzt geh, da ist die Tochter eines Reichen krank im nächsten Dorf. Der Arme machte sich schnell auf den Weg, fand das Haus des Reichen und sagte, ich werde sie heilen. Er schickte die Leute raus, damit sie nicht sehen, was er macht, und heilte sie mit der Blume. Er wurde reich beschenkt, und nun hatte er genug zu essen. Von nun an war er ein bekannter Doktor; wenn er den Tod am Kopfende des Krankenlagers sah, dann machte er nichts, sonst konnte er vielen helfen. Er hatte viel Geld und das Geld begann ihm zu gefallen; er wollte immer mehr. Als er eines Tages wieder einem besonders Reichen helfen sollte, sah er den Tod am Kopfende, und weil er die hohe Belohnung nicht verlieren wollte, heilte er ihn trotzdem.

Nun aber wurde der Tod böse: was hast du da getan, Compadre, sagte er, so war es nicht abgemacht. Nun ja, Compadre, antwortete der arme Mann, ich brauche das Geld. Wenn du willst, werde ich ihn dir ersetzen. Wie willst du ihn ersetzen? fragte der Tod. Nun, ich gebe dir eines meiner Kinder, oder meine Frau. Ich will aber dich, Compadre, antwortete der Tod, jetzt, wo du mich reingelegt hast... laß uns gehen. Nimm mich nicht mit, laß mich noch meine Frau sehen. Gut, weil wir Compadres sind. Ich werde dich zu Hause abholen. Der arme Mann rannte heim, voller Panik, und erzählte alles seiner Frau. Ich werde mich verstecken, rief er, und begann sich voller Angst das Gesicht schwarz zu färben mit der Asche vom Herd und setzte sich neben die Feuerstelle; die Frau schnitt ihm noch die Haare ganz kurz, so daß er aussah wie ein armer Verrückter.

Da kam schon der Tod und fragte nach ihm. Ich weiß nicht, wo er ist, sagte die Frau. Gut, ich werde auf ihn warten, antwortete der Tod. Nach einer Stunde sagte er zur Frau, dein Mann will nicht kommen, ich kann nicht länger auf meinen Compadre warten, ich werde halt diesen armen Geschorenen da mitnehmen an seiner Stelle, und er ging zum Herd, stellte sich hinter den armen, zusammengekauerten Mann, und da war es fertig mit ihm.

Komische Geschichte, nicht wahr, meint Mariana. Vielleicht hilft Gott manchmal den Armen, vielleicht auch nicht. Das hängt davon ab, ob einer arbeitet. Wenn einer nur auf Gottes Hilfe warten will und sonst nichts ... nun, dann ist es doch klar, daß nichts kommt. Wenn einer nichts tut, dann kommt auch nichts. Es gibt auch solche, die arbeiten nur und glauben nicht an Gott, sie sagen, ich mache es aus eigener Kraft, nichts mehr. Sie sagen, sie sind selber stark, und nicht mehr. Das kann auch nicht sein. Wenn einer mit Gottes Wille arbeitet und auch Gott zujauchzt, dann wird ihm geholfen. Es ist schon wichtig, daß man an Gott glaubt. Gott ist schon gut, aber man muß auch zu arbeiten wissen, und wenn einer nichts tut, dann... Der arme Mann, er wollte essen, er wollte sich einmal den Bauch füllen... aber er war ein wenig, wie soll ich sagen,... egoistisch, ich für meinen Teil ziehe es vor, nichts zu essen, damit meine Kinder etwas haben; dieser Mann nicht. Er wollte sich vollessen und niemandem etwas geben. Da bin ich nicht einverstanden, ich habe immer so viel gearbeitet wie ich konnte: mal sehen, was ich ihnen übermorgen geben kann, welches Kleid werden sie zum Anziehen haben, welchen Weg werde ich finden. Wir schweigen.

Wann wirst du weggehen? fragt Mariana. – Ende des Monats. – Wie schnell vergehen doch die Tage... Es scheint, daß wir erst gerade angefangen haben... Es ist wohl schon Mitte – ja, der dreizehnte. – Oh, ich dachte, es sei erst der neunte oder zehnte, es ist schon der... oh, wie schnell vergehen die Tage... so ist das Leben... die Zeit vergeht zu schnell, die Tage. – Es gibt ein Sprichwort, das sagt: Wenn man weggeht, dann läßt man etwas von sich zurück. Du wirst mir fehlen, wenn ich weggehe. – Meinst du, daß wir dir auch fehlen werden? – Ja, sehr. – Wir werden dir also auch fehlen...

Mariana erinnert sich an eine längere Geschichte, die wieder mit dem Tod, der Trennung zu tun hat. Wir hatten über unsere Beziehung als Freundschaft und die Trennung gesprochen. Die Fabel sagt, wenn man zuviel will, geht es nicht gut aus, man soll die Gemeinschaft pflegen und Grenzen akzeptieren. Dann klagt Mariana, daß die Zeit zu schnell vergeht. Mir kommt vor, daß Mariana anhand der Fabel mit ihren Wünschen umgeht, die ebenso maßlos und unersättlich, »egoistisch« und total sind wie die des Mannes, der Heiler wird. Wenn man diese Wünsche zuläßt, geht es schlecht aus, also besser Kontrolle und eine gewisse Distanz wahren.

Im Umgang mit den Evangelistinnen beschreibt Mariana einen ähnlichen Mechanismus: man geht miteinander um, macht keinen Streit, holt sich, was man kann, aber man hält seine Distanz, im Notfall hört man nicht hin. Dies scheint eine der wichtigsten Funktionsweisen von Mariana zu sein, die es ihr ermöglicht, mit Freund und Feind in Beziehung zu treten und, wenn nötig, innere Distanz zu wahren.

Dazu fällt mir ein, daß Mariana überhaupt nicht an den öffentlichen Dorffestlichkeiten teilgenommen hat, wieder mit der Erklärung, daß ihr Mann es nicht erlaube. Daß sie den öffentlichen Veranstaltungen fernbleibt, ist wohl eine sehr wichtige Schutz- und Machtstrategie. Sie, die fast alle Leute und ihre intimsten Probleme kennt, müßte in der Öffentlichkeit in einen unlösbaren Konflikt kommen; die Vielfalt und Intensität ihrer Beziehungen zu den verschiedensten Gruppen des Dorfes müßte dort geleugnet oder vermieden werden. Bleibt sie zu Hause, kann man nicht über sie reden, muß sie niemanden verletzen und kann nicht für ihr Verhalten haftbar gemacht werden. Trotzdem erfährt sie alles, mehr als sie selber erleben könnte und bleibt, ohne Stellung zu beziehen, neutral. Nur so kann sie die Heilerin für alle, auch für untereinander verfeindete Parteien bleiben.

In Marianas Umgang mit den Evangelistinnen zeigt sich eine ethnische Taktik, wie Fremdes neutralisiert werden kann: man geht damit um, holt sich, was man kann, aber man hört nicht hin, nimmt es nicht für voll. Überraschend ist, daß die Otomi-Frau mit dem konservativ-katholischen Priester in diesem Punkt übereinstimmt.

Mariana nimmt die Fabel vom armen, hungrigen Mann zum Anlaß, um über den Sinn der Arbeit nachzudenken. Die Arbeitsamkeit ist die Basis des Überlebens, aber nur dann, wenn sie mit der passenden Einstellung getan wird und man die sozialen und zwischenmenschlichen Regeln respektiert. Arbeit ist von den sozialen Bezügen nicht zu trennen, wird dies doch getan, entsteht ein Unglück.

Ich sage, du bist meine Freundin, und darauf reagiert sie mit der Geschichte vom Tod, der Trennung bedeutet. Ob ich eine Freundin bin, ist nicht sicher, aber der Tod ist uns allen sicher, deswegen ist es besser, sich an das Sichere zu halten, die Trennung im Auge zu behalten und Distanz zu wahren.

25. (14.10.)
Ich gehe zu Mariana und wir kommen auf »Mal Aire« zu sprechen, sie erklärt:

Wenn uns eine Krankheit erwischt, ein Mal Aire zum Beispiel, dann reinigen wir uns mit dem Pirúl, das hilft. Sie sagen, das Mal Aire komme von den Verstorbenen, die schlecht gestorben sind, sei es durch Krankheit, Unfall oder Mord, dieser Ort ist dann durchsetzt von Mal Aire, und wenn es einen erwischt, macht es krank: Magenweh, Kopf- oder Gliederschmerzen. – Wer schickt denn das Mal Aire, frage ich. – Nun, man sagt, wenn man jemanden nicht mag, ihm Böses will, dann wünschen wir ihm ein Mal. Das Mal Aire ist an jenen Orten, wo ein Toter vorbeikam, oder wo einer starb. Viele Mal stammen aus früherer Zeit, damals waren Händler unterwegs mit Waren, die sie auf dem Rücken von Eseln oder Pferden, oder einfach auf ihre Schultern gepackt, transportierten. Sie brachten Geschirr, Kleider, Dinge, die es hier nicht gab.

Diese Händler wurden oft von Räubern angehalten, ausgeraubt oder auch umgebracht und in die Erde verscharrt. So hat es überall Mal Aire. Ich weiß nicht recht, ob ich daran glauben soll. Aber als Ofelia einmal sehr krank wurde, brachte ich sie zum Arzt, er gab Injektionen, Pastillen, alles, und es wurde nicht besser, eher schlimmer. Schließlich, als ich mich sehr sorgte, dachte ich, vielleicht ist es doch Mal Aire, nahm einen Zweig des Pirúl und ein Stück Salz und reinigte sie. Schon kurz darauf ging es ihr besser und so jeden halben Tag, bis sie wieder ganz gesund war. Deswegen sage ich, daß es doch Mal Aire geben muß. Und ich habe gesehen, daß man sterben kann, wenn man nichts dagegen macht. Viele gehen zuerst zum Arzt, und wenn es nichts nützt, dann haben sie eben Mal Aire. Wir machen es jetzt immer so, daß wir uns zuerst reinigen und schauen, wie es geht, und erst dann gehen wir zum Arzt. Es gibt Leute, die sich nicht mit unserer Medizin behandeln lassen wollen, sie gehen zum Arzt, und weil der nicht dagegen helfen kann, sterben sie. So war es mit der Großmutter von Carlos.

Manchmal ist der Arzt gut, manchmal nicht. Mal sehen, ob du auch an unseren Glauben glaubst oder nicht. Denn wir glauben solche Dinge. – Es leuchtet mir sehr ein, was du sagst, daß die Limpia helfen kann. – Ja es gibt Leute, die glauben nicht daran, und wollen sich nicht reinigen lassen, weil sie es verachten. Aber am Ende, wenn alles nicht hilft, tun sie es doch und werden gesund. Wir machen uns immer die Limpia, wenn etwas ist, es ist auch nicht immer Geld da, kein Geld, deswegen versuchen wir uns mit der Medizin vom Feld zu heilen. Es kommt viel billiger. Alles mögliche ist gut gegen den Schmerz: die Limpia, Tee, auch eine Kerze in der Kirche, oder Rosmarin auf der Glut, so daß der schmerzende Körperteil in den Rauch gehalten werden kann. Meinen Kindern habe ich oft geholfen so. So haben wir unseren Glauben an diese Dinge. Auch am Tag der Toten machen wir es so, wie wir es glauben. Wir kaufen Kerzen, Brötchen, Früchte, Kuchen, Süßigkeiten und legen all das auf einen Tisch zusammen mit Blumen, dem Heiligen oder einem Bild des Heiligen, denn viele haben keinen Heiligen, nur ein Bildchen, oder mit einem Kreuz, und sei es aus Maisstengeln. All das wird auf den Tisch gestellt, es kommt darauf an, wieviele Tote man erwartet. Und dann kommen die Toten, so ab Mittag kommen sie, am letzten Tag des Oktobers und bleiben etwa bis zum zweiten November. Viele lassen auch Musiker kommen, damit sie etwas spielen, sie gehen in die Messe und auf den Friedhof. Zuerst kommen die Angelitos, die toten Kinder, und nachher kommen die erwachsenen Verstorbenen. Ich brauche das nicht zu machen, denn ich erwarte niemanden, es leben alle noch, meine Eltern, mein Mann, meine Kinder. Und am ersten November dann besucht man sich gegenseitig, die Verwandten und die Freunde. Man bringt sich die Opfergaben mit, denn wir sagen, daß die Früchte und die Kuchen von den Verstorbenen gebracht worden sind. Und so nehmen wir die Dinge mit, geben sie dem Nachbarn und sagen, schau, das ist die Spende, die der Verstorbene gebracht hat, das übergebe ich nun dir, Commadre, oder Bruder... So bleiben die Opfergaben dort, und die Commadre trägt die ihrigen wieder in ein anderes Haus. So tauschen wir die Spenden, die uns die Verstorbenen gebracht haben. Das ist schön; ich kann niemanden erwarten, so kann ich auch nichts tauschen.

Gut, mein Schwiegervater ist gestorben, aber da Pompiliano sich nie mit ihm verstanden hat und auch nicht von ihm aufgezogen worden ist, will er ihm nichts geben, keinen Tisch für ihn aufstellen, nichts, nicht mal eine Kerze.

Am Nachmittag findet eine Versammlung des Frauenkomitees in der Schule statt. Es kommen sehr viele Frauen, auch Mariana, weil heute entschieden wird, ob die Frauen von den Sozialarbeitern einen Kredit erhalten sollen, um Taschen zu knüpfen, mit deren Verkauf sie dann den Kredit zurückzahlen werden.

Die Art, in der Mariana über das Mal Aire spricht, irritiert mich. Sie nähert sich langsam und vorsichtig dem Thema an, immer in der Erwartung, daß ich diesen Brauch ablehnen könnte. Sie redet, wie wenn sie den Glauben an die Limpia und das Mal Aire erst wieder entdeckt hätte, was nur eine

Vorsichtsmaßnahme gegenüber der Weißen ist, denn es ist nicht sicher, wie diese reagieren wird.

Mariana führt mich einen Schritt näher an ihre ethnische Kultur, an ihre traditionellen Überzeugungen heran, zeigt, daß es Dinge gibt, die wir Fremden nicht verstehen, die die moderne Medizin nicht lösen kann. Der Gegensatz von ethnisch–modern wird klar formuliert, und Mariana zeigt sich als Hüterin der Tradition.

Mich interessiert der Zeitpunkt, an dem dieses Thema auftaucht: Es geht um unsere Trennung und die Aggression. Mal Aire hat mit Aggressionen zu tun, die mit übersinnlichen Kräften verknüpft, die soziale Herkunft, die Träger der Aggression unsichtbar werden lassen. Mal Aire kann jemandem, dem man Böses will, gewünscht werden. Der andere wird vom Geist der unglücklichen Verstorbenen durchdrungen und krank, ohne daß die Aggression des Feindes in Erscheinung tritt. Es gibt also einen sozialen Konsens über die krankmachende Wirkung von Aggressionen und ein kulturelles Muster, das diese Zusammenhänge nennt, aber gleichzeitig entschärft, indem der Träger der Aggression im ungewissen bleibt. Mariana kann an dieser Stelle mit der Erklärung des Mal Aire ein kulturelles Muster heranziehen, um ihre Aggressionen zu verarbeiten, vor allem weil sie als Heilerin die geeignete Person ist, um damit umzugehen; sie kämpft gegen Tod, Krankheit, soziale Spannungen.

Der Totentag ist ein Tag des ritualisierten Kontaktes mit den Ahnen, eine Verarbeitung von Verlust und Trennung und ein Tag des ritualisierten Tausches, des sozialen Kontaktes über alle Streitigkeiten hinweg.

Er ist der Totenwache ähnlich, wo sich alle Dorfbewohner, Freund und Feind im Haus des Verstorbenen treffen, ihm eine Abschiedsgabe bringen und stundenlang beisammensitzen. Mariana nimmt auch an diesen Bräuchen nicht teil. Dies muß verschiedene Gründe haben:

- ihre bereits erwähnte Abstinenz gegenüber öffentlichen Anlässen, die sie mit ihrer Rolle in Konflikt bringen könnten.
- Sie meidet besonders die Bräuche um Tod und Trennung, hat sie schon immer gemieden, wie wenn dadurch ihr sorgfältig konstruiertes Gleichgewicht von Distanz, Autonomie und institutionaliserten Beziehungen gestört werden

könnte. Sie als Heilerin kämpft gegen den Tod und kann ihn auch deswegen meiden wollen.

– Die Teilnahme an diesen Bräuchen kostet Geld und Zeit. Mariana ist wie keine andere Frau darauf bedacht, ihre Arbeit und ihre Einkunft zielbewußt und effizient zu organisieren. Aufgrund ihres Status müßte sie, wenn schon, an allen Anlässen teilnehmen, um niemanden zu kränken, und ihre Gaben dürften auch nicht zu gering sein. Sie aber arbeitet und spart soviel sie kann für ihre Kinder. Damit diese das Abitur und eine gute Ausbildung machen können, muß sie Zeit und Geld zusammenhalten, sich aus allem raushalten. Damit erhält ihre Tätigkeit trotz der Abwesenheit der Kinder einen zusätzlichen, zukunftsorientierten Sinn.

Ich glaube nicht, daß Mariana geizig, kleinlich oder engherzig ist, sondern ihr Verhalten ist die einzige Möglichkeit, um ihren wichtigsten Lebensprinzipien gerecht zu werden: Maximale Verflochtenheit im Dorf bei gleichzeitiger Autonomie und Prestigeposition sowie gute Bildung für die Kinder.

Mariana findet einen Weg, um in der überlegenen Position der traditionellen Heilerin ihre Gefühle der Aggression und Trauer über unsere Trennung zu verarbeiten.

26. (15.10.)

Am nächsten Tag frage ich Mariana, was sie zu der Versammlung meine.

– Die Frauen wollen kein Geld leihen, sie wollen ihre Sachen verkaufen, sie haben Angst, sie könnten sich verschulden. Sie haben kein Vertrauen zu diesen jungen Fremden, es könnte eine Fracaso geben mit ihnen. Ich mache da nicht mit, ich habe meine Arbeit hier zu Hause, ich kann mich nicht einlassen. Ich gehe ab und zu in die Versammlung, um mich zu informieren, um vielleicht etwas zu lernen, aber nichts mehr. Ich mache nicht mehr mit bei solchen Sachen.

Da gibt es die Gruppe von Canuto Gonzales, die sich organisiert und Gewebe verkaufen will. Aber die lassen nicht alle zu, nur die, die wirklich gut sind. Isidra und Josefina, die können nicht richtig weben, deswegen hat er sie nicht angenommen. Nur die Frauen, die es wirklich gut gelernt haben, so wie Martina. Ich habe mich auch dort eingeschrieben.

– Warum machen die anderen Frauen, die kaum zu essen haben, nicht mit? – Du meinst Filomena, Cata, Flora... – Ja, genau. – Ich glaube eben, nun, einerseits haben sie wohl Angst, daß sie nur ihre Zeit verlieren werden mit diesen Dingen und daß nichts herausschaut, und andererseits können sie nichts; sie wissen nichts und sie können nichts, vielleicht können sie ein wenig spinnen, nichts mehr, nicht mal weben. Sie machen nie mit, sie sondern sich immer ab ... es werden wohl auch nicht alle informiert.

Plötzlich wird mir schlecht, und ich muß brechen, habe Bauchkrämpfe und Kopfschmerzen. Mariana führt mich zum Gebüsch: Ja, erbrich dich, laß alles raus, das ist gut. Sie vermutet, ich habe Mal Aire und beschließt, mir eine Limpia zu machen. Sie nimmt einige Zweige des Pirúl, formt sie zu einem Büschel und steckt einen würfelgroßen Salzkristall hinein. Damit streichelt und klopft sie mir über den ganzen Körper, vor allem über die nackten Körperstellen: Arme, Beine und Gesicht. Danach fährt sie in einem Zentimeter Abstand über meinen ganzen Körper, von oben bis unten und von unten bis oben, um das Mal Aire zu entfernen. Schließlich legt Mariana das Salzstück in die Glut, um zu sehen, ob es wirklich Mal Aire war. Bildet sich in der Glut eine Kugel, war es keins, formt sich aber eine unregelmäßige Masse mit Löchern und Vertiefungen, so ist sicher, daß es ein Mal war. Und so ist es, das Stück beginnt zu brodeln und kochen und schließlich bildet sich eine höckrige Vertiefung in der Mitte. Mariana macht mir noch einen bitteren Tee.

Mariana ist überall dabei, auch bei miteinander verfeindeten Gruppen, wie dem Frauenkomitee und Canutos Gruppe; sie verbindet soziale Widersprüche durch ihre vorsichtig kritische Distanz. Sie geht sich informieren, kann sich aber aufgrund ihrer gesicherten ökonomischen Position überall raushalten. Genau in dieser Position fühlt sie sich wohl: sie kann ihrer Arbeitsökonomie treu bleiben und verpaßt trotzdem nichts.

Ihre Erklärung, warum die ärmsten Frauen nirgends mitmachen, überrascht mich. Sie klingt wie der Satz, wer arm ist, ist dumm und selber schuld. Mariana war auch arm, aber fleißig und tüchtig; das erinnert an ihren Kommentar zur Fabel vom armen hungrigen Mann in der 24. Begegnung: Gott ist streng, aber gerecht, wer tüchtig ist, den belohnt er. Diese moralistische Weltsicht legitimiert die willkommene Marginalisierung der Ärmsten, die so als zusätzliche Konkurrenz ausgeschaltet bleiben. Sie tun einem leid, aber man hilft ihnen nicht, informiert sie nicht, denn es hat sowieso keinen Sinn. Ökonomische Konkurrenz wird mit Ausschluß gelöst und mit einer christlichen Aufsteigerideologie legitimiert.

Daß ich mich einen Tag nach dem Gespräch über Mal Aire bei Mariana erbrechen mußte, deutet auf meine eigene Involviertheit in unserer Beziehung hin. (Ich stellte erst nach meiner Rückkehr in die Schweiz fest, daß ich von Amöben und anderen Parasiten krank war.) Es ist, wie wenn wir uns einig gewesen wären, daß ich wegen der Aggressionen, die sie und das Dorf gegen mich haben, krank wurde. Ich ermögliche Mariana damit, als meine Heilerin in Aktion zu treten und damit ihre ethnische Stärke und Andersheit zu inszenieren. Von meiner Seite her waren wohl zwei Faktoren wichtig: Zum einen erleichterte es meine Schuldgefühle – die ich wegen der Reaktionen, die ich hier auslöste, hatte – daß Mariana an meiner Krankheit so stark werden konnte. So versäumte ich es, bereits damals zum Arzt zu gehen. Zum anderen identifizierte ich mich mit dem ethnischen Prinzip der Krankheitserklärung, froh, daß ich dazu fähig war, und daß ich dadurch in die fremde Kultur hineingenommen wurde; das entspannte mich und ließ die Limpia positiv wirken.

27.

Einige Stunden später kommt sie vorbei, bringt mir ein Kännchen Tee und reinigt mich noch einmal mit Pirúl, sie entblößt meinen Bauch und massiert ihn mit den kühlen Blättern. Ich genieße das. Dann setzt sie sich auf mein Bett und bleibt fast eine Stunde sitzen. Sie erzählt, daß es beim Laden unten auch ein Mal Aire habe, weil dort jemand gestorben sei.

– Im Dorf lebte eine alte Señora mit ihrer Tochter. Sie hatten Schafe und ließen diese immer frei weiden. Eines Morgens tranken sie gemeinsam ihre Atole, und die Tochter ging dann mit dem Nixtamal zur Mühle. Die Mühle war damals noch dort, wo jetzt der Laden ist. Und plötzlich wurde sie ohnmächtig, fiel hin und lag am Boden. Alle rannten zu ihr und dachten, sie habe eine Attacke, aber da war sie schon tot. Die Leute gingen zum Haus der Mutter, um ihr zu sagen, was geschehen war. Und wie sie ankamen, lag diese auch im Sterben. Das war vor etwa vier Jahren. Viele sagen, es sei Sabina, die Nachbarin, gewesen, die sie vergiftet habe, denn sie haben immer gestritten wegen der Tiere, die ins Gelände von Sabina eindrangen und alles abfraßen. Schließlich hat das ganze Dorf ihr die Schuld gegeben, und man verklagte sie bei der Polizei in Zimapan. Sie wurde abgeholt und ins Gefängnis gebracht. Nun, ich weiß nicht, fast alle glaubten, daß sie es gewesen sei. Sie blieb eine Zeit im Gefängnis, kam aber bald zurück, und so bleiben die Dinge offen, eigentlich weiß niemand, was den beiden Señoras geschehen ist.

Dann erzählt Mariana, wie sie den Mann von Cata heilte, als dieser krank war. Sie kenne Cata schon seit langem, sie sei eine Tonta, die viel trinke und sich nie zu helfen wisse, weil sie alles, was sie hat, vertrinke. Oft sei sie gekommen und habe gesagt: Ai tia (Tante), es geht mir so schlecht, ich habe nichts zu essen, nichts zu trinken, hilf mir, kauf mir ein junges Schwein ab, gib mir das Geld, morgen bringe ich dir das Schwein. Und Mariana habe gesagt, gut, ich gebe dir vierzig Pesos und morgen, wenn du mir das Schwein bringst, gebe ich dir den Rest. Ai, gracias tia, habe Cata ausgerufen, morgen komme ich. Und am nächsten Tag sei sie nicht gekommen, und am übernächsten Tag auch nicht und nie, bis Mariana sie traf und herausfand, daß sie das Schwein inzwischen dem Metzger verkauft hatte, und so war ihr Geld weg. Ein anderes Mal sei sie wieder gekommen: Ai tia, mein Kind ist krank, ich weiß nicht ein und aus, hilf mir ein wenig. Ja, wie kann ich dir helfen, habe Mariana gefragt, was kannst du für mich tun? – Ich kann Schafwolle kämmen und spinnen, das kann ich tun für dich, antwortete Cata. – Gut, sagte Mariana, ich habe Schafwolle und will eine Wolldecke machen lassen, du kannst sie für mich zetteln und spinnen. – Ai tia, wie lieb, aber bitte, zahl mir die Hälfte zum voraus, denn ich brauche dringend Geld. Mariana war damit einverstanden und gab ihr die Hälfte des Lohnes und die Wolle mit. Sie wartete und wartete, und nach einem halben Jahr fragte sie Cata, was mit der Wolle sei. Nun gleich, in einer Woche, habe Cata geantwortet. Nach einem Jahr ging dann Mariana vorbei und sah die Wolle unberührt in einer Ecke liegen. So sei sie wieder mit der Wolle heimgegangen, das Geld sei verloren gewesen. Dasselbe wie mit dem Schwein sei dann auch mal mit einem Schaf passiert, das sie Cata in Pacht gegeben hatte. Anstatt es aufzuziehen, hatte es Cata zum Metzger gebracht.

Sie sei eine arme Tonta. Sie ist arm, weil sie alles vertrinkt und weder für sich noch die Kinder und den Mann sorgen kann, all ihr Land ist verschuldet, und ihr Kind ist gestorben, weil sie das Geld für den Arzt vertrunken hat. Ihr Mann schlägt sie viel, und sie hat es auch verdient, sie kocht ihm das Essen nicht und läßt ihn warten. Einmal, wie Mariana dort war, habe der Mann gesagt, es ist schon spät, ich habe Hunger. Cata habe nicht reagiert, und wieder sagte er, es wird schon Nacht, ich habe Hunger, und wieder habe sie nicht reagiert. Da habe er angefangen, selber ein Feuer zu machen. Mariana sei dann gegangen. Dabei ist Catas Mann ein guter Mann, das habe sie bei einem anderen Besuch gesehen. Er sei dort gesessen und habe versucht, an seinem Hemd einen Knopf anzunähen. Welcher Mann würde das schon tun? Er habe sie dann begrüßt, dabei den Knopf verloren und ihn verzweifelt gesucht, in der Erde, der Asche, den Ecken, überall. Er sei ganz verzweifelt geworden, was mache ich nur, ich habe keinen Knopf mehr, ich brauche einen Knopf an meinem Hemd. Cata sei nur dagesessen. Mariana habe dann einen Knopf in ihrer Schürzentasche gefunden und ihn ihm gegeben. Er begann ihn anzunähen, aber er nähte ihn auf sein Knopfloch, und als er das Hemd anprobieren wollte, suchte er nach dem Knopfloch, das vom Knopf zugedeckt war. Da hat ihm Mariana den Knopf wieder abgeschnitten und ihn richtig angenäht. Welcher Mann würde sich schon selber einen Knopf annähen, fragte sie wieder, nein, er ist ein guter Mann, und sie ist eine Tonta.

Mariana verabschiedet sich dann.

Mariana erzählt, während ich krank im Bett liege, von Sabina, die zwei Frauen vergiftet haben soll, und von Cata, die arm, verwahrlost und hilflos ist. Sie beschreibt die Regelverletzungen, die Unkorrektheit anderer Frauen, die sie selber in ihrer Rolle bestätigen, sie aber auch als sachliche Beurteilerin und gutmütig-großzügige Commadre darstellen, die Sabina nicht verurteilt und Catas Spiel immer wieder mitmacht, obwohl sie weiß, daß sie verliert.

– Die Vergiftungsgeschichte wurde mir schon öfters erzählt, immer gegen Ende meines Aufenthaltes. Die Vergiftungsphantasien sind ein Ausdruck massivster oraler Aggression, die nach außen projiziert werden, weil sie zu bedrohlich und überwältigend erscheinen. Mariana hat direktere Formen der Aggressionsbewältigung gefunden: ihre Tätigkeit und ihre Geschichte. So kann sie wie eine Außenseiterin, wie ich, die Sache mit Distanz betrachten.

- Die Geschichte von Cata ist direkt an mich gerichtet, sie erweitert und bereichert das Bild, das mir Mariana von sich zeigen möchte. Meine sozialkritische Einstellung ahnend, erklärt sie mir, daß die mildtätige Aufopferung gegenüber den Armen nichts nützt. Die Tontas lassen sich nicht helfen, denn sie haben kein Ziel, keine Orientierung, das hat sie an Cata erfahren und beweisen können. Wenn Mariana so zielgerichtet und konsequent ihre Zeit und Güter zusammenhält, dann bedeutet das nicht, daß sie hart oder egoistisch ist, sondern eingesehen hat, daß das die einzige Überlebenschance ist.

Die Geschichte von Cata beschreibt eine Frau, die weder zu arbeiten versteht, noch die Sozialregeln korrekt erfüllt. Dies führt sie ins Chaos, in Verarmung, Elend und Isolation. Dank der Compadrinazgobeziehungen aber kann sie überleben, sie wird als Dorfmitglied von den anderen getragen.

Indem ich zu Marianas Pflegeobjekt werde, wird sie stark. Sie muß sich mir gegenüber wie Cata gegenüber fühlen: großzügig und überlegen. Als unwissende und nun kranke Fremde bin ich wie eine Tonta, die mit Nachsicht und Geduld in die Verhältnisse eingeführt werden muß; obwohl der Ausgang der Angelegenheit, mein Abhauen, bereits sicher ist, läßt sie mich nicht fallen.

Wieder wird klar, daß keine Geschichte, die Mariana erzählt, zufällig auftaucht, sondern von der Dynamik unserer Beziehung mitbedingt wird: Indem sie meine Heilerin wird, entsteht Nähe, die jene, angesichts der Trennung gefürchteten Gefühle der Abhängigkeit auslöst. Auf solche Momente reagiert sie immer mit aggressiven Geschichten, in denen sie ihre Wut verarbeiten kann.

28. (16.10.)
Am nächsten Morgen geht es mir viel besser. Ich treffe Mariana aber nicht an, erst gegen Mittag ist sie zu Hause. Sie war unterwegs, um Pulque zu verkaufen, denn ihre Agavenpflanzen sind jetzt reif und müssen ausgenommen werden. Sie war

in verschiedenen Häusern und verkaufte etwa zwölf Liter Pulque.

Sie fragt, wie es mir gehe. – Es geht mir viel besser. – So, und was hast du gemacht dafür? – Nichts. – Nichts? Dann geht es dir besser wegen der Limpia, die ich dir gemacht habe? – Ja. – Oh, siehst du, das ist ein Wunder. Gut, ich habe den Kampf versucht und er hat genützt. Gott wollte es, Gott ist groß. Ich mache den Kampf, und wir werden sehen, wie er ausgeht. Ich werde dir nochmals eine Limpia machen. Und sie reinigt mich so wie gestern. Dann beginnt Mariana Tortillas zu machen und erklärt mir verschiedene Rezepte mit alten Tortillas: Chilaquiles, Tostadas, Enchiladas. Dann zeigt sie mir ganz verlegen einige himbeerrote Raupen »chimicuil«, die auf den Agaven leben und geröstet ein köstlicher Leckerbissen sind. Solche Leute sind wir, sagt sie, daß wir solche Sachen essen.

Wir werden durch den Besuch einer uralten Frau unterbrochen, die nur Otomi spricht. Mariana behandelt sie mit kühler, etwas ungeduldiger Freundlichkeit, gibt ihr etwas zu essen und setzt sie dann mit dem Teller vors Haus. – Sie ist die Mutter von Celia und die Großmutter von Pompiliano, sie kommt mich immer stören, sie verlangt, daß ich ihr alles mache, zu essen, Kleider, ihr helfe, denn Celia tut nichts für sie. Sie kommt mich stören wie eine Kreatur, wie ein Kind. Sie will plaudern, aber sie hört nichts. Ich muß schreien, damit sie mich hört, aber dann hört man mich bis auf die Straße, und sie versteht mich erst noch falsch. Manchmal muß ich mich überwinden, um ihr zu antworten. Dann glaubt sie, ich sei gegen sie, weil ich nichts sage. Andere Male will sie, daß ich ihr die Nägel der Füße und der Hände schneide, die Haare flechte, oder es ist ihre Sandale kaputt, meist hat sie Hunger. So kommt sie und belästigt mich. Wenn sie wenigstens danke sagen würde, aber auch das tut sie nicht. Je mehr Gefallen ich ihr erweise, um so mehr verlangt sie. Sie ist wie eine Kreatur, ein Kind. Manchmal denke ich, sie mache es mit Absicht, damit man sich ärgert, ich weiß nicht. Sie ist sicher schon über achtzig. Die Mutter von Pompiliano war ihre älteste Tochter. Jetzt sind all ihre Kinder tot außer Celia, und die tut nichts für sie. Manchmal bringe ich ihr etwas zu essen. Pompiliano ist dann mit der Schwiegertochter von Celia gegangen, bis ich ihr sagte, sie soll das Dorf verlassen. Jetzt ist sie wohl in Mexiko, wer weiß.

Dann kommt Mariana auf die evangelistischen Nachbarn zu sprechen, die auf der anderen Seite meines Hauses wohnen. Keines der Kinder ist verheiratet, sei es wegen der Religion oder wegen anderem, man sagt, daß die Kinder der ältesten Tochter von ihm sind. – Von wem? – Vom Bruder. – Woher weißt du das? – Nun, Rosalio wird im Suff davon gesprochen haben, so hört man dann diese Dinge. Der andere Sohn der ältesten Tochter sei von Aureo, dem Mann von Victoria. Man weiß nichts Genaues, sie verlassen ja ihr Haus fast nie, so passiert das dann. Sie sind immer dort eingeschlossen, gehen nie raus, nur Paula geht raus. Sie sei wie ein Mann, sie ist immer mit Margarita zusammen, man sagt, sie gehe mit ihr, man hat sie in den Hügeln zusammen beobachtet. Pompiliano erzählt mir solche Sachen, er erfährt es wohl bei den anderen Männern, wenn sie trinken. Nur Gott weiß, was wahr ist. – Gibt es auch Männer, die mit Männern sind? frage ich. – Nun, soviel ich weiß, betrifft es hier nur einen, Luis, den Alten. Wer weiß, woher die Leute alles wissen.

Marianas Umgang mit Pompilianos Großmutter ist ebenso sachlich, gezielt und abgrenzend, wie es für ihre Zeitökonomie notwendig ist. Sie ist ununterbrochen dabei, gegen ihre Verzettelung zu kämpfen: wo würde sie da hinkommen, wenn sie auch noch die uralte Verwandte pflegen müßte. Sie pflegt ja bereits mich.

Immer mehr Ethnisches taucht auf, die roten Raupen, die Heilertätigkeit; je näher der Abschied rückt, um so stärker bezieht sich Mariana auf ihre ganz eigene, von mir abgegrenzte ethnische Identität. Wenn sie sagt, Gott ist groß und mit seiner Hilfe heile ich, dann gibt sie ihrer Tätigkeit den transzendent-religiösen Bezug, der kaum nur christlicher, sondern ethnischer Natur ist – und dazu habe ich keinen Zugang, weil ich nicht über die entsprechenden kulturellen Symbole verfüge.

Das Gespräch über die inzestuösen und homosexuellen Nachbarn beschäftigt sich mit Leuten, die die Regeln nicht einhalten. Auch hier findet Abgrenzung statt, denn Mariana hält die Regeln ein, und wenn sie es nicht tut, ist es, weil ihr Mann sie daran hindert.

In dem Maße, wie Mariana ihre Aggressionen von Moment zu Moment verarbeiten kann, wird unsere Beziehung intensiver. Im Thema des Inzests ist auch die Frage enthalten, ob wir eigentlich die Regeln einhalten, wenn wir täglich in ihrer Küche zusammensitzen. Welche Phantasien und Gerüchte kann unser »Treiben« auslösen? Kann das für Mariana schädlich sein? Wer weiß, was die Leute alles reden!

29. (17.10.)
Jetzt sind alle auf den Feldern um zu ernten, meint Mariana. Früher haben die meisten im Dorf Wolldecken gemacht, denn damals gab es noch keinen Bewässerungskanal, und so lebte man von der Webarbeit. Heute, seit der Kanal gebaut wurde vor sieben Jahren, arbeiten alle viel mehr auf dem Feld, und es werden weniger Wolldecken gemacht, sie werden schon noch gemacht, wenn Bargeld fehlt, denn die Feldarbeit kostet auch viel, und es fehlt immer Geld, um alles so zu machen, wie es sein soll. Wenn das bebaute Land groß ist, muß man Taglöhner anstellen, denn allein kann nicht alles gemacht werden, es muß dann schnell geschehen, wenn es Zeit ist. Zum Beispiel die Furchen ziehen, dazu braucht man ein Pferd und einen Pflug, dann säen, jäten, Dünger und Insektizide sprühen, und dann die Ernte, das muß schnell gehen, sonst fault der Mais mit dem Regen und der Hitze. Das kostet alles, auch das Wasser zum Bewässern, und oft geben sie es nicht dann, wenn man es braucht, sondern nur an bestimmten Tagen, das ist schlecht für die Pflanzen. Ich kann das nicht mehr machen, ich habe nicht mehr die Kraft, um auch noch das Feld zu bebauen, aber für alle anderen Arbeiten geht es gut. Die Krankheit damals hat mich erledigt, ich bin nicht mehr, was ich früher war.

Früher habe ich das Land meines Bruders in Pacht bepflanzt, noch ohne Bewässerung, aber manchmal war es so trocken, daß fast nichts gewachsen ist mit all der Arbeit, die wir investiert haben. Da gab es wenig zu ernten. Und wenn der Boden nicht recht will, weil er nicht der beste ist, dann geht alles kaputt. Mein Vater hat immer wieder versucht, zweimal im Jahr Mais anzubauen, aber die erste Saat im Februar ist häufig vom Frost bedroht und die zweite Ernte im Dezember ebenfalls. So ist das sehr riskant, man verliert das investierte Geld. Eine Saat ist sicherer. Die Feldarbeit ist hart, teuer und riskant. Es kann immer alles schiefgehen. Man braucht viel Geld, um das Land anzubauen, dann muß man das Wasser kaufen; wenn es mal fehlt, nicht geliefert wird, kann schon alles kaputtgehen; auch das viele Unkraut kann die Saat verderben. Und jetzt hat man begonnen, die Pflanzen mit Insektiziden zu besprühen, das nützt aber nur, wenn das alle tun; sprüht der Nachbar nichts, dann sind die Schädlinge gleich wieder da. Es ist wirklich schwierig, sich bis zur Ernte durchzukämpfen, wenn einer nicht ständig aufpaßt, geht alles kaputt, ... so verlieren wir ständig auf allen Seiten.

Mein Vater will mir ja nun ein Stück Land geben. Es gibt aber auch Väter, die all ihr Land im Suff und Vergnügen verschleudern und nichts für die Kinder lassen. Es war einmal ein Señor, der hatte einen Sohn und viel Land, aber nach und nach verkaufte er alles und verbrauchte das Geld. Für die arme Frau und den armen Sohn blieb gar nichts, er mußte als Taglöhner arbeiten. Wie sein Vater starb, weigerte sich der Sohn, ihn zu begraben. Die Autoritäten haben ihn daraufhin gezwungen, seinen Vater zu begraben. Es ist schon so, daß viele Väter schlecht sind und ihre Kinder verraten, meist weil sie trinken, dann können sie ja nicht mehr denken. Das ist alles schwierig mit diesen Männern. Für mich ist alles schwierig, und mit meinem Mann ist es noch viel schwieriger. Oh, jetzt kommt dieser Mann, ruft Mariana plötzlich erschreckt, ... bleib sitzen!

Pompiliano kommt mit einem Lastwagen und zwei Männern, sie bringen Zementsäcke. Er begrüßt mich freundlich, schaut Mariana kurz und fragend an und beginnt die Säcke abzuladen, ohne uns weiter zu beachten. Mariana wird nervös, fragt sich, ob sie etwas zu essen bereiten soll für die Männer und stellt den Tortillakorb bereit, überprüft die Bohnen im Topf und fragt dann, wollt ihr essen?

Auf den ersten Blick wirkt das heutige Gespräch sachlich, entspannt, informativ. Mariana beschreibt das Ökonomische, die materielle Basis des Ethnischen: den Überlebenskampf in der Agrikultur.

Auch hier ist es schwierig, das richtige Maß zu finden, will man zuviel, zwei Ernten, dann hat man am Schluß gar nichts, so wie ihr Vater. Oder man will alles für sich selber, wie der andere Vater, und dann bleibt man allein, der Sohn will einen nicht einmal begraben.

Mariana muß auf allen Ebenen gegen ihre maßlosen Wünsche kämpfen, denn sie möchte viel, alles vom Leben und muß sich immer von neuem anhand der Realitätsbewältigung eine maßvolle Position erarbeiten. Sie wird älter und schwächer und die Realität härter.

Ich denke, daß Mariana sich heute nicht gut fühlt, traurig und nachdenklich arbeitet sie an den Themen der Trennung, Beschränkung und Einsamkeit herum. Und gerade in diese Stimmung hinein taucht Pompiliano auf. Er bringt sie in eine zuerst schwer nachfühlbare Aufregung und läßt sie wie eine ängstliche, eilfertige, fast unterwürfige Ehefrau erscheinen.

Der Bruch in Marianas Verhalten und Emotionalität berührt mich, und ich glaube zu spüren, daß sie nicht möchte, daß ich das sehe und erlebe. Bei anderen Frauen bleibe ich ruhig sitzen, wenn der Mann nach Hause kommt. In unserer Beziehung stören die Männer. Wenn ich ihr gegenüber in der richtigen Position bin, ist sie mit mir zusammen stark und autonom. Heute war sie traurig und suchte nach einem Gleichgewicht. Pompilianos Auftauchen störte diesen Prozeß, bevor er abgeschlossen war und löste eben jene ambivalent heftigen Gefühle aus, die sie vermeiden möchte.

30.

Am Nachmittag treffe ich Mariana auf dem Weg. Sie fordert mich ganz eifrig auf, doch noch einmal mitzukommen, die Männer seien jetzt weg. Ich habe das Tonband nicht dabei. Sie erzählt die Familiengeschichte von zwei Commadres, von Untreue und Mord aus Eifersucht, von Männern, die ihre Frauen derartig schlagen, daß sie ihnen die Knochen brechen und dann von der Frau ins Gefängnis gebracht werden, von Verrat, Unglück und frühem Tod.

– Fast alle haben Pech mit den Männern, sagt sie, je mehr sie sich auf die Männer einlassen, um so schlimmer ergeht es ihnen. Dann erzählt sie, daß die Frau von Marín, Gabina, ein böses Maul habe und viel Unheil damit anrichten könne. Als Mariana vor Jahren den Taglöhnern auf dem Feld das Essen brachte und mit ihnen plauderte, habe Gabina zu Pompiliano gesagt, Mariana treibe es mit denen. Da sei der Teufel los gewesen. Und als ein andermal eine alte, kranke Frau von weit her zu ihr kam, um sich behandeln zu lassen, habe Mariana sie für einige Tage bei sich im Haus behalten, um sie zu pflegen und ihr die täglichen Injektionen zu geben. Die Alte half ihr bei einigen alltäglichen Verrichtungen, und Mariana brachte ihr etwas Nähen bei. Wie nun Gabina bei einem Besuch die Alte an der Maschine sah, erzählte sie im Dorf herum, Mariana habe Besuch von der Hexenmeisterin und lasse sich von ihr unterrichten. Das sei schrecklich gewesen, Pompiliano habe sie gar nicht mehr in Ruhe gelassen: Gib zu, die Meisterin war bei dir, was lehrt sie dich, ist sie gegen mich? So ging es über Wochen. – Es scheint, daß Frauen, die sich zu helfen wissen, als Hexen verschrien werden, sage ich. – Das mag sein, ich kann viel und habe immer etwas zu machen, zu verdienen, zu überleben, das muß den anderen unglaublich erscheinen.

Plötzlich quietschen die Schweine hinter Marianas Haus ungebührlich laut. Was ist los? – Komm, wir gehen nachsehen! Um hinter das Haus zu gelangen, müssen wir uns zwischen einem ganz schmalen Raum zwischen der hölzernen Hauswand und einigen dornigen Kakteen hindurchschlängeln. Mariana geht voran, dreht sich um und schaut mir zu: langsam, ganz langsam, sagt sie. Ich bin sehr konzentriert und gespannt und bleibe mit der Bluse und dem Rock an den Kakteen hängen. Mariana sagt sehr ernst: du mußt dich anders bewegen, ganz langsam. Ich komme mir vor wie ein Trampeltier. Die Schweine haben sich inzwischen beruhigt und wir gehen wieder zurück. Mariana sagt wieder – versuch's noch einmal. Und plötzlich geht eine Art von totaler Entspannung durch meinen Körper, all die konzentrierte Verkrampfung fällt von mir ab, ich bewege mich entspannt und langsam und bleibe nirgends hängen. Mit einem Gefühl der Beschämung und des Stolzes stehe ich vor ihr, wir lachen uns an. Siehst du, es geht, sagt sie.

Mariana drängt mich geradezu, noch einmal zu ihr zu kommen. Das ist noch nie geschehen. Die durch die Männer zerstörte Bewegung zwischen uns und das positive Selbstbild müssen wieder hergestellt werden. Die Themen sind Folgen dieser Ereignisse:

- Die Männer zetteln Mord, Totschlag und Unglück an, sie taugen zu nichts: je mehr man sich auf sie einläßt, um so schlimmer ergeht es einem.

– Mariana wurde verdächtigt, mit anderen Männern zu gehen und mit einer Hexe, die immer bei ihr im Hause saß, Umgang zu haben.

Ihre impulsive Einladung, noch einmal zu kommen, hat etwas Triebhaftes, wie wenn Mariana gar nicht genug bekommen könnte von mir. Ihr Verhalten löst Befürchtungen aus, die in den Hexenverdächtigungen zum Ausdruck kommen. So wie wir zwei immer zusammen hocken, könnte es zu Problemen kommen. Wie schnell geht der gute Ruf verloren, tauchen Verdächtigungen und Verleumdungen auf, die sich negativ auswirken.

Spontanes und triebhaftes Verhalten wird in Daxhó sanktioniert, denn es führt zu Regelverletzungen, die die Interessen der anderen Dorfbewohner berühren könnten: Ehebruch, Betrug, Konkurrenz oder Machtvergrößerung durch Hexerei. Die verleumderischen Gerüchte sind ein geeignetes Instrument, um das Verhalten der Nachbarn zu kontrollieren und ihre Bewegungsfreiheit einzuschränken. Das Ausstreuen des Hexenverdachtes scheint dazu besonders geeignet, weil er frühe magische Ängste auslöst und die Angehörigen mit Terror reagieren läßt, wie das Pompiliano tat.

Mein Versuch, zwischen dem Haus und den Kakteen durchzugehen hat mich plötzlich ganz stark auf mich selber, meine Spannung und Verkrampfung zurückgeworfen. Im Versuch, mich wirklich langsam und entspannt zu bewegen ist ein neues Körpergefühl aufgetaucht, eine Art Einheit zwischen mir und der Umwelt. Meine europäisch-städtische Körperlichkeit fiel von mir ab und ich fühlte eine große Dankbarkeit Mariana gegenüber, die mir das so klar gezeigt hat. Von da an hatte ich das Gefühl, anders über die Wege von Daxhó zu gehen, fließender und weniger energieverschleißend.

Es wurde mir ansatzweise klar, wie ich auf die Leute hier wirken mußte durch meine Bewegungen, meine Gesten, meine Reaktionsweisen: wie eine Städterin, die natur- und körperfremd, »kopflastig«, selbst beim Gehen als ein etwas merkwürdiges und komisches Wesen auffällt, mit dem man zurechtkommen muß, da es nun einmal hier ist.

Mariana kontrolliert sich weniger, ist weniger streng mit sich selber, sie verspürt einen Wunsch und gibt ihm nach. Ihre Triebhaftigkeit wird weniger abgewehrt, was natürlich die Angst auslöst, von den anderen Frauen ebenso moralistisch und repressiv verfolgt zu werden, wie sie es auch tut, wenn sie sich von jemandem bedroht fühlt (Amanda, Teresa). Und gerade heute vermittelt sie mir, daß ich auch streng und kontrolliert bin in meinen Körperbewegungen und ich verstehe ihre Botschaft.

31. (18.10.)
Ich sitze in Marianas Küche, und wir plaudern über alles mögliche. – Ja, so haben mich diese schlechten Personen behandelt... aber ich kümmere mich nicht darum, jetzt. Früher, ja da habe ich mich gegrämt, geweint, ...ei, was soll ich nur tun... Sie haben mir wirklich viele schlechte Dinge nachgesagt, eben das mit der Hexe. Sie sind neidisch. Ich arbeite die ganze Zeit, und deswegen kann ich überleben, kann sogar noch meinem Mann helfen. Was ich alles gemacht habe früher, gewoben, bin ganz früh aufgestanden, habe Mais gemahlen, die Kinder geweckt, zur Schule geschickt, Tortillas gemacht, Kleider gewaschen, Wasser geholt, Holz gesucht, gewoben, genäht, die Tiere besorgt, und dann dieser Mann. Es hörte gar nicht mehr auf. Heute webe ich nicht mehr, meine Augen sind nicht mehr so gut, ich gebe mir mehr Ruhe. Aber sie reden ja über alle schlecht, auch über die, die nichts haben und nichts können. Zum Beispiel Filomena. Man sagt, sie habe andere Männer, sie schiebe mit anderen, kaum sei ihr Mann aus dem Haus, gehe sie mit ihrem Nachbarn. Wer hätte das gedacht. Und wie Filomena davon hörte, ging sie zu ihm und stellte ihn zur Rede, warum er herum erzähle, daß sie es mit ihm treibe. Sie holte ihn zu sich nach Hause, und er mußte sich vor ihrem Mann erklären, und es zeigte sich, daß alles nicht wahr war. Aber so sind die Leute... so säen sie das Böse... ganz heimlich. Das ist eine ernste Sache und niemand sagt etwas dagegen, niemand wehrt sich. Und wenn wir selber nichts unternehmen, sind wir diejenigen, die dort in den Gerüchten fliegen, dann sind wir die Betrogenen. So ist das hier, aber ich muß sagen, nicht alle, mit den meisten verstehe ich mich gut.

Es beginnt zu regnen. Sie holt die Wolldecken, die über den Kakteen hängen, herein. Dann versucht sie ein Huhn, das unter dem Küchentisch sitzt, zu fangen. Es flieht gackernd in die andere Ecke. Sie erwischt es schließlich mit beiden Händen, klemmt es unter den Arm und fühlt nach, ob es bald ein Ei legen wird.

Ich mache das immer so, ich stecke den Finger hinein, und wenn ich fühle, daß das Ei kommt, setze ich es in jene Kiste. Macht ihr das auch so? Willst du das Ei auch fühlen? Mariana nimmt meinen Mittelfinger und führt ihn dem Huhn sorgfältig ein. – Wir sind sehr unanständig, sehr ungezogen, wir zwei... So wie der Doktor, wie ein Doktor, der nachschaut, wann das Kind kommt, so schauen wir jetzt nach. Und wenn es ein Ei legen wird, dann sperren wir es ein, sonst nicht. Schau!

Sie führt mich ins Innere des Hauses und zeigt mir eine Kartonschachtel mit alten Tüchern, dem Ort, wo das Huhn sein Ei legen soll. Die Bretter der Betten sind unterteilt – sie stehen in einem rechten Winkel zueinander. – Hier schläft Pompiliano, hier schlafe ich. – Ihr schlaft nicht nebeneinander? frage ich. – Manchmal, eigentlich nie... er hat einen schlechten Schlaf, er legt sich hin und schnarcht, manchmal kann ich wegen dieses Schnarchens nicht schlafen, dann geht er auf die andere Seite. Aber er mag es sowieso lieber so, er will nur... ja und dann will er allein... Früher war es anders, aber dann... als ich krank war, hat er so zugenommen, er ist ganz furchtbar dick geworden, kaum legte er sich hin, begann er so fürchterlich zu schnarchen, daß es einen nicht schlafen ließ. Ich glaube, daß man es bis hin zur Straße hörte... Er wurde so dick, als ich krank war. Ich weiß nicht, ich glaube, er tat nichts anderes als essen. Und er aß viel, und als ich zurückkam, war nichts mehr da, da hatte er alles weggegessen.

Wir hören ungewohnte Klänge aus weiter Ferne. Mariana meint, das seien die Glocken aus Murillo, der Pfarrer sei aus den Ferien zurückgekommen, dann lasse er die Glocken läuten.

Ich frage sie, wie die Leute hier den Pfarrer sehen. – Nun, viele mögen ihn nicht, denn er schimpft meistens, und man hat nicht immer Lust darauf, beschimpft zu werden. Und er kann recht schimpfen, früher... heute sagen sie, sei es etwas weniger. Er sagte, wir seien Hexen, Zauberer, Vergifter... deswegen. Jetzt schimpft er wegen des verstorbenen Justino, dieser habe es mit seiner Frau und seiner Tochter getrieben, er habe zwei Frauen. Ja, und alle vier Kinder, die die Tochter hat, sind vom Vater. Daran stört sich der Pfarrer, aber was soll man tun? Man kann nichts tun. Andere Leute machen andere Probleme, sie streiten sich unter Brüdern, so wie Ceferino und Basilio, wegen dieser Amanda. Die stritten sich mit der Machete, und Ceferino hat Basilio das Ohr abgehauen dabei. Da wollte der Pfarrer die Messe auch nicht zelebrieren... aber wir haben doch nicht die Schuld, wenn andere solche Dinge machen. Ceferino ist zwar mein Compadre, Compadre de Pila (Taufbecken), er war Pate bei der Taufe meines Kindes. Und als der Streit war zwischen den Brüdern, klagte mich meine Schwester an, daß dieser Mörder mein Compadre sei, einer, der fast seinen Bruder getötet hätte. Ich antwortete ihr, nun ich kann meinem Compadre nicht befehlen, soll er doch streiten, ich habe keine Schuld daran, ich kann ihm nichts befehlen. Und da dieser Basilio der Compadre meiner Schwester ist, haben wir uns um unsere Compadres gestritten. Aber das ist sinnlos, ich sage doch, welche Schuld kann ich daran haben, er ist kein Trinker... nun doch, er ist ein Trinker... um so mehr geschieht etwas. Basilio ist ein Trinker, und ich sagte zu meiner Schwester, dieser schlechte Säufer geht hin und streitet sich mit meinem Compadre, wenn dein Compadre kein Säufer wäre, dann hätte er sich nicht mit meinem Compadre gestritten. Nein, sagt meine Schwester, sie haben ihn festgehalten, ihm den Weg versperrt, die Frau und die Kinder. Nun weiß ich nicht, meine Commadre Margarita, die Frau von Ceferino, sagt, daß sie sich dazwischen stürzen mußte, sonst hätten sie sich getötet. Sie sagt – ich war ja nicht dabei, ich sah es nicht – also sie sagt, daß sie stritten, sich packten, sich mit Holzknebeln prügelten und schließlich mit den Macheten. Jeder mit einer, und so kämpften sie, bis sich Basilio ergab, weil er nicht mehr konnte, er fiel einfach hin. Und Margarita sagte zu Ceferino, laß ihn, laß ihn jetzt da liegen! Und dann stand Basilio wieder auf und kam mit einer solchen Wucht auf Ceferino los, daß dieser auch wieder kämpfen mußte, und so ging es hin und her. Ceferino siegte, er schlug nur noch drauflos, wußte selber nicht mehr, wohin er schlug. Mein Compadre ist ein Mann von Kraft und groß ist er, größer als Pompiliano und schwer... ja... und dann haben sie den Ceferino ins Gefängnis gebracht und da sitzt er heute noch. Es ging um diese Frau, die Amanda, wegen der haben sie sich gestritten, sagt man, nun, es ging wohl auch noch um das Erbe.

Wir werden durch die Ankunft von Pompiliano unterbrochen, der wieder Baumaterial bringt. Heute bleibt Mariana ganz ruhig und arbeitet weiter. Er stellt sich zu uns, begrüßt mich freundlich, und ich frage ihn nach seinen Plänen. Er erklärt stolz, daß er ein großes Steinhaus bauen wolle, mit zwei großen Räumen und Küche, das alte Haus diene nicht mehr, es regne rein und sei zu klein. Er zeichnet den Grundriß des geplanten Hauses in den Sand, und beschreibt ausführlich alle Details. Das Material konnte er sich günstiger an seinem Arbeitsort beschaffen, und als Chauffeur kann er den Transport so nebenher erledigen. Das sind alles Vorteile, die den Plan erst möglich machen. Pompiliano strahlt mich an und freut sich sehr, daß ich ihm aufmerksam zuhöre, er verabschiedet mich mit großer Herzlichkeit.

Die nächsten zwei Tage kann ich nicht zu Mariana, weil Amanda ein Mädchen geboren hat und ich sie im Spital besuchen gehe.

Die soziale Wirkung der Gerüchte ist erdrückend. Im Falle von Mariana wurden ihr ihre hervorragenden Fähigkeiten, die sie sich unter viel Energieaufwand und Opfern erarbeitet hatte, indirekt zum Vorwurf gemacht, was sie in große Verzweiflung trieb, denn damit wurden ihre existentiell wichtigen Überlebensstrategien hinterfragt. Ob sie auch deswegen zunehmend darauf verzichtete, sich öffentlich und an Festen zu zeigen, und ihre sozialen Kontakte auf die sicher institutionalisierten Beziehungen der Heilerin zum Kranken und zu den Commadres beschränkte? Aber das war früher.

Mit der gemeinsamen Untersuchung des Huhns lassen wir uns auf eine ganz sinnliche, spielerische Nähe ein, wie zwei Mädchen, die Doktor spielen. Die latente Triebhaftigkeit wird in die Realität eingebettet, inszeniert und in Zusammenhang mit Pompiliano, mit dem nichts mehr los ist im Bett, gebracht. Wenn der meint, ich sei eine alte Frau und zu nichts mehr nütze, dann täuscht er sich, so wie der Pfarrer, der über uns schimpft; wir sind eben anders als die Männer.

Die folgende Szene ist wieder eine distanzierende Verarbeitung unserer Nähe. Der Streit mit der Schwester über die brutal kämpfenden Compadres betrifft auch uns: mit mir muß sie innerlich auch streiten, weil ich sie verlasse und mit ihrem schwierigen, streitsüchtigen Mann zurücklasse.

Aus Marianas Andeutung wird nicht klar, ob sich Basilio und Ceferino wegen einer Frau, Amanda, derartig gestritten haben, oder ob es um das Erbe, den Landbesitz, ging. Der ökonomische und der machistische Kampf werden gleichgesetzt, sind austauschbar. Es scheint ehrenvoller und weniger bedrohlich, sich wegen einer Frau als um den Besitz zu streiten. Wird der ökonomische Kampf im Kleid der machistischen Gesetze.

Während der Untersuchung des Huhns entsteht große Nähe, wobei unsere Positionen unverändert bleiben: Mariana bleibt die aktiv Wissende, die mir etwas zeigt. Marianas Beziehung zu mir oszilliert ständig zwischen Nähe und Distanz, Identifikation und Aggression hin und her. So bleibt sie entspannt und tragfähig. Aber ich sehe da auch noch eine andere Ebene. Ich bin ja da, um über die Frauen von Daxhó zu schreiben. Es geht also auch darum, was für ein Bild ich von dieser Welt mitnehmen und weitergeben werde. Mariana scheint nach der Begebenheit mit dem Huhn zu fürchten, daß ich verächtlich über sie denken könnte, so wie der Pfarrer, der ja auch aus Europa kommt, und sie erzählt diese Geschichte der zwischenmenschlichen Kämpfe und Konflikte auch mit dem Unterton der Zugehörigen: So ist das Leben, was soll man da tun! Verstehst du uns, oder bist du wie der Pfarrer?

32. (21.10.)
Mariana will eben Geschirr und Kleider waschen, aber die Finger tun ihr weh. Von der Glut werden die Hände und die Finger hart, und dann gehen sie vom agua miel, vom frischen Pulquesaft, kaputt, die Haut platzt, und das schmerzt. Wir setzen uns und Mariana fragt, was wir heute besprechen sollen. – Eigentlich hätte ich dich gerne etwas gefragt, aber ich weiß nicht, ob man darüber reden kann. – Nun, sicher können wir reden. – Ich wollte mal wissen, wie die Frauen hier das mit der Sexualität sehen. – Nun, das ist schon recht... nur daß es uns nicht gefällt, wenn sie hinter allen Frauen her sind... und wenn wir sie hassen, sie verabscheuen, dann ist es, weil sie schlecht sind, Schürzenjäger sind. Aus diesem Grund mögen wir sie nicht. Ich zum Beispiel, nun da ist nichts mehr, mein Leben geht schon zu Ende. Aber ich sage, ich beende doch mein Leben nicht nur mit essen und arbeiten. Ich habe immer gearbeitet, um zu essen, jetzt eben auch... Sie wollen immer; und wenn sie wollen, dann gibt es keinen Weg, um nein zu sagen, ihnen ist es egal, ob man müde ist,

krank ist oder sich schlecht fühlt; nein, das ist für sie nicht wichtig. Und wenn man sie mal nicht akzeptiert, dann sagen sie, man habe einen anderen. Bei den Männern ist das alles anders. Ich glaube nicht, daß eine Frau mal zu ihrem Mann geht und sagt... ich möchte das... nein. Manchmal ist man froh, wenn sie einen nicht belästigen. Deswegen stört es mich nicht so sehr, daß er andere Frauen hat, für mich ist das schon recht, aber was mir nicht gefällt, ist, daß er das Geld bei anderen liegen läßt. Meiner Cousine ergeht es auch so. Sie ging mal zu meiner Schwester, die ist ledig, und klagte, daß ihr Mann zu einer anderen gehe. Und dann sagte meine Schwester, ay, alte Eifersüchtige du, denn sie hat keinen Respekt vor ihrer Commadre, ay ihr alten Eifersüchtigen, da kommst du und klagst, da kommt die Mariana und klagt, was verliert ihr schon, wenn diese Tiere fremdgehen. Sollen sie doch gehen, sagte sie, dann gibt es weniger Erniedrigungen und Kränkungen.

Nachher habe ich mit meiner Cousine gesprochen und sagte zu ihr, nun ja, sollen sie doch gehen, sollen sie doch weit weg gehen, aber das Geld, sagte ich zu ihr, das ist es, was uns fehlt, für unsere Kinder, uns schmerzt das Geld. Denn diese Frauen werden ja nicht deren Socken nehmen und waschen, nicht einmal ein Taschentuch. Die sagen dann nicht, oh, deine Kleider sind schmutzig, laß sie da, damit ich sie wasche. Das muß seine Frau machen, zwangsweise, wer soll es sonst tun. So hält man sie aus, wie eine Kreatur, ein Kind, und sie machen, was sie wollen, wonach es sie gelüstet, sie wollen dies und das und bringen kein Geld. Aber auf der Straße haben sie Geld, für die auf der Straße schon. Ich weiß, daß mein Señor so einer ist, er setzt sich mit so einer Alten von der Straße in ein Restaurant, um zu essen, und mich hat er noch nie in meinem Leben in ein Restaurant mitgenommen, damit ich mich einfach hinsetze, um zu essen. Das ist es, was mich ärgert. Würde er mir doch etwas von seinem Lohn bringen, damit ich auch mal etwas essen kann, mal etwas Fleisch, daß es für die Bohnen reicht. Aber er gibt uns nichts. – Jetzt will er ein Haus hier bauen, sage ich. – Ja, das scheint, als ob er etwas gebe, aber er tut es nur, weil er sich schämt vor seinen Freunden; wenn sie mit ihm kommen, nimmt er sie nicht herein, er läßt sie dort auf der Straße stehen. Und ich sage ihm, wenn du doch dein Geld etwas zusammenhalten könntest für deine Familie! Denn wenn er stirbt, dann stehe ich da mit dem Haus und bin die Betrogene. Die mit dem Haus ist die Betrogene, die andern kümmert es nicht, ob sie Schulden hat, wer die Beerdigung bezahlt, denen ist es egal.

Mariana unterbricht sich und stellt mir einen Teller mit Bohnen hin. – Iß etwas, iß, ich habe den Teller nicht gefüllt, einerseits ist es gut, viel zu geben, dann sagen sie, man sei gut, aber andererseits ist es nicht gut, ihn zu sehr zu füllen, denn das tut man nur bei Bettlern, bei denen, die es wirklich nötig haben, weil sie hungern. Und deswegen soll man auch nicht zuviel servieren, das wäre eine Beleidigung. Früher war das wieder anders. Wenn man früher eine gute Commadre besuchte, nahm man viele Geschenke mit, man brachte Seife, Tücher, Kerzen, Streichhölzer, was es auch sei. Und wenn man dort ankam und die Sachen der Commadre gegeben hatte, dann hat sie einem aus Dankbarkeit zu essen gegeben, einen großen Teller, ganz voll von Essen, also ganz voll bis oben. So waren die Commadres früher, heute ist es nicht mehr so. Und wenn man nicht alles aufessen konnte, dann hat man den Rest mit nach Hause genommen, damit die zu Hause auch noch etwas davon hatten. Früher waren die Tortillas viel größer, sagte meine Großmutter, sie waren so groß, daß man ein ganzes Huhn darin einwickeln und es der Commadre mitgeben konnte.

Wir sprechen dann über die verschiedenen Zubereitungsarten von Tortillas und Bohnen. Dann erzählt Mariana von ihrer Commadre Casimira. Sie war die erste Wahlcommadre, aber sie hatten sich schon vorher als Freundinnen gerne. Und als Casimira schwanger war und die Geburt kam, war sie allein im Haus, denn ihr Mann war in Mexiko zum Arbeiten. Bitte, begleite uns bei der Geburt, sagte sie, und Mariana ging hin und blieb den ganzen Tag bei ihr, und das Kind kam nicht, auch in der Nacht nicht, und Casimira war schon völlig erschöpft, sie konnte nicht mehr. Da schickte Mariana Casimiras Schwester den Arzt holen: schnell, lauf, hole den Arzt, das Kind liegt quer, es geht ihr schlecht. Und ich schaute sie an und sah, daß es ganz schlimm um sie steht, ich sah es; ich sah es, denn die anderen sind so dumm, es waren ganz viele Leute da, aber niemand achtete auf das, was da passierte. Aber ich sah, wie es um meine Commadre stand, und ich sagte zu den anderen, es steht schlecht um sie, und ihre Mutter rief, was sollen wir tun, um Gottes willen, was tun wir? Ich wußte es auch nicht, aber ich erinnerte mich, daß man die

Frauen in einer solchen Situation in eine Decke einwickelt, wie ein Kind und sie darin wiegt. So haben wir sie in die Decke gelegt und gewiegt, und du glaubst es nicht, es ging ihr besser, aber dann kam der Arzt, und sie wurde ins Spital gebracht. Das Kind war geschädigt, es lebte nur einen Monat. Aber bevor es starb, bat mich Casimira, die Patin des Kindes zu sein. So gingen wir zum Pfarrer, und er taufte es. Deswegen sind wir auf viele Arten Commadres.

Mariana erzählt, wie sie später dem kleinen Sohn von Casimira geholfen hatte, als er krank war, der Familie auch mit Geld beistand, wenn es nötig war. So ist es: wenn etwas ist, helfe ich meiner Commadre, mit allem, was ich kann, und sie ist mir dankbar, die Arme. Sie ist auch die Einzige, die mir half, wenn ich nichts hatte, sie brachte mir frische Maiskolben, Kaktusfrüchte, was es sei, Dinge, die wir früher nicht hatten. Ich hatte nichts, hätte nicht gewußt, woher nehmen, aber sie ließ mir immer etwas bringen, sie ist eine gute Person.

Aber auch die Mutter von Silvia ist eine gute Person. Ich werde wohl nie eine bessere Commadre finden als die Mutter von Silvia, sie war fast eine Heilige, diese Señora. Wenn sie wußte, daß ich krank war, kam sie schnell. Oder wenn etwas mit den Kindern war, oder sonst, da kam sie schon, um zu fragen und zu helfen. Und ob sie Geld hatte oder nicht, immer brachte sie etwas, Brot, Früchte, alles, mal sehen, was weh tut, sagte sie, mal sehen, was wir dagegen tun können. So war sie – so wie meine Commadre Casimira.

Im Gespräch über die Sexualität sieht es zuerst so aus, als ob die Ehe vor allem oder nur eine ökonomische Seite habe, aber bei näherem Hinsehen wird klar, wie verletzt und traurig Mariana ist, daß sie ihre Liebe zu Pompiliano nicht leben kann, daß ihre Liebesbedürfnisse keinen Raum haben. Sie wird diese Gefühle trotz allen rationalisierenden und wütend-vernünftigen Versuchen nicht los. Im Zusammenhang mit ihrer tiefen Kränkung und Enttäuschung an Pompiliano wird verständlich, daß sie nun auch sein neues Hausprojekt ablehnen muß und es als weitere Kränkung erfährt. Er macht es nur wegen der Freunde, mir bleiben die Schulden. Es ist schwierig, ihr etwas zu schenken.

Daß die ökonomische Seite des Ehebruchs so betont wird,

hat mit den materiellen Verhältnissen und dem kulturellen Konsens über die Ehe zu tun. Schon am Anfang meines Aufenthaltes ist mir aufgefallen, daß Liebesgefühle immer materialisiert ausgedrückt werden: Er liebt mich wieder, er hat mir eine Bluse gekauft. In dieser knapp am Existenzminimum lebenden Kultur hat jede Beziehung auch eine ökonomische und überlebenssichernde Seite. Ein Mann ohne Frau und eine Frau ohne Mann können hier nicht überleben. Die geschlechtsspezifische Arbeitsteilung der Bauern- und Wanderarbeiterfamilien macht die Ehe zu einem ökonomischen Zwang. In dieser Beziehung sind Gefühle hinderlich, weil angesichts der Realität sekundär. So kommt es, daß für die sehr wohl vorhandenen Liebes- und Haßgefühle keine Sprache, kein kultureller Raum vorhanden sind, außer in den populären mexikanischen Liebesliedern, wo die Männer die Angebetete verherrlichen.

Deswegen müssen die zwischenmenschlichen Gefühle materialisiert und in einer ökonomischen Sprache ausgedrückt werden.

Die Spannung zwischen Marianas verletzter Liebe und ihren materiellen Interessen wird schließlich so heftig, daß sie wieder beim Tod, der Trennung landet und dann das Gespräch abbrechen muß, indem sie mich füttert, so wie es sich gehört und den Regeln entspricht. Damit fängt sie sich wieder auf, wird zur Informantin über Sitten und Gebräuche.

Die folgende Beschreibung der guten und ausgewogenen Beziehungen zu den Commadres, der gegenseitigen Solidarität und Hilfeleistungen in Leben und Tod bringt einen anderen, positiven Aspekt in Marianas Leben in den Vordergrund. Wenn sie sich vergegenwärtigt, wie viele Freundinnen sie hat, dann ist die Beziehung mit Pompiliano weniger schlimm, dann kann sie mich leichter gehen lassen.

Unsere Trennung ist ganz nahe, und Mariana bezieht sich vermehrt auf ihre dörflichen Beziehungen.

33. (22.10.)

Ich übergebe Mariana ein Paket mit einem Baumwollstoff als Abschiedsgeschenk, ich werde in einer Woche das Dorf verlassen. Sie schaut den Stoff kurz an und bedankt sich in fast formaler Weise, hastig und kurzatmig. Danke, danke, er ist schön, danke, sagt sie. Ich werde mir ein Kleid daraus machen, danke. Mal sehen, ob es mir gelingt. Danke. Ich glaube, die Kleider, die ich für mich mache, werden nicht gut. Sag auch deinen Eltern danke, grüße sie und sag danke. – Nun werde ich bald abreisen, sage ich, du hast mir so viel geholfen, es fällt mir schwer zu gehen. – Ja, wir konnten dir helfen, das ist gut, hoffentlich nützt es deiner Arbeit. Es wird anders sein, wenn du nicht mehr kommst, um zu plaudern. Wir haben so gut geplaudert. Aber du wirst zu deiner Familie zurückkehren, sag deinen Eltern viele Grüße.

Es kommt eine Frau vorbei und bringt Mariana etwas.

– Es kommen viele Menschen zu dir, sage ich. – Ja, viele kommen, alle haben Sorgen, auch diese Frau. Sie ist eine entfernte Verwandte, und nun haben sie Streit. Einige verstehen nichts, andere verstehen viel. Ich habe Verwandte, die sind Sekundarlehrer, und obwohl ich so bin wie ich bin, respektieren sie mich immer. Sie sind meine Vettern, aber sie reden zu mir als Brüder: Schwesterlein, wie geht es? fragen sie, wenn wir uns treffen. Das sind gute Menschen, sie machen keinen Unterschied, obwohl sie elegante Leute sind. – Sie sind elegant? frage ich. – Ja, sie sind Lehrer, aber sie machen keinen Unterschied. Mein Bruder, der Lehrer, auch nicht. Er schämt sich nicht, mich den anderen Leuten, seinen Freunden vorzustellen. Ich schon, mir macht das Mühe, sie sind elegant und ich mit meinen Lumpen, in denen ich gehe, so schäme ich mich immer ein wenig vor den Leuten, aber mein Bruder schämt sich nicht. Aber ich bin arm. – Und du denkst, ich sei auch so eine elegante Person, die jetzt weggeht? – Ja, du bist auch elegant, du bist nicht gleich wie wir.

Wieder werden wir von einer Frau unterbrochen. Mariana geht ihr auf dem Weglein entgegen, wechselt einige Worte mit ihr und kommt zurück. Aber da kommen schon wieder drei Leute und wollen Pulque kaufen. Sie sprechen in Otomi.

Du hast viel Arbeit heute, sage ich. – Ja, heute besonders, ich muß noch Pulque verkaufen. Gestern habe ich nicht mal das Geschirr gewaschen, um noch schnell auf den Acker gehen zu können, es gefällt mir eben zu plaudern, so wie wir, wenn wir plaudern und ich arbeite. Und gestern, als ich auf den Acker ging, um dem Taglöhner seinen Pulque zu bringen, da habe ich so viele Leute getroffen und mit allen geplaudert, mit Ernestina, Juliana, die andere Juliana, die Tochter des verstorbenen Justino, dann waren Sabina und Mariano dort, Esteban, Carlos, Delfino, Sixto, Adolfo, alle waren sie auf dem Acker von Sixto, es war die Ernte, und ich habe den Pulque gebracht. Nimm doch auch etwas Pulque, fordert mich Mariana auf. Es gibt Leute, die können ohne Pulque nicht mehr leben; wenn sie Wasser trinken, kriegen sie Bauchweh. Wenn sie keinen Pulque haben, gehen sie weit, bis sie ihn finden, und sei es in der Nacht. So sind sie, die den Pulque wirklich brauchen; haben sie keinen, geht es ihnen schlecht. Ich bin mit Wasser zufrieden, wenn ich mal kein Wasser habe, dann bin ich besorgt. Einmal, als wir auf der Suche nach Weidenruten waren, haben wir kein Wasser gefunden, nur schmutziges, voller Ungeziefer, das war schlimm.

Wieder kommen zwei Frauen und verlangen nach einem Glas Pulque für jede. Sie setzen sich draußen hin, trinken und reden in Otomi. Ich bleibe in der Küche sitzen. Dann gehen sie wieder. – Sie schimpfen über eine Frau, der es gefällt, mit anderen Männern zu gehen, erklärt Mariana, sie sagten viele schlechte Worte, sie schimpften, denn die Frau ist schlecht und der Mann ist eifersüchtig, immer wütend.

Es kommt schon wieder jemand, und ich verabschiede mich, denn Mariana kommt unter Druck.

Sie bittet mich, ihr morgen vom Markt in Ixmiquilpan Kalk zu bringen, sie hat keinen mehr für den Nixtamal.

Mein Geschenk ist ungenügend, habe ich den Eindruck, anders ist es wohl nicht möglich. Angesichts von Marianas »maßlosen« Wünschen muß ihr jede Gabe wie ein Hohn erscheinen, selbst das neue Haus ihres Mannes.

Jetzt sind Marianas soziale Kontakte, ihre dorfbezogene Arbeit in unserer Beziehung gegenwärtig, sie beginnen meinen Platz einzunehmen. Die Lücke, die durch meine Abreise entstehen wird, beginnt sich bereits zu schließen.

34. (23.10.)
Am nächsten Tag besuchen mich viele Frauen, jede will sich noch einmal von mir verabschieden und jede ist ärgerlich, daß schon eine andere da ist. Wie Mariana kommt, um mir die Tortillas zu bringen und die Sachen zu holen, die ich ihr vom Markt gebracht habe, sitzen schon vier Frauen da. Mariana ist sachlich, freundlich und zielbewußt. Sie grüßt, erledigt ihr Anliegen mit mir und verabschiedet sich wieder.

35. (24.10.)

Ich gehe noch einmal zu Mariana, es soll die letzte Stunde mit dem Tonband sein. Ah, kommst du noch einmal, das ist schön, daß du mich noch einmal besuchst, du hast sicher viel Arbeit, begrüßt sie mich. Wann wirst du fahren? – In fünf Tagen, vorher muß ich noch einmal nach Mexiko, um das Flugticket zu sichern. – Ah ja, das muß alles geregelt sein. Wie geht es deinem Mann? Werdet ihr zusammen sein? – Ja, er erwartet mich, er will mich abholen, wenn ich ankomme. – Er ist zufrieden, weil du kommst, und wir werden traurig sein, weil du gehst… aber so ist das Leben. Wir schweigen. Man hört ein Winseln im Haus, und ich frage, was das sei. – Es ist ein kleines Hündlein, man hat ihn mir vorher gebracht. Ich habe keinen Hund, sagte ich gestern zu Victoria, und da kommt sie und bringt mir einen. Kaum habe ich gesagt, hat sie mir schon einen geschenkt, das sind gute Leute. Hast du mit ihnen gesprochen? – Nein, fast nicht. – Und mit Margarita, hast du mit der gesprochen? – Ja, ab und zu. – Sie ist auch eine gute Person, anderntags, als sie hier war, hat sie gut von dir geredet, sie sagte, sie glaube, du seist katholisch, weil du in der Messe warst, Blumen brachtest und an der Prozession teilgenommen hast. Und Augustina hat auch gut von dir geredet. Sie sagte, du seist eine ganz liebe Person, du würdest kommen, mit einem plaudern, auch helfen, wenn nötig, das Feuer fächeln, etwas reichen. Sie ist nicht wie wir, sagte Augustina, wir kommen und sind verlegen, bewegen uns nicht, sie nicht. Und da habe ich ihr gesagt, daß du wirklich eine gute Person bist. Ich für meinen Teil, sagte ich, für mich ist sie die einzige, die… die zu mir so… ja sie ist gut. Ich glaube, die Leute haben keine Angst mehr vor dir. Selbst die Männer, habe ich gehört, reden gut von dir. Ist sie deine Freundin, fragen sie, und ich sage, du seist sehr katholisch. Und dann sagten sie, aber sie hat wohl die Kirchenlieder, die die Evangelisten gesungen haben, aufs Tonband aufgenommen. Und ich sage, woher wollt ihr das wissen? Und dann sagten sie, daß du Lehrerin bist, und daß du dort in deinem Land lehren wirst, wie wir hier leben, woran wir leiden. So mißtrauen sie dir nicht mehr. Das ist gut, denn wir hier auf dem Lande sind ruiniert und vergessen. Uns helfen sie nie. Man sagt, daß das agua negra aus dem Bewässerungskanal unseren Boden zerstört, und die Pflanzen wachsen nicht mehr so groß und gut wie am Anfang, es geht alles zurück. Es geht alles kaputt, wer weiß, wie das weitergehen wird.

Wir werden durch den Besuch einer Frau unterbrochen, es scheint, daß sie eine längere Unterredung mit Mariana haben will und ich gehe, verspreche aber, vor der Abreise noch einmal vorbeizukommen.

Mariana hat sich mit meiner Abreise abgefunden, hat sich einen jungen Hund besorgt und sich gewissermaßen schon von mir verabschiedet. Was ihr bleibt, ist die Identifikation mit meiner Arbeit, meiner Zukunft, so wie sie das mit ihren Kindern tut, die auch weggehen, um weiterzukommen.

36. (25.10.)
Ich gehe ohne Tonband zu Mariana, es sind viele Leute dort, die Pulque trinken, dann kommt auch noch ihr Mann und will essen. Mariana erledigt ihre Arbeit schnell und konzentriert, ich schaue eine Weile zu und verabschiede mich von allen freundlich. Mariana begleitet mich einige Meter weit und entschuldigt sich für die vielen Leute, die da sind. Ich habe den Eindruck, sie wäre gerne noch mit mir allein gewesen. Ich werde noch einmal kommen.

37.
Am Tag der Abreise gehe ich ganz früh am Morgen zu Mariana. Sie empfängt mich herzlich. Jetzt gehst du, jetzt gehst du, du wirst mir fehlen, wir haben so schön geplaudert. Ich versichere ihr, wie wichtig die Begegnungen für mich waren, daß sie meine Lehrerin und Freundin war und mir viel geholfen hat. Es fällt mir schwer, wegzufahren. Natürlich werden wir uns schreiben. Sie läßt immer wieder meine Familie und meinen Mann grüßen, begleitet mich ein Stück weit und dann umarmen wir uns ganz fest und beiden laufen die Tränen über das Gesicht. Sie winkt mir nach und ruft dann nach dem Hund: Paloma, komm!

Zwei Jahre später

Als ich im Jahre 1977 noch einmal für sechs Monate ins Dorf zurückkehrte, ging ich wieder täglich für eine Stunde bei Mariana vorbei. Sonst habe ich keine regelmäßigen Gespräche mehr geführt, aber mit ihr, die morgens früh immer am Tortillabacken war, war es ein Genuß, die aktuellen Dorfgeschehnisse, Gerüchte und Geschichten zu besprechen. Das neue Haus war inzwischen fertiggestellt, aber sie hatte sich wieder eine kleine Küche aus Holzstäben mit der Feuerstelle eingerichtet, wo sie die Nahrungsmittel zubereitete. Die Art der Gespräche verlief sehr ähnlich zu den früheren, nur daß sie jetzt direkter und unvermittelter von ihren Gefühlen sprach.

Die Beziehung zu Pompiliano hatte sich in keiner Weise beruhigt. Der eheliche Machtkampf wurde heftiger und bösartiger denn je ausgetragen. Zweimal war sie schwer verletzt, eine Wunde an der Stirne und Schwellungen und Verbrennungen an einem Bein, sie konnte kaum gehen. Sie hatten sich wieder über seine Frauen zerstritten, und sie schmiß ihm das Bohnengericht ins Gesicht. Darauf schlug er sie mit einem Prügel und stieß sie in die offene Glut. Sie versuchte dann wegzulaufen, aber er holte sie ein und hielt sie zurück. Erst später konnte sie entkommen und sich bei ihrer Commadre Casimira verbinden lassen.

Solche Szenen erzählte sie nun häufig und zeigte ihren Schmerz über seine Untreue in berührender Direktheit. Wobei sie im Kampf mit ihrem Mann in keiner Weise auf das Maul gefallen war, mit einer eindrucksvollen Schärfe und Präzision entlarvte sie seine Machoallüren, indem sie seine Unsicherheit und Ohnmacht anpeilte.

Eines Tages traf ich Pompiliano allein im Hause an, wir redeten lange. Er erzählte, daß er Waisenkind war, kein Land besaß und keine Arbeit fand. Da meldete er sich zum Militär. Zwei Jahre war er dort, es war schrecklich, streng, brutal und immer an der Grenze der physischen Erschöpfung.

– Für die Offiziere waren wir Dreck, ein Nichts, so wie das Volk für die Herren, die Regierenden. Aber wir hatten Uniformen und wurden bewundert, da war man schon jemand für die Leute auf der Straße. Aber sobald man wieder zum Volk gehört, geht es einem wieder dreckig, das ist wie mit dem mexikanischen Adler, der die Schlange im Schnabel hat, die Schlange ist das Volk, sie wird mit Füßen getreten, der Adler, das sind die Mächtigen.

Dann erzählte er, daß Mariana keine große Heilerin sei, es gebe viel größere, mächtigere, er fahre regelmäßig zu einem

Heiler bei Tamazunchale, der gebe ihm Kraft und schütze ihn gegen die bösen Hexen hier in der Gegend. So könne ihm keine etwas antun.

Wie ich mit Mariana darüber redete, meinte sie, Pompiliano geht, weil er Angst hat, er ist ein Hasenfuß und befürchtet ständig, man wolle ihm Böses, werde ihn verhexen oder vergiften. So schwach sind die Männer, er ist einer der Schwächsten. Jetzt kann ich dir das ja erzählen, jetzt wo du wieder gekommen bist und wir Freundinnen geworden sind. Immer wieder, wenn Mariana von diesen persönlich-intimen Querelen und ihrem Haß auf den auch ›geliebten‹ Mann sprach, betonte sie das.

Als eines Tages ein kleines Mädchen gestorben war, sagte sie: Paß auf, wenn du zur Totenfeier gehst, wirst du sehen, daß das Kind mit einer langen Schleife geschmückt ist, und die hat sieben Knoten, den Knaben macht man nur sechs Knoten. Sie beschrieb lange die Schleife, die Knoten, wie sie gemacht werden und wo sie auf den Körper zu liegen kommen. Was bedeuten denn die Knoten? fragte ich. Sie lachte verlegen, sie wisse es auch nicht. – Das ist wohl dein Geheimnis, sagte ich. Sie lachte laut auf und sagte: Nun, man sagt, ich weiß es nicht, aber man sagt, daß das die sechs Sinne sind, nicht wahr, der Mensch hat doch sechs Sinne. – Ja schon, aber beim Mädchen sind es sieben Knoten, entgegne ich. – Ja eben, lacht sie. – Also die Frauen haben sieben und die Männer nur sechs? frage ich. – Ich glaube schon, wer weiß, sie zuckt die Schultern. Und dann platzt sie heraus: ist es denn nicht so, daß die Frauen einen Sinn mehr haben, wir verstehen doch mehr von der Welt als die Männer, denn wir durchschauen auch diese. Wir sind klüger, haben mehr Sinn. Wenn die Männer uns ihre Kraftprotzerei vormachen, ihre Spiele inszenieren, ihre Dummheiten vorschwatzen, dann können wir doch nur lachen... obwohl es einen manchmal zum Platzen ärgert, fügt sie an. Aber sag es niemandem, ermahnt sie mich wieder. In der Folge drehen sich ihre Erzählungen vorwiegend um Pompiliano und ihre Macht- und Schutzstrategie gegen ihn; wie sie sich heimlich Geld beiseite legt, wie ohnmächtig ihr »starker« Mann eigentlich sei, der ohne sie völlig verloren wäre, der sie als Ort des Rückzuges und der Klärung benötigt. – Ich sage ihm alles: Was er machen soll, wie er sich bei Streitigkeiten verhalten soll, was er bei diesem und jenem

Konflikt antworten und wo er schweigen soll. Sie macht ihm auch klar, welche Haltung er bei Dorfversammlungen einnehmen soll, aber sie würde sich hüten, ihn das merken zu lassen.

Ihre jüngste Tochter Ofelia lebte inzwischen mit den anderen Geschwistern in Mexiko. Sie fehlte ihr sehr. Die sonntäglichen Besuche des einen oder anderen Kindes wurden jeweils wie ein Fest vorbereitet und erwartet.

Unsere Beziehung war entspannter und vertrauensvoller als 1975. Mariana betonte häufig, wie sehr sie es genieße, daß ich da sei und sie täglich besuche, das sei das Beste in ihrem Leben und oft bedankte sie sich am Schluß der Gespräche: Danke, danke, daß du auch heute gekommen bist, um mit mir zu plaudern, mir zuzuhören.

Als ich ein paar Jahre später, wie jedes Jahr, für einige Tage im Dorf zu Besuch war, nahm ich ihre Einladung, bei ihr zu wohnen an, bleib da, mein Mann schläft seit langem im anderen Raum. Wir legten uns zu viert, Mariana, Ofelia und eine alte Cousine, die zu Besuch war, auf die Bretterfläche; für meine langen Beine wurde unten noch ein Stuhl hingestellt, und plauderten und lachten uns in den Schlaf. Sprüche, Geschichten und Witze wurden da im Dunkeln hin und her gereicht, Gerüchte kommentiert, bis wir schließlich einschliefen.

– Jetzt bist du wie von der Familie, sagte sie damals.

Amanda: »Aber das paßt ihnen nicht, daß ich frei sei und ein Leben habe, wie es mir gefällt.«

1. (30.7.)
An einem ganz gewöhnlichen Nachmittag begegnete ich Amanda. Es begann ein starker tropischer Regen, ich war sofort durchnäßt und rannte zur Schule zurück. Dort stand eine Frau, ebenfalls durchnäßt. Ich bat sie herein und machte Kaffee. Wir plauderten über das Wetter, die Saat und mein Hiersein. Als der Regen aufhörte, sagte sie, ich solle mit in ihr Haus kommen. Es war recht weit, in einer Gegend, wo ich noch nie war, hinter dem Dorf auf den Hügeln. Wir gingen zuerst durch die Steppe zwischen Grasflecken, Riesenkakteen und Dornengebüsch hindurch, dann auf winzigen Pfaden den Hügel hinauf. Und dort, gerade hinter der Hügelkuppe an den Felsen gebaut, stand ihr Haus mit Blick über das Tal. Ich sagte, ich würde rauchen, und sie antwortete sofort, sie habe auch ein Laster, sie trinke Pulque, sie müsse ihn haben, es sei wie eine Notwendigkeit, wenn sie keinen habe, müsse sie immer daran denken. Sie möchte lieber unabhängig davon sein, aber das sei nicht möglich. In einer Hütte aus Agavenblättern, Kakteen und Holzstäben saßen zwei alte Frauen, ihre Schwiegermutter Filomena und deren Schwester Rita, alt, mager, runzelig, lächelnd – zwei grauhaarige Indianerinnen. Auch Amanda wirkte sehr indianisch, fast wie aus dem Bilderbuch, 40 Jahre alt, mit klaren, regelmäßigen und markanten Gesichtszügen, dunkler Haut, schneeweißen Zähnen und zwei schwarzen Zöpfen. Sie hat oft ein strahlendes, offenes Lachen auf dem Gesicht, ganz im Gegensatz zu den anderen Frauen, die sich verschlossen, leise und sehr schüchtern, fast unterwürfig verhalten.

Die beiden Frauen tranken Pulque, während die eine Wolle spann und die andere eine Wolldecke wob. Amanda stürzte gierig einen halben Liter Pulque hinunter. Sie wollte, daß ich auch trinke. Dann zeigte sie mir die große Küche, die in den Felsen eingelassene, breite Feuerstelle. Dort aßen wir etwas, damit wir nicht betrunken würden. Sie wärmte Tortillas auf dem Comal und legte Tomaten, Chilischoten und Knoblauch in die Glut, die sie dann im Molcajete zu einer scharfen Sauce zerstampfte. Im Gegensatz zu allen anderen Frauen im Dorf entschuldigte sie sich nicht für die »arme« Mahlzeit, denn sie sei eben arm und habe nichts anderes. Sie bot mir stolz ihre Sachen an und sagte, sie habe es gern so, ob es mir auch gefalle. Sie erzählte von sich, sie habe keinen Mann mehr, er sei umgebracht worden wegen Landstreitigkeiten, sie erhalte jetzt die Familie allein, sie habe drei Söhne. Fulgencio, der jetzt dreizehnjährig ist und die Sekundarschule in Murillo besucht, Felipe, zehnjährig und in der fünften Klasse, und der Kleinste, Hector, acht Jahre alt, besucht die zweite Klasse. Stolz betonte sie, daß keiner ihrer Söhne je ein Schuljahr wiederholen mußte, was in der Dorfschule eine Ausnahme ist. Inzwischen schickte sie die beiden jüngeren Söhne, um zu überprüfen, ob im Bewässerungskanal schon Wasser komme. Sie erklärte, sie werde jetzt nicht Pulque raspeln, sondern mich begleiten. Wir gingen wieder durch versteckte Wege, durch Gestrüpp und Felder, an deren Rand kleine Kanäle flossen, die sie eifrig freimachte oder zustopfte mit Steinen, Erde und Zweigen, in mühseliger Arbeit mit den Füßen im Wasser. Sie machte die Arbeit konzentriert und mit strahlendem Gesicht, fragte, ist es gut so, oder da noch etwas Erde. Während des ganzen Weges redete sie lauthals mit ihren Söhnen über das Wasser, gab ihnen Anweisungen, sie sollen kontrollieren, ob jener Kanal dort offen sei, den dort solle er mit Steinen schließen, der andere solle dort hinunterlaufen und nachsehen, ob das Feld der Doña Gregoria auch Wasser habe. Sie redete unbekümmert und laut; die anderen Frauen flüstern außer Haus nur mit ihren Kindern. Auf dem Weg trafen wir Don Gerardo, meinen Nachbarn, der mir heute morgen erzählt hatte, daß einige Leute Wasser klauen und es einander abgraben, obwohl sie nicht an der Reihe seien. Er kam mit einer großen Schaufel und stopfte einige Kanäle zu, er habe jetzt Bewässerungszeit, aber es komme nicht viel Wasser. Amanda und er plauderten ruhig und freundlich zusammen. Er begleitete uns den Kanal entlang; bei der Straße, wo sie den Kindern befohlen hatte, zuzustopfen, war das Loch wieder offen, das Wasser floß in eine andere Richtung. Sie machte nichts daran, denn mein Nachbar wachte. Sie begleitete mich zur Schule zurück und gab kritische Beurteilungen über die staatlichen Hilfsorganisationen, das Patrimonio und INPI von sich. – Sie versprechen immer, sie würden uns helfen, machen Empfehlungen, schenken uns besonders große Mais- und Bohnensamen, aber es führt meist zu nichts, sei es, weil diese Maissorte hier nicht wächst oder die Bohnen für Schädlinge anfällig sind. Ich gehe schon gar nicht mehr hin, wenn sie kommen, sagt sie selbstsicher. – Ich mache meine Sachen lieber allein – denn auch mit den Leuten im Dorf ist es schwierig, etwas gemeinsam zu machen, viele wollen nicht arbeiten, sind egoistisch oder faul.

Dann verabschiedet sie sich, sie müsse jetzt gehen, um den Kanal zu überwachen, sicher seien viele der Dämme, die sie geöffnet habe, wieder zugebaut. Sie versprach, mich bald zu besuchen, und zog dann mit der Schaufel in der Hand ab. Als ich nachher meinen Nachbarn traf, lachte er und sagte: – Sehen Sie, ich habe es doch heute morgen gesagt, so geht es mit dem Wasser. Amanda hat heute keine Bewässerungszeit, und trotzdem nimmt sie es uns weg. Was soll's, man kann nichts sagen, alle machen es so. Er lachte und erklärte: – Wir sagen hier, wer mehr hat, dem wird mehr gegeben.

Erst später wurde mir klar, wieviel Amanda mir bei diesem ersten Treffen von sich und ihrer Persönlichkeit gezeigt hat. Ich weiß nicht, ob sie mich gesucht hatte, aber bestimmt war sie neugierig auf die Fremde, die sich hier niedergelassen hatte, und war entschlossen, sie sich anzusehen und zu testen.

Sie vermittelte mir in dieser Begegnung drei Dinge:

- Sie stellte sich *zur Schau*, indem sie mir zeigte, wer sie ist. Sie führte mir nicht nur ihr Haus, ihren Besitz, ihre Verhältnisse und Familie vor, sie begegnete mir als handelnde Person, die sich selbstsicher, autonom und unabhängig durchzusetzen weiß. Ihre Botschaft: – Ich bin wie du, die du hier allein von weit herkommst, ich bin etwas für dich, kam auch an; ich war fasziniert von ihr.
- Zum zweiten drückt sie aus, daß sie Bedürfnisse hat und dazu steht. Sie sollte zwar davon loskommen, aber sie kann und will nicht, denn es gefällt ihr, und sie weiß sich schon so einzurichten, daß es nicht zu viele Probleme gibt; sie kann sich auch das notwendige Wasser holen, ohne daß ihr etwas geschieht.
- Die Begegnung kommt einer Verführung gleich. Amanda macht mich ohne Umstände zur *Komplizin* ihrer »Laster«;

wir nahmen gemeinsam Pulque und stahlen gemeinsam Wasser, wir streunten wie zwei Freundinnen durch die Hinterwege des Dorfes. Gleichzeitig teilte sie mir mit, daß sie die Kontrolle in der Hand hat und skeptisch auf alles Fremde ist. Ihre Kritik am INPI und am Patrimonio bezieht sich auch auf mich, sie macht sich keine großen Hoffnungen und kann sich sofort zurückziehen, wenn sie enttäuscht wird.

Die Begegnung löste in mir verschiedene Gefühle und Fragen aus. Ich war fasziniert und neugierig, aber auch verunsichert durch Amandas offensichtliches Anderssein und fragte mich, ob die Bekanntschaft mit ihr negative Auswirkungen auf meine anderen Beziehungen haben würde. Ihre unbekümmerte Offenheit und »Triebhaftigkeit« entlasteten mich stark, ich fühlte mich ihr gegenüber weniger fremd und anders; die Beziehung war unbemerkt und ohne Anstrengung in Gang gekommen.

2. (8. 8.)

Zum zweiten Mal sehe ich Amanda in der Schule in der Versammlung des Frauenkomitees, wo sie gegen ihren Willen zur Kassiererin gewählt wurde. Sie verkündet lauthals ihre Meinung und ihr Mißtrauen gegenüber den Versprechungen der Promotoren: man gebe nur Geld aus für nichts, und es sei ja immer so, daß – wenn überhaupt etwas bei der Sache herausschaue – der Nutzen nur einigen wenigen zugute kommt. Als sie gewählt wird und hört, daß auch sie die einmalige Kooperation von 25,– Pesos bezahlen soll, lehnt sie es ab, zu zahlen. Überhaupt, sie habe keine Zeit, um das Geld zu verwalten. Schließlich läßt sie sich überreden und wird als Kassiererin eingetragen, dann löst sich die Versammlung auf.

Amanda bleibt noch stehen, bis die anderen Frauen weggegangen sind, und lacht mich an. – Was meinst du? – Alles in Ordnung! Dann frage ich sie, ob sie Lust habe, mich regelmäßig zu besuchen, um mir von ihrem Leben und Alltag sowie von dem Leben der Frauen im Dorf zu erzählen. Sie stimmt sofort zu und will am folgenden Tag wieder kommen.

Amanda benimmt sich auffallend anders als die meisten Frauen. Sie ist offen, direkt, aggressiv. In ihren Urteilen bezieht sie sich auf ihre Erfahrungen, lehnt es ab, sich falsche

Hoffnungen zu machen. Sie beharrt auf ihrer Unabhängigkeit, will sich in nichts einlassen, was sie bindet oder verpflichtet, denn dann fürchtet sie Schwierigkeiten. Trotzdem will sie dabeisein, denn es könnte ja mal etwas dabei herausschauen, aber sie steht allein.

Ihre freie, direkte Art und Meinungsäußerung liegt außerhalb der offiziellen Stimmung der Sitzung, die leise und abwartend ist. Trotzdem wird sie akzeptiert, wohl gerade weil sie die heimlichen Vorbehalte der anderen, die diese nur hintenherum äußern, offen ausspricht.

3. (13.8.)
Amanda kommt zu mir in die Schule. Wir sitzen uns zum ersten Mal allein gegenüber. Sie weiß nicht recht, was sagen. Ich frage nach der Versammlung gestern. Sie will keine Wolldecken machen, sondern schneidern, dann können die Leute etwas lernen. Wolldecken weben könne ja schon jeder, aber Kleider schneidern nicht. Doch sie sei jetzt zufrieden, daß sie Kassiererin geworden sei, aber sie habe Angst, man werde ihr vorwerfen, sie stehle das Geld und verbrauche es selber.

Sie habe viele Freundinnen gehabt früher und für sie die Kleider genäht. Das könne sie gut, sie habe eine eigene Maschine. Seit aber die Freundinnen verheiratet seien, sehe man sich nicht mehr; weil die Männer es nicht erlauben, lebe sie ziemlich allein vor sich hin, sie habe ja auch viel Arbeit, müsse kochen, einkaufen, verkaufen, weben, Land pflegen, bewässern, Mais auskörnen, Nüsse pflücken und nähen. Sie muß doch ihre drei Söhne ernähren, so bleibt wenig Zeit übrig. Nach einer Pause sagt sie nachdenklich: – Es gibt viele hier, die unglücklich sind. – Was heißt das? – Sie wurden von ihren Männern verlassen und haben niemanden, der ihnen hilft; ich bin auch unglücklich, ich habe auch niemanden und bin ganz allein.

Viele Frauen hier seien Fracasadas, sie haben ein Kind ohne Mann. Josefina sei fünffach Fracasada, jedes Kind von einem andern, jetzt habe sie einen Alten, der bleibe und sie gern habe, der für sie sorge, der habe zwar auch schon eine Familie in Zimapan und jetzt noch eine in Ixmiquilpan, aber er sorge wenigstens für Josefina. Amanda habe sich mit 21 verheiratet und sei nun seit sieben Jahren Witwe. Plötzlich wird sie unruhig. Sie müsse noch viel arbeiten heute, ihre Söhne seien mit den Schafen auf der Weide, sie habe die Kühe schon auf die Hügel gebracht, jetzt müsse sie noch Gras schneiden für den Stier. Sie verabschiedet sich eilig.

Am nächsten und übernächsten Tag kommt Amanda nicht. Ich werde unruhig. Als ich sie auf einem Weg treffe, frage ich sie, wann sie komme. – Ja, übermorgen, ich habe viel Arbeit.

Mich überrascht ihre Behauptung, man werde sagen, sie stehle das Geld. Diese Angst vor verleumderischen Gerüchten muß mit anderen Problemen zusammenhängen, vielleicht mit dem gestohlenen Wasser. Ich vermute, daß sie um ihren Ruf fürchtet, warum auch immer.

Sie behauptet, Josefina sei fünffach Fracasada, ich aber weiß, daß sie nur zweimal mit einem Kind sitzengelassen wurde. Sie scheint testen zu wollen, wie ich darauf reagiere, denn sie ist (als Witwe?) auch eine Fracasada und eine, die man mit verleumderischen Gerüchten schlechtmachen könnte.

Die Grundthemen des Gesprächs sind die Angst vor Gerüchten und einem schlechten Ruf, die vielfältige und alle Zeit verschlingende Arbeit und ihre Position als Fracasada, Frau ohne Mann im Dorf. Ihr Verhalten ist aktiv abgrenzend, die eigene Autonomie betonend, indem sie sich auf ihre Arbeit beruft. Diese Themen und Verhaltensweisen werden zentral bleiben im Verlauf unserer Gespräche.

Amanda appelliert an mich: schau, ich bin allein und in Bedrängnis, sagt sie. Dies steht im Gegensatz zur ersten Begegnung, wo sie sich stark zeigte. Damit gibt sie einen Teil ihrer Autonomie mir gegenüber probeweise auf und kann dafür eine Woche lang nicht mehr kommen, um das Gleichgewicht wieder herzustellen.

4. (20.8.)
Erst nach einer Woche kommt Amanda abends wie zufällig vorbei. Sie wirkt schüchtern, fast mädchenhaft, und setzt sich auf den Rand des Stuhls, fast keinen Platz benützend.

Sie erzählt vom Frauenkomitee. Sie habe sich in der gestrigen Versammlung als Kassiererin zurückgezogen, denn sie habe keine Lust, daß man Grobheiten über sie sage. Die Präsidentin, Josefina, habe gestern Dinge gesagt, die einer Frau gar nicht über die Lippen dürften, so etwas könne sie nicht mitmachen, übrigens habe sie auch keine Zeit dazu, zuviel Arbeit sei zu erledigen. Man habe sie auch betrügen wollen, Josefina sei vorbeigekommen und habe für Montag um sechs Uhr eine Versammlung angesagt, aber dann sei niemand dort gewesen, man habe sie wohl einfach ärgern und ihr die Zeit stehlen wollen. Sie ist empört. Ich sage, sie wünsche, daß man sie akzeptiere, so wie sie wirklich sei und ihr nicht böse Sachen unterschiebe. Sie bestätigt das eifrig und geht dann.

Amanda kommt erst wieder, nachdem im Frauenkomitee ein heftiger Konflikt ausgebrochen ist, so wie sie es vorausgesagt hatte. Ich schließe daraus, daß sie mich als eine fremde, unbeteiligte Instanz aufsucht und braucht. Allein fühlt sie sich unsicher, sie sucht mein Verständnis.

Die Selbstverständlichkeit, mit der Amanda mir begegnet und ihre Empörung zeigt, verstärkt unsere Beziehung auf der Ebene der Komplizenschaft, verstärkt aber auch ihre Angst, ich könnte sie doch noch moralisch verurteilen.

5. (21.8.)
Am nächsten Morgen früh ist sie wieder da. Ich habe gerade Besuch von Maria, einer jungen ledigen, Frau, die ursprünglich nicht aus Daxhó ist, ihre Familie hatte sich vor einigen Jahren Land gekauft und lebt relativ isoliert in der Gemeinde. Sie will etwas von mir, es ist aber noch nicht klar, was. Ich gebe ihr zu verstehen, daß ich mit Amanda allein sein will, aber sie geht nicht darauf ein und beginnt ein intensives Gespräch mit ihr. Sie reden über das Frauenkomitee, die Bewässerung und die Landrechte. Amanda empört sich wieder über die gestrige Sitzung und Josefina, die grob, unerzogen und unhöflich sei, will aber nicht sagen, was Josefina eigentlich sagte, denn so etwas dürfe einer Frau nicht über die Lippen kommen. Ich sage, hier scheinen alle Leute schlecht übereinander zu sprechen, selbst wenn sie befreundet sind. Amanda meint, das sei der Neid, man rede vor allem so über die Reichen, nie über die Armen, denen habe man ja nichts vorzuwerfen, wenigstens in Daxhó sei das so. In Llano Verde, wo sie geboren wurde, sei das weniger der Fall, denn dort seien die Leute reicher als hier, es habe einen Fluß, Nußbäume und fruchtbares Land. Viele haben dort eine bessere Ausbildung,

sie sind Lehrer, Angestellte, Funktionäre. Da es ihnen besser geht, sind sie weniger neidisch. Maria behauptet, es sei ganz schlecht, neidisch zu sein, man würde nach dem Tod dafür bestraft, die Teufel würden die Seele plagen. Amanda zweifelt daran, sie habe das noch nie gesehen. Es sei unwirklich, daß die Teufel der Toten Seele holen, denn wenn einer sterbe und drei Meter unter Erde und Sand begraben werde, könne er schwerlich wieder herauskommen; sie habe das noch nie erlebt und könne sich das nicht vorstellen. Maria entgegnet, es sei ja nur der Geist und nicht der Körper, der zum Teufel oder zum Himmel gehe. Ach, das glaube sie nicht; ähnliches würde behauptet, wenn bös über einen geredet werde, man würde dann schlecht schlafen und Geister sehen. Aber man habe weiß Gott genug schlecht über sie geredet, und trotzdem habe sie immer gut geschlafen. Auch habe sich nie eine der bösen Verwünschungen gegen sie erfüllt. Sie spricht ruhig und ernst, manchmal mit Eifer. Maria wendet sich hilfesuchend an mich, Amanda nicht, sie ist ihrer Sache sicher. Dann geht sie, Maria bleibt.

Amanda assoziiert zur Strafe nach dem Tod eine ganz diesseitige Problematik: den schlechten Schlaf, der auf Verleumdungen hin folgen soll. Sie lehnt beides entschieden ab. Ihre Konflikte scheinen höchst gegenwärtig und aktuell zu sein; religiös-jenseitige Überlegungen sind ihr fern. Ihre heutige selbstsichere Entschiedenheit steht in krassem Gegensatz zur gestrigen Schüchternheit und wirkt fast wie eine selbstüberzeugende Beschwörung, die die Angst und Unsicherheit beschwichtigen soll.

Man redet nur über die Reichen schlecht, über die Armen nicht, behauptet Amanda. Folglich ist sie reich? Geht es bei ihren Problemen um Besitz und Privilegien? Wieder grenzt sie sich ab, in meinem Dorf ist man reicher, und deswegen gibt es weniger Streit. In Daxhó scheint alles schwieriger zu sein.

Ich wollte Maria wegschicken, Amanda fühlt sich dadurch akzeptiert und sicher. Sie rivalisiert mit der sehr angepaßten Maria, indem sie ganz real und konkret wird und die bestrafende Seite der Religion anzweifelt.

6. (22.8.)
Am nächsten Tag sehe ich Amanda beim Kanal. Sie wartet mit einigen Bauern auf den Kanalmann, steht mitten in der Gruppe und diskutiert heftig, mit stolzen Gebärden. Wie ich später zurückkomme, geht sie mit mir, und wir reden eine Stunde zusammen. Sie weiß nicht recht, was sagen, sitzt und geht herum, betrachtet die Schreibmaschine, fragt mich aus über die Schweiz, meinen Mann, mein Hiersein. Dann erklärt sie mir einige Wörter auf Otomi. Die Agave, die Agavenfiber, das grüne Fleisch der Agave, und wozu man das Material verwendet. Ich frage sie nach dem Dorf ihrer Kindheit.

Ihr Vater starb, als sie sechs Monate alt war, er stürzte bei der Nußernte vom Baum. Die Mutter wurde dann Händlerin und reiste wöchentlich Hunderte von Kilometern in den Norden, nach Tamazunchale, um dort Früchte zu kaufen für den Markt in Murillo. Eines Tages kam die Mutter nicht mehr zurück, man sagt, sie sei unter einen Lastwagen gekommen. Amanda war damals noch ein sehr kleines Mädchen. Die große Halbschwester übernahm den Haushalt. Sie hatte zwei ältere Halbgeschwister und zwei fast gleichaltrige richtige Geschwister.

Amanda hat ein großes Durcheinander mit der Zeit, einmal sagt sie, ihr Bruder, der ein Jahr jünger sei als sie, sei jetzt 25, obwohl sie 38 ist. Und dann, die ältere Halbschwester Victoria sei heute 65. Diese hat damals für ihre Geschwister gesorgt, alle haben sich geholfen, es war kein Mann im Haus, der befehlen konnte. Victoria hatte einen Freund, der selber Familienvater war und nur ab und zu auf Besuch kam, von diesem hatte sie drei Kinder. So lebten sie zusammen, gingen in die Schule und arbeiteten viel. Amanda versuchte früh, aus alten Lumpen Kleider zusammenzustückeln für Geschwister und Freunde, und heute kann sie gut nähen, auch für andere Leute. Victoria hatte mit 45 noch geheiratet, wurde aber kurz darauf Witwe. Amanda mag die Schwester, sie verstehen sich gut. Sie war streng, aber nett. Wenn Amanda erzählt, wie selbständig und vielfältig ihr Können ist, setzt sie sich ganz gerade hin, strahlt und schaut mich herausfordernd an.

Wenn Amanda unsicher ist und nicht genau weiß, was sie mit mir anfangen soll, wird sie praktisch-aktiv, beginnt mein Zimmer zu untersuchen, mich auszufragen; sie verhält sich so, wie sie es als Kind gemeinsam mit der großen Schwester gelernt hat: aktiv die Welt bewältigen.

Amandas Familienverhältnisse sind ungewöhnllich. Es fehlen die Eltern, sie wächst in einem Geschwisterhaushalt auf, der von den Frauen bestimmt wird. Die Präsenz der Männer scheint wenig dominant gewesen zu sein, da waren ein kleiner Bruder und ein verheirateter Geliebter, der bisweilen zu Besuch kam. In den meisten mexikanischen Familien ist der Vater zwar selten zu Hause, aber als Autorität sehr dominant und bestimmend. Ihre unbekümmerte Offenheit muß damit zusammenhängen, daß sie die frauenspezifischen Unterwürfigkeitsmuster dem Vater und damit der Öffentlichkeit gegenüber nicht gelernt hat.

Amanda ist unsicher, was sie mit mir machen soll, ob sie mir vertrauen kann. Meine Frage nach ihrer Kindheit entspannt die Situation, sie kann von realen Erfahrungen erzählen.

7. (23.8.)
Am nächsten Tag, als ich auf Amanda warte, besucht mich Jesus Muñoz, der Bruder des Leiters des Patrimonios; er ist ebenfalls Ethnologe, gebürtig aus Llano Verde. Amanda kannte ihn schon als Kind, sie begrüßt ihn herzlich und plaudert mit ihm, strahlt. Sie zeigt, daß sie mit dem Ethnologen, der dasselbe macht wie ich, sehr vertraut ist; sie reden Otomi, und ich verstehe nichts. Dann muß sie wieder zur Arbeit. Mein Besucher bleibt noch lange.

Am Nachmittag suchen mich Josefina und Joelia auf, und nach einem kurzen Begrüßungsgeplänkel, Wie geht's?, Wie bist du aufgestanden?, Es ist warm heute, erkundigen sie sich, ob Amanda weiterhin zu mir komme, um mit mir zu plaudern. Sie möchten gerne wissen, worüber wir reden. – Über alles mögliche, sage ich im Stil der hier üblichen vagen Antworten. – Hat sie auch vom Frauenkomitee erzählt?, fragen sie sehr direkt. Ich möchte wissen, was los sei, warum sie fragen. Sie beschreiben den Verlauf der letzten Sitzung und bitten mich, zwischen ihnen und Amanda zu vermitteln, denn sie hätten sie gekränkt und fürchten, sie würde das Versöhnungsangebot von ihnen nicht annehmen. Ich sage, daß sie offenbar genau wüßten, was sie wollen, und daß sie genau das Amanda auch erklären könnten, ich sei dazu nicht notwendig. Sie überlegen einen Moment und sind dann einverstanden.

Amanda scheint nicht ärgerlich über den Besuch von Jesus, im Gegenteil. Sie benützt die Situation, um sich mir zu nähern, indem sie zeigt, daß sie meinen Besucher gut kennt, und um sich abzugrenzen, sie spricht Otomi und schließt mich aus.

Josefina und Joelia, zwei Freundinnen von Amanda, bemühen sich um sie. Es scheint, daß sie mit ihrem heftigen und klaren Abgrenzungsverhalten die anderen dazu bringen kann, sie zu beachten und zu respektieren (Wahl zur Kassiererin), wobei ich vermute, daß diese ihre Machtstrategie nur wirksam werden kann, weil Amanda bereits vorher eine Position des Respektes im Dorf eingenommen hat.

8. (26.8.)
Amanda bleibt einige Tage lang weg, ich suche sie zu Hause auf, aber sie ist unterwegs; gegen Abend steht sie plötzlich da. Jetzt habe sie wieder Zeit, um mit mir zu arbeiten.

Sie war heute in Murillo, um die Einschreibungen für den ältesten Sohn in die Sekundarschule zu machen. Sie arbeitet viel, denn es gibt so vieles zu bezahlen: die Schuluniform, die Einschreibegebühren, die Bücher. Sie selber wäre halt auch gern in die Sekundarschule gegangen, jetzt, da es zu spät ist für sie, kann ihr Sohn es tun und einen rechten Beruf erlernen, es wird ihm besser gehen als ihr. Sie strahlt und zählt noch einmal auf, was sie alles unternimmt, damit es reicht, wie gerne sie es tut und daß sie alles selbständig und alleine tut. Sie bleibt nur kurz, denn es gibt noch vieles zu erledigen heute.

In jeder der bisherigen Begegnungen hat Amanda von ihrer Arbeit erzählt. Sie ernährt mit ihrer Tätigkeit, die sonst Aufgabe der Männer ist, eine sechsköpfige Familie. Die Schwiegermutter und Tante Rita übernehmen die Hausarbeit. Mich beeindrucken der Stolz und das Selbstbewußtsein, mit dem sie ihre Arbeit erwähnt und ins Zentrum ihres Lebens stellt. Als Witwe bleibt ihr kaum eine andere Wahl, als die Arbeit des Mannes zu übernehmen.

Bleibt Amanda weg, weil der Konflikt mit Josefina, die auch mit mir spricht, zwischen uns steht? Wie ich sie dann holen gehe und zeige, daß ich sie mag, kann sie wieder kommen und aufzählen, was sie alles kann. Die rivalisierende Eifersucht zwischen den beiden Frauen verunsichert sie in ihrer Position mir gegenüber.

9. (29.8.)
Drei Tage später besucht sie mich gegen Abend und erkundigt sich ausführlich nach meinem Ergehen. Ich frage nach dem Frauenkomitee. Sie macht wieder mit, die Sache hat sich geregelt, die Frauen, die grob redeten, haben es bereut, und so kann sie wieder mit ihnen arbeiten, anders ist es gar nicht möglich, sie läßt sich nichts Schlechtes nachsagen, das ertrage sie gar nicht. – Ob man sie früher auch schon angegriffen habe? – Nein, gar nie, deshalb ertrage sie es nicht. Die Frauen hätten sie gebeten mitzumachen, weil sie nicht schüchtern sei und ihre Meinung sagen könne, sie könne reden und verstecke sich nicht verlegen hinter den anderen, wie es die jungen Mädchen tun. Ich frage, ob sie als Mädchen auch schüchtern gewesen sei. – Nein, nie. Sie habe immer ihre Meinung gesagt und nie das Maul halten können, sie halte das auch nicht für notwendig, wenn man zusammenarbeiten wolle, müsse man auch zusammen reden, die Versammlungen des Frauenkomitees seien schließlich keine Plauderstunden, sondern Arbeit, und man könne nur etwas erreichen, wenn man offen zusammenarbeite und sich auseinandersetze. Deshalb habe sie den jungen Mädchen gesagt, sie sollen reden lernen und ihre Meinung sagen, sonst würden sie ihre Interessen nie durchsetzen. Sie wisse nicht, ob sie sich da täusche, aber das sei eben ihre Meinung. Oft sagen die Leute, sie sei dumm oder frech, aber sie sei nicht dumm, sie sehe es halt so, und sie handle auch so. Ein Acker von ihr hatte keine Bewässerung, da ging sie zu den Nachbarn und sagte: – Machen wir doch einen Kanal zusammen, dann haben wir Wasser. Die aber meinten: – Nein, das können wir nicht. Sie sei dumm, die Arbeit selber zu machen, das sei Aufgabe des Staates. Sie fragte dann den Ingenieur, der ihr zeigte, wo der beste Weg für den Kanal durchgeht. So grub sie selber mit ihren Kindern zusammen einen Kanal, seither haben sie Wasser. Auch für einen anderen Acker hat sie das selber gemacht, sie strahlt. – Ich sage. – Es ist wichtig für dich, selbständig zu sein und zu wissen, daß du dir selber helfen kannst. – Ja genau, das ist sehr wichtig, und ich kann alles selber machen,

antwortet sie eifrig. – Letzten Montag habe ich zwei junge Männer aufgeboten, die mir beim Ernten helfen sollten, aber die ließen mich sitzen, Tante Rita war am Verzweifeln. Ich sagte, machen wir es halt selber, und wir haben es geschafft. Am Montag haben wir bis in die Nacht hinein geerntet, und am nächsten Morgen früh schleppten wir den Mais ins Haus, so ging alles auch ohne Hilfe. Für die nächste Ernte, sagte ich, werden wir es von Anfang an selber machen. Dadurch haben wir Geld gespart, und ich kaufte am Montag einige Sardinen für meine Söhne. Ich gebe meinen Söhnen lieber ab und zu etwas Fleisch zu essen, als daß ich einen teuren Tagelöhner anstelle, der viel kostet und wenig arbeitet. Jetzt muß ich für die Schule des Ältesten sparen. Sie strahlt wieder. Ich bewundere ihre Tüchtigkeit und bin beeindruckt von der Leichtigkeit, mit der ihr alles zu gelingen scheint. – Das ist ja unglaublich, wie du das alles schaffst, so erlebst du immer von neuem, daß du von niemandem abhängig bist. – Ja genau, meint Amanda – das ist das Wichtigste für mich, ich kann alles allein schaffen, und so kann mir auch niemand dreinreden.

Mit der Vertiefung unserer Beziehung betont Amanda ihre aktiven Seiten stärker. Je wichtiger ihr meine Einschätzungen und Haltungen, meine Zuneigung werden, um so klarer zeigt sie ihre Unabhängigkeit und ihr Durchsetzungsvermögen. Falls ich sie enttäusche oder sitzen lasse wie der Tagelöhner, weiß sie sich bestimmt zu helfen. Sie identifiziert sich mit mir und zeigt, daß sie genau so eine ist wie ich.

10. (2.9.)
Ich war drei Tage in der Hauptstadt und ziehe nach meiner Rückkehr in das Haus der Evangelisten um. Amanda kommt in das neue Haus nach einer Versammlung des Frauenkomitees. Sie betrachtet genau das Zimmer und kommentiert die Einrichtung. Es ist persönlicher und gemütlicher hier als in der Schule, ein Bett, ein großer Tisch, zwei Stühle und ein Büchergestell.

Morgen will sie von ihren Bäumen bei Llano Verde Nüsse ernten, damit auf den Markt fahren und vom Erlös weitere Nüsse kaufen, um sie mit etwas Gewinn im Dorf hier zu verkaufen. Die letzten Nächte betete sie bei der Totenwache für das sechsmonatige Kind von Feliza; sie fragt mich, wie lange ein Brief nach Texas brauche. Ich weiß es nicht. – Aber du bist doch auch von dort, antwortet sie enttäuscht. – Nein, mein Land ist auf der anderen Seite des Meeres. Wieder beginnt sie im Zimmer herumzugehen, betrachtet meine Petroleumlampe, die ihr gefällt, plaudert über dies und das. Sie ist unruhig, zerstreut. Ich sage: – Es bedrückt dich etwas, und du magst nicht davon reden. – Gefällt es dir nicht, was ich erzähle? fragt sie erschreckt. – Doch, natürlich, aber es ist mir aufgefallen. Nun erzählt sie, daß sie am liebsten ein Angelito wäre nach dem Tod, und nicht einfach ein Kadaver, wie man hier die erwachsenen Toten nennt, dann müßte man für sie eine schöne Messe machen und viel vorbeten. Sie kann auch vorbeten, Feliza hatte sie für das tote Mädchen geholt, und sie hatte dann am Sonntag in deren Haus und am Grab vorgebetet, sie strahlt. – Ob sie das gerne mache? Ja, sie habe das auch letztes Jahr gemacht, am 7. Oktober, da habe sie den ganzen kirchlichen Teil des Festes vorbereitet, alle Mädchen trugen weiße Kleider für die Prozession, es war wunderschön, alles von Amanda selber genäht. Sie schaut mich an. Und nun betete sie bei Feliza wie letztes Jahr in der Kirche. Wenn jemand stirbt, gehen alle zum Haus des Verstorbenen und bringen etwas mit, Blumen oder eine Kerze, Zigaretten oder auch Geld. Aber man darf nicht nur einen Peso geben, sondern mindestens von zehn an aufwärts, sonst gilt man für geizig. – Sterben hier viele kleine Kinder? – Ja, viele, ich habe vier verloren ... das ist viel Verlust, einer war krank mit den Bronchien, und drei sind tot auf die Welt gekommen, aber ich war nicht bei Sinnen, als die Geburt geschah, denn sonst hätten sie es nicht herausnehmen können. Mein Mann war lieb und hat mir geholfen, er war traurig, daß die Kinder tot waren, fast mehr als ich. Wir haben uns überhaupt immer gut verstanden, wir haben alles zusammen gemacht und uns immer unterstützt. Den Kanal machten wir zusammen, und für das Ejido haben wir uns eingesetzt. Er war Repräsentant für das Ejido und hat gefordert, daß das Patrimonio Maschinen schickt, um den steinigen Boden zu reinigen und bebaubar zu machen, und wir zwei haben zusammen den Dreck und die Dornenbüsche weggeräumt und begonnen, den Boden zu bepflanzen. Wir haben immer alles zusammen gemacht, wir lebten zwölf Jahre zusammen, und dann ging er. Er wurde vor sieben Jahren umgebracht von einem Mann, der nicht von hier ist und dem Gericht entkam. Zu seiner Beerdigung kamen viele Leute von überall her, von Llano Verde, von Murillo, von Nalcan und Daxhó, es waren sehr viele. – Haben die dir dann geholfen? – Ja, ein wenig, aber ich habe dann einfach alles weiter gemacht, was wir zusammen gemacht haben, ich kann eben arbeiten, ich habe keine Angst vor der Arbeit, ich mache jetzt alles allein. – Hast du keine Verwandten hier? – Er war der einzige Sohn, aber er hat Cousins. Secondino und der Vater von Josefina waren seine Onkel. – Dann ist die ganze Familie Martinez verwandt mit dir? – Ja, aber wir haben wenig Kontakt, zum Grüßen und nicht mehr, oder wenn ein Schmerzensfall eintritt, ein Todesfall, dann besuchen wir uns und helfen, hier helfen sich alle, wenn einer in Not ist, und sonst läßt man sich in Ruhe. Dann erzählt sie noch, was sie morgen alles erledigen muß und daß sie vielleicht nicht kommen kann.

Amanda ist nervös und bedrückt und spricht nur tragische Themen an. Sie möchte ein totes, unschuldiges Kind sein, ein Angelito, dann erinnert sie sich an den Tod ihrer Kinder, den Tod des Mannes, ihre Einsamkeit. Das Thema des Todes bedeutet immer auch Trennung. Plötzlich fällt mir auf, daß sie fragt, wie lange ein Brief nach Texas dauert. Aus den folgenden Stunden weiß ich, daß sie einen Geliebten hat, der vor kurzem nach Texas fuhr. Bei der Analyse dieser Stunde wird mir klar, daß er gestern oder heute abgereist sein muß und daß Amanda unter der Trennung derartig leidet und sich so überfordert fühlt, daß sie selber tot sein möchte.

Wieder fällt auf, wie wichtig die Arbeit ist für Amanda. Je schwieriger und belastender ihre Situation wird, um so aktiver und zielbewußter besetzt sie die Arbeit. Im religiös-rituellen Leben des Dorfes nimmt sie eine wichtige und prestigeträchtige Position ein. Ein Teil ihrer Arbeitsleistungen besteht in der Erhaltung ihres Prestiges.

Ich war weg und sitze jetzt im Haus des Evangelisten. Amanda fragt mich; sie will wissen, wer ich bin, was ich mache. Sie ist gekränkt, weil ich sage, sie rede nicht von ihren Sorgen und beschreibt ihre religiösen Tätigkeiten, bezieht eine abgegrenzte, starke Position.

Wenn ich mir vergegenwärtige, wie vielen verschiedenen und beschwerlichen Arbeiten Amanda nachgeht, dann wundere ich mich, daß sie auch noch Zeit findet, um zu mir zu kommen. Wenn sie fernblieb, hatte ich den Eindruck, daß das nicht nur mit unserer Beziehung zusammenhängt, sondern auch mit ihrer Arbeit. Ihre Sorge und Einsamkeit sind so groß, daß sie mich braucht, gerade mich als die Fremde, die nichts von Verleumdungen und Gerüchten weiß, andere Worte hat.

11. (7.9.)
Amanda tauchte wieder fünf Tage lang nicht auf. Am Samstag ging ich bei ihr vorbei, sie war nicht da. Am Sonntag ein zweites Mal. Sie sitzt auf der Galerie ihres Hauses und ist gerade dabei, mit der handgetriebenen Singer-Nähmaschine die Kleider ihrer Söhne zu flicken. Sie freut sich über meinen Besuch und erklärt, daß sie ihre Söhne anständig gekleidet in die Schule schicken will, vor allem den, der in die Sekundarschule geht. Sie zeigt stolz, wie sie große Hosen verkleinert, so daß sie dem Jüngeren passen, wie sie zerrissene und abgetragene Hemden und Blusen neu zusammensetzt, Stücke einflickt, so daß sie wieder wie neu sind. Dann schleppt sie alle möglichen Kleider und Gegenstände, die sie selber genäht hatte, heran: Schürzen, Röcke, Blusen, Säcke, Taschen und Netze. Bei jedem Stück fragt sie, ob ich das auch könne. Natürlich kann ich das nicht. Dann holt sie Webereien, Stickereien, Deckchen und Stoffe etc., immer mehr und mehr, es wird schon dunkel, und ich sage, daß ich gehen will. Aber sie will das auf keinen Fall akzeptieren, fordert mich von neuem auf, mich zu setzen. Sie macht ein so enttäuschtes Gesicht und sitzt so klein und verlassen da, daß sie mir leid tut. Ich sage: – Du befürchtest, deine neue Freundin wieder zu verlieren, endlich hast du jemanden, dem du deine Sachen und dein Können zeigen kannst. Sie lacht und strahlt, ich habe sie verstanden; sie nickt eifrig und holt ein Modeheft aus den 50er Jahren und zeigt die Muster, die duftigen Kleider, die sie bewundernd betrachtet, und von einem ganz zarten, weiten Sommerkleid, das von einer schlanken Dame getragen wird, sagt sie, das habe sie sich genäht. Schließlich verabschiede ich mich mit den Bohnen aus dem Gärtchen unterhalb des Hauses, die sie mir mitgibt.

Amandas Bemühungen, mich über das Vorzeigen ihrer Nähkunst festzuhalten, haben etwas Verzweifeltes, es muß ihr sehr schlecht gehen. Gekonnt setzt sie ihre Realität ein, um sich und unsere Beziehung zu strukturieren. Im Gegensatz zu Mariana tut sie dies aber ganz direkt, ohne jede Moral und Reaktionsbildung.

Nachdem ich sie als Freundin akzeptiere und verstehe, zeigt sie mir etwas fast Intimes: ein duftiges Kleid, das sie sich nähte, etwas aus meiner Welt. Sie vermittelt das Bild einer sinnlichen, lebenslustigen Frau, die gerne schön sein möchte. All ihre selbstgenähten Kleider stehen ihr gut.

Amanda war gekränkt durch meine Frage in der letzten Begegnung. Sie wartet, bis ich zu ihr komme. Nähe und Distanz, Identifikation und Abgrenzung wechseln sich ab. Heute läßt sie mich nicht weggehen, denn sie ist einsam und braucht mich, muß aber gleichzeitig zeigen, daß sie stärker, fähiger ist als ich. Am Schluß schenkt sie mir Bohnen als Geschenk für meine Anerkennung, das Gleichgewicht wird wieder hergestellt.

12. (8.9.)
Sie kommt am nächsten Tag gegen Abend. Sie war gestern nach meinem Besuch bei den Kanälen, um das Wasser auf ihr Feld zu leiten. Dann nähte sie noch Ayates aus dem Plastikgewebe der Zuckersäcke. Heute morgen war sie wegen des Frauenkomitees in Ixmiquilpan bei einem Licenciado des Patrimonios. Er versprach, jemanden zu schicken, der den Frauen das Teppichknüpfen beibringen würde, damit sie das zu Hause machen könnten. Sie fragt dann nach den Bohnen, sie hatte gedacht, ich würde sie nicht essen. Ich sage: – Du glaubst, sie sind mir nicht gut genug? – Ja, ich habe sie im Februar gesät und im Mai die ersten geerntet, und jetzt kommt die zweite Ernte. Es habe so viele Blüten, weil sie den Garten so gut gepflegt habe.

Morgen gehe sie nach Zimapan, um die Papiere für den Landbesitz registrieren zu lassen, denn der Cousin ihres Mannes, David, wolle ihr das Land wegnehmen. Jetzt will sie alles regeln, sie möchte auch, daß ihre Schwiegermutter ein Testament macht und ihr alle Erbrechte überträgt, denn schließlich hätten sie und ihr Mann allen Landbesitz erarbeitet, »Sandkorn für Sandkorn«. Weil ihr Mann in den USA arbeitete, hatte sie genug Geld, um sofort zuzugreifen, wenn jemand sein Land verkaufen wollte. Sie habe jetzt ziemlich viel Land, und gerade deswegen wolle David es ihr wegnehmen, sie habe Gerüchte darüber gehört.

Sie habe der Familie ihres Mannes aber immer viel geholfen, als der Vater der Schwiegermutter starb, gab sie von ihrem Geld und arbeitete viel. Drei Monate später starb ihr erster Sohn, das war sehr traurig, dabei hatte sie gearbeitet, was sie konnte. Schon damals gab es Streit mit David, der noch im Haus wohnte. Dieser war von seiner Mutter, die bald darauf starb, wegen eines andern Mannes verlassen worden. Amanda würde ihre Kinder nicht verlassen, sie könnte sich ja auch einen anderen Mann suchen, aber das mache sie nicht, sie werde ihre Kinder nie verlassen. – Deine Kinder sind dir sehr wichtig? sage ich. – Ja, sehr, ich will, daß es ihnen gut geht, daß sie in die Schule gehen können und daß alles ihnen gehört, daß man ihnen nichts wegnimmt. David war schon immer unzufrieden, jetzt lebt er mit seiner zweiten Frau – seine erste hat er verlassen – auf dem Stück Land, das er bekommen hat. Aber er will mehr. Dabei habe sie, Amanda, alles für die Schwiegermutter und deren Familie gemacht, sie habe sogar Rita auf ihrem Rücken im Ayate zum Arzt getragen, als sie krank war, das mache nicht so schnell einer. David habe sie immer betrügen wollen, schon als ihr Mann starb, wollte er sie aus dem Haus haben, indem er sagte, man werde sie auch noch umbringen, sie solle in ihr Geburtsdorf zurückgehen, er werde auch ihre Dokumente aufbewahren und ihren Besitz schützen. Aber sie sei im Haus geblieben, sie habe schließlich noch das Gewehr ihres Mannes.

Nun werde sie morgen ihr ganzes Land registrieren lassen, sie habe auch noch Dokumente und Quittungen für alles.

Sie wolle jedem möglichen Streitfall vorsorgen, denn ihr und ihren Söhnen soll man nichts wegnehmen können, schließlich haben wir alle schwer für den Landbesitz gearbeitet, wir haben alles gemeinsam erarbeitet.

Auch in dieser Stunde vermittelt Amanda etwas Gehetztes, Bedrohtes und Kämpferisches. Sie will ihren Besitz, ihre Verhältnisse absichern: Land registrieren, ein Testament verfassen lassen, für ihre Kinder sorgen. Sie fühlt sich bedroht von David und anderen und betont, daß sie ein Recht auf ihren Besitz hat, weil sie ihn selber und mit ihrem Mann zusammen erarbeitet hat. Sie will den Staat (Registrierung des Bodenbesitzes) einschalten, um sich gegen die Bedrohung innerhalb der Verwandtschaft zu schützen.

Wieder kommt es mir vor, als ob Amanda Beschwörungen macht, um eine Gefahr zu bannen: ich würde meine Kinder nie verlassen, betont sie mehrere Male. Was ist los? Ich spüre heftige Bewegung und Kampf in Amanda, kann sie mir aber nicht erklären.

Amanda beschreibt den Prozeß der Schichtung im Dorf: ihr und ihrem Mann ist es gelungen, das in den USA verdiente Geld in Boden zu investieren. Was andere verbrauchten, haben sie beide effizient zusammengehalten; heute hat sie viel Landbesitz, etwa fünf bis sechs Hektar.

Das Gefühl, daß etwas Bestimmtes mit Amanda los ist, daß ich es aber nicht verstehe, weil sie es nicht ausspricht, nur die Spannung und den Druck vermittelt, macht mich hilflos. Ich habe den Eindruck, nicht an sie heranzukommen und stelle die wildesten Hypothesen auf, um eine Erklärung zu finden. Zuerst überlege ich natürlich, ob das mit unserer Beziehung zu tun haben könnte, ob ich etwas falsch mache, sie verletzt habe, sie nicht genug anerkenne. Dann vermute ich, daß sie die Gesprächssituation selber in derartige Leistungsspannungen bringt, daß sie mir immer vorrechnen muß, wie tüchtig sie ist. Dann kam mir der Gedanke, sie sei eine Vorkämpferin der Frauenrechte im Dorf, die für eine bessere Situation kämpft. Gleichzeitig erschienen mir all diese Hypothesen schal und aufgesetzt, denn Amanda wirkte so authentisch und spontan in den Stunden, daß es viel naheliegendere Gründe für ihr Verhalten geben mußte. Unsere Beziehung ist zu einem festen Bestandteil in Amandas Leben geworden, sie fühlt sich stark mit mir und kann sich gegen die Verwandtschaft, die Sippe des Mannes abgrenzen.

13. (10.9.)

Sie kommt wieder am übernächsten Tag. Es sind noch zwei Nachbarinnen da, die aber plötzlich hektisch aufbrechen, es sei der Lastwagen mit Mais gekommen, sie müßten helfen. Amanda kommt mit Hector und einer Häkelarbeit. Sie will, daß ich die Arbeit bewundere, sie habe sie erst heute angefangen. Sie sei gestern nicht in Zimapan gewesen, es habe geregnet, deshalb sei sie auch nicht gekommen. Wir reden noch von den Glocken, die läuten, fragen uns, ob jemand gestorben sei. Sie meint nein, obwohl es sehr schlecht stehe um Justino und er schwer krank sei, seien das nicht die Totenglocken. Plötzlich bricht es aus ihr heraus, daß Justino ein »Cochino traicionero«, ein verräterisches Schwein sei. Das wiederholt sie mehrere Male hart und böse. Ich staune über diese plötzliche Härte, und sie erklärt, daß er mit seiner Tochter lebe und vier Kinder mit ihr habe, und daß er der Komplize des Mörders ihres Mannes war.

Dann beginnt sie wieder zu häkeln, muß die Maschen zählen und wirkt abwesend und unkonzentriert, fragt nach mir, was ich mache, wie es gehe. Ich zeige ihr den Fragebogen, den ich mit allen Frauen des Dorfes machen möchte, schlage ihr vor, ihn mit ihr durchzugehen und bitte sie um ihre Meinung, ob gewisse Fragen zu direkt oder unhöflich seien, ob etwas fehle. Sie geht gerne und eifrig auf mein Anliegen ein, beantwortet alle Fragen mit Ausführlichkeit und Interesse und meint schließlich, sie finde nichts Anstößiges daran. Und wenn die Leute nicht wollten, dann brauchten sie ja nicht zu antworten. Sie finde das völlig in Ordnung so.

Es ist schon spät, sie wollte eigentlich auf ihr Feld, aber jetzt werde sie nur noch in den Laden und dann nach Hause gehen.

Amanda zeigt heftige Gefühle der Wut und des Hasses. Niemand sonst im Dorf hat so offen und unverhohlen seine aggressiven Gefühle gezeigt. Sie fängt sich gleich wieder auf, indem sie sich der Arbeit zuwendet. Die Arbeit ist das wichtigste, selbststrukturierende Element in Amandas Krise.

Der Konflikt um die Werte und Normen, gut und schlecht, geht weiter. Sie ist gut, der andere ist das Schwein, der hat vier inzestuöse Kinder.

Solange der Über-Ich-Konflikt in Amanda so heftig ist und ich als Repräsentantin der öffentlichen Normen in Frage komme, kann sie ihr Problem nicht nennen, nur darum herumreden und die Arbeit zur Stabilisierung einsetzen. Ich gehe darauf ein, biete den Fragebogen zur Ablenkung an.

14. (12.9.)
Wieder kommt sie am übernächsten Tag und redet vor allem darüber, wie wichtig ihr ihre Söhne sind. Sie möchte, daß

diese die bestmögliche Ausbildung machen können, und dafür sei sie bereit, alles zu tun, zu kämpfen, zu rennen, zu arbeiten. Sie sollen es besser haben als ich, sie werden in die Welt hinausgehen. Sie zählt wieder auf, was sie alles für sie getan hat. – Nie würde ich sie verlassen, niemand kann sie mir wegnehmen, sie gehören in das Haus meines Mannes, sind seine Kinder und werden es auch erben.

Die sich wiederholenden manifesten Inhalte der Gespräche weisen immer klarer auf eine Problematik hin, die mit den Normen des Dorfes zu tun haben muß. Gewisse Dinge spricht man nicht aus. Wenn man es trotzdem tut, wird man verurteilt oder verlassen.

Unsere Begegnungen beginnen mich zu irritieren. Sie lassen in mir ein Gefühl der Unruhe, Unklarheit und Unbefriedigtheit zurück. Wir reden und reden immer über dasselbe, obwohl es offensichtlich ist, daß es um ganz bestimmte, unausgesprochene Probleme geht. Der Ablauf der Stunden wiederholt sich mit verschiedenen Inhalten. Amanda redet nicht zu mir als Person, sondern als Repräsentantin bestimmter Wertungen, die im Dorf gelten, oder die sie bei mir als weißer Frau vermutet.

15. (13.9.)
Sie kommt am folgenden Tag mit Hektor und Felipe, bringt Tortillas und Gemüsesuppe, zwingt mich fast, sie zu essen. Sie will mich auf ihren Acker mitnehmen. Ich sage: – Du möchtest mir alles, was du kannst, zeigen. Das geht doch auch, wenn wir hier arbeiten. Sie geht sofort darauf ein und erzählt, sie habe heute die beiden jüngeren Söhne mitgebracht, weil Hector gestern weinte, als er zu Hause bleiben mußte. Die Kinder kommen eben gerne mit ihr, sie haben sie gerne und wollen nicht ohne sie zu Hause bleiben. Sie hänge ja auch sehr an den Kindern und wolle sie auf keinen Fall verlassen, sie seien ihr das Wichtigste, sie wäre bereit, alles für sie zu tun, deshalb habe sie auch ihrem Freund gesagt, daß sie ihre Söhne nicht aufgeben werde, sondern mit ihnen in ihrem Haus bleibe, und er solle auch am besten in dem seinigen bleiben. – Du hast einen Freund? – Ja, und ich habe es ihm gesagt, wie ich es sehe. Ich frage, ob er auch eine Familie habe. Ja, er habe eine Familie in Llano Verde, aber

sie könne nicht mit ihm gehen, denn dann müßte sie ihr Heim aufgeben, und das wolle sie nicht. Sie habe viel mit ihm darüber geredet. Sie erzählt das mit erwartungsvollen Augen.

Dann wird unser Gespräch von einer Frau unterbrochen. Amanda bittet mich heimlich noch um 20,– Pesos für die Schulbücher ihres Ältesten, und ich gebe sie ihr.

Fast in einem Nebensatz erzählt Amanda, daß sie einen Freund hat und vor der Frage steht, ob sie mit ihm gehen, also das Haus und Erbe verlassen soll, oder ob sie der Kinder wegen bleiben soll. Die Nervosität der letzten Stunden wird plötzlich verständlich, ebenso wie die Themen selber.

Amanda macht mir zwei Geschenke; sie muß mich gleichsam »kaufen«, um von sich reden zu dürfen. Sie befürchtet, ich würde ebenso moralisch entwertend auf ihre Geschichte reagieren, wie das hier die meisten Frauen tun, also muß vorher unsere Beziehung noch einmal gefestigt, müssen rivalisierend-abgrenzende Tendenzen gebannt werden. Dann kann sie es wagen. Unser Gespräch wird aber unterbrochen, und Amanda nimmt sich Geld mit von mir, macht mich zu ihrer Gläubigerin, die von ihr abhängig ist.

16. (17.9.)
Ich war für drei Tage weg in der Hauptstadt. Nach meiner Rückkehr am nächsten Morgen früh taucht Amanda zwischen den Kakteen auf einem Nebenweglein auf. Sie strahlt mich an, trägt eine Machete und einen großen Plastiksack mit sich. Sie will auf den Acker, fragt, ob ich mitkomme. – Nein, aber wir könnten arbeiten. Sie ist sofort einverstanden. Ich frage sie zum ersten Male, ob ich das Tonband anstellen darf, und es scheint sie nicht zu stören, nicht weiter zu interessieren. Sie erzählt von ihrer Arbeit, zählt all die Pflichten und Tätigkeiten auf, die sie für ihre Söhne macht. Ich sage: – Ich sehe, daß du eine sehr besondere Frau bist. Du kannst viel, du erhältst deine Familie ganz allein, du bist sehr fähig, du kannst nähen, weben, bauern, alles.

(A: Amanda / I: Ich)

A: Nun, sagen wir... sehr, sehr besonders vielleicht nicht, weil – manchmal, wie ich schon sagte, fehlt mir das

Geld, ja dann muß ich es ausleihen oder ein Gewebe verkaufen, meine Wolldecke – wirklich, wir haben nichts. Gut, es gibt Bohnen und eine Tortilla mit Chilisauce zum Essen, aber sonst fehlt das Geld. Manchmal nehme ich ein Schaf oder eine Ziege mit auf den Markt nach Ixmiquilpan und verkaufe sie dort – so hole ich mir mein Essen, von da habe ich das Geld, um die Woche zu überstehen.

I: Du weißt, was du willst, du kannst arbeiten und kämpfen, du kannst deine Familie erhalten, du erreichst, was du willst, du kannst dich verteidigen.

A: Wer weiß, wer weiß, jetzt wollte ich aufs Patrimonio, aber in dem Zustand, in dem ich mich jetzt befinde, will ich nicht reisen (antwortet sie mit geheimnisvoller Stimme).

I: In welchem Zustand?

A: Zustand... sagen wir... ehm, in diesem, diesem... der Schwangerschaft, jawohl. Und deswegen kann ich nicht reisen, denn es plagt mich sehr.

I: Ah, ich wußte nicht, daß du schwanger bist, ist es schon weit?

A: Es fehlt wenig.

I: Und wie geht es dir?

A: Angst habe ich keine, ich werde im... wie heißt es... im Spital niederkommen, und weil ich nicht zum Arzt gegangen bin, keine Behandlung hatte, deswegen kann ich nicht reisen, mich nicht viel bewegen, nicht viel gehen, es plagt mich, es beunruhigt mich, ich kann in der Nacht nicht schlafen. Das Kind ist unruhig, wenn ich viel arbeite, ist das Kind unruhig, es bewegt sich viel.

I: Es bewegt sich schon?

A: Ja, es geht in den achten Monat, es wird, wenn es früh kommt, Ende Oktober kommen.

I: Ich dachte, du hättest ein Bäuchlein.

A: Nein, das ist das Kind, ich dachte, daß du es weißt.

I: Nein, ich wußte es nicht, aber jetzt verstehe ich. – Was sagt dein Freund, oder wie soll ich sagen?

A: Amante (Liebhaber) einfach so, Amante unter uns, weil wir zusammen reden, nicht wahr! Er sagt, daß er das Kind will, daß ich es haben soll, daß er mir bei der Geburt helfen wird, denn klar... ich kann, eben, ich kann im Haus nicht verlangen, daß sie mir helfen.

I: Deine Schwiegermutter?

A: Ja, sie weiß es und war von Anfang an sehr ärgerlich, aber ich dachte, wenn sie nicht will, dann soll sie es lassen, dann gehe ich... ja, ich habe einen Fehltritt begangen, meiner Ansicht nach ist es ein persönlicher Irrtum, jawohl... es ist ein Irrtum, der passiert ist in der, ehm... wie soll ich sagen... im Gefühl... Ich behaupte, daß das natürlich ist, ich brauche einen Menschen. Ich sagte ihnen, wenn sie nicht einverstanden sind, dann gehe ich. Aber sie sagten nein. Stell dir vor, sie sagten, du bist diejenige, die uns unterhält und umsorgt. Aber der Señora (Schwiegermutter) ging es dann ein wenig schlecht in der Nacht, sehr schlecht, sie hatte Temperatur, sehr hohes Fieber, und eines der Kinder auch. So mußte ich aufstehen und ihnen Pastillen geben, sie mit Alkohol und Kampfer einreiben. So ist es, so wie sie sagt; wenn du gehst, sagt sie, dann habe ich niemanden, der das Land bearbeitet, der für uns sorgt. Es kann ja sein, daß die Kinder dir folgen, mit dir gehen, aber wir bleiben, du weißt, wir bleiben für die Neffen, diese wollten schon lange, daß du gehst. Aber wir werden nicht erlauben, daß du gehst.

I: Und wohin würdest du gehen?

A: Ich ginge mit ihm, mit dem Vater meines Kindes. Er sagt, weißt du, sagt er, wenn du jetzt mit ihnen redest zu Hause und schaust, was sie sagen, und wenn du einverstanden bist, dann gehen wir. Ja, er sagt, er will nicht, daß sie mir Vorwürfe machen, heute oder morgen. Ich will nicht, daß sie dir Vorwürfe machen oder etwas sagen, sagt er. Wenn sie dir weiterhin Vorwürfe machen, ist es besser, daß wir gehen und Probleme vermeiden, wir haben die Kinder, wir schicken sie in die Schule, damit sie weiterstudieren, und ich sorge für den, der kommen wird.

Aber die Señora sagt, sie will nicht, daß ich gehe. Oh, sie hat auch ihre bösen Momente, sehr böse. Und ich bin nicht gewohnt, daß man mir etwas vorwirft, das gefällt mir nicht. Das schmerzt mich sehr. Ich habe niemanden, weder Vater noch Mutter. Ich will nicht ausgehalten werden. Ich mache es ja nur für meine Kinder und für die beiden Señoras, nur deswegen habe ich sie nicht verlassen. Ich bin nie ausgehalten worden... und jetzt: ich ausgehalten von diesem Mann. ...obwohl ich glücklich mit ihm wäre. Ich sage das alles nur dir, keine andere Person weiß etwas davon.

Wir schweigen.

Mein Bauch ist jetzt sehr klein, sonst war er jeweils viel größer. Ich arbeite zu viel. Die Kinder werden meist rachitisch, klein und mager geboren hier. Ich habe auch keine Lust auf nichts, fast nicht. Früher schon, wenn ich auf dem Markt war: eine Tortilla, Barbacoa, Fleisch, Suppe, alles, jetzt nicht. Früher habe ich überaus viel Pulque zu mir genommen, ich war eine große Pulquetrinkerin, besonders als ich die anderen Kinder erwartete. Jetzt ist es anders, wenn ich ein Gläschen nehme, ist es viel. Der Vater meines Kindes hat mir mehrmals mein Bier, meinen Jerez geschickt, damit das Kind gut wächst, aber jetzt nicht mehr, jetzt sorgt sich niemand um mich.

I: Seht ihr euch oft?

A: Nein, nein, es kam vor, daß er mich nehmen wollte, aber ich wollte das nicht. Aber nach den langen, schönen Gesprächen, die wir hatten, konnte er ja selber merken, wie mein Benehmen ist, wer ich bin. Mit der Zeit wuchs sein Vertrauen zu mir, es wuchs seine Liebe, nicht wahr, seine Zuneigung und Zärtlichkeit. Mir geschah dasselbe. Ja, und dann haben wir uns betören lassen. (Amanda lächelt)

Wenn Gott will, daß alles gut ausgeht... das ist es, was mich besorgt: da ich keine medizinische Pflege erhalte, keine Anerkennung, die mir der Arzt gegeben hätte, sage ich, vielleicht geht es nicht gut aus, wer weiß, – ich fühle mich nicht schlecht, nur in den letzten Tagen, als ich soviel arbeitete mit der Bewässerung der Bohnen, fühlte ich mich unruhig, so wie wenn es einen Abort geben würde, jetzt ist es wieder vorbei. Meine Schwiegermutter ist besorgt, ich solle nicht zu viel arbeiten, du weißt, sagte sie, daß die Geburten für dich sehr gefährlich sind. Sie sind auch besorgt. Sie hoffen, daß alles gut geht für mich, und dann schenk es weg, sagen sie, gib es dem Patrimonio. Aber ich will nicht, ich schenke es nicht her; es ist doch so, daß einer während der Schwangerschaft viel leidet. Ja also, nie werde ich mein Kind hergeben! Dieses weniger als die anderen!

I: Dieses Kind ist dir wichtig.

A: Ja, aber die Leute reden viel. Sie können einen nicht mit jemandem sprechen sehen, oder sie können es nicht sehen, daß man begleitet wird, daß einem jemand folgt, sie wollen, daß er von einem weggeht, daß man allein ist. Ja, so behandeln mich die Leute.

I: Vielleicht sind sie dir neidisch und haben jetzt einen Grund, über dich zu reden.

A: Ja, aber mein Kind wird ja das Land niemandem wegnehmen, ich habe keine Angst. Was mir schon Angst macht, was mich nervös und besorgt macht, das ist die Geburt, davor habe ich Angst, wird es gut ausgehen oder nicht, ... aber ich sage, wer weiß, man wird es sehen.

I: Kennst du deinen Amante schon lange?

A: Ja, schon sechs Jahre, während vieler Jahre konnte er mir meine Liebe nicht rauben... Dann hast du also gedacht, ich sei nur etwas dick?

I: Ja, deswegen habe ich nicht verstanden, was du erzählt hast.

A: Am Anfang war es schon schlimm – ich war traurig, untröstlich, habe alles allein gemacht, um meine Familie zu unterhalten, und was soll ich jetzt machen, wenn meine Schwiegermutter krank wird oder meine Kinder, ich bin sehr besorgt. Und ich sage dir, wenn meine Schwiegermutter, Gott möge es nicht zulassen, stirbt, wer ist dann die Person, von der ich Hilfe erwarten soll? Welches wird meine Lage sein? Welches wird mein Schicksal sein, das ich haben werde? Nicht ganz allein, aber ohne den Schutz von ihnen, denk mal. Zum Beispiel frage ich mich, wen habe ich, der mich beschützen könnte, der mir helfen würde?

I: Und dein Amante?

A: Nun ja, aber er hilft mir ein wenig, nicht mehr, ehm... Ich will ihn nicht verpflichten, jawohl. Nein! Also du entschuldigst, aber es wäre, wie wenn ich ihn auf der Straße getroffen hätte, einfach so, ich will nicht ausgehalten werden, von niemandem. Ich mache es ja nur wegen der einfachen Tatsache meiner Kinder, und selbst ohne Kinder... ich kann doch nicht... ich würde ja die Rechte meiner Kinder auch verlieren. Kaum hätte ich das Haus verlassen... nein, ...weißt du, was dann passiert... nein... glaubst du, daß die Neffen, David, zulassen, daß meine Söhne die Erben sind, wenn ich im Haus fehle? Sicher nicht. Sie würden über alles, was da ist, verfügen, über die Opfer, die Arbeit von mir und von dem verstorbenen Vater meiner Söhne. Deswegen: damit meine Söhne mehr Rechte haben, kann ich nicht gehen. Vorher hatten sie den Schutz ihres Vaters, und jetzt sollen sie ihn durch mich haben. Einerseits könnte ich sagen, daß ich mich täusche – vielleicht – aber so ist jetzt meine Art, es zu sehen, und ich denke, es ist gut so.

Und ich sage dir eines, ich habe dann immer noch jemanden, dem ich meine Leiden und Sorgen anvertrauen kann, ich brauche jemanden. Ja, wenn meine Söhne krank werden oder so, kann er, nehmen wir mal an, vielleicht nicht in allem helfen, aber er soll mich ein wenig stützen. Man könnte sagen, daß ich eine Frau sei, der das gefällt, aber für mich ist das keine Freude. Es gefällt mir nicht, in der Straße zu gehen und mit jemandem etwas zu haben, nein, meine Art zu denken ist anders: ich kenne eine Person, die mich respektiert und die ich respektiere. Und es ist ungerecht, daß die Señoras mich beschimpfen, wie man vulgär sagt, ich hätte mich weggeworfen. So etwas würde ich nie wollen.

I: Es hat lange gedauert, bis du es mir gesagt hast.

A: (lacht) Nun ja...

I: Dachtest du, ich würde dich verurteilen?

A: Ja, schon, wer weiß, vielleicht. Du weißt, jeder macht mal einen Fehler, und es mag ein Mangel an Erziehung sein, über solche Dinge zu reden, aber ich finde, es ist natürlich. Mein Glück ist, daß ich weiterhin leben kann, wer weiß... nun ja, gerade so habe ich es mir nicht vorgestellt, ich habe nicht vorausgesehen, daß es so kommt. Nein! Aber ich sehe ja schließlich die Person, mit der ich reden kann, man merkt doch, mit wem man reden kann und mit wem nicht. Ich merke sehr gut, ob man Vertrauen haben kann oder nicht. Vielen gefällt es, im Leben der anderen zu wühlen, um nachher mit allen darüber zu reden, einen zu diffamieren. Jawohl, und genau das mag ich nicht. Die Leute haben kein Recht, mich nach dem Vater zu fragen, sie sollen zuerst ihr eigenes Leben ordnen, bevor sie in dem anderer wühlen.

In dieser Stunde wird vieles klar. Ich versichere Amanda meiner Zuneigung und meines Respektes und gebe ihr damit die notwendige Sicherheit, das Vertrauen, um offen mit mir zu reden. Sie platzt geradezu mit ihren Problemen heraus. Auf das Tonband reagiert sie überhaupt nicht. Wenn sie Angst verspüre, dann geht sie kontraphobisch damit um, indem sie besonders viel und persönlich von sich erzählt.

Durch ihre Schwangerschaft wird Amanda auf den verschiedensten Ebenen bedroht:

- rechtlich durch die Gefährdung ihres Erbes und der Erbrechte ihrer Kinder.
- ökonomisch durch die Einschränkung ihrer Arbeitskapazität einerseits und weil durch die Geburt Mehrkosten zu erwarten sind, die sie selber zu tragen hat.
- sozial durch die Aggressionen und Gerüchte der Leute im Dorf und dem damit verbundenen Prestigeverlust.
- familiär durch die Ablehnung der Schwiegermutter und deren Schwester, von denen sie formal abhängig ist und die ihr mit dem Verlust der Erbschaft an die Neffen drohen und die Aussetzung des Kindes verlangen.
- physisch, weil die Schwangerschaft jetzt beschwerlich wird und weil ihre Geburten schwierig und lebensgefährlich sind.
- persönlich, weil ihre Identität als selbständige, aufrechte Frau bedroht ist und durch das Bild einer Frau, die mit jedem auf der Straße geht, gegen das sie sich ihr Leben lang verwahrt hat, abgelöst werden könnte. Konkret verschärft sich ihre Situation durch die Reaktion der Schwiegermutter und eines Sohnes auf ihre Schwangerschaft. Sie wurden mit hohem Fieber krank, was die Anklage gegen sie unterstreicht und ihre Schuldgefühle verstärken muß.

Durch die Gesamtheit dieser Umstände wird Amanda in enorme Spannungen versetzt, die sich durch die Liebe zum Freund und dessen verführerisches Angebot, alles zu verlassen und mit ihm zu gehen, noch verstärken. Zudem scheint er im Moment abwesend zu sein und kann ihr keine Stütze sein.

Diesen außerordentlich großen Druck muß Amanda irgendwie zu bewältigen suchen. Vorläufig kann sie ihm mit dem Mechanismus der Schuldtilgung begegnen: durch Arbeit und Aufopferung für die Kinder und Verwandten sowie durch eine Art von Selbstbestrafung. Es scheint fast eine Notwendigkeit zu sein, daß sie sich bis zu einem gewissen Grad vernachlässigt und isoliert: sie ist ganz allein, niemand sorgt sich um sie, sie hat keine medizinische Pflege, keine Anerkennung vom Arzt oder sonst jemandem, der Bauch ist diesmal ganz klein im Gegensatz zu den anderen Schwangerschaften. Sie mag weder essen noch hat sie irgendwelche Gelüste, nicht einmal mehr auf den so geliebten Pulque, und so werden die Kinder dann klein und rachitisch geboren. Sie muß enorm viel arbeiten, obwohl sie sich schonen sollte. Und vielleicht wird es nicht gut ausgehen mit dieser Geburt, sagt sie. Das wäre die letzte Konsequenz der Selbstbestrafung, damit wäre ihre Schuld wieder aufgehoben.

Die Schwangerschaft ist mit großer Ambivalenz umgeben, sie plagt sie und stört sie bei der Arbeit, und sie arbeitet so viel, daß das Kind gefährdet wird, trotzdem will sie das Kind, gerade dieses würde sie nie weggeben. Einerseits befürchtet Amanda eine Art sozialen Zusammenbruchs durch das Kind, andererseits versucht sie, alles Notwendige zu erledigen, um ihn zu verhindern: die Registrierung des Landbesitzes, der Verkauf von Gegenständen, um zu Geld zu kommen, und sie führt die Beziehung zu mir weiter, um sich eine Rückendekkung zu halten, um sich abzusichern. Sie leiht Geld bei mir aus, macht mich zu ihrer »Gläubigerin«, zieht mich in ihr Vertrauen, teilt ihr Geheimnis mit mir. Sie verteidigt ihr Selbstbild, indem sie sich entschieden gegen jenes der »lockeren Frau« stellt und sich gegen die Neugierde und Aufdringlichkeit der Dorfbewohner, die die innere moralische Instanz repräsentieren, wehrt und empört. Ebenso stolz lehnt sie es ab, ausgehalten zu werden, das würde sie nie ertragen, aber zugleich ist es auch eine abgewehrte Versuchung: sie würde glücklich sein mit ihm.

Ich versichere Amanda in unüberhörbarer Weise meiner Zuneigung und meines Respektes. Die Beziehung ist nun so stark geworden, daß die Umgehung des Geheimnisses nicht mehr möglich ist. Amanda kann ihre Abwehr gegen Verlust und Abhängigkeit aufgeben und zugeben, daß sie mich braucht. Es ergibt sich eine sehr starke Übertragung, in der die beiden Liebesobjekte, der Amante und ich, ineinander verschwimmen; wir haben jetzt die Beziehung, die sie gerne mit ihm gehabt hätte. Deswegen sollte ich auch gewußt haben, daß sie schwanger ist. Auf dieser sehr positiven Beziehungsbasis kann Amanda sich über ihre Beziehung zum Amante klar werden: er wird schon helfen, aber nicht immer, ist nicht da, kommt aber wieder. Die Beziehungsebene ist entspannt, in einem spielerischen Austausch wird die Autonomie gewahrt: Amanda hat mich ausgewählt, sie hat entschieden, daß sie mit mir reden kann.

17. (21.9.)
Nach dieser Stunde kommt Amanda nicht mehr – nach drei Tagen besuche ich sie zu Hause. Sie sagt, sie konnte nicht kommen, weil die Schwiegermutter krank sei. Sie gehe fast täglich zum Arzt mit ihr. Sie ist dabei, die Glut anzufachen. Ihre Kinder haben eine Ardilla, eine Art Eichhörnchen, gefangen, ein kleines, graues Tier mit schönem Fell und buschigem Schwanz. Die Knaben halten es in den Händen, betrachten es von allen Seiten, sie quälen es, reizen es zum Beißen, betrachten eingehend die Geschlechtsteile und zerdrücken es fast zwischen den Händen. Plötzlich schreit der Größte: – Mama, Mama, es ist ein Weibchen, Mama, Mama, es ist ein Weibchen! Amanda sagt kühl: – Ich werde es jetzt töten, damit wir es essen. Die Kinder schreien: – Nein, töte es noch nicht, wir wollen spielen damit. – Wenn wir es jetzt nicht töten, wird es immer magerer, meint sie. Ich gehe wieder, treffe auf dem Hof noch die Schwiegermutter zusammengekrümmt auf dem Boden sitzend. Es gehe ihr schlecht, sagt sie, es sei auch nichts zum Essen da, sie sei arm, klagt sie, es gebe nichts zu essen. Da kommen die Kinder angerannt und rufen: – Schau, es ist gestorben.

Die sadistischen Spiele der Kinder beeindruckten mich sehr und hinterließen bei mir ein Gefühl starker Beklemmung. Es war das erste Mal, daß ich bei ihren Kindern so viel aggressiv-lustvolle Zerstörungskraft erlebte. Diese Quälerei des Eichhörnchens bezieht sich auf Amanda und ihren schwangeren Bauch. Sie inszenieren am Tierweibchen, wie wütend sie auf die Mutter und das ungeborene Kind sind. Die außerordentlich beklemmende Atmosphäre macht klar, wie stark der soziale und psychische Druck auf Amanda ist. Die elend und krank zusammengekrümmte Schwiegermutter auf dem Hof verstärkt diesen Eindruck, sie war ein lebender Vorwurf. Ich weiß nicht, ob Amanda ihr wirklich nichts zu essen gibt, um ihr zu zeigen, daß sie Geld braucht, und um sich gegen deren Erpressung zu wehren, oder ob die alte Frau mit ihrer Klage den Befürchtungen Ausdruck gibt, Amanda könnte sie verlassen, ihr ihre Aggression zurückgeben.

Die der Wut (Coraje) folgende Krankheit ist ein kulturell anerkanntes Muster, um mit der Aggression umzugehen. Die Krankheit wird zum Anlaß der Versöhnung, weil sie Zuwendung und Pflege erfordert. Jetzt ist nicht klar, ob Amanda diese Aufforderung annehmen wird.

Nach der offenen und intensiven letzten Stunde, in der Amanda so viel von sich zeigte, muß sie wieder warten, bis ich komme, um die nötige Distanz und Abgrenzung aufrechtzuhalten.

18. (22.9.)

Am nächsten Tag kommt sie mit Hector, es war noch eine Nachbarin da, die auch blieb. Amanda erzählte dieser ausführlich, wie sie die Schwiegermutter und den Sohn zum Arzt in den Distrikthauptort schleppte, wie beide kaum gehen konnten, so daß sie sie halb tragen, halb ziehen mußte. Sie habe David, den Neffen der Schwiegermutter, um Hilfe gebeten, aber dieser habe sie verweigert, er und seine Familie seien ganz schlechte, grobe und unanständige Leute, in die man kein Vertrauen haben dürfe. Sie erzählt ausführlich und sehr empört. Plötzlich springt die andere Besucherin auf und verabschiedet sich schnell, sie müsse ihr Feld bewässern. Amanda bleibt noch kurz sitzen und lacht mich erwartungsvoll an. Ich erkundige mich nach ihrem Ergehen. Sie reagiert wohl wegen des Sohnes verlegen und sagt, es sei mühsam, das viele Herumreisen, es mache sich bemerkbar. Sie lege sich dann mal kurz hin, und dann gehe es wieder besser. Sie verabschiedet sich bald, sie werde morgen wieder kommen.

Amandas heftige und harte Angriffe auf David, den Neffen der Schwiegermutter, überraschen mich. Sie läßt alle Höflichkeitsregeln fallen, fühlt sich offenbar angesichts ihrer Aufopferung für die Schwiegermutter berechtigt dazu. Die Nachbarin läuft erschreckt weg, Amandas Angriffe vor einer Fremden gehen ihr zu weit. Über moralische Entwertung wird die ökonomische Bedrohung, die David darstellt, gebannt. Er verhält sich nicht entsprechend den verwandtschaftlichen Beistandsregeln und liefert Amanda ein Instrument, um ihn »öffentlich« (vor der anderen Besucherin) anzuklagen und seine soziale Position zu schwächen.

Amanda kann auf meinen gestrigen Besuch hin wiederkommen. Indem sie über David schimpft, spricht sie aber auch über ihren Amante und mich. So muß sie über jemanden schimpfen, der sie verrät, ihr seine Hilfe verweigert.

19. (26.9.)
Amanda kommt wieder drei Tage lang nicht, ich gehe sie besuchen. Sie ist in der Küche mit der Zubereitung des Essens beschäftigt. Der Schwiegermutter geht es schlechter denn je, auch heute kauert sie zusammengekrümmt und kraftlos in einer schattigen Ecke des Hofes, sie reagiert nicht, wenn man sie anspricht, sie bewegt sich kaum.

Die Kinder spielen wieder lauthals vergnügt, diesmal mit neugeborenen Welpen. Sie quetschen sie in den Händen herum, kneifen sie, werfen sie in die Luft und drücken ihnen halb die Därme heraus und quietschen vor Wonne dabei.

Ich frage Amanda, ob sie Angst habe, mit mir zu reden, ob sie deswegen nicht komme. – Ja eben, ich kann jetzt nicht mehr kommen, meint sie. Ich sage: – Aber das war doch so wichtig, was wir zusammen geredet haben. – Meinst du, fragt sie begierig und verspricht, sofort zu kommen, sobald sie hier fertig sei.

Sie kommt etwas später mit strahlendem Lächeln, bittet mich um einen Kaffee, weil es kalt sei. Sie erzählt dann, daß sie nicht wußte, was mit mir reden, aber sie wolle auch nicht, daß die Leute sie sehen, denn der Bauch sei jetzt schon größer, und sie bekomme Flecken im Gesicht, dann würden die Leute sofort merken, was mit ihr los ist und über sie reden. – Du kannst dir nicht vorstellen, wie sehr die Leute einen verurteilen.

I: Aber sie werden es doch auf jeden Fall wissen, wenn das Kind da ist.

A: Nein, das ist nicht nötig, ich muß es verstecken. Meine Kinder sind auch nie aus dem Haus gegangen, als sie klein waren, sie gingen erst hinaus, als sie schon gehen und sprechen konnten. Und dann, wenn es größer ist, sage ich, es sei nicht meins (lacht). Ich sage nicht, daß es mein Kind ist, man muß es verbergen. Denn die Leute hier sind sehr schlecht.

I: Es gibt hier doch viele Frauen mit Kindern ohne Mann.

A: Ja, aber auf die achtet niemand – worauf sie achten, ist *mein* Leben, ich muß es verbergen. Ich verstecke es – es ist nur, ...daß man es jetzt schon sieht, der Bauch, die Flecken. Deswegen gehe ich nicht aus dem Haus. Ich bin nur für einen kurzen Moment gekommen, denn in der Nacht konnte ich nicht schlafen... ja... ich war erschöpft, habe viel getragen, ich hatte Schmerzen im Magen, Galle, eine Art von Hitze, da konnte ich nicht schlafen. Ich denke, es ist wegen der Anstrengung, wegen des weiten Weges.

Gestern war ich beim Arzt, der mir sagte, daß es mit dem Kind nicht gut steht, daß es nicht entwickelt ist und daß ich viel Ruhe brauche. Aber woher soll ich die Ruhe nehmen, meine Situation ist eben nicht so, daß ich ausruhen kann. Ich wollte auch keine Vitamine nehmen, denn ich kann sie nicht bezahlen. Der Arzt sagt, wenn ich mich ein wenig schone, wird es gut gehen und zur Zeit kommen, wenn nicht, wird es früh kommen. Eine Frau in San Isidro erzählte mir, daß ihre Kinder zu früh kamen, weil sie viel arbeitete. Das letzte kam im 7. Monat, ganz winzig, es ist heute noch ganz klein, mit drei Jahren.

Meines kommt sicher bald, ich muß schauen, ob ich für diese Tage Geld haben werde. Wer weiß ..., denn im Haus kann ich nichts verlangen. Es kommt sicher bald. Vielleicht ist es ein Mädchen, alle meine Kinder waren Knaben, alle sieben. Immer habe ich auf ein Mädchen gehofft, aber es ist kein Mädchen, ich weiß es, ich weiß es seit dem ersten Monat, denn die Knaben bewegen sich seit dem ersten Monat und die Mädchen nicht, deshalb weiß ich es.

I: Wer wird dich begleiten?

A: Ich gehe allein, ich habe keine Kleidchen gekauft, auch keine genäht, ich will nicht. Ich will erst sehen, was passiert. Für die anderen Kinder, ja, für alle habe ich Kleider vorbereitet, für alle, alle... Windeln, Mützchen, Pyjamas. Aber jetzt nicht, denn vielleicht wird es für mich sein, vielleicht für die Erde, vielleicht lebt es, vielleicht stirbt es am Tag, den Gott bestimmt hat für seine Ankunft. Vorher bereite ich nichts vor, gar nichts.

Meinen Kindern sage ich auch nichts, wofür? Das sind sehr spezielle Sachen, und bis sich das Problem konkret stellt, sage ich nichts. Meine Schwiegermutter sagt, daß ich auf mich allein aufpassen soll: wenn du rausgehst, dann mußt du die Folgen tragen und ausbaden. Vielleicht geht es für dich oder das Kind schlecht aus. Es hat keinen Sinn, daß du jetzt die Scham und Ehre verlierst – und nachher ist es tot –, wofür war dann alles? Für etwas muß man doch sein Ehrgefühl verteidigen, sagt sie. Man weiß nicht, was geschieht. Wenn ich das überlebe, hoffentlich, dann... ich fühle mich nicht schlecht.

I: Als du es mir erzähltest, fandest du es nicht so schlimm.

A: Nun, das ist unter Freundinnen im Vertrauen, aber ich habe sonst zu niemandem Vertrauen. Du siehst, es ist viel besser, zu jemandem von außen Vertrauen zu haben und nicht zu jemandem aus dem Dorf, oder zu einem Nachbarn von hier; ich für meinen Teil habe kein Vertrauen zu denen, denn hier geht es um nichts anderes, als das Leben der anderen zu untersuchen. Wenn sie zum Beispiel aus mir mein Geheimnis herausholen, wenn sie die Wahrheit meines Lebens erfahren, dann nur, um es gleich weiterzuerzählen und es gegen mich zu richten, und das will ich nicht. So ist mein Leben mit denen. Ich achte einfach nicht auf die. Auch Josefina und Joelia wissen nichts.

Aber ich denke viele Dinge. Was mache ich jetzt mit meiner Schwiegermutter? Wenn nur Gott nicht will, daß sie jetzt stirbt, sie ist so delikat. Ich werde kämpfen, alles unternehmen, mich verschulden, damit sie zum Arzt kann. Sie hat Fieber, ist schwach, es schmerzt sie alles, und ich sagte ihr, daß wir kein Geld haben, um ihr etwas zu essen zu kaufen, Milch, Fleisch. Im Moment kann ich nichts verkaufen, es ist nicht möglich, die Centavitos sind in den Wolken, und etwas muß ich doch für die Geburt aufbewahren.

Amanda hat wirklich Angst, daß ihre Schwangerschaft soziale Folgen haben könnte. Es geht hier nicht nur darum, wie sie vor sich selbst dasteht, es geht vor allem auch um die Realität.

Auf ihr Leben wird mehr geachtet als auf das anderer

Frauen, denn sie ist eine reiche, respektierte Witwe, die immer um ihr Prestige bemüht war und damit latente Aggressionen, die gegen sie vorhanden sind, bannen konnte. Nun ist dieses Gleichgewicht bedroht.

Der soziale und familiäre Druck werden größer, und der Widerspruch zu ihren Wünschen, das Kind und den Geliebten sowie ihre Position in Dorf und Familie zu halten, wächst. Nun wird die Verleugnung des Kindes als Lösungsstrategie überlegt: entweder wird es sterben, oder ich verleugne es als meines, dann ist mein Ruf gerettet. Die Ehre und das Prestige spielen eine sehr große Rolle.

Die Schuldgefühle und die Schuldabzahlung gehen weiter: die kranke Schwiegermutter steht im Zentrum. Amandas Wut und Haß auf sie sind groß. Sie wünscht deren Tod, um von ihren Quälereien befreit zu sein, und begegnet dieser Aggression mit einer realitätsadäquaten Reaktionsbildung, die auch ihr Bedürfnis, Opfer zu bringen, befriedigt: sie rennt und läuft und rackert sich ab, um die Schwiegermutter zu retten. Sie ist bereit, sich zu verschulden, ihre Schwangerschaft zu riskieren auf den beschwerlichen Reisen zum Arzt. Sie ist bereit, ihr Kind zu opfern, um ihre Schuld zu tilgen, respektive um ihre sozialen und ökonomischen Interessen zu retten, die durch das Kind gefährdet werden.

Amanda sagt, ich bin nur kurz gekommen, denn in der Nacht konnte ich nicht schlafen, ich hatte Schmerzen. Sie muß heute zu mir kommen, weil sie Schmerzen hatte in der Nacht. Amanda, die immer noch sehr behende und beweglich umhereilt, empfindet körperliche Schmerzen, wenn sie überlastet und verzweifelt ist. Wenn sie an den Rand ihrer psychischen Kräfte und ihres Selbstwertgefühls kommt, meldet sich der Körper. Deswegen muß sie zu mir kommen, denn bei mir kann sie wieder auftanken.

Wieder muß ich Amanda besuchen, nachdem sie sehr heftige Gefühle gezeigt hatte, und als sie kommt, erzählt sie über ihre Probleme, wie wenn ich ihr altvertrauter Freund wäre, der jetzt auch für sie sorgen soll, mit Geld und Pflege, sie möchte in ihrer Bedrohtheit gerne getragen werden von jemandem, der ganz zu ihr steht. Und so erfährt sie es auch, denn zwischen uns als Freundinnen ist das Problem gar nicht so schlimm, nur vor der Öffentlichkeit.

20. (27.9.)
Am nächsten Tag treffe ich Amanda bei der Schule. Sie begleitet mich und erzählt empört, daß Cirila, diese Bettlerin, am Totenbett von Justino gesagt habe, Amanda zeige sich nicht mehr im Dorf und an den Totenfeiern, weil sie Evangelistin geworden sei. Tante Rita hatte gehört, wie Cirila behauptete, Amanda komme zu mir, und sie habe gesehen, daß wir zusammen beten. Wir müssen laut lachen bei dieser Vorstellung, aber Amanda wird gleich wieder ernst und erzählt, daß Cirila sie gestern angesprochen habe: – Was trägst du unter deiner Schürze mit dir, wo hast du es gefunden? Amanda antwortete: – Auf der Straße, warum? – Wer hat es dir aufgeladen? fragte Cirila. – Nun, einer, den es danach gelüstete, sagte Amanda und ließ sie stehen. Sie erzählt das Gespräch, das in Otomi geführt wurde, zweimal, Wort für Wort, aufgebracht über die Taktlosigkeit Cirilas. So einer kann man nur so antworten.

Die sozialen Spannungen verschärfen sich. Amandas Rückzug wird als Beweis ihres Verrats an der Gemeinde interpretiert. Weil sie mich häufig besucht und ich im ehemaligen Haus der Evangelisten wohne, ist die naheliegende Erklärung, sie sei Evangelistin geworden und komme deswegen zu mir. Dies ist ein schwerer Angriff, denn der Übertritt zum Evangelismus wird fast als Austritt aus der Gemeinde gewertet. Gleichzeitig hat Cirila gemerkt, daß Amanda schwanger ist, das heißt, die »Leute« im Dorf wissen es, und nun wird es losgehen mit dem Teufelskreis der Verleumdungen, Gerüchte und Verfolgungen. Die Strategie der Verleugnung ist nicht mehr anwendbar. Amanda muß neue Lösungswege finden.

21. (28.9.)
Am nächsten Morgen früh sitzt Amanda bereits vor meinem Haus, sie kommt vom Feld. Sie beginnt mich über Säuglingspflege und Stillsitten auszufragen. Hier würde man den Kindern schon recht früh Tortillas und Suppe geben, mit ein bis zwei Jahren werde das Kind abgestillt, denn dann komme meist das nächste. Es gebe aber solche Cochinas (Säue), die ihre Kinder bis zu drei Jahren, ja bis über die nächste Schwangerschaft hinaus stillen würden, so daß sie dann zwei Kindern aufs Mal die Brust geben. Das sei aber ganz schlecht, denn

während der Schwangerschaft brauche das Kind im Bauch alle Vitamine und die Nahrung. Gibt man nun noch die Brust, wird es schwach und krank. Graceli sei so eine, die habe mal drei Kindern gleichzeitig die Brust gegeben, und den Kleinen gebe sie nichts anderes zu essen als die Milch, das gehöre sich einfach nicht. Dann geht sie, weil eine Versammlung der Ejidatarios stattfindet.

Amandas Wut auf die verwöhnenden Mütter wirkt unvermittelt. Einerseits wird sie, die Männerarbeit leistet und viel unterwegs ist, bestimmt nicht lange stillen können, nicht so wie die Mütter, die nur zu Hause sitzen wie Graceli und wenig zu tun haben, da die Tante und Mutter die Hausarbeit übernehmen, der Mann das Geld heimbringt vom Taxifahren. Dann drückt sie aus, daß zu viel Triebhaftigkeit und Genuß zu nichts führen, das hat sie jetzt erfahren.

Amanda kommt gerne, sie braucht mich, ist schon am Morgen früh wieder da. Aber sie will nicht abhängig werden von mir. Ich bin ja auch so eine, die mit mehreren Frauen Gespräche führt, das macht sie eifersüchtig und ärgerlich. Unser Austausch findet auf einer ganz frühen Ebene des spielerischen Gebens und Nehmens statt. Bin ich in Amandas Phantasie die früh verlorene Mutter, die wiedergekehrt ist? Es gibt eine Version über das Verschwinden ihrer Mutter, die behauptet, sie sei von ihrem Geliebten in Tamazunchale verhext worden, damit sie immer bei ihm bleibe. Das bedeutet, daß die Mutter auch zu triebhaft war und deswegen verlorenging, aber auch, daß sie noch lebt.

Mit dem Schimpfen über zu langes Stillen distanziert sich Amanda von ihrer eigenen Gier und Abhängigkeitssehnsucht; sie will nicht mehr saugen. Sie beginnt neue Handlungsmöglichkeiten auszuprobieren.

22. (1.10.)

Als Amanda zwei Tage später kommt, üben die Kinder der Evangelisten Weihnachtslieder im Nebenhaus. Sie ist sehr erschreckt und sagt, sie könne jetzt nicht mehr kommen, denn sonst meine man wirklich noch, sie sei deswegen hier. Wenn das so weitergehe, würden alle Leute glauben, daß ich doch zum Missionieren da sei. Ich koche fast vor Wut und fühle mich durch den Gesang in meiner Arbeit gestört.

Sie erzählt dann, daß die Schwiegermutter immer noch schwer krank sei, sie habe jetzt den Arzt gewechselt, und der neue meine, es sei Typhus. Das Geld habe sie sich geliehen, ein wenig hier, ein wenig dort. Man gab ihr Injektionen, und jetzt gehe es ihr ein wenig besser.

A: Aber mir geht es nicht gut, ich sorge mich. Das Kind ist nicht entwickelt, bis zur Geburt fehlt weniger als ein Monat, und ich habe kein Geld. Dann sind meine Geburten schwer, gefährlich, tödlich. Als der Vater meiner Söhne lebte, wie habe ich da gelitten, als meine Söhne auf die Welt kamen, es war furchtbar.

Mein Amante sagte, daß er mir helfen würde, aber ich glaube es nicht, er ist nicht da, er ist in Texas. Deswegen hat es keinen Sinn, daß ich auf ihn zähle, und dann bin ich die Betrogene und leide mehr. Jetzt sind meine Söhne und die Schwiegermutter krank, und ich mußte das Geld, das er mir gab, investieren. Ich kann sie doch nicht sterben lassen, um das Geld für meine Geburt zu behalten. Er hatte mir 300.- Pesos gegeben, damit ich für mich sorge, aber jetzt ist alles verbraucht für die Familie.

I: Du opferst das Geld deiner Geburt für die anderen. Hättest du seine 300.– Pesos nicht gehabt, hättest du für ihre Krankheit auch Geld besorgen müssen.

A: Über die Schweine kann ich ja nicht verfügen, nein, also ganz ehrlich, meine Schweine, nein, die verkaufe ich nicht, das tue ich einfach nicht. Und schließlich kann ich mich nicht mehr vitaminisieren, das wäre am Anfang wichtig gewesen. Aber jetzt muß ich schauen, was Gott sagt. Sein Geld ist verbraucht für die Kinder und die Schwiegermutter. (Amanda schweigt, denkt nach...)

Du meinst, ich könnte ein Schwein verkaufen? Vielleicht werde ich diesen Montag eines auf den Markt bringen, und sei es nur ein Geißlein, damit ich das Schuldenloch auffülle, damit ich etwas für die Señora kaufe, ein Tonikum. Jetzt sind die Sachen teuer, ich kann nicht an Fleisch und Eier denken, nicht mal an Fett. Das geht nicht. Wenn ich überlebe, ist es ja gut, dann macht es nichts, ob das Kind klein ist.

(Pause)

Ich schäme mich, um Geld zu bitten, ich schäme mich, es dir zu sagen.

I: Du möchtest, daß ich dir Geld gebe?

A: Nun ja, den Vater meines Kindes kann ich nicht bitten, sein Kind ist ja noch nicht da, ich kann es ihm nicht sagen, er hat mir 300.- Pesos gegeben, und die sind weg, er würde fragen: – Und was hast du mit meinem Geld gemacht?

Nun muß ich es so aushalten, ich weiß nicht, was tun, ich kann nicht im Bett bleiben, es tut alles weh, ich kann nicht sitzen, nicht arbeiten, nicht liegen, nicht schlafen. Ich leide und schäme mich, denn ich brauchte Ruhe, aber ich habe keine und kann mich nicht schonen ... wegen meiner Söhne.

I: Warum?

A: Nun, das Kind ist eben unerwünscht zu Hause. –

Ich meine, für uns muß ich ja etwas nehmen, für das Haus, zum Essen, denn jetzt weben wir keine Wolldekken, machen keine Sisalsäcke, ich kann nicht mehr weben, ... alles das schädigt mich furchtbar. Es ist, wie wenn ich angebunden, gefesselt wäre. Ich sehe keinen Weg. ... gut, ich dachte, wenn der Vater des Kindes mir nicht hilft, dann hätte ich vielleicht einige Tücher zum Verkaufen. ... Aber es ist eine Jugendarbeit, als ich jung war, habe ich sie gemacht... deshalb... reut es mich, es tut mir leid. Klar tut es mir leid, es ist doch meine Arbeit, das habe ich während meiner Jugend gemacht. Aber die Tiere sind vom Haus, sie gehören meinen Söhnen. Ja, es macht mir Mühe, dann werden sie sagen – vielleicht morgen oder übermorgen, weil es ihnen jemand so sagte oder weil sie so intelligent sind – dann werden sie sagen, wir sind doch nicht dumm, wir lassen nicht zu, daß unsere Mutter mehr Kinder macht und dann von unserem Besitz nimmt.

Gestern habe ich meiner Schwiegermutter gesagt: – Ich mache ein Opfer für euch, vor allem für euch. Ich esse nichts, so besorgt bin ich, ja, ich esse nicht einmal, ihr wißt, daß ich nicht gehen kann, und trotzdem renne ich von hier nach dort, für Medizin für euch... aber ich mache ein Opfer, obwohl ich nicht das Recht habe, mich für euch zu opfern, denn ich habe eine Verpflichtung mit einem Mann, und dieser Mann macht mich glücklich. Und ich habe dieses Glück zurückgewiesen – wegen euch, nur wegen euch.

Und wenn es nun Gott gefallen hat, mir einen weiteren Sohn oder eine Tochter zu geben, nun, dann habe ich eben das Recht, mir ein weiteres Kind zu machen, und sei es von einem anderen Vater. Ich sagte auch, daß ich nicht glaube, daß sie dasselbe Opfer bringen würde, wie ich es tue. Das habe ich ihnen gesagt gestern, ich machte sie die Dinge klar sehen. Gut, ich brauche dich, habe ich ihr gesagt, ich renne und renne, denn ich will, daß du gesund bist, ich mache es nicht für mich, nicht wegen mir, oder wie die Leute sagen, aus Berechnung, sondern ich will nicht, daß meine Söhne krank werden, leiden wegen euch. Wenn ihnen die Großmutter und die Tante fehlen, könnten sie krank werden, sie könnten sterben, deswegen bin ich besorgt und renne und kaufe Vitamine, Pastillen und Medizin. (Amanda schweigt)

Aber deswegen kann ich trotzdem nichts vom Haus nehmen. Gut, auf der einen Seite habe ich das Recht und auf der anderen nicht... nein, denn das Kind, das kommt, ist nicht vom Haus, es ist von jemand anderem – das ist schlecht für mich.

I: Du fühlst dich sehr schuldig?

A: Ja, genau, ja ja...

I: Und jetzt mußt du deine Schuld auch zahlen, dich selber schädigen.

A: Ja, genau so ist es.

I: Du fühlst dich wie eine Diebin.

A: Ja, ja, genau so, effektiv so ist es, ich erniedrige mich furchtbar, jetzt wissen es schon viele Leute, sie sprechen mich darauf an: ich würde im Haus meines Mannes leben, mit meinen Söhnen, ich sei glücklich, und nun habe ich mich mit einem anderen eingelassen – so reden sie zu mir –, nun wirst du Kosten haben, Geld brauchen für das Kind. Und dann antworte ich ihnen: gerade du brauchst mir doch nicht zu sagen, es sei schlimm, von dem zu nehmen, was mir mein Mann gelassen hat, sag mir doch nicht, daß dich das schmerzen würde. Ich wußte das, was man mir gelassen hat, zu behüten, zusammenzuhalten, zu mehren.

I: Es fällt dir schwer, etwas davon zu brauchen, obwohl es deine Arbeit ist.

A: Ja, ja, es fällt mir schwer, ich fühle mich erniedrigt, ganz furchtbar erniedrigt, meine Schwiegermutter sagt, du mußt arbeiten, du mußt deine Pflichten erfüllen, aber ich kann nicht mehr. Natürlich will sie das Kind nicht. Sie will es weg haben. Aber wenn Gott will, daß es wächst, dann werde ich ihm nichts geschehen lassen, ich werde nicht zulassen, daß sie ihm etwas antun. Ich werde ihm halt nur das geben, was sein Vater für es gibt, und ich werde viel arbeiten, ... die anderen Söhne sind Kinder mit Rechten, dieses eben nicht. Ich war dumm, ich ließ mich von seiner Zuneigung und Liebe hinreißen – ich ließ mich davon beherrschen.

I: Und jetzt wirst du dafür bestraft, du bestrafst dich selber, du rennst und leidest, und es geht dir gerade so schlecht, wie du findest, daß es sein muß.

A: Es gefiel mir schon mit ihm – in gewisser Weise hat er mich gelehrt, die Dinge zu sehen, wie sie sind – wir hatten Gespräche, er hat mir vieles erklärt... uih... wie er mich die Dinge sehen gemacht hat, so wie ich ihn auch. Er hat mir viel gegeben, ich war glücklich auf der einen Seite – und nun unglücklich auf der anderen.

Aber jetzt, ich muß viel nachdenken, zum Beispiel jetzt, wenn ich dann darniederliege, dann werden mich meine Söhne missen... uh... du kannst dir gar nicht vorstellen, wie schrecklich meine Gedanken sind, niemand auf der Welt kann sich vorstellen, was ich jetzt alles denken muß, dann kann ich nicht mehr für sie waschen, kochen, sorgen, dann geht das nicht mehr. Und dann werden meine Söhne mir ihre Liebe und Zuneigung entziehen wegen des Kindes. Sie werden eifersüchtig, sie sagen schon: – Mama, die alten Kleider werden wir verbrennen, sie sollen für niemand mehr sein, vor allem nicht für das Kind, nicht einmal für Windeln.

I: Hast du mit ihnen gesprochen?

A: Ja, ich habe mit ihnen gesprochen, aber sie akzeptieren es nicht, sie wollen kein anderes Kind im Haus, das nicht von ihrem Vater ist. Ich habe gesagt: – Wenn ihr das Kind, das ich vielleicht bringen werde, nicht akzeptiert, dann gehe ich, ich verlasse alles, alles... Dann wollen wir mal sehen, ob ihr fähig und schlau genug seid, um alles allein zu machen. Dann wollen wir mal sehen, ob das Essen einfach bereitsteht, dann macht ihr alles allein, die Tiere, die Erde, alles. Ihr werdet das, was es hat, verwalten und besorgen, ich gehöre nicht mehr zu euch. Ihr müßt mich respektieren als Mutter, habe ich gesagt, und wenn ich gestorben wäre und der Vater hätte gelebt, dann hätte dein Vater dasselbe gemacht. Dein Vater hätte es nicht ein Jahr lang allein ausgehalten, er hätte schon lange eine andere gehabt. Ja, das habe ich ihnen gesagt. Und dann habe ich ihnen gesagt, daß ich alle ihre Kleider von *meiner* Arbeit gekauft habe, aus dem Verkauf meiner Nüsse, meiner Früchte, daß alles, was ich erarbeite, für sie war, ich habe nie auch nur einen Fünfer für mich behalten. Ich fresse doch ihr Geld nicht auf der Straße auf, ich investiere alles im Haus. – Aber sie haben oft einen ganz bösen Charakter, und das gefällt mir nicht. Es tut mir weh, wenn sie mit bösen Gesichtern herumgehen und mich böse anschauen.

Ich sage, was ich denke. Sobald sie mir böse Worte hinwerfen, greife ich sie an, ich ertrage es nicht, daß sie so mit mir reden. Ich sage: – Seht mich an, ihr wißt, ich bin immer noch sehr jung, wie kommt ihr dazu zu denken, ich könnte nicht noch eine Person antreffen, die mich glücklich macht? Aber das paßt ihnen nicht, daß ich frei sei und ein Leben habe, wie es mir gefällt.

Ich sitze da, höre zu und nicke zustimmend.

Ai, ich muß gehen, es ist schon spät, ich muß noch Gras sicheln.

I: Kommst du morgen?

A: Morgen kann ich nicht, ich muß spinnen für die Wolldecken, ich muß eine Kraftanstrengung machen.

Amandas Umgang mit ihrem Besitz und dem Geld ist eigenartig. Sie stellt sich dar, als ob sie vollkommen mittellos wäre. Die verlorene Zuneigung der Schwiegermutter und Tante Ritas sowie die Abwesenheit ihres Geliebten drücken sich materialisiert aus: sie geben mir nichts.

Gleichzeitig kann sie ihre Schuldgefühle besänftigen, solange sie wirklich nichts nimmt. Am liebsten wäre es ihr, wenn ich die Rolle des Amante übernehmen und für sie sorgen würde.

In dem Maße aber, wie ich nicht auf ihre Angebote eingehe

und nicht den von ihr geforderten Platz einnehme, kann Amanda ihre Ambivalenz ausdrücken und ihre kämpferische Seite zeigen. Sie ist bereits dabei, sich zu Hause zu wehren. Die Ambivalenz ist nicht mehr in Selbstbestrafung, Reaktionsbildung und Realitätsverleugnung aufgespalten, sondern schlägt in realitätsadäquates Handeln um.

Der Satz, es ist eine Jugendarbeit, deshalb reut es mich, fällt mir auf. Das ist eine Arbeit, die sie noch für sich allein, als unabhängige junge Frau, gemacht hatte. Jetzt erinnert sie sich an diesen Status, und dieser Bezug wird für sie ganz wichtig.

Solange Amanda im Einklang mit der Familie ihres Mannes lebte, war die Herkunft des Geldes und der Lebensmittel nie ein Problem. Aber jetzt, wo sie die Regeln gebrochen hat, wird das zur zentralen Frage. Zu Beginn war Amanda den tief verinnerlichten Werten ihrer Kultur ausgeliefert, die die verheiratete Frau der Familie des Mannes unterordnen. Amanda war mit Haut und Haar der Familie des Mannes zugehörig, verpflichtet; ihr gesamtes Arbeitsprodukt floß selbstverständlich dort hinein, und sie hatte nichts Eigenes mehr, gar nichts. Das hat sie bisher nicht weiter gestört. Aber jetzt, durch die Schwangerschaft, wird Amanda gezwungen, sich damit auseinanderzusetzen. Sie erkämpft sich eine abgegrenzte, eigene Sichtweise über ihre Lage in der Familie und über ihre eigenen Besitzverhältnisse, ihre Ansprüche als erwachsene Frau. Sie ist dabei, sich ihre soziale und ökonomische Lage als Frau in ihrer Kultur zu vergegenwärtigen, bewußt zu machen und sich davon abzusetzen. Solange sie nicht gegen die sozialen Normen verstieß, konnte sie problemlos über den Familienbesitz verfügen: Moral und Ökonomie standen im Einklang. Durch das Kind hat sie kein Recht mehr über ihren Besitz, sie wird zur Diebin an ihrem eigenen Arbeitsprodukt.

Amanda möchte mich verführen, wenn nicht ihre gute Mutter, so doch der gute Geliebte zu sein. Ich lehne das ab und verweise sie auf ihre Realität, die sie, so ganz unneurotisch wie sie ist, sofort aufnehmen kann. Sie hatte beschlossen, nicht mehr zu saugen und entdeckt jetzt ihre eigenen Positionen.

23. (2.10.)
Wie ich am nächsten Morgen bei Mariana in der Küche sitze, hören wir plötzlich Amanda, die mich ruft, sie will mit mir reden. Ich verabschiede mich von Mariana. Amanda wartet schon seit einer Stunde auf mich. Sie bringt mir frische Maiskolben.

I: Willst du sie mir verkaufen?

A: (lächelt) Ehm, ja gut, sagen wir zwei Pesos jeder.

I: Wie geht's?

A: O schlecht, alles tut weh, vor allem die Beine, ich kann kaum gehen, es geht mir schlecht – aber ich muß jetzt wieder gehen, ich muß meinen Söhnen zu essen geben.

I: Und was meinst du zu unserem gestrigen Gespräch?

A: Ah, das..., es ist halt doch wie meine Söhne bestehlen, um es einem anderen zu geben. Hat jemand mit dir darüber gesprochen? Nein? Nun, wenn es die Leute mir übelnehmen, ich kann doch nicht einfach das Haus verlassen deswegen. Und überhaupt, der Vater meiner Söhne hätte dasselbe getan, wenn ich gestorben wäre.

I: Es ist, wie wenn du jetzt weniger Rechte hättest als vorher.

A: Ja ja, genau, ich fühle Scham und Gram, denn ich hätte nie im Leben gedacht, daß mir das passiert – daß ich eine Fracasada sein werde... Ich fühle mich fracasada. Ich will nicht von ihm ausgehalten werden, denn würde ich mit ihm gehen, würde mir dasselbe passieren wie meiner Schwägerin, der Nichte meiner Schwiegermutter. Als sie Witwe war, ließ sie sich von einem anderen betören, sie verließ ihre Kinder und starb, sie starb an der Geburt und ließ ihre Kinder zerstört zurück. Ich habe hier einen Zufluchtsort, den lasse ich nicht, meine Söhne haben mich viel gekostet. Ich sage: geschehe was wolle, meine Söhne lasse ich nicht.

Am Tag der Geburt zähle ich auf meinen Amante, er soll sehen, wie er für mich sorgt, welches Spital, welcher Arzt, wie ich überleben kann. Aber vorläufig muß ich es allein machen. Ich muß meinen eigenen Weg suchen, um zu überleben. Ich muß entscheiden, welchen Weg ich gehen will. Ich muß für meine Söhne sorgen und für das Kind, das kommt, und für mich auch. Ich muß mir mein Leben selber suchen, ich kann mich nicht mehr auf ihn einlassen.

I: Du kannst eure Beziehung nicht mehr akzeptieren.

A: Nein, vielleicht war es nötig so, aber eine Frau verliert... ehm ihre Ehre, jawohl. Denn wenn man ein Kind hat, ist das nicht mehr das gleiche, wie wenn man einfach einen Amante hat. Man muß immer arbeiten; aber nun kann man nicht mehr allein arbeiten, jetzt muß man das Kind mit sich tragen, wohin man auch geht, immer mit dieser Kreatur. Das ist nicht mehr das gleiche, da hat man die Liebe nicht mehr im Kopf, sondern auf dem Rücken. Meine Schwester starb bei der Geburt, nach einer Abtreibung. Ich muß jetzt einfach warten, schauen, was Gott meint, vielleicht kommt das Kind schon bald, ich weiß nicht, ich fühle mich fremd, sechs Jahre hatte ich keine Schwangerschaft mehr, ...nein ...so fühle ich mich nicht gut, ich bin unglücklich, ich möchte, daß es ganz schnell vorbei wäre, daß ein Monat ein Tag wäre, nein, glücklich bin ich nicht.

Wer weiß, vielleicht wäre ich doch besser mit meinem Amante gegangen, denn jetzt muß ich hier und dort sein, rennen und arbeiten und weitermachen, bis meine Söhne groß sind. Ich muß es akzeptieren so wie es ist.

I: Du plagst dich, weil du es schön gehabt hast mit ihm.

A: Ich glaube schon, wahrscheinlich schon, denn die anderen Frauen leben glücklich, obwohl sie Fracasadas sind, sie leben glücklich. Aber ich kann das nicht, ich kann nicht glücklich leben, ich schäme mich, ich leide, es ist eine Schande.

I: Die anderen Fracasadas verurteilst du doch auch nicht so heftig wie dich selber.

A: Aber bei mir ist das etwas anderes... ja, weil ich nie... ja, nie in meinem Leben so gewesen bin, ich habe mich nie so mit einer Person... gut, ich habe mich vielleicht in jemanden verliebt, aber dabei blieb's. Ich war nie eine, die hier und dort mit diesem und jenem... deshalb schmerzt mich so, was die Leute sagen, denn bei mir ist man das nicht gewöhnt, wenn nun eine immer so lebt und daran gewöhnt ist, dann macht es ihr nichts mehr aus, wenn die Leute reden.

I: Es hat sich also das Bild geändert, das du von dir selber hattest.

A: Ja, so, genau; ganz genau so. Und jetzt fühle ich mich erniedrigt, weil mein Lebensstil nie so war.

I: Und wenn jetzt kein Kind gekommen wäre?

A: Dann hätte ich auch nicht mit ihm weitermachen können, denn er wollte ein Kind haben, das hat ihn interessiert. Aber ich weiß nicht, wofür er so viele Kinder haben will, er kann doch auch nicht mehr... und mir paßt es auch nicht, einen Sohn für ihn zu gebären.

I: Du erlebst deine Schwangerschaft wie eine Strafe für deine Liebe zu ihm.

A: Ja, genau, ja, dieses Kind – ich möchte es schon dort hingeworfen sehen (ya quiero verlo tirado allí) – denn es schmerzt; es schmerzt, es zu schleppen, es schmerzt. Nachher werde ich aufpassen müssen, nach der Geburt, ich werde mich nie mehr mit jemandem einlassen.

I: Du kannst den Arzt fragen.

A: Das werde ich tun, ich kann nämlich nicht arbeiten, wenn ich noch mehr Kinder habe, denn ich muß sie mittragen... aber schließlich muß ich das eine wie das andere Kind gernhaben, ich will nicht, daß sie meine Kinder, mein Kind, malträtieren, eine Mutter als Mutter muß alle ihre Kinder gernhaben, sei es, wie es sei, ich werde arbeiten müssen, schleppen müssen, was soll ich sonst tun, ich werde es mit mir nehmen, es mittragen.

Meine Söhne werden sich daran gewöhnen müssen, daß ich noch ein Kind bekomme, ich werde arbeiten, mal sehen, welchem Beruf, welcher Arbeit ich mich widmen werde, aber weder das eine noch das andere meiner Kinder wird vor Hunger sterben müssen.

I: Sicher nicht, und du bist ja nicht arm.

A: Nun ja...

I: Es ist, wie wenn du dich für deinen Besitz schämen müßtest, ihn verstecken müßtest, Schuldgefühle hättest deswegen.

A: Ja, so ist es, aber schließlich hat es ja nicht nur das, was mir mein Mann gelassen hat, sondern ich habe auch meinen Teil von meiner Mutter und meinem Vater, so nehme ich ja nicht von der einen Seite, sondern von der anderen... aber schamhaft bin ich schon immer gewesen, skrupulös.

I: Wegen deines Besitzes?

A: Ja, und wegen der Frage, was ich meinen Kindern geben werde, woher werde ich es nehmen. Es hat aber auch Besitz von mir. Zum Beispiel ist alles, was wir haben, von uns beiden, meinem Mann und mir, zusammengetragen worden. Alles, was ich habe, war immer für das Haus. Ich habe nie gesagt, daß etwas meines ist, eine Ernte oder so, alles für das Haus, so habe ich es immer gemacht. Aber jetzt muß ich gehen, ich muß meinen Söhnen zu essen geben.

Amanda verabschiedet sich ungern, sie geht schnell weg mit ihrem flinken Gang auf dem Pfad, der durch die Kakteen führt, damit sie niemand sieht.

Amanda erarbeitet sich eine eigene, für ihr Selbstbild erträgliche Position. War gestern der Besitz das Problem, so sind es heute die Ehre, das Prestige und das verletzte Selbstbild. Ich vermute, daß es ihr bis jetzt aufgrund ihres sozialen Prestiges möglich war, im Dorf eine Sonderrolle einzunehmen. Weil sie klug, redegewandt und selbstsicher war, weil sie an dörflichen Versammlungen und religiösen Ritualen als Frau eine wichtige Rolle einnahm und weil sie für eine »anständige« Witwe galt, war es ihr möglich, sich so effizient und zum Teil am Rande der Legalität durchzuschlagen, ohne angegriffen zu werden. Nun ist sie in dieser Freiheit und ihrem starken Selbstbild bedroht.

In der Vorstellung aller Opfer, die sie wegen des Kindes wird erbringen müssen, versucht sie ihr moralisches Selbstbild wieder herzustellen.

Es scheint, als ob die von Frauen geforderte Schamhaftigkeit in sexuellen Angelegenheiten sich bei Amanda auf den Besitz und das Vermögen verschiebt: ich bin immer schamhaft und skrupulös gewesen in bezug auf den Besitz, sagt sie. Ihr Problem ist gar nicht so sehr die erotische Beziehung zum Amante, sondern ihre Schuld in bezug auf den Besitz. Was gehört wem? ist die Frage. Wie weit darf man gehen mit dem Nehmen, ohne die öffentliche Ehre zu verlieren? Es wird im Dorf gesagt, Amanda habe sich mit ihrem Mann illegal Land angeeignet; sie wollten fremdes Pachtland dem Besitzer nicht zurückgeben, wofür ihr Mann umgebracht wurde; sie kaufte das Land der verarmten Nachbarn auf und klaut systematisch Wasser. Mit der Schwangerschaft und den moralischen Reaktionen darauf wird für Amanda die Moral des Besitzes aktuell.

Der Besitz hat für Amanda einen besonderen Wert, er bedeutet Unabhängigkeit. Innerlich verfügt sie nicht über den Besitz des Hauses, obwohl sie real darüber verfügt. Da aber Besitz für sie Autonomie darstellt und das autonome Verhalten einer Frau ein Verstoß gegen die Regeln bedeutet, verknüpft sich der Besitz mit der Ehre und löst Schamgefühle aus. Nur über eigenen Besitz kann man sich frei und unabhängig verhalten, aber bisher hatten die verinnerlichten sozialen Normen es verboten, die Produkte ihrer Arbeit als ihren eigenen Besitz zu betrachten.

In der letzten Stunde hatte ich es abgelehnt, den Platz ihres Amante einzunehmen. Damit ist die Problematik auf eine andere Ebene gekommen: sie klagt heute, daß sie keine Fracasada sein will, von niemandem abhängig sein mag. Damit meint sie auch mich. Sie will sich nicht zu sehr auf mich einlassen und dann sitzengelassen werden, wenn ich gehe. Deswegen bezieht sie sich auf ihren eigenen Besitz aus ihrer Familie in Llano Verde und meint, sie werde sich schon zu helfen wissen, auch wenn alle sie allein lassen, sie hat eine autonome Position gefunden.

24. (7.10.)
Das nächste Mal sehe ich sie am Tag des großen Dorffestes – am frühen Morgen gehe ich sie besuchen. Sie ist in der Küche und erklärt geheimnisvoll, daß sie nicht zum Fest kommen werde, denn im Nachbardorf sei jemand gestorben, man werde kommen und sie zum Vorbeten holen, und dann sei sie verpflichtet, mitzugehen. Strahlend erklärt sie, daß sie diese Anfrage nicht ablehnen könne, und daß sie dort auch viel Geld verdienen werde, 150.- Pesos. Sie würde schon gerne zum Fest kommen, aber nun sei das leider nicht möglich.

Dann kommt sie aber mit in die Dorfversammlung, die für diesen Morgen angesagt ist, um einen lange schwelenden Streit zwischen dem Dorflehrer und dem gegenwärtigen Dorfpräsidenten zu besprechen. Paco, der gegenwärtige Dorfpräsident, habe 1100.- Pesos verschwinden lassen, die der Schule gehören. Der Lehrer hatte ihm schon die Polizei ins Haus geschickt, Paco ließ sich aber jedesmal verleugnen. Es kommen viele Leute; nach langen Besprechungen über eine mögliche Neuverteilung des Gemeindelandes, an der nur die Männer aktiv teilnehmen, kommt die Versammlung endlich auf diesen Konflikt zu sprechen. Paco fragt, welcher Feigling und Schlappschwanz ihm die Polizei ins Haus geschickt habe, er rufe die Bürger von Daxhó auf, sich hinter ihn zu stellen gegen diesen hinterhältigen Typen, der nicht einmal gewagt habe, bei ihm direkt vorzusprechen. Es beginnt ein tumultuöser Streit zwischen Paco und dem Lehrer, Paco gerät immer mehr außer sich, er schreit und wehrt sich.

Da greift Amanda ein: was ihm eigentlich einfalle, Schulgeld seit einem Jahr zu unterschlagen, das Dach sei kaputt, es regne hinein, und ihre Kinder würden krank. Plötzlich ergreifen auch andere Frauen, Mariana, Josefina, das Wort und klagen ihn heftig an. Er wird immer kleinlauter, und schließlich beginnt er in der Hosentasche zu klauben und besänftigt, er habe das Geld ja hier, er gebe es zurück. Die Runde ist totenstill – er überreicht das Geld dem Lehrer. Dann sehe ich Amanda während des ganzes Festes nicht mehr.

Amanda beginnt sich vom Dorf abzusetzen. Wenn ich hier die Anerkennung nicht mehr bekomme, dann hole ich sie mir im Nachbardorf, dort geht sie am Tage des Dorffestes beten. Damit beweist sie, daß ihr Prestige weitergeht, daß sie rehabilitiert ist. Die Handlung des Vorbetens, die sie letztes Jahr im Dorf vollzog, wird jetzt ins Nachbardorf verlegt, und damit wird die Kränkung des Ehrverlustes bis zu einem gewissen Grad ausgeglichen. Trotzdem kommt sie in die Dorfversammlung und tritt mit einer klaren Haltung hervor.

Sobald der private Konflikt von Amanda weniger drängend ist, kann sie sich der Öffentlichkeit zuwenden. Ihr Auftreten ermöglicht eine weitere Beruhigung des inneren Konfliktes, denn sie erfährt dort, daß sie weiterhin Erfolg und Einfluß hat, daß ihr Ansehen nicht wesentlich geschmälert ist, wenn sie aktiv mitmacht.

Amanda hat sich von mir unabhängig gemacht. Wenn ich ihr das Geld nicht gebe, dann kann sie es woanders holen. Ihre Erwartung, gefüttert und genährt zu werden, hat sich in ein abgegrenzt-aktives Verhalten umgewandelt.

25. (15. 10.)
Danach bin ich vier Tage abwesend in der Hauptstadt und besuche sie nach meiner Rückkehr zu Hause:

Sie ist in der Küche beim Kochen und klagt, daß ich so lange weg gewesen sei. Sie dachte, ich hätte sie vergessen oder sei gar abgereist, ohne mich von ihr zu verabschieden. Sie fragt ausführlich nach meinem Verbleib und will alles genau wissen. Sie erzählt, es gehe ihr ein wenig besser, auch der Schwiegermutter. Wir sitzen auf einem Stein am Rand der Wiese unterhalb ihres Hauses. Amanda ist mir sehr sympathisch, wie sie da so sitzt und ihre gesammelten Kräuter sortiert. In der Küche nachher hantiert sie mit Entschiedenheit und einer großzügigen Ruhe. Sie erzählt von der Versammlung am Tag des Dorffestes, daß Paco ganz wütend sei, weil ihn niemand stützte, er sei auch zu ihr gekommen und habe gefragt, was sie denn gegen ihn habe. Sie habe geantwortet: – Ich habe nichts gegen dich, aber ich will nicht, daß meine Kinder unter einem beschädigten Dach sitzen und krank werden deinetwegen. Es mache ihr nichts aus, wenn Paco wütend sei auf sie, er könne ihr nichts anhaben.

Sie sorgt sich um meine Gesundheit, denn ich fühle mich krank, macht mir einen Kräutertee und vermutet, es sei ›Malaire‹. Sie gibt mir gute Ratschläge und erklärt mir die Zusammenhänge des Malaire. Ich war in letzter Zeit krank, wurde immer wieder von Fieber-, Brech- und Übelkeitsanfällen überrascht. Ich erfahre ihre Sorge als eine Tendenz zur Gleichstellung von uns beiden. Sie spricht nicht mehr nur über ihre Sorgen, sondern fragt nach meinen.

Amanda macht mir Vorwürfe, sie drückt ihre Aggression und Enttäuschung offen aus. Dies ist ein völlig unübliches Verhalten in dieser Kultur. Selten habe ich erlebt, daß mir oder sonst jemandem so offen die Gefühle gezeigt wurden. Fast scheint es, daß Amanda ein ethnisches Verhaltensmodell überschreitet und sich mir damit annähert. Sie macht etwas, was ich wohl auch tun würde. Offenbar hat sie ihre Position als eine besondere Frau in gewisser Weise akzeptiert, sie ist jetzt eine »Außenseiterin« wie ich auch, ist dabei, sich ein neues Selbstbild aufzubauen und entsprechend zu handeln. In ihrer Sorge um meine Gesundheit dreht sich die Beziehung um, sie ist jetzt diejenige, die für mich sorgt, sie ist stark.

26. (15.10.)
Am Nachmittag desselben Tages kommt sie noch einmal vorbei, sie war beim Arzt in Murillo. Er sagte, das Kind komme bald. Ich erkläre, daß ich am 28. des Monats das Dorf verlassen werde. – Dann läßt du mir deine Adresse, nicht wahr? – Ja, sicher. In diesem Moment kommt Amandas kleinster Sohn Hector, die Hunde bellen ihn an, und er weint erschreckt. Sie nimmt ihn auf ihre Knie, gibt ihm Zucker zur Beruhigung und erklärt mir die Gefahren des »Susto« und des »Malaire«. Wenn einer gerade gegessen hat und die Nahrung noch zu riechen ist, dann kommen die »schlechten Toten«, das Malaire. Sie erzählt ausführlich die Geschichte von zwei Frauen aus dem Dorf, die vergiftet wurden. Diese Geschichte war mir schon von verschiedenen Seiten erzählt worden. Eine Mutter und ihre Tochter fielen am gleichen Tag fast zur selben Stunde tot um, die Tochter in der Mühle, die Mutter zu Hause. Man sagt, daß Sabina, ihre Nachbarin, sie wegen alter Streitigkeiten um Boden und Weiderechte vergiftete. Amanda behauptet, daß auch Concepción, Davids Frau, bei dem Verbrechen mithalf, denn die war nachher auch im Gefängnis deswegen. Concepción war scharf auf das Land der beiden Frauen, denn es gehörte ursprünglich ihrem Vater und Großvater. Heute aber gehört das Land der Familie von Paco, dem gegenwärtigen Dorfpräsidenten, sie habe es sich betrügerisch angeeignet. – Diese Familie besitzt wohl viel Land, sage ich. – O nein, ich habe mehr als er, der ganze Hügel dort gehört mir, antwortet Amanda wie aus der Pistole geschossen. Und dann kommt sie wieder auf die Dorfversammlung zu sprechen am Tage des Dorffestes. – Paco war sehr wütend, weil ich ihn angriff, er warf mir das vor, und ich antwortete, ich würde nicht Schulbeiträge zahlen, damit er das Geld für sich einkassiere. Ich erzähle ihr, daß Paco nach der Versammlung zu mir sagte, hier im Dorf würden bald die Frauen regieren. Sie lacht und strahlt. – Das hat er gesagt, siehst du, ah ja. Es ist eben so, wenn etwas los ist, dann gehe ich hin und sage, was ich zu sagen habe. Deshalb hat mich Paco nicht immer zu den Versammlungen eingeladen, er weiß, daß ich die Wahrheit sage. *Ich* halte mich nicht zurück, ich lasse es raus. Aber wenn er mich nicht einlädt, dann ist es kein Problem, andere laden mich schon ein.

Sie verläßt mich bald, weil ich wieder Fieberanfälle habe,

nicht ohne sich zu erkundigen, ob die Heilerin mich auch richtig pflege, ob sie mir die Limpia gemacht habe. Sie sieht die Kräuter und Zweige, die dazu benützt werden, herumliegen und ist zufrieden.

Dies war die letzte gemeinsame Gesprächssitzung. Nachher habe ich sie noch öfters gesehen oder besucht, aber keine Tonbandprotokolle mehr aufgenommen.

Es wird deutlich spürbar, daß entscheidende Änderungen zu erwarten sind. Das Kind wird innerhalb von wenigen Tagen zu erwarten sein, und ich werde in zwei Wochen abreisen. Sie spricht nicht direkt von sich, wohl weil ihr Sohn dabeisitzt, aber auch weil ihre Konflikte nicht mehr so dringend sind, sie hat eine neue Position gefunden.

Dann erzählt sie diese schreckliche Geschichte von der Ermordung zweier Frauen aus dem Dorf. Sie erzählt sie sachlich, ohne Emotion und ohne jedes Urteil.

Die Geschichte vermittelt zwei Botschaften. An der Oberfläche bestätigt sie die Bedeutung des Landbesitzes in diesem Dorf, um dessentwillen andere, so wie auch ihr Mann, umgebracht werden. Auf einer tieferen Ebene scheint sich Amanda mit Sabina zu identifizieren: Ich kann auch kämpfen, wenn es sein muß, wenn du gehst, werde ich nicht hilflos sein. Und sie warnt mich auch: Ich bin eine mächtige Frau und werde auch dich (dein Bild in mir) umbringen, damit ich nicht leiden muß.

Schließlich drückt sich in der Geschichte auch der Konflikt mit der Schwiegermutter aus. Amanda hat heftige Aggressionen gegen diese Frau, die sie so plagt. Sie dominiert sie in der ambivalent intensiven Pflege, die sie ihr zukommen läßt. Aber so ruhig und folgerichtig wie Sabina ihre störende Nachbarin umbrachte, könnte sie auch ihre Schwiegermutter umbringen.

Die Angst vor dem Prestigeverlust, die Erniedrigung und die Schuldgefühle scheinen verschwunden. Trotz des Kindes wird sie ihre Position weiterhin halten, und zwar allein. Selbst wenn alle sterben oder weggehen, streiten und betrügen, sie weiß sich zu wehren.

Die Entspannung drückt sich auch darin aus, daß Amanda stolz auf ihren Besitz verweist: ich besitze mehr als Eleuterio, der Vater von Paco; und Paco habe ich ebenfalls besiegt in der

Versammlung. Ihre soziale Macht und ihr Einfluß sind wieder gesichert.

Eine von Amandas Machtstrategien besteht darin, daß sie als einzige Frau ganz unbekümmert die sozialen Verhaltensnormen in adäquater und realitätsbezogener Weise durchbrechen kann. Indem sie schimpft und die Dinge offen beim Namen nennt, macht sie die anderen hilflos, denn sie können nicht gleich reagieren, aber sie löst auch stille Erleichterung und Identifikation aus, denn sie macht sich zum Sprachrohr derer, die nicht so reden können, aber gleich denken wie sie.

Amanda setzt sich mit der Trennung von mir auseinander und verarbeitet sie in der Vergiftungsgeschichte einerseits und dem Stolz auf ihre Wirkung in der Dorfversammlung andererseits.

27. (17.10.)
Zwei Tage später besucht sie mich zusammen mit Josefina, mit der sie noch vor kurzem wegen des Frauenkomitees zerstritten war. Sie wollen ein Abschiedsessen machen, bevor ich wegreise. Ich offeriere ihnen Schnaps, und sie greifen tüchtig zu, sie verziehen das Gesicht, schütteln sich und finden ihn vorzüglich. Sie lachen, plaudern, machen Witze über die Männer und alle möglichen Dinge. Sie ziehen dann, sich leicht betrunken fühlend und eifrig in Otomi plaudernd, ab.

Amanda kommt zum ersten Mal mit einer anderen Frau zusammen zu mir, mit ihrer Freundin.

Sie beginnt die Trennung vorwegzunehmen, die Vertrautheit zu zweit aufzubrechen und zeigt mir, daß sie nicht allein sein wird, sich zurechtfinden wird, ihre Freundin hat und vertraut ist mit ihr. Sie trinkt viel Schnaps und genießt ihn offensichtlich. Sie beginnt ihr Leben wieder zu akzeptieren, den vorher verpönten Genuß (sie konnte ihren geliebten Pulque nicht mehr trinken) wieder zu erleben.

28. (18.10.)
Am nächsten Tag, als ich in Josefinas Haus bin, kommt Amandas Tante Rita und redet aufgeregt in Otomi – sie sieht erschreckt und verzweifelt aus, ihr Gesicht ist verzerrt und auch wütend. – Josefina erklärt mir, daß Amanda während einer Sekundarschulversammlung in Murillo plötzlich Wehen bekommen habe und in das Spital in Ixmiquilpan gegan-

gen sei. Rita habe Angst um Amandas Leben, aber sie fürchte sich auch, weil sie jetzt allein sei, nicht gut spanisch könne, nicht reden und nicht fragen könne dort im Spital und auch nicht wisse, wie und wo. Sie habe nun Josefinas Mann, der im Spital Nachtwächter ist, gebeten, ihr zu helfen und sich nach Amanda zu erkundigen. – Josefina erklärt, daß Rita sich nicht so sehr um Amanda selber sorge, sondern daß sie wütend sei, weil Amanda ihr nicht sagte, daß sie in das Spital gehe. Wie wenn sie das vorher gewußt hätte, bemerkt Josefina. Und Rita sei wütend über das Kind, das kommen werde, wegen der Mehrarbeit, die daraus resultiere, weil Amanda jetzt nicht im Haus sei, um zu arbeiten, und Rita alles allein machen müsse. Ihr ältester Sohn sei ebenfalls empört über das neue Kind, das das Erbe verkleinern werde. Schließlich sei Rita vor Wut heulend weggelaufen. Am Nachmittag kam Rita wieder – sie hatte Amanda besucht, sie sei im Spital, das Kind werde nächstens erwartet. Josefina selber ist ganz überrascht über die Situation, sie habe nicht gewußt, daß Amanda schwanger sei, man habe es gar nicht gesehen.

Dieser Zwischenfall scheint mir wichtig zu sein, denn er zeigt, daß Amandas Konflikte und Sorgen sehr real waren, daß die Wut und Empörung ihrer Schwiegermutter und von Tante Rita wirklich bedrohlich waren und sind. Amandas Konflikt, ihre Scham-, Schuld- und Erniedrigungsgefühle entspringen nicht nur einer inneren, subjektiven Empfindlichkeit, sondern sie reflektieren die Wertungen, Normen und Reaktionen ihrer sozialen Umgebung.

Auch Mariana hatte sich einige Tage zuvor in sehr verächtlicher und heftiger Art über Amanda geäußert, was zum Teil mit unserer Beziehung und ihrer Eifersucht auf Amanda zusammenhing, aber auch deutlich machte, mit welchen sozialen Kategorien eine Frau, die Respekt und Achtung verlangt und gegen kulturelle Regeln verstößt, verurteilt wird. Je höher das Prestige einer Frau, um so wichtiger wird für sie der Begriff der Ehre. Verliert sie sie, wird von ihr öffentliche Zerknirschung, Demut und Unterwerfung erwartet. Und gerade dagegen lehnte sich Amanda auf, diese Verhaltensweisen waren ihrem Selbstbild derart zuwider, daß sie darauf, wenigstens in der Öffentlichkeit, mit dem Gegenteil reagierte.

29. (19.10.)
Am nächsten Morgen früh fahre ich mit dem Bus nach Ixmiquilpan in das Spital und suche den Raum der Gebärenden. Dort liegt Amanda mit vier anderen Frauen in einem kleinen Raum im Bett. Sie freut sich über den Besuch, und erst auf meine Frage nach dem Kind lüftet sie verlegen die Wolldecke, und da liegt neben ihr ein winziges, gesund aussehendes Kindlein.

Es ist ein Mädchen, 3100 Gramm schwer. Es sieht gar nicht verrunzelt oder neugeboren aus, sondern ganz frisch, wie schon einige Wochen alt. Seine Haut ist ein wenig hell (Guera). – Schau, es ist ein Mädchen, sagt sie. – Dann lebt es und ist gesund, sage ich. – Ja, so ist es, und ich muß es so hinnehmen, antwortet sie strahlend und zeigt auf das winzige Baumwollmützchen auf seinem Kopf. Sie habe es noch vorgestern genäht. – So eine Geburt tut einfach unglaublich weh, es schmerzt wahnsinnig. Ich habe gestern nacht an unser Abschiedsessen denken müssen, eben haben wir noch davon geredet; wie schnell das geht, aber wir werden es trotzdem machen, morgen komme ich wieder nach Hause. Wir reden über die Geburtstage – ich habe am 16., ihre Tochter kam am 18., und sie hat am 25. Oktober Geburtstag. Sie ist froh über den Besuch, läßt sich von mir ein Mineralwasser holen, läßt mich die Knoten im Bauch fühlen, die sie schmerzen. Man habe sie stundenlang allein auf einem Schragen liegen lassen, in den Kleidern, und erst kurz bevor das Kind kam, sei ein Arzt gekommen. – So eine Geburt ist verdammt hart, meint sie, aber jetzt ist es vorbei, und es ging gut, schließlich ging es dann ganz schnell, erzählt sie. Wenn wir über das Kind reden und ich »Niño« (die männliche Form) sage, korrigiert sie mich jedesmal und sagt »Niñ*a*«. Sie freut sich, daß es ein Mädchen ist. Die anderen Frauen betrachten uns neugierig. Amanda genießt es, mich zu zeigen und speziell behandelt zu werden, denn eigentlich ist keine Besuchszeit, aber ich bin einfach hineingegangen. Die Krankenschwester schickt mich dann weg, und ich verspreche, morgen wieder zu kommen.

Amanda hat die Geburt und das Kind im letzten Moment ganz akzeptiert, sie hat noch ein hellblau kariertes Häubchen, das innen mit gelbem Stoff gefüttert ist, genäht, ein Prachtwerk an Nähkunst. Dies war der einzige Gegenstand, den sie zur Geburt mitbrachte. Offenbar hatte sie ihn schon in der Schulversammlung bei sich in der Tasche in Vorahnung der Geburt. Vom Spital hat sie einige Windeln ausgeliehen bekommen, in die das Kind eingewickelt ist. Die Geburt ging besser als alle vorhergehenden, sie war ganz und gar Amandas Angelegenheit, sie hat sie nicht als Ehefrau vollzogen, sondern als autonome, selbstbestimmte Frau, die schließlich auch als Fracasada wieder ihre Selbstsicherheit gefunden hat.

30. (20.10.)
Am nächsten Morgen früh fahre ich wieder in die Distrikthauptstadt, kaufe Babykleidung und besuche Amanda im Spital. Sie liegt angekleidet im Bett und wartet auf Rita, die sie abholen soll. Sie ist besorgt wegen der Familie, ob das gut gehen wird, weil sie keine Kleider und Windeln hat, wegen des Geldes. Sie freut sich über die Kleider, die ich bringe, zieht sie dem Kind sofort an. Aber sie ist sehr unruhig, hat tausend Wünsche, daß ich etwas zu trinken hole, schaue, ob jemand draußen auf sie warte, daß ich den Austrittsschein unterschreibe, die Krankenschwester rufe. Da kommt Rita, sehr verschüchtert und hilflos, mit verheultem Gesicht. Ich lasse die beiden.

Kaum ist die Geburt vorbei, es ist der zweite Tag danach, beginnen die Sorgen wieder. Amanda ist unruhig und gespannt, sie erwartet die Ablehnung und Schimpferei der Señoras, fürchtet, daß es weiterhin ausführliche Auseinandersetzungen geben wird, Kämpfe. Wie um aufzutanken und sich etwas zu erholen, stellt sie alle möglichen Wünsche an mich. So müßte man für sie sorgen. Sie hat offensichtlich Angst vor der Rückkehr nach Hause, sie ist nervös und bedrückt und wirkt sehr allein und hilfebedürftig. Für sich selber konnte sie das Kind und die Geburt akzeptieren, aber jetzt wird sie in den sozialen Verband zurückkehren, und dort erwarten sie die alten Widersprüche zwischen ihr und der Familie, ihr und den sozialen Normen.

31. (21.10.)
Am nächsten Morgen früh gehe ich in ihr Haus. Alle hocken um ein Holzfeuer auf dem Küchenboden herum, wärmen sich und trinken heißen Kaffee. Die Kinder sind dabei, in die

Schule zu gehen. Hector, der Kleine, weigert sich, will zu Hause bleiben, er ist offensichtlich eifersüchtig auf die neue Schwester. Auch der Schwiegermutter geht es schlecht, sie hustet, friert und rührt sich nicht. Rita geht in die Mühle, um den Mais zu mahlen. Amanda wirkt bedrückt und schweigt. Schließlich frage ich nach dem Mädchen, und sie schlägt vor, ins Zimmer zu gehen. Dort liegt es schlafend auf den Holzbrettern, die als Bett dienen, unter einer Wolldecke. Amanda setzt sich zu ihm und klagt über Schmerzen im Bauch, sie sei müde, habe kaum geschlafen, denn das Kind habe immerzu geweint. Die Schwiegermutter sei rasend vor Wut, Rita auch, sie hätten draußen geschlafen aus Protest gegen die Gegenwart des Kindes. Die Schwiegermutter hatte so fest damit gerechnet, daß es sterben werde, daß sie es jetzt einfach nicht fassen kann. Rita hingegen freue sich doch, daß es ein Mädchen ist und sei dabei, es schon ein wenig gern zu bekommen.

Das Kind beginnt zu weinen, Amanda hebt ein wenig die Decke und beginnt zu strahlen; sie gibt ihm die Brust, sich zu ihm legend, und bleibt so auf dem Bett, über das Mädchen gebeugt, damit es trinken kann. Sie entspannt sich und scheint es zu genießen. Sie erzählt, wie traurig und allein sie sich fühlt, denn ihr ältester Sohn hatte gestern, als sie ankam, nicht mit ihr geredet, nichts gegessen und sich gegen alles gewehrt. Er sei sehr böse über das Mädchen. Sie habe ihm dann gesagt, er solle sich nicht so kindisch benehmen, wenn es ihm halt nicht passe, dann werde sie gehen, sonst müsse er sich damit abfinden, daß er jetzt eine Schwester habe. Er habe darauf nur höhnisch gelacht. Die Kleinen seien nicht so, die würden wenig sagen, aber die Schwiegermutter sei schlimm, sie sei so furchtbar gekränkt, daß sie es fast nicht ertrage.

Sie meint dann, sie werde dem Kind nicht immer, wenn es danach verlange, die Brust geben können, sondern nur alle sechs Stunden, also dreimal am Tag, das werde hier jetzt so gemacht, sonst werde es verwöhnt.

Sie will gar nicht mit dem Gespräch aufhören, will, daß ich dableibe, horcht ängstlich, ob Rita schon von der Mühle zurückkomme und ob sie schon wieder in die Küche müsse. Aber es bleibt ruhig, und sie lehnt sich erleichtert zurück, erzählt weiter. Was wohl aus dem Kind werden wird, jetzt habe sie eine Compañera, eine Freundin. Wenn ich wiederkomme, könne sie schon gehen. Dann klagt sie, daß sie kein

Geld habe, die Geburt habe sie zwar nur 120 Pesos gekostet, aber sonst sei ihr nichts geblieben, obwohl sie schon Geld ausgeliehen habe; sie habe doch noch andere Ausgaben gehabt, immer noch fehlen Kleidchen, Medizin, Nahrung. Ich frage, warum sie nicht ein Tier verkaufen wolle. Nun, sie könne doch jetzt nicht auf den Markt gehen wegen des Kindes, sie könne es weder allein hier lassen noch auf den Markt mitnehmen, hier könnten sie ihm etwas antun, auf dem Markt könnte es kalt kriegen und sterben. Sie wird ganz verzweifelt, weiß nicht ein und aus zwischen dem fehlenden Geld, den Schulden und den dringenden Erfordernissen. Sie möchte, daß ich ihr Geld gebe, und ich sage, ich könne ihr schon etwas geben, aber ich sei überzeugt, daß sie – so tüchtig wie sie sei – eine Lösung finden werde, auch wenn ich jetzt wegreisen werde. Sie überlegt und ruft plötzlich strahlend: – Ich weiß, was ich tun werde! Ich gehe auf den Markt, sage den Leuten, daß ich Schweine zu verkaufen habe, und dann sollen die Interessenten zu mir ins Haus kommen, die Schweine ansehen und gleich eines mitnehmen, wenn sie es kaufen. Dann möchte sie, daß ich ihr etwas Branntwein für den Husten der Schwiegermutter gebe, sie werde mich gleich begleiten. Sie will noch mit mir zusammensein, und nachdem Rita zurückgekommen ist, gehen wir. Auf dem Weg plaudert sie fröhlich, sie habe immer gedacht, es werde ein Junge sein, auch die beiden Señoras hatten das gesagt, und nun sei es doch das ersehnte Mädchen, ihr erstes Mädchen. Die Geburt schmerzte sehr, man gab ihr dann eine Injektion und habe sie erst am folgenden Tag gewaschen, während das Kind sofort gebadet wurde. Man gab ihr eine Medizin gegen Infektionen mit, es sei üblich, daß man höchstens zwei Tage im Spital bleibe. Sie nahm dann ihren Branntwein entgegen und einige Eier und ging zufrieden davon.

Zwei Tage später gehe ich bei ihr vorbei. Amanda ist nicht da, nur die Schwiegermutter. Sie kommt mir auf einem Stock entgegen, um mich vor den Hunden zu schützen, und setzt sich dann erschöpft unter einen Mezquitebaum. Amanda sei auf dem Markt in Murillo. Sie beginnt klagend, über das Kind zu schimpfen, das sie nicht haben wolle, denn es sei nicht von ihrem Blut, diese Schweinerei, diese Mierda gehöre nicht in ihr Haus. Sie erregt sich immer mehr, ihr Spanisch wird völlig unverständlich, und schließlich redet sie nur noch in Otomi.

In dem Moment kommt Amandas mittlerer Sohn Felipe nach Hause. Er stellt sich zu uns, schaut uns groß an und beginnt dann, ab und zu zusammenfassend ihre Schimpfereien zu übersetzen: was sich diese Frau, ihre Schwiegertochter, eigentlich erlaube, noch ein fremdes Kind ins Haus zu bringen, und dann noch von ihrem Geld zu leben; die Ziegen, die Schafe, alles gehöre ihr, Filomena, und sie werde nicht einen Fünfer hergeben für diesen Balg, der das Erbe schmälere. Wenn das ihr Sohn wüßte, ihr armer Sohn, sie weint vor Wut. Sie redet viel und lange vom Geld. In dieser Form scheint sie ihre Empörung am besten ausdrücken zu können. Es ist der Sohn der Petra, der Basilio, schreit sie plötzlich und schaut mich herausfordernd an. So erfahre ich erst jetzt, wer der Amante von Amanda ist, ein Familienvater aus Daxhó. Filomena schimpft weiter, unterbrochen von Tränen der Wut. Ich sage, so schlimm sei das alles nicht, viele Frauen hätten Kinder, und Amanda sei seit vielen Jahren Witwe. Sie schreit auf vor Empörung, und schließlich steht sie auf, tätschelt mich, versucht zu lächeln, erleichtert, daß sie sich aussprechen konnte und sagt, ich solle am Nachmittag wieder kommen, dann werde Amanda zurück sein.

32. (24.10.)
Am Nachmittag treffe ich Amanda auf dem Weg bei der Kirche, sie wollte eben zu mir kommen. Sie ist entsetzt über die Schwiegermutter, die immerzu schreie und schimpfe: daß doch diese Scheiße verrecken möge, sie werde sie umbringen. Rita hingegen versöhne sich zusehends mit dem Kind, sage immer wieder: – O wie schön ist es. Es sei auch wirklich ein schönes Kind. Der große Sohn rede immer noch nicht mit ihr, die Kleinen schon, sie haben sich daran gewöhnt, und wenn es weint, sagen sie: – Mama, gib ihm Milch, es weint, woraufhin die Schwiegermutter wieder einen Wutausbruch habe und schreie: – Wir haben doch abgemacht, daß wir das Kind nicht akzeptieren und nicht mehr mit Amanda reden, und jetzt rennt ihr dieser Schweinerei nach und redet mit eurer Mutter! Amanda fürchtet den massiven Einfluß der Schwiegermutter, beim großen Sohn habe sie immer noch Erfolg. Amanda meint, das Kind könnte wirklich umgebracht werden, wenn sie es allein im Haus lassen würde, die Señora erlaubt nicht, daß das Kind das Zimmer verläßt, sie werde es augenblicklich

umbringen. Plötzlich beginnt Amanda heftig zu weinen, es sei alles so schlimm, und nun werde ich auch noch weggehen, ich sei in dieser Zeit ihre einzige Freundin gewesen, der einzige Mensch, der sie verstanden habe, mit dem sie reden konnte, sonst habe sie niemanden: – Ohne dich hätte ich das alles nicht überlebt, ich wäre umgekommen dabei, ich wäre gestorben, sagt sie und umarmt mich schluchzend. Wir stehen mitten auf dem Weg, umarmt, ich muß auch weinen.

– Wenn ich jetzt ganz allein bleiben werde, halte ich das nicht aus mit der alten bösen Hexe, die sich so krank und schwach gibt und doch ein so böses Maul hat. Amanda umarmt mich immer wieder von neuem und will sich gar nicht trennen, obwohl sie zum Kind zurück sollte. Ich sage: – Jetzt, wo du es überlebt hast, vergiß nicht, wie gut du dich immer hast durchsetzen können in den letzten Jahren, laß deine Schwiegermutter, bis sie sich ausgeschimpft hat, vielleicht mag sie es dir nicht gönnen, daß du noch einen Mann und ein Kind hast, und dann hat sie auch Angst, dich zu verlieren. Und wenn ich jetzt weggehe, dann bin ich nicht aus der Welt, wir schreiben uns, und ich komme wieder. Jetzt lächelt sie ein wenig und will am Abend wieder kommen. Am Abend kommen viele Frauen in mein Haus, um mich zu verabschieden, sie bringen Nüsse, Früchte und schenken mir Heiligenbilder. Ich mache Kaffee, offeriere Kuchen und Schnaps. Die Frauen stehen herum und betrachten sich gegenseitig etwas verlegen. Mit der Zeit kommt ein Neckgespräch in Gang, das immer nahe an offener Aggression vorbeigeht. Amanda trinkt Schnaps und ist am wenigsten gehemmt, sie ist sich unserer Beziehung sicher. Draußen plaudert sie noch lange mit Josefina in Otomi, wohl über ihre Situation. Dann, es ist schon lange Nacht, verabschiedet sie sich als Letzte.

Am nächsten Tag reise ich in die Hauptstadt, um noch den Flug zu buchen, Dinge vor der Abreise zu erledigen. Amanda weiß es. Trotzdem kommt sie zu meinem Haus, wo eine Freundin von mir zu Besuch ist. Sie ist tief enttäuscht über meine Abwesenheit, es gehe ihr nicht gut, erzählt sie meiner Freundin. Sie sei traurig, weil ich wegreise, das sei sehr schwer für sie. Es würden wieder viele Leute schlecht über sie reden, vor allem David und seine Frau, die wieder um ihr Erbe fürchten. Sie ertrage das nicht und werde deswegen auch das Amt der Schulpräsidentin, für das sie vorgeschlagen worden sei (es wurde zum ersten Mal eine Frau vorgeschlagen), nicht annehmen. Sie ertrage es einfach nicht, sie werde sich zurückziehen.

Im Moment meiner Abreise befindet sich Amanda in einer besonders schwierigen Situation: wegen des Kindes von allen Seiten angefeindet, fühlt sie sich isoliert und verlassen. Deswegen trifft sie meine Abreise besonders stark. Sie scheint von Schuldgefühlen bedroht, die sie wieder gegen sich selber wenden könnte, indem sie auf ihre soziale Prestigerolle verzichtet. Trotzdem habe ich ein gutes Gefühl für sie, Tante Rita hat das Kind bereits gern, und das Dorf scheint Amandas Persönlichkeit weiterhin nötig zu haben. Ich vermute, daß sich die heftigen Emotionen bald legen werden und daß Amanda ihre frühere Heiterkeit wieder finden kann.

33. (27.10.)
Ich bin nachher nur noch für zwei Tage im Dorf, löse meinen Haushalt auf, verabschiede mich allerseits und bin ständig unterwegs. Eigentlich hatten Amanda und ich schon voneinander Abschied genommen, dort oben bei der Kirche, als wir uns weinend umarmten. So ist denn unser letztes Treffen relativ kurz und nüchtern. Ich gebe ihr einige Gegenstände aus dem Haus und schenke ihr ein paar hundert Pesos, worüber sie sich sehr freut. Sie schenkt mir ein Deckchen, das sie gewoben hat, eines mit besonders schönen Mustern. Ich verspreche zu schreiben, sie wünscht mir alles Gute, und wir umarmen uns. Sie fragt noch nach meinem Reiseweg, wie lange die Reise dauert, ob mein Mann auf mich warte. Schließlich lacht sie und witzelt, vielleicht habe er inzwischen eine andere, dann solle ich einfach wieder zurückkommen, ich solle aber aufpassen, daß ich nicht verlorengehe. – Oder du wirst dir jetzt auch ein Kind besorgen, so wie ich? Dann geht sie.

In einem Brief zu Weihnachten teilt mir Amanda mit, daß ihre Schwiegermutter im Dezember gestorben sei und daß nun im Dorf herumerzählt werde, sie habe sie umgebracht. Sie habe es schwer und weine viel. Der kleinen Mari, so heißt nun ihre Tochter, gehe es gut, sie sei gesund und wachse. Wenn ich wiederkomme, solle ich die Madrina, die Patin, der Mari sein, deswegen solle ich mich früh genug ankündigen, damit sie die Taufe vorbereiten könne. Dann werden Amanda und ich Commadres sein.

Zwei Jahre später

Als ich zwei Jahre später wieder im Dorf lebte, gestaltete sich die Beziehung zwischen Amanda und mir sehr viel informeller. Sie kam zu beliebigen Tageszeiten für Momente vorbei, setzte sich kurz hin für einen Kaffee, um dann weiter zu hasten. Oder sie saß lange da und plauderte und erzählte. Manchmal stand sie am Morgen ganz früh plötzlich in meiner Küche und begann ungefragt Kaffee und Rühreier vorzubereiten, während ich erst am Aufstehen war. Sie kam und ging, so wie sie es brauchen konnte. Ihre Tochter Mari liebte sie zärtlich, auch Tante Rita war glücklich über das Mädchen. Die drei Knaben konnten ihre Ambivalenz ihr gegenüber aber nicht verhehlen. Zärtliche Spiele wechselten zu sadistischen Manipulationen, woraufhin Mari jeweils erschreckt schreiend zu den Frauen lief. Amanda war besorgt, weil die Knaben jetzt ihre Kuh quälten.

Wenn sie bei mir war, erzählte sie von ihrer Arbeit, ihrem Leben. Bald nach meiner Abreise im Dezember 1975 starb ihre Schwiegermutter. Das war eine schwere Zeit, weil das ganze Dorf behauptete, Amanda habe sie umgebracht, weil sie ihr Kind nicht akzeptierte. Viele redeten nicht mehr mit Amanda, gingen ihr offensichtlich aus dem Wege oder griffen sie direkt an. An die Totenwache aber seien dann doch viele Leute gekommen.

Basilio, ihr Amante, sei glücklich über das Kind, aber er plage sie aus Eifersucht, zwinge sie, bei jedem Gang außerhalb des Hauses das Kind mitzunehmen, damit jeder sehe, daß sie besetzt sei. Er fand ihre selbstgeschneiderten Kleider plötzlich zu kokett und hatte ihr eines davon im Streit am Leibe mit der Machete zerschnitten. Als er entdeckte, daß sie ihren Söhnen die Haare schnitt, war er hell empört über die Erniedrigung, die sie als Frau den »Männern« anzutun wagte. Dann begann er sie zu schlagen. Als er letzten Winter in die USA ging, verbot er ihr, den Mais ohne seine Erlaubnis zu säen. Er werde ihr dann schreiben, wen sie wann bitten dürfe, den Acker zu pflügen. Amanda, eingeschüchtert durch seine Schläge, wartete so lange, bis sie die Letzte des Dorfes war, die ihre Felder noch nicht bestellt hatte. Ein Brief kam nicht. Schließlich besorgte sie die Äcker ohne seine Erlaubnis. Sie war jetzt so wütend über Basilios Einschränkungen, daß sie immer wieder davon redete, sich von ihm abzusetzen, viel Geld gab er ihr sowieso nicht. Sie hinterfragte empört die Männerrolle und Basilios Einstellung ihr gegenüber. – Sie wollen nur, daß man den Mund hält, wie ein Hund. Sie – wie kann man das vergessen – sie glauben, sie seien uns überlegen. Wie oft, wie viele Male mußte ich schweigen, eben weil er mich – ich sag es dir – immer wieder geschlagen hat. Mit welchem Recht tut er das? Beim nächsten Streit habe sie ihm erklärt, er solle sie entweder so akzeptieren wie sie sei oder sie in Ruhe lassen. Sie weigerte sich dann während mehrerer Wochen, ihn zu sehen, bis er sich mit einem Geschenk entschuldigen kam. Er schenkte ihr ein Werkzeug für den Acker. – Stell dir vor, er schenkte mir eine schöne Machete, vielleicht akzeptiert er mich jetzt.

Zu jener Zeit begannen die Dorfbewohner Amanda einen neuen Namen zu geben: Amanda-Macha, was soviel heißt wie Amanda-Mann-Weib. Sie war darüber sehr gekränkt und verletzt und hatte dann einen Traum, den sie mir gleich am Morgen früh sehr besorgt erzählen kam: – Ich werde von mehreren Männern verfolgt und fliehe in mein Haus, um die Pistole von meinem verstorbenen Mann zu holen. Ich ziele damit auf die Männer, die sich drohend nähern, und drücke ab. Aber es kommt kein Schuß heraus. Jetzt weiß ich, daß ich verloren bin. Ich öffne die Pistole und finde anstelle der Patrone ein großes Loch. Ich sage, es ist schwer, eine Frau zu sein und nur ein Loch zu haben, man bekommt nichts geschenkt als Frau. Da begann sie heftig zu weinen und ganz verzweifelt aufzuzählen, wie sie läuft und rennt, sich wehrt und abmüht und doch immer eins aufs Dach kriegt. Andere Male kam sie und erzählte in verschwörerischem Ton, was sie alles kann: sie wurde immer häufiger für Arbeiten geholt, die an sich den Männern vorbehalten sind, zu denen sich aber keiner fand: Schafe scheren, Schweine kastrieren, Ziegen töten, und ab und zu würde sie heimlich von Männern des Dorfes besucht, damit sie ihnen die Haare schneide, denn sie machte es gut und billig. Sie begann mit einigen Leuten, eine verwahrloste Ecke des Ejidolandes kollektiv zu bearbeiten, und sie wurde immer häufiger als Vorbeterin zu Beerdigungen und religiösen Festen auch in die Nachbardörfer geholt. – Sag es aber niemandem, beschwor sie mich jedesmal, es sind Arbeiten für Männer. Sie unterhielt rege Beziehungen zu Frauen und Männern der Nachbardörfer, und manchmal nahm sie mich mit zu einem

Besuch dorthin, wo sie dann ein Schwein kastrierte oder eine Ziege schlachtete. Man gab ihr etwas Geld dafür und bewirtete uns, meist wurde ein kleines Festgelage daraus. Dann wieder kam sie glücklich strahlend mit wildem Honig oder einem großen Maispilz und wollte Schnaps trinken und wissen, wie es mir gehe.

Unsere Beziehung war sehr entspannt, freundschaftlich und glücklich.

Wir schreiben uns regelmäßig, bis heute. Im April 1983 hat sie noch einen Knaben zur Welt gebracht und schrieb mir verzweifelte Briefe voller Wut auf Basilio, der wieder seit Monaten nichts von sich hören lasse. Sicher habe er eine andere dort in Texas.

Martina: »Ich wäre gern hinausgegangen, weggegangen, aber sie ließen mich nicht gehen. Ich mußte bei der Mutter bleiben, ich war die Kleine.«

Begegnungen mit Martina

Ich hatte Martina schon öfters gesehen, bei ihren Eltern, wo ich ab und zu vorbeiging, weil ihr Bruder gegenwärtig Dorfchef war, oder auf den Wegen. Wir hatten uns jedesmal begrüßt, aber nie miteinander gesprochen.

1. (22.8.)
Nachdem ich schon einige Wochen im Dorf war und die Stimmung mir gegenüber zwar nicht mehr vom Bild der gefährlichen Kommunistin bestimmt war, aber immer noch stark ambivalent zwischen dem Bild der reichen Helferin, aus der man etwas herausholen muß, und dem der Bedrohlichen hin und her schwankte, stand eines Abends Martina in der Tür. Sie kam zusammen mit ihrer Schwiegermutter Candida und deren Töchtern. Sie kamen vom Einkauf in Murillo zurück und schauten bei mir in der Schule herein.

Die vier Frauen standen im Türrahmen, verlegen lächelnd und warteten. Ich bat sie herein. Sie setzten sich und schauten umher, schauten mich an, schwiegen oder giggelten und wußten offensichtlich nicht, was mit mir anfangen. Martina wirkte wie ein junges Mädchen, blaß, still, bescheiden, hübsch, wenig indianisch. Mir fiel auf, daß sie Hosen anhatte, was nur ganz wenige junge Frauen im Dorf wagen. Sie saß neben ihrer Schwiegermutter, wie wenn sie auch eine der Töchter wäre. Sie fragten, wie es mir gehe, was ich mache, ob ich wohlauf sei.

Plötzlich wurden sie ganz still und schauten erschreckt umher: draußen kämpften Hunde miteinander und bellten laut. Die Frauen schienen große Angst zu haben, sagten hastig, sie müßten jetzt gehen, und blieben sitzen. Als die Hunde still wurden, verabschiedeten sie sich schnell. Es war ein merkwürdiger Besuch, der mich nachdenklich und etwas bedrückt zurückließ, weil er sich so sehr von den anderen Besuchen bei mir in der Schule unterschied.

2. (27.8.)
Einige Tage später gehe ich an ihrem Haus vorbei und mache ebenfalls einen Höflichkeitsbesuch. Ich werde wieder mit dieser merkwürdig verlegenen Apathie empfangen, die die herrschende Stummheit mit Lachen und Mißverständnissen füllt. Die Häuser der Familie liegen direkt an der Schotterstraße, die nach Nalcan führt. Das leicht ansteigende Terrain gleicht dort einer Wüste: gelber Sand und Steine, dazwischen selten ein Kaktus oder ein dorniges Gesträuch, mittendrin stehen zwei Zementhäuser, rechteckige Bauten mit Wellblechdach und je zwei Räumen, ein größerer als Wohn- und Schlafzimmer, ein kleinerer als Küche. Darum herum liegen verstreute Abfälle: Flaschen, Plastikwaren, rostiges Eisen, kein Baum, keine grüne Pflanze – ein trostloser Anblick. Die Häuser sind relativ neu und die Einrichtung der Küche modern: Gasherd, Tisch, Mixer; bei der Schwiegermutter Candida wirkt alles dreckig und schmierig; die Frauen essen stehend Tortillas mit scharfer Sauce. Ich mag nicht mitessen.

Nach den Begrüßungsfragen will Martina wissen, ob ich ihr Haus auch sehen wolle. Ihre Stube ist liebevoll eingerichtet, ein Foto an der Wand, gehäkelte Deckchen auf dem Tisch, eine Zierdecke über dem Ehebett, die Küche aufgeräumt. Sie zeigt mir ihre Webereien und fragt, ob ich etwas kaufen wolle. Ich lehne ab und gehe bald wieder mit einem Gefühl der Leere und einer unbestimmten Trauer.

Die Wohnatmosphäre dieser Familie ist im Verhältnis zu den anderen Häusern modern, aber verwahrlost. All die Utensilien, die sonst den Haushalt der Frauen in Daxhó ausmachen, fehlen: die aus Holzstäben gebaute luftige Küche, die den Rauch und Geruch abziehen läßt und vom Wind immer kühl durchlüftet ist; die traditionellen Holzhocker, meist vor der Küche im Schatten der Bäume stehend: da ist auch keine Feuerstelle, um die man herumsitzen kann, kein Comal; die gekauften Tortillas werden direkt auf der Gasflamme gewärmt, kein Metate, Molcajete. Candida, Martina und die Töchter essen im Stehen neben dem Gasherd. Die Häuser und ihre Umgebung haben nichts Typisches an sich, sie könnten auch in einem Slum stehen.

Martina wohnt dort als Schwiegertochter im eigenen Haus

direkt neben Candida, die neun Kinder hat. Die sechs jüngeren sind zwischen zwei und vierzehn Jahren alt und leben zu Hause. Der Mann von Candida arbeitet seit Jahren in den USA, wo er immer zum gleichen Patrón zurückkann. Die beiden ältesten Söhne, Gilberto (23), Martinas Mann, und Florencio sind ebenfalls dort. Sie kommen alle Jahre für einige Monate ins Dorf zurück und gehen dann wieder. Daher der relative Wohlstand der Familie, die wenigen Dollars, die geschickt oder gebracht werden, zählen hier viel. Die Familie bearbeitet im Moment kein Land.

Ich verlasse die Häuser mit einem Gefühl der Leere. Der Widerspruch zwischen den modernen Häusern, die Wohlstand anzeigen, und ihrer verwahrlost-depressiven Atmosphäre schockiert mich.

Ich mochte nichts essen in der Küche, der Eindruck des Schmierig-Schmutzigen war zu stark. In den anderen Küchen des Dorfes habe ich gerne eine frische Tortilla vom Feuer gegessen. In dieser modernen Küche wird der Schmutz erst wahrnehmbar. Ich vermute, daß durch den Gasherd und das Fehlen der Feuerstelle der traditionelle Arbeitsrhythmus, gewohnte Gesten, Sinngebungen und ritualisierte Symbolhandlungen abhanden gekommen sind und damit auch der Bezug zur Ethnizität verlorengeht; es entsteht eine Leere. Die neue Lebenssituation dieser Familie kommt in der Küche zum Ausdruck: Die Felder liegen brach, und die Männer schicken Geld aus dem zweitausend Kilometer weit entfernten Texas.

3. (5.9.)

Eine Woche später, ich war in das Haus der Evangelisten umgezogen und hatte eben Besuch von den beiden erwachsenen Töchtern des evangelischen Nachbarn, Paula und Felipa, erhalten, taucht Martina mit ihrer zwölfjährigen Schwägerin, von der sie fast immer begleitet wird, auf, ihren 18monatigen Sohn auf dem Arm. Sie stehen vor mir, stumm lächelnd, und sagen nichts – ich hole Hocker für sie. Paula und Martina kennen sich offenbar kaum, und die Begegnung scheint beiden peinlich. Sie reden über die Hochzeit, die in der Nachbarschaft im Gange ist. Paula und Felipa sind nicht geladen und kommentieren dies etwas bitter: dort würde jetzt gegessen und geschlemmt, aber das sei nur für auserwählte Gäste. Sie fragen Martina, die auf dem Weg dorthin ist, wie sie es angestellt habe, eingeladen zu werden. – Ihr Vater sei eingeladen worden. – Ah so, ja dann ist alles klar. Sie plaudern noch zäh einige Sätze, woraufhin Martina sich verabschiedet, was Paula mit einem erleichterten Seufzer quittiert.

Die Kommunikation zwischen Martina und meinen Besucherinnen ist ebenso schwerfällig und stockend wie mit mir. Ich hätte erwartet, daß die jungen Frauen, die sich von Kind an kennen, sofort ein Gespräch beginnen würden. Ich vermute Spannungen oder Rivalitäten zwischen den Frauen oder deren Familien.

4. (10.9.)
Fünf Tage später besucht sie mich wieder mit ihren beiden jungen Begleiterinnen – schüchtern lächelnd, ohne viel zu sagen sitzt sie da und schaut umher. Ich weiß nicht, was mit ihr anfangen, die üblichen Höflichkeitsfragen sind gesagt, und ein Gespräch entsteht nicht. Ihre hilflose Sprachlosigkeit, diese stumme Anhänglichkeit, machen mich ungeduldig, ärgerlich, ohnmächtig. Ich frage sie, ob sie Lust habe, mit mir zusammenzuarbeiten, mir von ihrem Leben hier zu erzählen. Sie stimmt sofort zu und will gleich morgen wieder kommen. Sie macht es einem schwer, eine positive Beziehung zu entwikkeln; im Gegenteil, sie hinterläßt ein Gefühl von vager Ohnmacht und Schuldgefühle, weil eine Antwort auf ihre indirekte Aufforderung nicht möglich ist.

Martina steht wieder da. Es wird unzweideutig klar, daß sie etwas von mir möchte. Das ist kein Höflichkeitsbesuch mehr. Sie teilt mir ohne Worte mit, daß sie eine Beziehung zu mir sucht. Ihre Form der Kontaktnahme ist aktiv und passiv zugleich: sie sucht mich auf und bleibt passiv stumm.

5. (11.9.)
Am nächsten Tag, gegen Abend, steht sie da, zusammen mit den beiden Schwägerinnen, ihrem Sohn und dem knapp zweijährigen Schwager. Die Knaben beginnen sofort zu spielen. Wieder diese Stimmung extremer Schüchternheit. Sie wissen nicht, was sagen, wagen sich kaum zu setzen, auch

Martina nicht. Es entsteht kein Gespräch. Schließlich geht Irene, die jüngere Schwägerin, mit den Kindern draußen spielen, Francisca, die ältere, entdeckt im Gestell der Evangelisten einen Fotoroman und vertieft sich in ihn.

Martina wirkt derartig gehemmt, verlegen und unsicher, daß ich mich auch blockiert fühle. Ich frage sie, warum sie mit mir arbeiten wolle. – Nun, einfach so. – Ich frage sie nach langem Schweigen nach ihrem Tagesablauf – sie erzählt stokkend und mühsam, daß ihr Mann, Gil, in den USA sei, und deswegen wohne Irene, die zwölfjährige Schwägerin, bei ihr, schlafe bei ihr, damit sie nicht so allein sei. Sie stand heute um sechs Uhr auf, ließ Irene und den Sohn weiterschlafen und webte bis gegen neun Uhr. Als dann die beiden aufwachten, gingen sie zusammen in die Küche der Schwiegermutter, um Kaffee für sich und Milch für den Sohn zuzubereiten. Sie kann ihm die Brust nicht mehr geben, denn als er sechs Monate alt war, mußte sie plötzlich viel erbrechen. Auf die starken, vom Arzt verschriebenen Mittel hin hatte sie keine Milch mehr.

Nach dem Frühstück setzte sie sich wieder ans Weben, half später der Schwiegermutter die Tortillas wärmen und aß mit ihr und den Kindern zusammen, wusch dann das Geschirr, badete Gilberto in einer großen Schüssel, webte noch einen Moment und ging schließlich ihre Mutter besuchen. Früher, als sie noch im Haus der Mutter wohnte, mußte sie viel weniger arbeiten, denn die Mutter machte das meiste, Martina webte vor allem. Jetzt gehe sie ihre Mutter ein- bis zweimal pro Woche besuchen. Nach einem langen Schweigen verabschiedet sie sich und zieht mit ihren Begleiterinnen und den Knaben von dannen.

Unser Gespräch war mühsam und zäh, ich hatte zwischenhinein viel gefragt, worauf sie unsicher antwortete.

Die Monotonie und Schwerfälligkeit des Gespräches macht mich unsicher und ungeduldig. Die Beschreibung ihres Tagesablaufes ist lustlos aufzählend, keine Emotionalität, keine Unterschiede scheinen durch; sie vermittelt Monotonie und Ergebenheit in die Umstände. Sie beschreibt die Situation der Schwiegertochter im fremden Haushalt, wo Arbeit, Anpassung und Schweigsamkeit geboten sind. Mein Gefühl der Zähigkeit im Gespräch widerspiegelt die Atmosphäre ihrer

Lebensumstände und ihre bewundernde Neugier, die sie nicht zum Ausdruck bringen darf.

Die beiden Schwägerinnen, die sie ständig begleiten, stören mich, vielleicht verhindern sie das Gespräch? Sie reden überhaupt nichts. Spreche ich sie an, so lächeln sie verlegen. Aber sie drücken ihre Neugierde viel unverhohlener aus als Martina, sie sehen sich ungehemmt im Zimmer um, fassen Gegenstände an und flüstern darüber. Ich erlebe ihre Präsenz als Kontrolle der Schwiegertochter, die mir unerlaubte Dinge erzählen könnte, aber auch als Schutz für Martina, sie kann sich mir nicht allein gegenüberstellen.

6. (12.9.)

Am nächsten Tag kommt Martina mit ihrer Mutter, Anselma, zusammen, die sehr schwerhörig ist und auch so spricht, unklar und stockend. Sie hat ein liebes Gesicht mit weit aufgerissenen, ängstlich-erschreckten Augen, die diesen Ausdruck nur verlieren, wenn sie lacht. Wie ich sie anspreche, reißt sie die Augen auf und schaut verstört umher – Martina übersetzt ihr sofort meine Worte auf Otomi, indem sie die zentralen Wörter mit überdeutlicher Lippenstellung und Zeichensprache wiederholt. Martina erkundigt sich nach meinem Ergehen, und Anselma klaubt ein Bündel Wollfäden aus ihrer Schürzentasche, die sie, ganz vertieft und selbstvergessen, zusammenzuknüpfen beginnt. Wie sie bemerkt, daß ich ihr zuschaue, versteckt sie sie hastig, wie wenn sie ertappt worden wäre, schaut mich verstört an und versucht zu lächeln; ich lache zurück, wir lachen beide, und dann arbeitet sie weiter. Anselma wirkt sehr kindlich und verwirrt. Die teilweise Taubheit läßt ihre Kommunikation unbeholfen erscheinen. Sonst habe ich sie als eine tüchtige und orientierte Hausfrau erlebt. Im Dorf war Anselma bekannt als eine »tonta« (eine Dumme). Sie erklärte außergewöhnliche Ereignisse wie Unfälle, Krankheit und besondere Begebenheiten mit Hexen- und Geistereinfluß und behauptete, sie sehe nachts Irrlichter auf den Feldern oder sei einem Vampir begegnet.

Ich weiß, daß Martinas Familie eine der wohlhabenderen des Dorfes ist, so wie die Familie ihrer Schwiegereltern auch. Beide sind durch ein weitverzweigtes Verwandtschaftssystem mit der Mehrheit der Dorfbewohner verwandt oder verschwägert. Der Vater, Eleuterio, ist Bauer und bearbeitet sein eigenes

Ejidoland, das seiner Söhne und einige Hektar Privatland. In freien Augenblicken weben alle Familienmitglieder kunstvolle Schals und Taschen.

Die dörflichen Gerüchte behaupten, Eleuterio habe, als er das Ejidokommissariat innehatte, allen seinen Söhnen illegalerweise eine Parzelle überschrieben, obwohl jeder Familie nur eine Parzelle zukommt. Auch hätten ihm intensive Kontakte zum jetzt alten Cacique von Murillo zahlreiche Vorteile verschafft.

Von Martinas vier älteren Geschwistern lebt nur Paco im Dorf. Er war einige Zeit in Mexiko, um Spezialkurse in Administration zu besuchen. Die ältere Schwester ist in der Hauptstadt verheiratet, der eine Bruder arbeitet in den USA, der andere besucht eine Art Universität in Mexiko. Die Kinder der Familie verfügen über Kontakte mit außen.

Wenn Martina mit ihrer Mutter spricht, verwandelt sie sich plötzlich: sie wirkt zielbewußt, sicher, ernsthaft, etwas ungeduldig, aber ganz so wie eine eigenwillige junge Frau. Sobald sie sich wieder mir zuwendet, lächelt sie vage. Ich sage, sie sei sehr schüchtern. – Ja, sehr, sie sei schon immer so gewesen. Sie sei die mittlere von neun Kindern. – Da sei sie wohl etwas untergegangen, bemerke ich. Ja genau, sie durfte nur vier Schuljahre machen, dann mußte sie zu Hause der Mutter weben helfen, damit der Bruder in die Sekundarschule gehen konnte; das macht sie heute noch traurig, wenn sie daran denkt, sie wäre gerne länger zur Schule gegangen. Damals war es nicht möglich, und heute ist es zu spät. – Ob sie deswegen so schüchtern sei? – Nun, meine Mutter kann auch nicht reden, und jetzt sitze ich immer allein in meinem Haus und webe, mit wem soll ich reden, ich bin es gar nicht mehr gewohnt. Nein, ich habe keine Freundinnen, denn ich habe mich mit einem Mann verheiratet, der vielen Mädchen gefiel. Er war mit einer anderen verlobt, aber die traf sich mit Männern, so hat er sie verlassen und mich geheiratet. Seither sprechen die Mädchen des Dorfes nicht mehr mit mir. Deswegen bin ich sehr allein, das macht traurig, aber man gewöhnt sich daran.

Martinas Verhalten ist so, daß ich immer das Gefühl habe, ich müsse sie aus sich herausholen, zum Sprechen verleiten, worauf sie auch dankbar eingeht. Ich biete ihr eine Beziehung an, die sie sich wünscht, aber nicht selber etablieren kann.

Die Begegnung mit der schwerhörigen Mutter von Martina beschäftigt mich, es war nicht möglich, einen Kontakt zu ihr herzustellen. Ich beginne einen Teil von Martinas Sprachlosigkeit zu verstehen. Anselmas Schreckhaftigkeit mir gegenüber macht mir deutlich, wie fremd ich ihr erscheinen muß, wieviel Angst und Unsicherheit ich auslöse. Mir scheint, daß Martina über ihre Begleiterinnen verschiedene Anteile von sich selber zum Ausdruck bringt, rollenteilig in Szene setzt: die jungen Schwägerinnen drücken unverhohlene Neugier aus, die Mutter Angst und Erschrecken, während sie selber in gleichbleibender Schüchternheit verharrt.

Martinas Wandlung beim Sprechen mit der Mutter hat etwas Berührendes, dort ist sie stark. Sie vermittelt zwischen der Welt und der Mutter; konsequenterweise wollte die Mutter ihre Tochter, zu der die Bindung so existentiell eng ist, zu Hause behalten, nicht zur Schule schicken.

Es empört mich, daß Martina einsam sein soll, weil sie einen begehrten Mann geheiratet hat, begehrt, weil er schön und reich ist. Es scheint, daß Frauen, die im »Besitz« von Privilegien sind, im Gegensatz zu Männern, ausgeschlossen und verfolgt werden, denn sie haben gegen das Gebot der Gleichheit verstoßen.

Martina zeigt mir nach und nach ihre Welt: die Schwiegermutter, die Schwägerinnen, das Haus und jetzt die Mutter. In diesen Personen führt sie mir ihre eigenen latenten Konflikte, Wünsche und Ängste vor.

7. (13.9.)
Martina kommt zum ersten Mal allein. Wie sie aber sieht, daß da ein in der Gegend bekannter Ethnologe zu Besuch ist, Jesus Muñoz aus dem Nachbardorf Llano Verde, bietet sie mir sofort an, wieder zu gehen und ein andermal wiederzukommen. Ich akzeptiere ihren Vorschlag, weil der Besuch von Jesus für mich wichtig ist.

Es tut mir außerordentlich leid, daß gerade heute, wo Martina zum ersten Mal alleine kommt, Besuch da ist und ich sie wieder gehen lasse. Ich bin besorgt, ob sie das als Abweisung verarbeiten wird.

8. (19.9.)
Martina besucht mich einige Tage später mit ihrem Sohn und Irene, die mit dem Knaben draußen spielt. Ich mache einen Kaffee, wir sitzen uns gegenüber, lächeln uns an. Ich stelle das Tonband an. – Wie geht's? frage ich. – Nun, wie immer. Sie schweigt. – Was hast du gemacht heute? – Nun, weben, ich war allein. Sie schweigt. – Du bist viel allein, sage ich. – Ich gehe eben nicht aus. – Du gehst nicht aus? – Nein, ich muß arbeiten. – Du mußt? – Ja, eine verheiratete Frau darf nicht hinaus. – Sie darf nicht hinaus? – Nein, sie darf nicht ausgehen, sie muß arbeiten, sonst könnte man schlecht über sie reden. Sie sitzt still da und schweigt. – Wirst du von Freundinnen besucht? – Nein. Sie schweigt. – Nie? – Früher schon, jetzt nicht mehr. – Hattest du viele Freundinnen? – Ja, viele, alle die Mädchen, Aurea, Celestina, Valentina, nun... die Mädchen (Muchachas). Martina sitzt still da und lächelt mich an, betrachtet die Gegenstände des Zimmers. Ich spüre ihre Verlegenheit. – Es ist schwierig, mit jemandem zu sprechen, der so verschieden ist, sage ich. – Ja, du bist von der anderen Seite, von weit her, wir kennen dich nicht. – Was ist anders? – Eine Frau aus dem Nachbardorf ist gleich wie ich... ich weiß, wie sie lebt und denkt... sie sind wie wir... wir wissen, wie sie leben... – Von dir weiß man nichts... – Nein... es macht mich verlegen, ich schäme mich zu reden... Martina schweigt.

– Als du in unser Haus gekommen bist, war alles schmutzig, wir hatten nicht aufgeräumt; bei dir ist alles sauber. – Und welche Bedeutung hat das? frage ich. – Es ist eben so: es gibt solche, die sagen, daß du gekommen bist, um zu prüfen, ob wir sauber sind oder nicht. Sie sagen, du würdest schauen, wie es mit unserer Hygiene steht. – Ah so, man glaubt, daß ich von der Regierung komme, um euch auszuspionieren, um Urteile über euch abzugeben? Martina lacht. – Ich weiß nicht, wir sind eben selber so, wenn eine Nachbarin zu Besuch kommt, sagt sie nachher zu den anderen, man sei schmutzig. Alle machen das. Ich aber meine, daß wir alle gleich sind, alle haben Kinder und sind arm. – Dann schämst du dich, weil du denkst, du solltest so sein wie ich, und sonst würde ich dich verurteilen? – Ja, so ist es, du bist gut angezogen, und dein Haus ist sauber. Bei uns ist es immer schmutzig, wir können wischen und fegen so viel wir wollen, und doch sieht es aus, als ob wir nichts tun würden. ... dann die Kinder..., ich muß seine Kleider waschen, denn er macht alles schmutzig..., ich muß ihn bewachen, sonst fällt er... – Nein, ich bin da, weil ich verstehen möchte, wie es den Frauen hier geht, sage ich. – Aber wie kannst du uns helfen? fragt Martina. – Ich kann nicht helfen, ich kann nur den Leuten in meinem Land erzählen, mit welchen Problemen die Frauen hier kämpfen. – Ah, wir haben große Probleme hier, wir arbeiten und arbeiten und bekommen nichts dafür, bezahlte Arbeit wollen sie uns nicht geben. Die Funktionäre in den Büros tun nichts, sie lesen die Zeitung, und am Abend schließen sie und gehen. – Ihr könnt nicht schließen, sage ich. – Nein, jene werden dafür bezahlt, daß sie nichts tun, wir hier müssen arbeiten und werden nicht bezahlt. Der Tag vergeht, am Abend ist man erschöpft und nichts... Wir machen alles selber, Wasser holen, kochen, Putzen, waschen, die Kinder, weben, alles. Früher, als er noch nicht da war, machte ich, was ich wollte... jetzt kann ich nicht mehr... Es gibt Frauen, die werden geschlagen von ihren Männern, andere können nicht mal ihre Kinder ernähren.

Irene schaut herein und macht Zeichen. Martina steht sofort auf. – Ich muß jetzt gehen. Wir verabschieden uns.

Am meisten fällt mir das Wort ›schämen‹ auf. Es bedeutet für mich Kränkung, Erniedrigung, aber auch Passivität und Unterwürfigkeit. Martinas Scham beschämt und ärgert mich: bin ich denn so unfähig, mit dieser Frau zu reden? Ich frage mich, ob ich zu aktiv und sicher auf sie zugehe, zu stark für sie sei und sie erdrücke. Ich erlebe an ihr meine eigene Ohnmacht im Dorf, der ich durch aktives Arbeiten zu begegnen suchte. Aus meiner Angst, zu aktiv zu sein, kann ich vermuten, daß Martina ihre eigene Aktivität mir gegenüber unterdrückt. Schamgefühle tauchen auf, wenn aktiv-aggressives Verhalten frustriert, verhindert wird durch Zurechtweisung und angesichts der Realität, oder sie entstehen als Reaktionsbildung auf aktive und exhibitionistische Strebungen. Hinter Martinas passiver Scham tauchen plötzlich aktive und klare Einstellungen auf: über die Arbeitsverhältnisse; rivalisierende Wünsche: so zu sein wie ich, um dem Mann in den USA zu gefallen, aus dem Dorf herauszukommen. Aber zu aktiv, schön und erfolgreich zu sein, bedeutet im Dorf Ausschluß, Mißtrauen, Verfolgung; das hat sie erlebt, als sie den begehrten

Mann heiratete. Durch ihre Ergebenheit in die Verhältnisse schützt sie sich vor ihren aktiven Wünschen und deren Folgen.

Mein Anderssein löst in Martina Scham und Schweigen aus. Mich irritiert ihre starke Reaktion darauf, denn mein Anderssein war ein ständiger, unausweichlicher Problem-Faktor im Dorf: ich war weiß, Gringa, reich, 30–40 cm größer als die Dorfbewohner, ›die größte Frau des Dorfes‹, ständig verwiesen durch meinen Körper, meine Haut und Haarfarbe, auf meine Herkunft aus einem hoch industrialisierten Land. Ab und zu phantasierte ich, meine Haare schwarz zu färben, wünschte, kleiner zu sein. Mein Anderssein hinderte mich bei der Arbeit und jetzt ganz konkret bei der Arbeit mit Martina. Sie muß mir gegenüber eine ähnliche unüberwindliche Diskrepanz erleben. Für sie, deren Wünsche nach einem anderen, ›weißen‹ Leben besonders stark sind, wird ihre indianische Abstammung, ihre Ethnizität zu einem kränkenden Problem. Angesichts meiner offensichtlichen Andersheit beginnt sie, ihren rassischen Typus selber zu diskriminieren, sie schämt sich.

Als drittes beschäftigt mich die Bedeutung des Schmutzes. Im Tagebuch hatte ich die Häuser von Martina und der Schwiegermutter wirklich als schmutzig beschrieben, mich daran gestoßen. Nun wird gerade für sie der Schmutz zum Problem, der sonst im alltäglichen Familienleben kaum beachtet wird oder als Kategorie auftaucht. Ich komme mir ertappt vor, so wie sie sich ertappt vorkommen muß, denn ironischerweise ist der Schmutz in ihrer Küche ein Hinweis auf ihren Reichtum. In den modernen Backsteinhäusern und Kücheneinrichtungen fällt der Schmutz viel mehr auf als in den traditionellen, luftigen Küchen mit Feuerstelle und Lehmboden. Der sichtbare Schmutz in ihrer modernen Küche verweist auf den Widerspruch ihres Lebens im Dorf, sie bewegt sich zwischen zwei Welten. Die Angst, daß ich aus ihrer relativ luxuriösen Einrichtung falsche Schlüsse ziehen könnte, muß in ihrer Besorgnis um den Schmutz enthalten sein. Sie und die Schwiegermutter wollen nicht als »die Reichen« im Dorf dastehen. Ihre Sorge um die Hygiene verweist auf die Problematik der Modernisierungsprozesse allgemein. Staatliche Hygieneberaterinnen sollen die Frauen von Daxhó dazu bringen, sauber zu werden; ihr Auftauchen ist ein Kampf gegen die traditionelle Kultur, die »schmutzig« ist.

Gleichzeitig aber werden im Bewässerungskanal die Abwässer der Fünfzehnmillionenstadt Mexiko ins Dorf geleitet, sie ließen gastrointestinale Krankheiten und Todesfälle sprunghaft ansteigen. Über diese lebensbedrohende Gefahr informiert niemand. Am sichtbaren Schmutz werden latente Probleme abgehandelt: ökonomische Spannungen durch Akkulturation und Diskriminierung der Ethnie durch den Staat.

Dazu fällt mir gleich folgender Satz auf: ›Ich aber meine, daß wir alle gleich sind, alle haben wir Kinder und sind arm.‹ Du bist doch gar nicht so arm, denke ich; der Satz klingt für mich wie ein Klischee, eine Beschwörungsformel. Sinngemäß will Martina mit dem Satz sagen, daß im Verhältnis zu den Weißen alle relativ gleich arm sind, was richtig ist. Auf der latenten Ebene wird aber auch in anderen Stunden deutlich, daß sie die dorfinterne Schichtung, ihre relative Privilegiertheit, die ökonomischen Spannungen nicht wahrhaben will. Reale Widersprüche werden anhand der Gegenseitigkeits- und Gleichheitsideologie unbewußt gemacht.

Nachdem unsere Verschiedenheit zur Sprache kam, erzählt Martina von ihren Ängsten und Vermutungen, die sie und andere Frauen mir gegenüber haben. Ihre Projektion löst sich auf, und unsere Beziehung entspannt sich, und sie beschreibt die Lage der Frauen im Dorf. Sie ist unglücklich und unzufrieden mit ihrer Situation, vergleicht sich mit den Angestellten draußen, das heißt auch mit mir. Es muß für sie wirklich schwierig sein, mit mir umzugehen, da ich so viele Wünsche und Sehnsüchte auslöse. Scham und Passivität schützen sie und mich vor ihren rivalisierenden Tendenzen und zerstörerischem Neid. Eine junge, gut verheiratete Frau wie Martina wird im Dorf neidisch beobachtet und kontrolliert. Je weniger man sich unterscheidet oder hervorsticht, um so weniger Probleme gibt es. In der Beziehung zu mir tauchen die gleichen Kommunikationsmuster auf. So wie sie sich untereinander kontrollieren, erwarten sie auch, daß ich es tun werde. Solange diese Rollenprojektion funktionierte, konnte keine entspannte Beziehung entstehen.

9. (23.9.)

Vier Tage später gehe ich bei Martina vorbei und frage, wann sie wieder Zeit habe. Die Frauen sehen mich von weitem und beginnen hastig, Dinge wegzuräumen und Ordnung zu machen. Sie empfangen mich freundlich, Martina erklärt, daß sie jetzt nicht wegkann, weil sie weben muß. In drei Tagen fahren die Nachbarn nach Mexiko, um bei der Bank Webereien zu verkaufen, da will sie ihre Arbeiten mitgeben.

10. (26.9.)
Nach drei Tagen sehe ich Martina in ihrem stillen, schüchternen Gang, bei dem sich der Oberkörper kaum bewegt, auf mein Haus zukommen, wie immer in Begleitung ihrer Schwägerin. Ich frage nach den Webereien. Die Nachbarn sind nicht gefahren, vielleicht morgen, ihre Mutter will auch Arbeiten mitgeben. – Wie geht es deiner Mutter? – Sie sagt nichts, sie schämt sich, ich glaube, weil sie nicht hört. Ich habe mich auch geschämt. Jetzt weiß ich auch nichts zu erzählen, ich weiß nicht, was sagen. Pause. – Schon als kleines Mädchen habe ich mich so gefühlt, immer, und habe mich geärgert. Jetzt werde ich von den Leuten gefragt, was ich bei dir mache und weiß nicht, was antworten. – Eigentlich haben wir schon viel miteinander gesprochen, und du hast mir von dir erzählt, sage ich. – Ja, schon... aber... – Aber was? – Es ist doch so, daß das bald zu Ende ist, und wir haben noch gar nicht angefangen, miteinander zu sprechen. – Findest du, daß das, was wir machen, nicht miteinander sprechen ist? – Doch, schon, aber bald gehst du wieder. – Wir haben noch vier Wochen Zeit zusammen. – Ja eben, ich kann nicht mehr zu dir kommen, ich muß zu Hause arbeiten, damit ich mir etwas kaufen kann, was mir gefällt. – Zum Beispiel den Nagellack? – Ja, es gefällt mir, etwas für mich zu haben; was mir mein Mann schickt aus den USA, reicht gerade zum Essen; wenn ich meine Webereien verkaufen kann, kaufe ich etwas für mich, etwas Schönes. – Dann willst du nicht mehr kommen? – So ist es nicht, es gefällt mir, zu kommen, aber ich habe dir nichts zu erzählen; auf dem Weg hierher weiß ich vieles, und wenn ich da bin, ist es weg. – Wenn du gleich wärest wie ich, dann gäbe es viel zu erzählen; ich finde unsere Gespräche wichtig, gerade weil wir verschieden sind. – Findest du, wirklich? – Wenn du mir erzählst, wie du lebst und denkst, kann ich mir vieles besser vorstellen. – Ist das wahr? Wenn du weißt... wissen... ja, wir helfen dir zu wissen, das ist wahr. Ich möchte gerne über viele Dinge reden, aber ich kann nicht, ich schäme mich, das geht mir immer so, mit irgend jeman-

dem. Schon als Kind, ich wäre gerne hinausgegangen, weggegangen, aber sie ließen mich nicht gehen... Nur meine Schwester und die Brüder, ich mußte bei der Mutter bleiben, mußte ihr helfen, ich war die Kleine. Sie sagten immer, du weißt nichts. – Jetzt hast du eine eigene Familie. – Ja, aber jetzt ist mein Mann nicht da; wenn er da ist, fühle ich mich wie..., viel besser. Manchmal komme ich mir vor, wie wenn ich nicht verheiratet wäre; vor zwei Jahren haben wir geheiratet und waren nur wenige Monate zusammen. Ist er da, reden wir zusammen, ich erzähle ihm, er erzählt mir, leide ich an etwas, kann ich es ihm sagen; jetzt habe ich niemanden. – Wenn du dich mitteilen kannst, fühlst du dich besser. – Er mußte weggehen, weil er hier keine Arbeit fand, er hat lange gesucht, ging alle paar Tage ins Patrimonio, aber sie gaben ihm nichts, deswegen mußte er gehen... Jetzt kann ich plötzlich besser reden, ich schäme mich fast nicht mehr, es gefällt mir, mit dir zu plaudern, stellt Martina überrascht fest und schaut mich zufrieden an. – Und du, fühlst du dich nicht allein hier? fragt sie. – Doch, immer wieder, dann setze ich mich hin und arbeite. – Aber gerade wenn man so sitzt und arbeitet, fühlt man die Einsamkeit. Das ist wie bei mir, wenn ich sitze und webe. So sind wir... gleich. – Ja, damit ergeht es uns gleich, oft fühle ich mich auch hilflos, weil ich nicht genau weiß, wie das hier alles läuft.

Wir sind völlig entspannt und lachen uns an. Martina schlägt vor, ich solle für die nächste Stunde in ihr Haus kommen, dann wären wir allein, und sie könnte dabei weben. Ich sage zu, gehe aber vorher für einige Tage in die Hauptstadt.

Obwohl die letzte Stunde entspannt werden konnte, taucht wieder das Schämen auf, jetzt im Zusammenhang mit der Mutter, die nicht reden kann. Martina kann auch nicht reden, sie weiß nichts zu sagen: Immer noch das Schämen, obwohl die Sache wegen der Sauberkeit aufgelöst ist? Martina verknüpft ihre Sprachlosigkeit mit ihrer Kindheit, schon damals fühlte sie sich so neben den großen Geschwistern, den Eltern. Auch den Dorfbewohnern weiß sie nicht was sagen. Unsere Gespräche scheinen frühere Konflikte und Gefühle zu aktualisieren. Die bewunderten und beneideten großen Geschwister haben sie als klein verachtet und verlassen, und das ist schmerzlich. Sie mußte bei der Mutter bleiben und ihr helfen. Sie wurde in ihrer Adoleszenz an die Mutter gebunden und hatte keine Möglichkeit, andere Formen des Frauseins zu erproben, sie mußte werden wie sie: stumm, schüchtern und schamhaft; was ihr bleibt, ist das Weben.

Jetzt, wo sich unsere Beziehung entspannt hat, will Martina nicht mehr kommen. Beim Lesen erschrecke ich; trotzdem habe ich das Gefühl, daß die Beziehung läuft, wir können damit umgehen. Martina fürchtete den Evangelismusvorwurf, meine Abreise, unsere Trennung. So wie die Geschwister und der Mann sie verlassen haben, werde ich sie auch verlassen. Da ist es besser, sich gar nicht auf tiefere Gefühlsbindungen und Identifikationen einzulassen, sondern sich zurückzuziehen. Der passive Rückzug scheint für Martina ein Schutz vor zu heftigen und schmerzlichen Konflikten, auch im Dorf, zu sein.

Martina kauft sich Nagellack und schöne Sachen. Das ist besonders auffallend, denn keine Frau sonst im Dorf tut das. Ich bin auch enttäuscht, weil sie nicht dem Bild der stolzen Indianerin entspricht, sie erscheint der mexikanischen Mittelstandsfrau immer ähnlicher. Der Nagellack taucht im Zusammenhang mit dem Nicht-mehr-Kommen auf: ich brauche dich nicht, ich kann mir auch alleine etwas holen, so sein wie du (ich hatte selber am Anfang rote Fußnägel). Die schönen Dinge, die sie sich kauft, sind ein Ersatz für die verlorenen Beziehungen, in ihnen kommt sie den verlorenen Liebesbeziehungen nahe, ohne sich auf sie einlassen zu müssen. Sie kauft sich eine Bestätigung ihres Selbstwertgefühls. Für mich ist der Nagellack analog der Küche nur wieder ein Ausdruck ihres Widerspruches zwischen Ethnie und der nationalen Gesellschaft.

Martinas plötzliche Offenheit und Direktheit am Schluß des Gespräches überraschen. Sie bezieht Stellung; ›ich rede gern mit dir‹, und übernimmt aktiv das Gespräch.

Martina lebt sehr eingesperrt und hofft, ich könne sie aus ihrer familiären Abhängigkeit herausholen, sei es durch Freundschaft oder materille Hilfe. Die Form ihrer Kontaktnahme gleicht der eines adoleszenten Mädchens, das seine soziale Identität noch nicht gefunden hat. Schüchtern und abwartend drückt sie das dringende Bedürfnis aus, etwas zu finden, was sich der Kontrolle der Mutter und der Schwiegermutter entzieht. Nachdem die Rollenprojektion auf mich besprochen werden konnte, wurde die starke identifikatorische Beziehung sichtbar, die darunter lag. Aber gerade diese Intensivierung unserer Beziehung löste Angst aus: ich werde sie verlassen, so wie ihr Mann sie immer wieder verläßt. Sie kommt und bietet mir noch einmal ihre Schüchternheit an, als Versuch, sich vor einer schmerzlichen Erfahrung zu schützen: ich habe nichts zu sagen, und du gehst wieder, also lassen wir es besser sein, sagt sie. Ihre Form des Selbstschutzes beinhaltet eine Selbstentwertung; »ich kann nicht reden«, die dann umschlägt in eine selbstbestimmte Abgrenzung: »ich will arbeiten, um mir etwas zu kaufen«, und in eine lebensgeschichtliche Erklärung ihrer Schüchternheit: »*sie* wollten mich nicht ins Leben hinauslassen, *sie* haben mich klein gemacht, *ich* bin gar nicht so klein.« Dieser Umschlag wird erst möglich, nachdem ich sie der Wichtigkeit unserer Gespräche versichert habe. Trotz unserer Verschiedenheit identifiziert sie sich mit mir: wir sind gleich: gleich allein und gleich schüchtern, aber auch gleich stark, wir holen uns, was wir brauchen.

Die dörflichen Regeln schränken eine junge Frau stark ein. Ein möglicher Umgang damit besteht in der Orientierung nach außen, in der Übernahme von modernen und nationalen Werten und Lebensformen. Diese Außenorientierung wird bei Martina durch die fernen Geschwister, den migrierenden Mann und meine Person gestützt. Nagellack, duftige Blusen, Hosen und geschlossene Damenschuhe verschlingen das in Isolation erarbeitete Geld.

11. (30.9.)
Martina kommt gleich nach meiner Rückkehr vorbei. – Wann bist du nach Mexiko gegangen? Bist du jetzt wieder da? – Und du, wie hast du deine Zeit verbracht?, frage ich. – Liegend. Mein Magen schmerzt und der Rücken, hierdrin, so wie Stiche. – Was könnte das sein? – Nun, das ist, wenn ich krank werde von... ähm, der Regel, das ist aber anders als sonst, solche Schmerzen hatte ich nur bei der Geburt des Kindes. Es dauert schon drei Tage, ich bin traurig...

Plötzlich hören wir Stimmen, die Kirchenlieder singen, es sind die Kinder der Evangelisten im Nebenhaus. Martina schaut mich erschreckt an. – Singen die jetzt immer?... Ich kann dann nicht mehr kommen, sonst sagt man, ich würde auch mitsingen, ich sei Evangelistin. Wir schweigen. –

Warum bist du traurig? – Nun, ich denke, als sie mich operierten, damals... weil ich so eng war, der Kaiserschnitt... vielleicht ist es davon. Ich habe Angst, ich weiß nicht, ...

In diesem Moment werden wir von Celia, meiner Nachbarin, unterbrochen, die Radio-Neuigkeiten über den Gesundheitszustand des spanischen Diktators Franco bringt – sie ist leicht angetrunken und nicht wegzuschicken. Ich bedaure die Unterbrechung sehr. Martina geht dann.

Martina hat Bauchschmerzen und ist traurig, beginnt aber das Gespräch mit der Frage nach meiner Abwesenheit in Mexiko. Ich bringe ihr Leiden sofort mit meiner Abreise zusammen und mache mir Sorgen: ich bin nach Mexiko gegangen und habe sie verlassen, so wie sie es von ihrem Mann erlebt hat. Sie reagiert darauf mit geburtsähnlichen Schmerzen. Unsere Beziehung ist so intensiv geworden, daß sie derjenigen zu ihrem Mann gleicht: sie liebt ihn, aber das hat zu einer Fehlgeburt geführt, so wie unsere Beziehung zu einer Art Fehlgeburt führen wird.

Die Präsenz der Evangelisten erschreckt Martina, sie will nicht mehr kommen. Mir scheint, daß sie mit diesem Vorschlag auf zwei Probleme reagiert. Zuerst ist ihr die Beziehung zu mir zu intensiv, und die Evangelisten sind ein guter Anlaß, um sich davor zu schützen. Zweitens werden die Evangelisten im Dorf gemieden und ausgeschlossen, daran leidet Martina sowieso schon genug. Sie denkt an die gefährliche Geburt, die sowohl auf unsere Beziehung, aber auch auf die Evangelisten Bezug nimmt.

In dem Moment, wo sich Martina öffnet, eine engere Beziehung zu mir wünscht, gehe ich nach Mexiko. Sie läßt Wünsche zu, die dann nicht erfüllt werden können, das macht sie traurig; ich bin wie ihr Mann und löse die Schmerzen einer Fehlgeburt aus.

12. (1.10.)
Am nächsten Tag besuche ich sie – sie sitzt beim Weben, wir sind zum ersten Mal allein. Sie erzählt, daß sie vorwärts machen muß, um zu Geld zu kommen, um neue Wolle und Garn zu kaufen. Sie kann fast nicht mehr aus dem Haus, weil sich die Schwiegermutter ärgert, selbst wenn sie ihre Mutter be-

sucht. Die Schwiegermutter redet oft tagelang nicht mit ihr. – Als ich ledig war, war das nicht so, da habe ich viel mehr gemacht, was ich wollte; jetzt ist alles anders, und doch ist es, wie wenn ich nicht verheiratet wäre. Du hast es gut, ihr dort habt keine Probleme mit euren Ehemännern, euren Familien. – Du stellst dir vor, daß bei uns alles besser ist. – Ich kann mich nicht wehren, schon in der Schule war es so, sie sagen mir etwas, und ich kann nicht zurückgeben. Ich möchte es tun, aber ich kann nicht, ich stelle mir vor, was ich alles sagen werde, und dann kommt nichts... Wir schweigen.

– Wirst du schon gehen? fragt Martina plötzlich. – Wohin? – In die Schweiz. – Es fehlt noch ein Monat. – Das ist wenig, die Zeit vergeht schnell. – Das macht dich traurig. – Wir werden dich sehr vermissen. Du wirst deinen Mann treffen, du wirst nicht traurig sein... Wirst du zurückkommen? – Nächstes Jahr. – Da fehlt noch ein ganzes Jahr, bis es soweit ist. Ich werde dich nicht mehr besuchen, denn du wirst gehen. – Du meinst, es sei am besten, sich jetzt schon zu trennen. – Es ist nicht gut, dich zu besuchen, ich werde dich vermissen, denn wir haben zusammen gesprochen. – Wir haben zusammen gesprochen, und du hast erfahren, daß es gut ist, jetzt wirst du denken, daß es sich nicht gelohnt hat, weil es weh tut, wenn ich gehe. Aber vielleicht gibt es hier auch Menschen zum Sprechen. – Vielleicht bin ich nicht mehr schüchtern, wenn du wiederkommst. – Du bist es gar nicht mehr. – Das ist wahr, wenn ich eine Person gut kenne, dann ... aber kaum hat es begonnen... ich habe Angst, daß man mich falsch versteht, über mich lacht, daß das, was ich sage, nicht recht ist..., aber ich kann schon reden.

Wir werden von der Schwiegermutter unterbrochen, die etwas holt. Der kleine Gilberto kommt vom Spielen herein und will zu seiner Mutter. Sie nimmt ihn auf den Schoß und wiegt ihn. Mir scheint, daß die beiden eine gute Beziehung haben zueinander – Martina geht auf seine Bedürfnisse ruhig und selbstverständlich ein, nimmt ihn auf den Arm, wenn er es braucht, läßt ihn spielen, wenn er dabei ist. Oft schläft er in der kleinen »Hängematte« aus Agavenfasern. Nur manchmal, wenn Gilberto sich stark schmutzig macht oder etwas umstößt, wird sie hilflos, schaut mich entschuldigend an und versucht, ihn schnell sauber zu wischen. Als Gilberto es sich auf ihren Knien bequem gemacht hat, fragt sie mich, warum ich keine Kinder habe. Ich sage, es wäre nie der richtige Moment dazu gewesen, weil ich immer gearbeitet habe. – Ja, ein Kind kostet viel, viel Zeit, viel Arbeit. Hätte ich keines, würde ich weggehen und arbeiten, aber ich kann nicht, man gibt mir keine Arbeit. Hier gibt es keine Möglichkeiten – ich muß hier bleiben, meine Arbeit machen, und es schaut nichts dabei heraus. Wenn ich mehr Schule hätte, würde ich weggehen und ... – Dann würdest du leben wie ich? – Ja, das wäre ein besseres Leben, ich würde eine Arbeit suchen, ich würde etwas machen ... aber ich kann nicht, es gibt nie eine Arbeit. Nicht einmal meinem Mann wollen sie eine geben, obwohl er die Sekundarschule abgeschlossen hat. Kannst du mir einen Brief an meinen Mann mitnehmen, wenn du nächstes Mal nach Mexiko gehst? Dann geht es schneller. – Er fehlt dir sehr? – Ja, er ist unendlich weit weg ... Letztes Jahr war er nicht da, als das mit Marcelo passierte ... das war schrecklich. Sie sagten, sie würden mich operieren, und ich litt noch mehr, auch weil er nicht da war. Das Kind ist gestorben, und es gibt Leute, die sagen, daß man nach dieser Operation keine Kinder mehr haben kann. Manchmal frage ich mich, ob diese Leute recht haben ... – Du hast viel Schweres und viel Einsamkeit erlebt. Martina schweigt und webt.

Wir sind zum ersten Mal allein.

Martina spricht ganz verschiedene Themen an, und mir fällt angenehm auf, daß sie dies in kritischer Haltung tut.

- Sie beschreibt das gespannte Verhältnis zur Schwiegermutter,
- geht aktiv mit unserer Beziehung um, indem sie meint, es wäre besser, sich nicht mehr zu sehen, anstatt Schmerz zu empfinden.
- Sie stellt fest, daß sie durchaus reden kann, nicht mehr so schüchtern ist.
- Äußert Wunschphantasien über ein anderes Leben, das durch die realen Verhältnisse verhindert ist.
- Sie will den Brief-Kontakt zu ihrem Mann intensivieren.
- Und sie kann von ihrer einsamen Geburt und dem Tod des Kindes erzählen.

Realität und Wunsch, Nähe und Trennung sind in dieser Stunde gleichzeitig gegenwärtig; indem Martina beides ansprechen kann, entsteht eine Art Vermittlung und Versöhnung zwischen den scheinbaren Gegensätzen. Es wird auch deutlich, wie stark sie unter der Situation der Schwiegertochter und der Kontrolle der Schwägerinnen gelitten hat, ohne davon reden zu können.

Martinas Identifikation mit mir verstärkt sich, sie möchte so leben wie ich. Und heute ist es nicht ihre Unfähigkeit oder Mangelhaftigkeit, die das verhindert, sondern ihre reale Lebenssituation, die sie beschreiben und nennen kann.

13. (2.10.)
Am nächsten Tag kommt Irene vorbei, um zu sagen, ihre Tante sei nicht da, sie sei nach Ixmiquilpan gefahren.

14. (3.10.)
Ich gehe am Nachmittag zu Martina, sie sitzt und webt, das Kind schläft. Sie war gestern in Ixmiquilpan, um Wolle zu kaufen in dem kleinen Laden an der Ecke. Sie geht gern, hier fühlt sie sich eingesperrt, dort kann sie sich zerstreuen, auch wenn die Schwiegermutter dabei ist. Ein Brief ihres Mannes mit einem Scheck ist angekommen. Martina ist froh darüber, sie fühlt sich viel besser heute. Sie kam gestern nicht in die Frauenversammlung, weil ihre Schwiegermutter es nicht wollte: Du verlierst dort nur deine Zeit, meinte sie. – Sie ärgert sich, sie sagt, es gefalle mir, mich herumzutreiben. – Es stimmt doch, daß du gerne hingehst. – Ja schon, aber das versteht sie nicht so, das kann ich nicht erklären, sie würde sagen, daß ich ihr widerspreche, vor allem, wenn sie betrunken ist, ist sie unangenehm, am Nachmittag, gegen Abend. Sie ist immer betrunken und nahe, gleich nebenan, immer da. Es gibt Probleme, eigentlich seit wir geheiratet haben, immer. Gerade vor der Hochzeit kam ein Brief ohne Absender und Name, in welchem gesagt wurde, ich hätte einen anderen. Dann war mein Mann böse und wollte mir nicht glauben, daß es nicht wahr ist. Man sagt, es sei die Frau, die Gil heiraten wollte, als er sie aber mit anderen Männern sah, ließ er sie stehen. Ich weiß, wer es ist, die Tochter der Mariana, sie hatte mir selber gesagt, sie werde sich mit Gilberto verheiraten, sie werde schon Mittel und Macht finden. Deswegen bin ich auch allein, denn sie beeinflußte die anderen Frauen, daß sie nicht mit mir reden sollen. Es gibt mehrere junge Frauen im

Dorf, die Gil heiraten wollten, mindestens vier, Teresa ist auch eine von ihnen. Sie drohten, sie würden ihn packen und zusammenschlagen. Sie wollten ihn auch verhexen, damit er mich nicht nehme – aber er nahm mich trotzdem.

Martina holt Fotos von der Hochzeit. Sie war 16 und Gil 21, sie wirkt schüchtern, steif, er ist ein für die Gegend auffallend großer, schlanker Mann mit sehr hübschem, freundlichem Gesicht. Martina war ein Jahr lang mit Gil befreundet – fühlte sich aber unsicher und hätte gerne etwas länger mit der Heirat gewartet. – Aber er wollte nicht warten, sonst gewinnt dich noch ein anderer, meinte er. Jetzt habe ich ihn, aber ich bin allein. Vielleicht kommt er bald, denn es sind jetzt einige aus den USA zurückgekommen. So sitze ich jetzt hier, eingeschlossen, ich sage meiner Familie, sie sollen mich besuchen, aber sie sagen, sie schämen sich zu kommen, sogar meine Großmutter reagiert so. Sie kommen nie vorbei, um mich zu grüßen. Sie sagt, sie schäme sich. Die Schwester meiner Mutter heiratete den evangelistischen Bruder des Schwiegervaters, Canuto, sie sind unsere Nachbarn. Aber sie haben sie schlecht behandelt, sie war am Sterben, sie schlugen sie. Und die Schwester meines Vaters auch, ist von der Familie, sie ist gestorben, ... Sie haben sie geschlagen und dann rausgeschmissen, sie starb in Mexiko ... Ja, und der Bruder meiner Mutter heiratete die Schwester von Silvia, und die Schwester meiner Mutter auch, ... und sie alle ... deswegen kommt mich niemand besuchen, sie schämen sich. Für mich sind die verwandtschaftlichen Zusammenhänge schwer zu verstehen. Martina erzählt nur Bruchstücke, so daß wir uns beide verwirren, es ist, wie wenn sie nicht klar über diese Beziehungen reden dürfte.

– Wir reden wieder über ihre Situation: sie ist wütend, möchte ausgehen können, wann sie will. Sie braucht es, aber sie muß ihre Wut ertragen, runterschlucken; wenn sie es gar nicht mehr aushält, zieht sie sich in ihr Haus zurück und wartet, bis es vorbei ist. So muß sie es machen, um mit der Familie der Schwiegereltern zurechtzukommen. – Ich kann doch nicht sagen, was ich denke. Es ist so ausweglos. Als damals mein Vater kam, um den kleinen Gilberto zu besuchen, legte sich der betrunkene Schwiegervater auch mit ihm an. Jetzt kommt mein Vater nicht mehr, er mag keinen Streit. So kann ich mit niemandem reden ...

Wenn die Schwiegermutter sich ärgert, sagt sie nichts, aber

man fühlt es, ich sehe das Gesicht eines Maulesels, das dauert den ganzen Tag. Sie schweigt.

– Die Eltern der Frau, die meinen Mann heiraten wollte, sind böse mit ihr... weil sie den Brief schrieb, wir sind auch verwandt. Aber jetzt grüßen sie kaum mehr, auch meine Mutter nicht. – Sie grüßt nicht mehr? – Schon, aber nicht wie vorher, früher plauderte sie. Jemand erzählte, daß sie Hexerei machen wollten. Sie hatten zwei Puppen aus Stoff und steckten Nadeln hinein... damit die Heirat nicht zustande komme, sagen sie. – Du willst einen heiraten, und alle sind böse. – Ja, auch die Felipa wollte meinen Mann haben. Immer wenn er aufs Feld ging, kam sie. – Warum? – Damit er mit ihr rede, sie kam, damit sie sich kennenlernen. – Warum meinst du, wollten alle deinen Mann haben? – Ich weiß nicht ... vielleicht, weil er ein Haus hatte. – Er hat ein großes Haus, das macht neidisch. – Ja, Teresa wollte ihn auch haben, viele. Sie schaut wieder das Hochzeitsfoto an und schweigt.

Martina blüht auf, sie redet von den realen Widersprüchen, die sie umgeben, daß sie eine Wut hat – sie ist nicht mehr nur eine schüchterne Adoleszente.

Die Schwiegermutter und die jungen Frauen sind Feindinnen von Martina, schränken sie ein und wollen ihr Böses antun. Eine gute Heirat läßt schwere und tiefgreifende Rivalitäten entstehen, die für Martina schwer zu überbrücken sind. Im Gegensatz zu Marianas Frauenwelt ist da nichts von Frauensolidarität zu spüren, nur Angst, Wut, Ohnmacht, und jetzt auch Empörung. Es gibt zwei Sorten von Frauen, die passiv Leidenden und die aktiv Bösen, die das Leiden des anderen ausmachen. Innerhalb des Dorfes identifiziert sich Martina mit dem Leben der leidenden Frauen, angefangen bei der schwerhörigen Mutter bis zu den Tanten, von denen eine zu Tode verfolgt wurde. Deswegen muß sie ihre Wut und Aggression nach innen wenden, runterschlucken, um die Aggression der anderen nicht zu reizen.

Die verwandtschaftlichen Beziehungen sind komplex, dicht und allgegenwärtig. Sie umgeben Martina wie ein enges Netz von Aggression, Schuld und Rache. Diese Beziehungen lassen einerseits eine derartige Intimität und emotionale Nähe entstehen, daß sie einen Widerspruch zu den erforderlichen

Höflichkeits- und Respektformen entstehen lassen. Dies löst Scham- und Vermeidungsreaktionen aus, die teilweise auch mit ökonomischen Gegensätzlichkeiten zusammenhängen. Da die Exogamieregeln in diesem Dorf nur sehr nachlässig beachtet werden können, erhöht das Aufeinandertreffen von verwandtschaftlichen, ökonomischen und offiziellen Beziehungen die soziale Spannung.

Unsere Beziehung hat sich wieder entspannt, Martina hat in der Identifikation mit mir, einer Frau von außen, eine Möglichkeit entdeckt, aktiv und kritisch zu sein, ohne zur zerstörerisch Bösen zu werden, die vernichtet werden muß. Sie spricht die verschiedensten konfliktbeladenen Themen ohne große Mühe selbstbestimmt an.

15. (5.10.)
Zwei Tage später kommt Martina mit ihrer Schwägerin vorbei, sie könne mich heute nicht sehen, denn sie habe ein Problem mit der Bank, dort werde behauptet, sie habe bereits 2000.– Pesos abgehoben, was aber nicht stimme, ich solle ihr helfen und mit ihr zur Bank gehen. Sie sprach ruhig und bestimmt fordernd. Ich weise sie zurück, indem ich sage, ich würde ihr gerne helfen, würde mich aber hier nicht gut auskennen, da sei doch ihr Bruder viel geeigneter, der schon in solchen Institutionen gearbeitet habe.

Martina schaut mich entgeistert an, und ich sage: – Ich bin zwar eine Gringa, und du denkst, mit mir wäre alles ganz einfach, aber ich glaube wirklich, daß dir dein Bruder da mehr helfen kann. Sie beharrt: – Ich dachte, daß du mir helfen mußt. – Du dachtest, ich sei so mächtig. Dein Bruder ist aber mächtig, er kennt die Angestellten und ist Dorfchef. – Das stimmt, sagt sie schließlich, ich werde ihn gleich jetzt um seine Hilfe bitten. Sie geht, wie es scheint, entschieden weg.

Dann sind die großen Dorffesttage. Sie dauern drei Tage, das ganze Dorf ist auf den Beinen bei Prozessionen, Essen, Tanz und Gottesdienst. Ich sehe Martina ab und zu von weitem, sie ist zwar dabei, wirkt aber still, passiv und einsam neben ihren Verwandten.

Martina fordert konkrete Hilfe, und ich lehne sie ab. Das wirkt unfreundlich und abweisend. Für mich war die Situation wieder eine Verführung zu paternalistischem und selbstlegitimierendem Handeln.

Ich mag nicht Martinas Beschützerin werden, sondern appelliere an ihre eigene Aktivität, verweise auf Lösungswege ohne mich, denn ich werde gehen und will sie nicht an mich binden. In ihrem Appell an mich ist das alte Muster verborgen: ich soll zur mächtigen Frau werden, dann bleibt sie in der Position der hilfsbedürftigen Kleinen, die sie immer innehatte.

16. (13.10.)
Nach dem Dorffest muß ich dann ganz überraschend für einige Tage nach Mexiko und gehe erst eine Woche später wieder zu Martina. Wir reden kurz über ihre Webearbeit, und dann sagt sie unvermittelt: – Und dann wirst du gehen? – Ja, in zweieinhalb Wochen. – Es fehlt wenig, meint sie. – Wir haben uns wenig gesehen letzte Woche, wegen des Festes und weil ich in Mexiko war. – Ja. Und dann schweigen wir lange. – Ich dachte, du würdest nicht mehr kommen. Ich sagte, nun ja, die Gringa hat uns schon vergessen. – Ja, ich ging ganz plötzlich weg für vier Tage, ich konnte dich auch nicht mehr benachrichtigen. – Wann gehst du wieder nach Mexiko? – Ende des Monats. – Mal sehen, ob du uns nicht vergißt. – Ich glaube nicht. – Es ist eben so, daß wir uns schon an dich gewöhnt haben ... Wir könnten uns schreiben, von Zeit zu Zeit. – Ja, das ist dann, wie wenn wir unsere Gespräche fortsetzen würden. – Hier gibt es niemanden, mit dem man reden kann. Briefe sind wie ein wenig plaudern. Wir schweigen wieder, Martina webt. – Wann kaufst du mir einen Schal ab? – Nun, ich habe einen von deiner Mutter, ich brauche keinen mehr. – Willst du keinen von mir? – Doch, schon ..., wenn ich am Schluß noch genug Geld habe, werde ich einen kaufen. – Hier verkauft man seine Ware schlecht, sie zahlen wenig, ich kann sie im Touristenladen in Ixmiquilpan in Kommission geben, aber manchmal dauert es über ein Jahr, bis sich etwas verkauft. Wir schweigen.

– Dann dachtest du, daß ich einfach so weggehen könnte? – Ja, ich dachte, wir seien dir zu langweilig. – Wenn ich weg muß, denkst du, du seist nicht recht gewesen, es sei deine Schuld. – Ja, seltsam.

Martina webt. Ich frage, ob sie das Geldproblem auf der Bank lösen konnte. – Ja, es hat sich geregelt. Mein Mann hatte das Geld abgehoben, bevor er nach USA ging. – Bist du allein gegangen? – Mit meinem Bruder, ja, es ging gut. – Dann war dein Bruder der richtige Begleiter. – Schon, aber du weißt mehr als er, das ist so. Und allein weiß man wirklich nicht, was und wie man handeln soll, aber es war ganz einfach. Irene kommt herein, und Martina schickt sie, wohl um mit mir allein zu sein, ein Mineralwasser kaufen.

– Gil wird im Januar kommen – sie stockt, lacht, stottert. – Er sagt, er will... ähm... daß ich wieder... ein Kind. Sie lacht: – Ich möchte noch ein Mädchen haben. Andere fragen, ob ich schwanger sei; wie soll ich schwanger sein, wenn mein Mann nicht da ist... Das wäre nicht gut, sagte ich. Die so fragt, ist meine Cousine, sie hat eine Tochter und einen Sohn von zwei verschiedenen Männern, und jetzt brachte sie eben ein weiteres Kind von wieder einem anderen Mann zur Welt. Sie denkt, alle seien so. Ich würde mich nicht gut fühlen, wenn Gil so weit weg muß, um für mich zu arbeiten, und ich würde ihn mit einem anderen betrügen. – Und du arbeitest auch für ihn, nicht wahr? – Nun, es gibt auch solche, die sagen, daß er mich betrügt mit einer anderen, dort in den Vereinigten Staaten. Aber Gil sagt, das sei nicht so, sie würden dort wie eingesperrt leben, damit die Polizei sie nicht erwischt.

Ich frage sie nach der Sexualität. Sie meint, das gefalle den Frauen, sie würden sich wünschen, daß der Mann mit ihnen sexuell zusammen ist. Der Mann werde böse, wenn eine Frau mal nicht wolle, und sage dann, sie habe ihn nicht mehr gern. Es schien ihr völlig fremd, daß eine Frau dabei Schmerz oder Angst empfinden könnte. Sie hatte lange nicht gewußt, daß Mann und Frau so zusammen sind. Sie hatte geahnt, daß es da etwas gibt, konnte es sich aber nicht vorstellen. Deswegen hatte sie am Anfang auch etwas Angst, dann aber nicht mehr.

Wir schweigen, Martina arbeitet. – Es hat sich vieles verändert, es geht manches besser heute. Ich gehe jetzt auch mehr aus dem Haus, vorher nicht. – Ja, und wie das? frage ich. – Nun, wer weiß, wie... vielleicht hast du das Wunder gemacht, antwortet sie und lacht. – Vorher hatte ich wenig Lust, auszugehen, ich weiß nicht warum. Martina webt weiter.

Ich bin überrascht und zufrieden, daß Martina mir nicht böse ist wegen der Zurückweisung, sondern das Problem ohne Mühe lösen konnte.

Unsere Beziehung ist tragfähig und stabil geworden. Sie geht trotz Unterbrechungen und Kränkungen weiter. Martina nimmt unsere Trennung als erträgliche Realität voraus, sie äußert ihre Ängste und Zweifel und entschärft sie dadurch. Die Zukunft nach meiner Abreise wird lebendig: Gil wird kommen, sie werden ein weiteres Kind haben zusammen, sie liebt ihren Mann, zu dem sie eine gute Beziehung hat. Sie fühlt sich besser, freier, hat mehr Lust, außer Haus zu gehen, die Welt draußen erscheint weniger bedrohlich. Meine Zurückweisung das letzte Mal ließ sie aktiv werden, die Dualität von aktiv-böse und passiv-gut scheint gelockert.

17. (14.10.)
Ich gehe am Nachmittag zu Martina – wie immer sitzt sie an der Arbeit. Ihr Bruder Paco ist dort. Ich setze mich hin und helfe ihr, die Fransen des beendeten Schals zu knüpfen, wir plaudern zu dritt, es redet vor allem Paco. Martina muß viel lachen und freut sich über meine Ungeschicklichkeit beim Fransenknüpfen. Sie ist viel schneller und selbstverständlicher bei dieser Arbeit.

Paco hat eine betont lässige Beziehung zu mir, läßt immer wieder durchblicken, daß er einige Jahre in der Stadt war und die Welt versteht, er weiß, was ein Ethnologe ist, und daß die Kommunisten nicht gefährlich sind. Er bemerkt immer wieder, die Leute hier seien halt primitiv und ängstlich. Martina scheint stolz auf ihren Bruder zu sein, sie zeigt mir den Gebildeten der Familie und genießt es offensichtlich, uns zusammenzusehen. Am folgenden Tag lag ich mit Fieber im Bett und konnte niemanden mit Nachricht zu Martina schicken.

Erst jetzt, wo ich Paco mit seiner Schwester zusammen sehe, fällt mir auf, wie sehr seine Äußerungen für sie trotz ihres Stolzes auf den Bruder auch kränkend sein müssen: Die Leute hier seien primitiv und ängstlich. Das betrifft doch auch sie. Ihre anfängliche Schüchternheit und Selbstentwertung wird ganz konkret verständlich: neben diesem selbstbewußt-hochnäsigen Bruder ist es nicht leicht, ein Selbstbewußtsein aufzubauen, außer man partizipiert identifikatorisch an seiner »Größe«.

18. (16.10.)
Ich treffe Martina zusammen mit ihrer Mutter, die bei ihr zu Besuch ist, und ihrer Schwiegermutter an. Die beiden Frauen verabschieden sich bald; wir sind allein, und Martina lacht mich an, sie lacht und lacht. – Manchmal habe ich Lust zu lachen – plötzlich überkommt mich eine Freude... weil du gekommen bist... ich freute mich so, als ich dich sah... Warum bist du gestern nicht gekommen, ich habe dich erwartet? – Es war mir nicht gut, und ich konnte niemanden schikken. – Bist du schon wieder in Mexiko gewesen? – Nein, ich war krank; ich werde am 28. abreisen, in eineinhalb Wochen. – Dann gehst du? – Ja. – Du wirst mir schreiben? – Ja, sicher.

Martina webt. – Und wie geht es dir, besser? fragt sie. – Ja, mit dem Tee und der ›Limpia‹ geht es mir besser. – Du hast eine Limpia gemacht? Wer hat sie dir gemacht? fragt Martina überrascht. – Die Heilerin. – Ah, die Heilerin, ich wußte nicht, daß du an die Limpia glaubst... Sie hilft. Meine Mutter benützt sie oft. Sie webt und schweigt.

– Wie stehst du zu deinen Eltern? frage ich sie. – Sie sind gut zu mir, es ist so, daß meine Geschwister ihnen fast nicht helfen, und ich habe immer geholfen. Ich war die letzte Tochter, und weil ich viel half und meine Mutter war krank... – Sie war krank? – Ja, sie war am Sterben... man sagt, jemand habe ihr Gift gegeben... ihre Schwägerin... Sie verstanden sich gut, und Mama lehrte sie weben und alles, und da kam diese Frau und gab es ihr im Pulque... sie war wie verrückt... Mein Vater wurde wütend, und dann brachten sie sie zum Arzt, und sie wurde geheilt – deswegen überlebte ich... ich war wenige Monate alt, ...mein Vater respektiert mich sehr... Martina webt.

– Die Schwägerin ist dann... gestorben, man sagt, man habe es ihr auch gegeben. Diese Señora, Sabina, hat auch zwei Frauen vergiftet, eine Mutter und deren Tochter... – Es ist schwierig mit einer kranken Mutter, sage ich. – Ja, sie zog meine Schwester vor. – Und dein Vater? – Mich!... Es ist doch so, die Töchter mögen den Vater und die Söhne die Mütter, antwortet Martina überzeugt. – Ja, außer die Väter behandeln die Mütter schlecht, sage ich. – Ja, aber mein Vater nicht, er hat sie nie geschlagen, ich habe es wenigstens nie gesehen.

Martina erzählt, daß die Frauen hier oft schlecht behandelt würden von ihren Männern, daß aber ihr Vater nie so war. Sie fragt mich, ob man bei mir zu Hause die Frauen auch schlage. – Ja, manche. – Aber in den Vereinigten Staaten tun sie das nicht. – So? – Nein, dort befehlen die Frauen, sagen sie, die Frauen haben die Macht, die Männer nicht, sie befehlen auch über das Geld. Martina redet von den amerikanischen Frauen mit solcher Bestimmtheit, daß mir scheint, sie sieht in dieser zum Teil idealisierten Stellung der amerikanischen Frau auch eine andere Möglichkeit für ihre eigene Position.

In diesem Moment kommt Paco, ihr Bruder; das Gespräch wird unterbrochen, und wir plaudern zu dritt. Nach einer Weile jedoch verschwindet sie und läßt uns allein. Ich gehe, finde Martina bei der Schwiegermutter.

Die Abgründigkeit des Themas verwirrt mich: gegenseitige Vergiftungen, Tod, Krankheit, Verrücktheit. Und wieder sind es nur Frauen, die damit zu tun haben. Man kann offenbar keiner Frau trauen; wenn man einer nicht paßt, bringt sie einen um. Diesmal taucht das Bild der bösen Frauen im Zusammenhang mit der Mutter auf. Martinas schüchterne Passivität wird von einer weiteren Seite her verständlich: nach ihrer Geburt wird die Mutter krank, verrückt, ist vielleicht seither schwerhörig, Tonta, und die Tochter muß bei ihr bleiben, ihr helfen, wie wenn sie schuld daran wäre, etwas abzubüßen hätte, zumal sie der Liebling des Vaters ist. Wenn man sich selbstbestimmt und kritisch verhält, löst das unvorhersehbare, unsichtbare Gefahren aus: Hexerei, Vergiftung, Tod. Deswegen ist es vernünftiger, bei der Schwiegermutter zu schweigen, den Ärger zu schlucken, selber krank zu werden, als vergiftet zu werden oder sie selber zu vergiften. Martina bewältigte ihre Aggressionen regressiv, wurde zum kleinen Mädchen, das seine Aktivität abspaltete.

Ihr befreites Lachen bei meinem Auftauchen leuchtet mir jetzt ein: ich war am Vortag nicht gekommen. Meine »Untreue« machte Martina wütend und aggressiv, sie assoziiert heute Vergiftungsgeschichten. Ihr Lachen ist der Ausdruck ihrer Erleichterung, daß mir nichts geschah, daß ich trotz ihrer Wut unversehrt wieder auftauche.

Martinas plötzliche Behauptung, die amerikanischen Frauen hätten Macht, Befehlsgewalt und Freiheit, erscheint mir wie die Projektion ihrer Wünsche. Hier haben die Frauen auch Macht, aber sie darf nicht offen gelebt werden, nur heimlich, und diese unsichtbare Macht ist schrecklich. Offene Macht ist besser, man braucht sie nicht zu fürchten. Ich erscheine ihr zwar mächtig, bin aber – wie sie in den Gesprächen erfahren hat – nicht bedrohlich.

Es überrascht mich, daß Paco, der Martina sonst nie besucht, zweimal hintereinander auftaucht. Er scheint meinetwegen zu kommen, denn er hat als Dorfchef Gelder der Schule veruntreut; nun wurde ihm vom Lehrer die Polizei ins Haus geschickt, und vor einigen Tagen wurde er in der Dorfversammlung öffentlich gerügt, vor allem von den Frauen, Amanda, Mariana und anderen. Er wurde gezwungen, das Geld öffentlich dem Lehrer zurückzugeben. Nach der Versammlung sagte er zu mir, es scheint, daß hier die Frauen befehlen. Er war wütend und gekränkt. Nun versucht er, sich über seine Schwester vor mir zu rehabilitieren; deswegen diese Freundlichkeit mir gegenüber und diese Verächtlichkeit gegen das Dorf. Seine Bemühungen um mich müssen mich in Martinas Augen mächtig und bedeutsam erscheinen lassen, mag sein, daß sie sich gar nicht mit der Macht des Bruders identifiziert, sondern vielmehr mit meiner.

19. (17.10.)
Wie ich komme, ist Martina beim Waschen und schlägt vor, sie wolle am Nachmittag zu mir kommen, sie könne ja einen Schal mitnehmen und Fransen knüpfen.

Sie kommt gegen fünf Uhr allein und ohne Schal. Sie werde nicht lange bleiben, meint sie. Sie war am Morgen in Zimapan und hatte fürchterliche Kopfschmerzen bei der Rückkehr, eben als ich kam. Sie war mit der Schwiegermutter beim Arzt. Diese fühlte sich schlecht beim Aufwachen, eiskalt und schwach, sie hatte Angst zu sterben. – Der Arzt verschrieb eine Vitamininfusion und Tabletten. Er erklärte nichts weiter.

– Niemand weiß, was los ist. So dachten wir: morgen können wir schon tot sein, man weiß es nie. Ich habe sie begleitet, weil ihr Mann sagte, er glaube nicht, daß sie krank sei, sie tue nur so; so hatte sie niemanden außer mir... ich glaube, er hat seine Frau nicht gern – sie leidet darunter.

Dann redete Martina wieder von den Versammlungen, wo einige Frauen versuchen, den Verkauf der Handarbeiten zu organisieren. Es scheint alles unklar, wer unter welchen Bedingungen dazugehören darf, wieviel und zu welchem Preis verkauft werden kann. Eine Familie, der Bruder ihres Schwiegervaters und dessen Frau, die Schwester von Martinas Mutter, Tante Aurelia, hat alles in der Hand. Manchmal wird Martina zu einer Versammlung eingeladen, manchmal nicht. Sie fühlt sich ausgeliefert und ohnmächtig, die Verhältnisse sind undurchsichtig, und sie weiß nicht, ob man sie an der Nase herumführt und ausschließen will, oder ob das Zufälligkeiten sind. – Sie sagen uns nie Genaues, nur, man könne bald seine Gewebe bringen; aber sie sagen nicht den Tag. Deswegen beeile ich mich mit der Arbeit, weil sie jeden Tag kommen können und sagen: jetzt bringt eure Sachen. Und dann habe ich nichts. Da wird man wütend. Es ist eben so, daß Tante Aurelia sich nicht gut versteht mit mir. Mein Bruder hat mit ihr gestritten, und beide sind böse aufeinander... ich kann doch nichts dafür, ist nicht meine Schuld. Die fassen das so auf, nur weil es mein Bruder ist, geht es auch gegen mich... Das ist nicht meine Angelegenheit... mit meiner Mutter ist sie auch zerstritten... wer weiß warum... – Es ist schon schwierig, sich seine eigenen Beziehungen zu schaffen, wenn alle miteinander verwandt sind und die Familie so nahe ist. – Eben..., ja...

Und dir, geben sie dir Antwort, wenn du in die Häuser gehst mit deinem Fragebogen? – Nein, nicht alle, manche haben Angst. – Ja? Das ist, weil sie betrunken sind. Viele trinken, du mußt am Morgen früh gehen, dann kann man noch mit ihnen reden. Wenn sie trinken, schämen sie sich. Martina lacht. – Jetzt wird sie uns verzeihen oder mitnehmen, fürchten sie... Das ist wie ich, als ich mich betrank, sie lacht. – An der Hochzeit, ich erinnere mich nicht einmal. Sie sagen, daß Tante Aurelia mich beruhigen wollte, und da schlug ich sie. Martina lacht. – Am nächsten Tag sagten sie, ich hätte sie geschlagen und gelacht. Nie wieder werde ich so viel lachen. – Vielleicht ist Tante Aurelia deswegen böse auf dich, vermute ich. – Nein, ich habe mich nicht erinnert, am nächsten Tag haben sie es mir erzählt. – Das war an deiner Hochzeit? – Ja, fünf Ziegen wurden geschlachtet, aber ich habe nichts gegessen. – Du warst aufgeregt. – Ja, meine Eltern hatten zwar nichts gegen Gil, aber gegen seine Familie, heute noch, ich sage doch, mein Vater kommt mich immer noch nicht besuchen, er will nicht...

– Heute bist du allein gekommen, sage ich. – Ja, ich habe ihnen gesagt, daß ich nur ganz kurz komme und gleich zurück bin... Morgen werde ich nicht kommen können, weil ich mit der Schwiegermutter zu deren Bruder gehe, um dort eine Ziege zu schlachten für das Ende der Maisernte. Ich muß gehen. Es ist bald Nacht, man sieht schon die Sonne nicht mehr. Also dann bis übermorgen.

Ich fühle mich sehr erleichtert nach dieser Stunde. Die früher latent spürbaren Aggressionen sind offen ausgesprochen worden, nachdem deutlich wurde, wie sie damit umgeht. Zuerst behauptet sie, Tante Aurelia sei böse auf sie, weil der Bruder und die Mutter mit dieser uneinig sind: sie ist in der unverschuldet leidenden Position. Dann erzählt sie, daß sie Tante Aurelia schlug, als sie betrunken war, schwächt aber diese massive Aggression sofort wieder ab, denn sie erinnert sich nicht. Die Wut und Aggression werden nicht mehr nur nach außen projiziert, sondern auch bei Martina selber lokalisiert. Solange die Projektion funktioniert, ist es klar, daß Martina die Verhältnisse als undurchschaubar und sich selber als ohnmächtig ausgeliefert erlebt.

Plötzlich ist die Schwiegermutter krank. Ob das mit Martinas wachsendem Selbstbewußtsein und ihren auftauchenden Aggressionen zu tun hat? Das Thema des Todes taucht wieder auf: morgen können wir schon tot sein. Aggressionen sind eine tödliche Gefahr.

19. (20.10.)
Am nächsten Morgen fahre ich nach Ixmiquilpan, um Amanda im Spital zu besuchen. Martina sitzt auch im Bus, sie werde mit Felipa nach Mexiko fahren wegen der Handarbeiten.

20. (21.10.)
Tags darauf gehe ich zu Martina. Sie begrüßt mich sehr herzlich, wir setzen uns, nach einer Pause fragt sie: – Dann wirst du jetzt gehen? – Ja, am Dienstag. – Aber du wirst zurückkommen? – Ja, glaubst du, daß unsere Beziehung verlorengeht? – Nein, ich kenne dich jetzt. Wenn du morgen nach Murillo gehst, kannst du schauen, ob ein Brief da ist für mich, es sind schon wieder zwei Wochen vorbei? – Ja, und dann

werde ich morgen zum letzten Mal kommen. Nachher muß ich meine Sachen aufräumen, vieles regeln. Die Kinder kommen und unterbrechen uns. Sie gehen wieder hinaus – wir schweigen – es kommt kein Gespräch in Gang, wir knüpfen schweigend an den Fransen der Schals. Mit dieser Arbeit scheint Martina zu warten, bis ich komme, damit wir sie zusammen verrichten können. Wir sind traurig. Die Kinder kommen wieder herein, sie sind neugierig – möchten zuhören, spielen, machen viel Lärm. Sie sind nicht traurig, für sie geht alles gleich weiter. Ich verabschiede mich dann.

Unsere Beziehung ist trotz unseres Schweigens entspannt. Die gemeinsame Arbeit an den Fransen des Schals bringt uns zusammen. Beim Knüpfen sind wir gleich, denn in diesem Moment besetzen wir das gleiche. Die Beschäftigung mit den Fransen ist die Materialisierung unserer Beziehung, unseres identifikatorischen Austausches.

21. (22.10.)
Ich bringe Martina einen Baumwollstoff für ein Kleid – sie freut sich, bedankt sich und legt ihn weg. Wir reden von der Krankheit der Schwiegermutter, die immer schlimmer wird – sie mußte in der Nacht zum Arzt. Dann schweigen wir wieder.

– Morgen wirst du nicht kommen? – Nein, ich gehe noch nach Ixmiquilpan. – Dann bist du zu müde.

Der kleine Gilberto wacht auf, Martina geht zu ihm, legt ihn anders hin und gibt ihm den Schnuller. Wir schweigen.

– Der Arzt wird die Schwiegermutter schon heilen, und ich werde mich auch gesund pflegen. Ich habe immer noch diese Stiche im Bauch. – Wovon könnten die sein? – Man sagt, das komme auch von der Wut. – Du bist ja auch voll von Wut. – Ja eben, sie kommt mir jeden Augenblick hoch, ständig. Aber ich sage nichts, ich ertrage sie, schlucke sie. – Wann wirst du wütend? – Immer wenn sie etwas sagen, was ich nicht mag, was mir nicht gefällt. – Und jetzt bist du wütend, weil ich dich verlasse. – Ja, du wolltest mir noch ein Foto von dir schenken. – Ja genau, aber ich werde es dir schicken müssen, ich habe jetzt keines. – Du hast keines jetzt? Dann werde ich warten, bis die Post kommt. Gil macht auch Fotos … Wir schweigen …

Der kleine Gilberto kommt herein, geht zur Mutter und

spricht mit ihr, will aber nicht auf ihren Knien sitzen. Er kriecht am Boden umher und spielt. Martina will etwas zu trinken holen. Sobald sie aufsteht, beginnt er zu schreien, sie muß ihn mitnehmen.

Wir schweigen wieder – dann reden wir über den Verlauf unserer Gespräche, wie sie am Anfang Angst hatte vor mir, zu mir kam und doch nicht wußte, was sie mit mir anfangen sollte, auch weil sie immer von den kleinen Schwägerinnen begleitet wurde. Daß sie schließlich den Vorschlag machte, ich solle zu ihr kommen, damit wir allein sein können – wie sie sich an die Gespräche gewöhnte, sich freute. Sie fühlt sich vielleicht weniger schüchtern, wird vielleicht auch mit anderen Frauen sprechen können. Wir gehen unsere Geschichte durch, unterbrochen von Schweigen tragen wir sie noch einmal zusammen.

Der kleine Gilberto ist unruhig, er gibt laute Töne von sich, niest, schreit, kommt zu seiner Mutter, die ihn beruhigt.

Dann besuche ich noch Candida, die Schwiegermutter, im Nebenhaus. Sie liegt auf dem Bett, blaß und schweißüberströmt, sie sieht sehr schlecht aus. Ich verabschiede mich, und zum ersten Mal läßt Martina mich leicht gehen, ohne Bitte, daß ich noch bleibe.

Martina deutet sich ihr Bauchweh selber, es kommt von der Wut. Aus den Regressionen tauchen Aggressionen auf, die nicht mehr verdrängt werden müssen. Unsere Beziehung ist soweit geklärt, der Abschied besprochen und akzeptiert. Es bleibt die Hinwendung auf ihre eigene Realität, die zwar schwierig, aber handhabbar erscheint. Ich werde in ihren Alltag hineingenommen: Man kann die Realität ohne Verdrängung wahrnehmen und ohne dadurch böse zu werden; ihr Mann macht Fotos, wie ich auch.

22. (23.10.)

Am nächsten Tag kommen viele Besucher in mein Haus, alle wollen sich verabschieden, noch etwas geschenkt kriegen oder mir wenigstens noch etwas verkaufen. Als Martina mit ihrer Schwiegermutter auf mein Haus zukommt, in dieser stillen Gangart, bei der sich der Körper kaum bewegt, sitzen schon zwei Frauen vor meinem Haus. Ich begrüße sie; den Frauen ist die Begegnung peinlich, sie begrüßen sich zurückhaltend, schauen sich kaum an, jede scheint die andere zum Teufel zu wünschen. Sie wissen nichts miteinander anzufangen, hatten schließlich etwas von mir gewollt und nicht die Nachbarin treffen. Dann kommt noch Mariana, die Heilerin. Sachlich und handlungsbezogen wie immer nimmt sie den Kalk und das Salz entgegen, das ich ihr in Ixmiquilpan besorgt hatte, und verabschiedet sich wieder.

Martina und Candida sitzen schweigend und leicht lächelnd da – so wie ganz am Anfang, als sie mich besuchten. Dann kommen noch mehr Leute – ich fühle mich überfordert. Schließlich verabschieden sich Martina und Candida und gehen, so wie sie gekommen waren.

Zwei Jahre später

Als ich 1977 für weitere sechs Monate im Dorf lebte, war meine Beziehung zu Martina sehr locker. Wir besuchten uns ab und zu und plauderten, wobei die Stimmung den Gesprächen von 1975 sehr ähnlich war.

Bei unserem Wiedersehen zeigte Martina eine schüchtern verschämte Freude, die näher bei einer Abweisung als offenem Entgegenkommen lag. Sie habe wenig Zeit, da jetzt ihr Mann da sei, sie könne keine Gespräche mehr mit mir führen. Es wäre schwierig, sich allein zu sehen, zudem wolle er sie bei sich haben, erklärte sie stolz.

Da ich mehr allgemeine Daten sammelte, kämpfte ich weniger um die Regelmäßigkeit der Gespräche, so daß die höflich distanzierte Umgangsform zwischen uns beiden kaum mehr durchbrochen wurde.

Wir begegneten uns sporadisch auf den Wegen und wechselten einige Worte oder ich besuchte sie ab und zu in ihrem Haus, wo sie selten allein war – der Mann, eine Schwägerin, die Mutter oder eines ihrer vielen Geschwister saßen bei ihr. Ich hatte den Eindruck, daß es ihr nicht schlecht ging. Die depressive Einsamkeit war verschwunden, ihr Haus war belebter von Besuchern und ihrer Geschäftigkeit.

Erst gegen Ende meines Aufenthaltes erzählte mir Josefina, daß Martina vor etwa dreiviertel Jahren einen Selbstmordversuch gemacht hatte; sie habe eine Flasche Petroleum ausgetrunken und mußte in das Spital gebracht werden. Als ich Martina danach fragte, lächelte sie verlegen. – Warum hast du es getan? fragte ich. – Ich weiß auch nicht. – Es muß dir sehr schlecht gegangen sein. – Nun ja...

Es ist ihr sehr unangenehm, davon zu reden. Ich frage nach: – Es muß doch einen Grund gegeben haben? – Man sagte, Gil habe eine andere, er war nicht da, nun hat es sich geklärt. Dann redete sie von etwas anderem.

Ich war erschreckt und erschüttert über die verzweifelte Reaktion Martinas, und bedauerte es sehr, daß wir keine regelmäßigen Gespräche geführt hatten.

Martina wollte sich nicht mehr auf mich einlassen – schließlich hatte sie jetzt ihren Mann bei sich, der sie vor der Schwiegermutter schützte und der sie weiterhin liebevoll behandelte.

Man sagte im Dorf, er überlege sich, ob er sich ein Taxi anschaffen solle, um bei Martina und dem Sohn bleiben zu können.

Es mag sein, daß sie erst jetzt, wo die Rückkehr ihres Mannes sie zu einer eigenen kleinen Familie machte, sie vor der Schwiegermutter und den anderen Frauen geschützt ist, in ihren Hoffnungen und Erwartungen befriedigt, damit anfangen kann, sich einen sozialen Ort in der Gemeinde zu suchen.

IV. Teil: Die Subjektivität und gesellschaftliche Gegebenheiten

1. Die drei Frauen in ihrer Kultur: Widerstand und Anpassung

Mariana

Mariana ist durch ihre Heilerinnentätigkeit relativ unabhängig von ihrem Mann; das bedeutet, daß sie zum Überleben nicht dringend auf seine Einkünfte angewiesen ist. Als seine Ehefrau und Lebensgefährtin aber, in ihren Liebes- und Partnerschaftsgefühlen empfindet sie eine starke Abhängigkeit, die sie trotz ihrer ökonomischen und sozialen Position quält und verwirrt. Im Dorf ist sie geachtet und respektiert, ein Vorbild des richtigen Verhaltens und Umganges. Zwischen ihr und der Gemeinde sind kaum Widersprüche, Spannungen und Ambivalenzen spürbar, denn ihre Form des Geldverdienens steht in maximalem Einklang mit den dörflichen Regeln der Gegenseitigkeit und des Beistandes; als Heilerin kann sie verdienen, indem sie gibt, sich jedem, der Hilfe benötigt, zuwendet und auf ihn eingeht.

Im Verlauf der Gespräche wird deutlich, daß der Beruf der Heilerin nicht aufgrund eines plötzlichen Entschlusses übernommen werden kann, sondern daß jemand durch seine Lebenshaltung in diese Position hineinwächst und daß dahinter ein jahrzehntelanger Kampf um die »richtige« Haltung und Einstellung steht, ein Kampf, der auch Opfer und Einschränkungen bedeutet. Marianas ökonomische Stellung ist eng verknüpft mit ihrer ethischen Haltung und ihren sozialen Beziehungen.

Sie selber erwähnt und beschreibt diesen Zusammenhang sehr oft. Selbstbestimmte Arbeit kann nur autonom und stark machen, wenn sie sich mit qualitativ hochstehenden und positiven Beziehungen verbindet. Bereits in der siebten Begegnung erzählt Mariana vom Compadrazgo-Prinzip und wie man Commadre werden kann; in der elften Begegnung wird die mögliche Unabhängigkeit vom Manne direkt mit der Tatsache ihrer guten Compadrazgo-Beziehungen verknüpft: – Mein Mann soll doch gehen, ich habe gute Commadres, ich kann auch ohne ihn überleben. Das Compadrazgo-System ist

Kinder beim Spiel

nicht nur ein emotionaler und ökonomischer Sicherheitsfaktor, sondern als ein gemeinsames Regelsystem, dem sich alle, die an dieser Kultur teilhaben, beugen müssen, kann es auch zum Kampfinstrument werden, das dem Schwachen gegen den Mächtigen zur Verfügung steht. Das Schaf besiegt in der Fabel den Koyoten, weil es ihn durch Bezug auf ihre Patenschaft zwingen kann, seine Vorschläge anzunehmen. Die Sozialregeln sind Instrumente in der Hand jedes einzelnen, die gegen Macht und Ungleichheit eingesetzt werden können. Sie bannen gewissermaßen die sich etablierende ungleiche Machtverteilung, solange die Beteiligten sich diesen Regeln verpflichtet fühlen. Dieser Zusammenhang von Ökonomie und sozialer Beziehung taucht bei Mariana regelmäßig auf.

Es ist aber außerordentlich schwierig, das richtige Gleichgewicht zwischen ökonomischer Unabhängigkeit, Entwicklung von eigenen Fähigkeiten und entspannten Sozialbeziehungen herzustellen, denn zu viel Autonomie und gewollte Verstöße gegen Sozialregeln führen sofort zu verstärkter sozialer Kontrolle, zu Gerüchten und Verleumdungen, da dies wieder im Verdacht steht, die Gegenseitigkeitsregeln zu verletzen. Wenn Mariana mit einer älteren Frau zusammensitzt, erzählt ihre Nachbarin, die sich durch diese Gemeinsamkeit bedroht fühlt, Mariana sei eine Hexe. Mit diesem Gerücht kann sie soziale Kontrolle ausüben und Mariana in ihrer Autonomie schwächen, denn sie wird nun auch vom Mann angegriffen. In Daxhó ist der Verdacht auf Hexerei immer dort gegenwärtig, wo soziale Regeln verletzt werden könnten: weil die Schwägerin von Mariana das Haus vernachlässigte und die Besucher schlecht behandelte, also die Regeln der Gastfreundlichkeit und der gegenseitigen Hilfe mißachtete, wurde sie von der Hexe besucht, die ihren Sohn tötete. Frauen und Männer, die sich nicht an die sozialen und moralischen Regeln halten, werden als Bedrohung erlebt – seien es Marín, der nicht am Dorfleben teilnimmt, oder Teresa, die hinter den Männern her ist, oder Amanda, die sich ökonomische und moralische Freiheiten herausnimmt, die die etablierten Beziehungsregeln mißachten; sei es die »unzivilisierte« Sabina, die zwei Frauen umgebracht haben soll, oder die »dumme« Cata, die nicht arbeitet und das Compadrimazgo-System zu ihren Gunsten ausnützt. Wenn Mariana von diesen Männern und Frauen spricht, wird sie scharf, moralisch und verurteilend, nicht weil sie diese Menschen persönlich haßt, sondern weil sie die Kontinuität der an der Subsistenzproduktion orientierten sozio-ökonomischen Regeln, die »moralische Ökonomie«, verteidigt. Wenn die Verknüpfung von Ethik und Ökonomie im Dorf auseinanderbricht, dann bricht auch Marianas Subsistenzgrundlage als Heilerin zusammen. Es ist kein Zufall, daß Mariana, die ihr Überleben auf eine sehr traditionelle Tätigkeit stützt, die überkommenen Werte und Einstellungen so vehement verteidigt; ihre Arbeit ist eine ethnische Arbeit und wird täglich an den traditionellen Werten gemessen. Wenn Mariana Tortillas backt, dann produziert sie nicht einfach Nahrungsmittel, sondern sie verhält sich im ethnisch-weiblichen Koordinatensystem korrekt, setzt sich damit in einen affirmativen Bezug zu ihrer Kultur und der Rolle der Frau darin. Die aufwendige Tortillaherstellung, die fast den halben Arbeitstag einer Frau in Anspruch nimmt, beinhaltet einen symbolischen Bezug zum weiblichen Körper und seinen biologischen Funktionen. Damit entsteht ein in der Ethnizität eingebetteter Sinnzusammenhang, der die Arbeitsleistung in ihrer lebendigen, produktiven und reproduktiven Bedeutung vergegenwärtigt.

Arbeit bedeutet für Mariana immer auch Arbeitsqualität und Korrektheit in ihrer Ausführung, da sonst ebenfalls gegen soziale und ethnische Regeln verstoßen würde. Die Schwester hat dieses Prinzip nie begriffen, deswegen ist sie für Mariana eine Ladina, eine Weiße geworden, die sich schockierend verhält; und die Männer haben auch Mühe, das zu verstehen, für sie sind Arbeit und Kinderhaben nicht mehr ein Prinzip des Lebens und Zusammenlebens, sondern ein Instrument der Macht. So können sie beides nur als abstrakte Prinzipien ausüben, ohne den tieferen Zusammenhang zu erleben. Das macht Mariana traurig und auch einsam.

Die Einstellung zur Arbeit bestimmt den sozialen Ort eines Dorfmitgliedes. Cata, die nicht zu arbeiten weiß, weil sie trinkt, sowie Filomena und ihre Schwester, die »nichts können«, befinden sich ganz unten in der sozialen Skala, während Martina, die zwar isoliert lebt, als fähige Weberin akzeptiert ist und in das Verkaufskomitee aufgenommen wird. Soziale Beziehungen und Arbeit sind für Mariana eine untrennbare Einheit. Oft werden soziale Beziehungen und Verpflichtungen wie »Arbeit« beschrieben: Pompilianos Großmutter muß gepflegt und gefüttert werden; obwohl es für Mariana Mühe und Unlust bedeutet, erledigt sie diese Pflicht wie alle anderen, ebenso wie die Kontakte zu den Evangelistinnen und teilweise zu mir.

Marianas Einstellung zur Arbeit macht verständlich, daß ihr Sozialprestige im Dorf unangetastet stark ist, wobei es von großer Bedeutung ist, daß sie nicht wohlhabend ist, früher sogar sehr arm war und damit nicht in dem durch die Schichtung entstehenden Spannungsfeld steht. Sie war geradezu zeitlebens darum bemüht, sich und ihre Familie aus diesen Prozessen herauszuhalten, indem sie ihren Mann aktiv daran hinderte, an illegalen Aneignungspraktiken teilzunehmen, ihn sogar dazu brachte, dagegen zu kämpfen, obwohl sich ihm des öfteren Gelegenheit zur Bereicherung geboten hätte. Wenn er jetzt die Infrastruktur des Patrimonio benützt, um sein Haus billiger bauen zu können, so ist das etwas anderes, das hat nichts mit der Ethnizität und den dorfinternen Beziehungsfeldern zu tun.

Marianas ökonomisches Handeln steht nicht nur im Einklang mit den Prinzipien der Ethnizität, sondern wird diesen unterworfen. Selbst ihre im Spital angeeigneten modernen medizinischen Kenntnisse weiß sie innerhalb einer ethnischen Rolle zur Anwendung zu bringen. Zuerst erscheint sie als die bescheidene, modern orientierte Frau, die Injektionen macht und Kräuter verschreibt. Man könnte meinen, daß ihre sogenannte »Akkulturation« vollzogen sei. Erst mit der Zeit wird deutlich, wie sorgfältig und gewissenhaft sie die modernen Kenntnisse in das traditionelle Wissen und Handeln integriert hat. Marianas zentrale Position im Dorf basiert nicht nur auf ihrer Rolle als Heilerin, sondern auf ihrer Funktion in bezug auf die Erhaltung der Ethnie. In ihrer untadeligen und am Gegenseitigkeitsprinzip orientierten Lebensweise lebt sie die ethnische Identität beispielhaft vor und wird dadurch zu einer zentralen Figur, ja zur Hüterin der dörflichen ethnischen Identität. Besonders schön zeigt sich diese Funktion in ihrem Umgang mit den Fremden und der Außenwelt: sie kann als offene und gebildete Frau den Fremden gegenübertreten und mühelos mit ihnen in Kontakt stehen, weil sie über die entsprechenden Kommunikationsmuster aus der »Welt der Weißen« verfügt. Sie sucht die Fremden aber nicht, um sich ihnen anzupassen, sondern um sie zu kontrollieren, neutralisieren und je nachdem »auszunehmen«, wenn Vorteile zu holen sind. Ich verstehe ihre scheinbare Anpassung als eine Strategie des Selbstschutzes gegen Fremde, die zur besseren und sichereren Erhaltung des Ethnischen dient. Den Fremden gegenüber wird Distanz gewahrt, seien es die staatlichen Hygienefunktionäre, die Tiere impfen, die Evangelistinnen, der katholische Priester oder die Ethnologin. Sie alle werden höflich empfangen, angehört und in der – je nach Vertrauenswürdigkeit – notwendigen Distanz gehalten. Ihre höfliche und »moderne« Verhaltensweise erlaubt es dem Fremden nicht mehr, sie in rassistischer oder exotischer Manier als die Andere oder Unzivilisierte abzustempeln. Weil sie nicht als exotische Schamanin auftritt, kann sie nicht als zurückgebliebene Hexe entwertet werden.

Die Erhaltung des prekären Gleichgewichtes zwischen vorbildhaftem Verhalten im ethnischen Rahmen, Aufgeschlossenheit gegenüber Fremden und der Sicherung der Existenz, das die moralische Ökonomie ausmacht, kostet Mariana einen enormen Einsatz an Energie, Taktik und Selbstkontrolle. Würde sie nicht um ihre eigenen Freiräume und ökonomischen Nischen besorgt sein, würde sie von der Vielfalt und Häufigkeit der sozialen Verpflichtungen aufgefressen werden.

Merkwürdigerweise kann sie, die Männerverachterin, die so sehr um ihre Autonomie kämpft, ihre Freiräume gerade durch den Bezug auf den Machismo sichern. Die familiären und offiziellen Festlich- oder Feierlichkeiten besucht sie selten, obwohl sie immer eingeladen wird. Die regelmäßige Teilnahme kostet derartig viel Zeit und Geld in Form von Geschenken, ganz abgesehen von den sozialen Spannungen, die entstehen würden, wenn sie bei den Feinden der Freunde und umgekehrt auftauchen würde, daß damit ihre soziale und ökonomische Position gefährdet wäre. Der einzige legitime Ausweg, der niemanden verletzt, ist der Bezug auf ihren Macho-Mann: – Er erlaubt es nicht, er ist ein Säufer und Schläger, und ich kann es mir nicht leisten zu kommen, ohne daß ich mich gefährde! Dank ihres »brutalen« Mannes kann Mariana kommen und gehen wie sie will. Damit stützt sie zwar den Mythos des Macho-Mannes, dessen Opfer sie teilweise ist, kann ihn aber gleichzeitig in den Dienst ihrer eigenen Interessen stellen und sich im Schatten ihrer Unterdrückung eine beachtliche Freiheit herausnehmen. Denselben Mechanismus scheint sie in bezug auf ihre Tochter Ofelia anzuwenden: indem sie den von ihr suggerierten Befehl Pompilianos vorschiebt, kann sie die Tochter zwingen, so zu handeln, wie sie es will.

Listen der Ohnmacht – kleine alltägliche Machtstrategien, um im gegebenen sozialen Rahmen auch auf die eigene Rechnung zu kommen. Gerade weil Mariana so sehr auf die Etikette, die offizielle Norm achtet, ist sie um so mehr auf diese heimlichen Machtstrategien angewiesen, würde sie doch sonst selber zum Opfer ihrer Moral werden, der sie ihre höchsten Ziele opfern müßte: ihre ökonomische Autonomie, ihre soziale Vorbildstellung und damit die Karriere der Kinder. Sie spielt ihre Rolle im ethnischen Geschlechtersystem, um ihren inneren Entwürfen und Utopien näher zu kommen. Für sie, die stark in den Traditionen verwurzelt ist und ihre gesellschaftliche Identität darauf stützt, ist die Verwendung des Machismo- und Marianismosystems als Machtstrategie ideal, denn sie benützt damit einen kulturellen Mechanismus, der es ihr gleichzeitig erlaubt, ihre Vorbildrolle, ihre ethnische Korrektheit und Integrität zur Schau zu stellen. Daß sie dabei oft auch von ihrem Mann, den sie gekonnt reizt, beschimpft und geschlagen wird, ist zwar unangenehm, aber auch integraler Bestandteil ihrer Rollenidentität. Es muß so sein, wie es die Ideologie erzählt, wie es die Mutter erlebte und wie sie selber es weitergibt.

Wenn ich mich frage, ob Mariana eine unterdrückte Frau ist, fällt es mir schwer, zu antworten. Im Rahmen ihrer Gesellschaft erlebt sie die unangenehmen Seiten des Frau-Seins, wie die Mehrheit der Frauen auf der ganzen Welt, aber gleichzeitig hat sie ein Maximum an kulturellen Mechanismen und Mustern benützt, um sich innerhalb ihres Lebensraumes eine respektierte und unabhängige Position zu sichern.

Inwiefern ist nun Mariana nur ein Produkt ihrer Gesellschaft, und inwiefern ist sie auch aktives Subjekt, das auf die sie umgebenden Strukturen einwirkt? Die Betrachtung ihrer lebensgeschichtlichen Erfahrungen sollte uns zeigen können, bis zu welchem Maße Marianas Form des Überlebenskampfes von ihren höchst spezifischen lebensgeschichtlichen Erfahrungen an zwischenmenschlichen Beziehungen und kulturellen Mustern bestimmt ist.

Marianas Kindheitserfahrungen sind geprägt von heftigem Geschlechterkampf zwischen Vater und Mutter, in welchem die Mutter der leidende Teil war, aber auch von jenen positiven und glücklichen Erfahrungen bei der Arbeit zusammen mit dem Vater und seinen Freunden. Arbeit wurde dort erlebt als eine intensive gemeinsame menschliche Beziehung, die die Gesamtheit der Gefühle und Fähigkeiten anspricht. Die schwierige Beziehung zum Vater, den sie wegen der Leiden der Mutter hassen mußte und um den sie gleichzeitig warb, prägte ihre Einstellung zur Arbeit. Er lobte und liebte sie, weil sie tüchtig und arbeitsam war wie die Mutter. Sie erledigte flink und ungefragt jede erforderliche Arbeit, egal, ob sie ihr angenehm war oder nicht. Damit setzte sie sich von der »schockierend faulen und egoistischen« Schwester ab. Der Vater wurde in einer starken Rollenidentifikation mit der Mutter und den kulturellen Anforderungen an eine ideale Otomi-Frau umworben. In der 17. Begegnung stellt Mariana ihre Zerrissenheit zwischen den Eltern eindrucksvoll dar: In der Identifikation mit der Mutter erlebte sie den Vater oft sehr negativ und als Ursache von Leiden, obwohl er sie in die Welt hinaus mitgenommen hat zu den Wanderungen auf Weidenrutensuche. Durch die Bindung an die Mutter wurde sie zur Frau und mußte die Frauenrolle übernehmen, so daß vieles in ihrem Leben dem der Mutter gleicht. Bewußt versucht sich Mariana ununterbrochen von dem Leben der Mutter und dem der Otomi-Frau abzugrenzen, weil ihr die Abhängigkeit vom Manne unerträglich ist: der Verlust des idealisierten Beziehungs-Objektes führt bei ihr zu einem Selbstwertzusammenbruch, zu einem Verlust an eigenem Wert und damit an Autonomie. So besteht denn das ganze Leben von Mariana auch darin, gegen den drohenden Verlust des Liebesobjektes zu kämpfen, gegen den Verlust des eigenen Selbstwertgefühls. Die Arbeit, die sie in der Kindheit als einen positiven Lebensbereich erleben konnte, ist dazu am besten geeignet. Über einen enormen Arbeitseinsatz ist es Mariana gelungen, sich ökonomisch einigermaßen unabhängig von Pompiliano zu machen und sich sozial ebenfalls eine Position zu erkämpfen, die ihr Achtung und regelmäßige Beziehungen sichert. Es war sicher von großer Bedeutung, daß Mariana in ihrer Adoleszenz den familiären Rahmen zur Krankenschwesterausbildung verlassen konnte (selbst wenn sie zu Hause wohnte) und sich einen außerhalb des mütterlichen und ethnischen Raumes stehenden, modernen Beruf aneignen konnte.

Die Begegnung mit der nationalen Kultur ermöglichte es ihr, aus dem familiären Bannkreis auszutreten und sich eine umfassendere, eigenständigere Sicht der Welt zu erarbeiten. Ich nehme an, daß sie aufgrund dieser Arbeit im Spital und aufgrund der starken Identifikation mit der Rolle der Mutter, fähig war, eine kreative Synthese zwischen ihrem Krankenschwesternwissen und der ethnischen Heilerinnenrolle zu finden, einer Rolle, die sie wenigstens ökonomisch und sozial autonom macht. Die starke Identifikation mit der Mutter ist geblieben, ausgedrückt in der Wahl ihres Mannes und dargestellt in den quälenden Inszenierungen der Machismo-Stereotypen. Der drohende Verlust des Liebesobjektes kann immer wieder durch Aktivität und Arbeit bekämpft werden; der immer wieder neu gezeigte Stolz über ihre Fähigkeiten zeigt an, daß dies auch gelingt, wenn auch nur für kurze Dauer. Mir scheint, daß Marianas innerer Entwurf an der traditionellen Rolle einer anständigen und tüchtigen Frau sowie an der in der Kindheit erfahrenen, lustbetonten, solidarischen Arbeit, die Zuwendung bedeutet, wenn sie korrekt erledigt wird, orientiert ist. Dabei ist es für sie wichtig, daß sie nicht nur alles kann und weiß, sondern daß sie es auch so tut, wie es sein soll. So wie sie als Mädchen die gewünschte Zuneigung erhielt, wenn sie qualitativ gut und den ethnischen Regeln entsprechend arbeitete, so erlangt sie heute soziales Prestige und viele Freundinnen, wenn sie sich idealtypisch verhält. In der Rolle der Heilerin, die den kulturellen, ethnischen Normen vorbildlich entspricht, hat sie den sozialen Ort gefunden, der ihrer Subjektivität, ihrem inneren Entwurf gerecht wird.

Amanda

Amanda nimmt als relativ junge Witwe im Dorf eine Sonderstellung ein: sie untersteht noch den Regeln der gebärfähigen Frauen und genießt gleichzeitig die Freiheiten der alten Frauen, die sie sich auch in besonderem Maße herausnimmt. In ihrer Geschichte häufen sich Verstöße gegen das ökonomische Prinzip der Gegenseitigkeit (illegale Aneignung von Land und Wasser) sowie gegen die sozialen Regeln für die noch gebärfähige Frau (freie Meinungsäußerung und Arbeit in der Rolle des Mannes, Haltung eines Geliebten). Ökonomie und Moral stoßen in ihrem Verhalten besonders stark aufeinander.

Es fällt auf, daß auf Amandas Schwangerschaft sehr heftig reagiert wurde, obwohl viele Frauen Kinder ohne Mann haben. Sie selber reagierte ebenfalls mit starken Ängsten, Selbstvorwürfen und Verzweiflung darauf. Mir wurde erst im Laufe unserer Gespräche klar, daß dieser scheinbar sexual-moralische Konflikt noch andere, zum Teil tabuisierte ökonomische Probleme beinhaltete.

In den Gesprächen wird dieser Zusammenhang immer wieder deutlich. Die Arbeit ist einer der wichtigsten Regulatoren unserer Beziehung, der Bezug auf ihre Arbeitsleistungen ermöglicht es Amanda, Nähe und Distanz zwischen uns zu regeln. Die Betonung der Arbeit hat immer auch mit der Betonung der Autonomie zu tun, oder mit dem Versuch, mich für sie zu gewinnen, mich moralisch und emotional auf ihre Seite zu ziehen. Affektive Beziehungen können also über den Bezug auf die Arbeit direkt geregelt werden. Das zeigt sich in der Anfangsphase unserer Beziehung besonders deutlich.

In der fünften Begegnung beschreibt Amanda selber den Zusammenhang zwischen Ökonomie und Einstellung, indem sie meint, die wohlhabenderen Dorfbewohner von Llano Verde seien weniger neidisch, kontrollierend und einschränkend in ihrem Umgang miteinander als die ärmeren Daxhoaner, das heißt, sie gehen anders mit der Moral um. Die Schwangerschaft bedroht Amandas Ehre und Sozialprestige, und damit auch ihre ökonomische Position: sie fürchtet um das Erbe, das ihr David unter dem Vorwand ihres sexuellen Verstoßes wieder streitig machen könnte, worauf sie dann auch prompt mit moralischen Waffen reagiert: sie kann Davids Verstoß gegen die verwandtschaftlichen Beistandsnormen verwenden, um sein soziales Ansehen zu mindern und ihm dadurch die Legitimität auf seinen Erbanspruch entziehen. Ihr moralischer Verstoß wirkt sich ganz direkt auf der ökonomischen Ebene gegen Amanda aus: in den Augen der Schwiegermutter und Verwandten wird sie jetzt zur »Diebin« am eigenen Besitz, weil in diesem Moment nicht ihre reale Arbeitsleistung in Betracht gezogen wird, sondern der Bruch mit einem moralischen Konsens: Sie verstieß gegen die Treue und die Loyalität zur Familie des Mannes. Durch das »fremde« Kind verliert sie ihre Rechte auf den auch von ihr erworbenen Familienbesitz. Und in der 23. Begegnung schließlich kommen Ökonomie, Prestige, Ehre und Scham auf derselben Ebene zusammen. Verlust der Ehre bedeutet Verlust des Prestiges und Bedrohung der ökonomischen Freiheiten, die bisher im Schatten des hohen Sozialprestiges, das Amanda genoß, möglich waren. Wenn Amanda um ihren Zufluchtsort und Besitz kämpft, kämpft sie gleichzeitig um ihre Ehre, ihre Rechte, ihre Würde als Dorfmitglied.

Aus dieser engen Verknüpfung von sozialer Norm und dörflichem Subsistenzkampf wird verständlich, warum das Dorf so heftig auf Amandas Schwangerschaft reagierte. Mit ihren früheren und heutigen Verstößen gegen die Ideologie der Gegenseitigkeit hat sie ihren Wohlstand gefördert und die dorfinterne »Klassenspaltung« vorangetrieben. Da diese zunehmende Schichtung nicht von dorfinternen, sondern von nationalen ökonomischen Determinanten bestimmt wird, findet die Gemeinde keine offizielle Handhabe des Problems. Die wachsende Ungleichheit wird als derartig bedrohlich, aber auch als unlösbar erlebt, daß sie tabuisiert wird, indem die dadurch entstandenen Aggressionen verschoben und unbewußt gemacht werden. Es wird ständig darauf hingewiesen, daß man wegen Streitigkeiten umgebracht werden kann; diese lebensbedrohende Gefährlichkeit, die die Aggressionen beinhalten, muß gebannt werden. Die enge Verknüpfung von Moral und Ökonomie erlaubt es, die durch einen ökonomischen Verstoß ausgelösten Aggressionen auf einer normativ-moralischen Ebene auszudrücken. Amandas Schwangerschaft gab so gesehen endlich Anlaß, die Wut gegen sie zu äußern, sie für ihr Verhalten zu strafen. Deswegen mußte Amanda in Verbindung mit dem Kind vorgeben, sie sei arm, denn sie empfand ihren Reichtum in dieser Sicht genau so als Verrat an der Gemeinde wie die anderen. Öffentliche Bestrafung von Ehebruch oder anderen Übertretungen der öffentlichen Moral werden selten nur wegen des moralischen Vergehens als solchem vollzogen; Thompson (1972: 158) vermutet am Beispiel der »Rough Music« in England, daß die Reaktion auf den Verstoß einer Frau oder eines Mannes abhängig ist von deren Vorgeschichte, die jeder kennt, sowie von dessen Position in der Gemeinde. Das Zusammenwirken der Vorgeschichte und des aktuellen Tatbestandes bestimmt, ob ein Ereignis fast unbemerkt bleibt oder öffentliche Reaktionen hervorruft.

Amandas ökonomisches Handeln ist von einer radikalen Effizienz, die sich relativ wenig um ideologisch-moralische Regeln kümmert. Ihr eigennütziges Aneignungsverhalten bringt sie einerseits in Widerspruch zur Gemeinde, bringt ihr aber andererseits Bewunderung ein. Dank ihres Sozialprestiges und ihrer anerkannten Fähigkeiten, die ihr eine Sonderposition im Sozialleben der Ethnie sichern, kann sie diese Widersprüche immer wieder entschärfen, sie nimmt aktiv an den Festen und religiösen Feierlichkeiten teil, ist ein redegewandtes Sprachrohr der Frauen in den Dorfversammlungen und wird gerade deswegen als Wortführerin bei den Behörden und Funktionären benötigt. Als Vermittlerin zwischen Ethnie und nationaler Verwaltung nimmt sie eine unersetzbare Position ein. Bis zu einem gewissen Grade gelingt es ihr, das moderne ökonomische Prinzip mit der ethnischen moralischen Ökonomie zu verbinden.

Amandas Verhalten innerhalb des Dorfes entspricht einer in dieser Kultur enthaltenen Möglichkeit und einer innerhalb des sozio-ökonomischen Wandels antizipierten Position. Daß Amanda gerade diese Umgangsform ausgesucht hat, muß mit ihren lebensgeschichtlichen, spezifischen Erfahrungen erklärt werden. Amandas Mutter war nach dem Tod ihres Mannes Händlerin und reiste wöchentlich einige hundert Kilometer nach Norden, um Tropenfrüchte zu kaufen. Als Amanda noch ein kleines Mädchen war, kam die Mutter eines Tages nicht mehr zurück. Man sagte, sie sei unter einen Lastwagen gekommen. Dies war aber nur die offizielle Erklärung, die inoffizielle besagte, daß die Mutter in Tamazunchale einen Geliebten hatte, der sie verhexte, damit sie bei ihm bleiben mußte. Amandas mütterliches Vorbild ist eine tüchtige, mutige, selbständige Witwe, die sich auch sexuelle Beziehungen erlaubte. Dieser Frau ist aber etwas zugestoßen: nach außen heißt es, sie sei überfahren worden, und es ist naheliegend, diesen Tod, entsprechend der sozialen Moral, als Strafe für ihre sexuelle Freizügigkeit zu interpretieren. In der Familie aber heißt es, sie sei verhext und lebe noch mit ihrem Geliebten. Das bedeutet, daß das Ausleben der eigenen Triebbedürfnisse und Wünsche zwar möglich, aber auch mit Opfern verbunden ist. Amanda konnte sich relativ problemlos mit ihrem Geliebten einlassen und die Beziehung genießen, solange sie geheim blieb; die Todesängste tauchten erst auf, als sie schwanger wurde und die Schwiegermutter und das Dorf davon erfuhren.

Nach dem Verschwinden der Mutter übernahm die zwanzig Jahre ältere Halbschwester die Führung und den Unterhalt der Familie. In geschwisterlicher Gemeinsamkeit trug jeder so viel er konnte zum Familienunterhalt bei. In diesem Waisenhaushalt, in dem die elterlichen geschlechtsspezifischen Rollenvorbilder fehlten, die das Verhalten des Mädchens eng an die Geschlechterrollen gebunden hätten, war nur ab und zu der verheiratete Geliebte der Schwester zu Besuch. Ein männliches Familienoberhaupt, das als Autorität die weiblichen Unterwerfungs- und Anpassungsgesten forderte, war nicht vorhanden. So war es denn in Amandas Kindheit weniger wichtig, die geschlechtsspezifischen ethnischen Rollen einzuüben und einzuhalten, als das ökonomische Überleben der Familie zu sichern, mit welchen Mitteln auch immer. Amanda wird bis heute kaum von verinnerlichten weiblichen Normen eingeschränkt und gehemmt; das ermöglicht ihr, mit dieser ungebundenen und offenen Effizienz alle erforderlichen Arbeiten zu erfüllen und auch im Dorf Funktionen zu übernehmen, die für andere Frauen nicht mit ihren verinnerlichten Rollenbildern vereinbar wären. Gleichzeitig stieß sie aber deswegen immer wieder an die Grenzen der innerhalb ihrer Ethnie möglichen Freiräume, im ökonomischen, im moralischen und im Bereich der weiblichen Normen. Amanda-macha genannt zu werden, erschüttert und verunsichert sie deswegen so stark, weil es für sie einer nichtnachvollziehbaren Beschimpfung gleichkommt; sie verfügt nicht über jene verinnerlichten frauenspezifischen Grenzen, die ihr ihre »Überschreitungen« anzeigen würden. Für Mariana dagegen sind die weiblichen Verhaltens- und Bewegungsräume eindeutig und klar umrissen, sie kennt »ihre Grenzen« sehr genau.

Amandas Adoleszenz war zwar nicht durch einen Ausbruch oder ein Absetzen von der Familie gekennzeichnet, sie führte die Arbeitsgemeinschaft mit der Schwester weiter und perfektionierte ihre Fähigkeiten im Nähen, Weben, Sticken. Aber es muß eine sehr schöne, freie und ungebundene Zeit gewesen sein, eine Zeit zwischen der Ohnmacht der Kindheit und der Eingeschränktheit der erwachsenen verheirateten Frau. Ein Bruch mit der »Familie« war für Amanda nicht so bedeutsam, weil da keine elterlichen Autoritäten waren, von denen sie sich abgrenzen mußte; im Gegenteil, als physisch erwachsene Frau konnte sie die geschwisterliche Solidarität erst richtig genießen und die eigenen Fähigkeiten entfalten. Ihre Arbeiten aus der Jugend würde sie nie weggeben, selbst in großer Not nicht, denn sie verkörpern und erinnern sie an jenen Zustand der Freiheit.

Amandas Mann, ein Bekannter der Schwester, gefiel ihr, weil er sie respektierte und ihre Fähigkeiten bewunderte. Er stammte aus dem Nachbardorf, und durch die Heirat mit ihm hat Amanda mit 23 Jahren ihren Geburtsort verlassen. Er hatte sich ihretwegen von seiner ersten Frau getrennt, und Amanda brachte ihn so weit, daß er sie nie schlug. Später einmal erzählte sie, wie schwierig und ungewohnt es für sie war, sich mit der Sexualität abzufinden. In den ersten Monaten der Ehe habe sie immer geweint, wenn er sie »nehmen« wollte, bis die Schwiegermutter ihr drohte, sie solle damit aufhören, das sei eben das Schicksal der Frauen. Auch die erste Schwangerschaft erfüllte sie mit Angst und Schrecken, sie fühlte sich unentrinnbar ausgeliefert und terrorisiert durch diesen wachsenden Bauch. So waren denn auch alle Geburten eine lebensgefährliche Gewalt, die sie jedesmal von neuem fürchtete und wie eine Unterwerfung erlebte. Trotzdem gelang es ihr, mit ihrem Mann zusammen eine ähnliche Arbeitsgemeinschaft aufzubauen wie mit der Schwester, sie kämpften für das Ejidoland, bauten Kanäle und hielten ihren Besitz so geschickt zusammen, daß sie relativ wohlhabend wurden.

Diese spezifische Sozialisation, in der sich Amanda mit der großen Halbschwester, die autonom die Familienangelegenheiten führte, identifizieren konnte, ermöglichte es Amanda, eine andere Art von Frauenleben in der Ethnie zu führen als Mariana. Sie ist zwar auch verletzlich und ebenfalls vom Verlust ihrer Liebesobjekte bedroht, aber ihre Tendenz zur Abhängigkeit von einem Partner ist weniger groß, ihr selbstschützender Rückgriff auf Aktivität und Arbeit ist selbstverständlicher, freier. Ihre bewußte Identität als erwachsene Frau stützt sich weniger auf ihre soziale Rolle als Frau als auf ihre Arbeits- und Überlebensfähigkeit.

Zu ihrer sekundären Sozialisation gehörte die Teilnahme an der Kultur ihres Dorfes, die auch den Rahmen ihrer etwas außergewöhnlichen Familie bildete; Amandas soziale Identität ist die ihrer Kultur. Von da her hat sie die sozialen Regeln und Normen verinnerlicht, aber nicht zu einem untrennbaren Teil ihrer subjektiven Identität werden lassen. Der Unterschied zwischen ihrer familiären und der öffentlichen Kultur lebte in Amanda selber weiter, ihre persönliche Identität steht in einem gewissen Widerspruch zu ihrer sozialen Identität; ihr subjektiver Entwurf als Frau entspricht nicht der sozialen Rolle der Frau. Deswegen können in Spannungssituationen die verinnerlichten sozialen Normen aus ihr selber heraus wirksam werden und sie in schwere Konflikte bringen. Durch die Schwangerschaft brach die bis dahin eher problemlose Verbindung ihrer subjektiven Persönlichkeit mit dem sozial-ethnischen Lebensrahmen auseinander; zwei Instanzen bekämpften sich: ihr subjektiver Persönlichkeitsentwurf (Selbstideal) und ihre verinnerlichten kulturellen Normen, die zeitweise die Überhand gewannen und sich in Form von Schuldgefühlen und Selbstbestrafungsimpulsen gegen Amanda richteten. Sie hatte mich als Gesprächspartnerin ausgewählt, weil sie spürte, daß ich als Fremde auf der Seite ihres subjektiven Persönlichkeitsentwurfes stand, die Beziehung zu mir bildete ein Gegengewicht zu dem massiven Druck der Familie der Schwiegermutter und der Gemeinde.

Amanda hat sich innerhalb ihrer Kultur einen sozialen Ort ausgewählt, der ihrer Persönlichkeitsstruktur entspricht. Sie bewegt sich in den Zwischenräumen, die durch den ökonomischen und kulturellen Wandel sowie durch die Verbindung zur nationalen Gesellschaft und die Migration entstehen, einen Zwischenraum, in welchem die Starrheit der traditionellen Geschlechterrollen aufgeweicht und neu strukturiert wird. Gerade weil ihre soziale Identität nicht in grundsätzlichem Widerspruch zur Ethnie steht, im Gegenteil, sie versteht sich als Otomi-Frau, die aber ihre sexuelle Identität freier, weniger traditionell lebt, ist sie als fähige Vermittlerin zu den nationalen Institutionen prädestiniert. In ihrer unangepaßten Weiblichkeit kann sie – trotz dorfinterner Konflikte – als Vertreterin der Ethnie gebraucht werden, was ihr wiederum Prestige und soziale Sicherheit einbringt.

Martina

Martinas Stellung im Dorf ist schwierig zu fassen. Dies mag einerseits mit ihrer Jugend und dem Status der neuverheirateten Frau zusammenhängen, muß aber gleichzeitig mit den Besonderheiten ihrer Lebenszusammenhänge erklärt werden. Zuerst war es mir nicht möglich, sie im Dorfzusammenhang zu orten, weil sie kaum außerfamiliäre Beziehungen pflegt, noch eine bestimmte Funktion innerhalb der Gemeinschaft erfüllt. Bei der Aufarbeitung unserer Gespräche wurde mir klar, daß sie eine neue Rolle, die sich weniger am ethnischen Rahmen des Dorfes orientiert, einnimmt. Sie verkörpert nach außen die Haltung der Frau, die sich auf die Nationalgesellschaft, ihre Konsumgüter und die dort gültigen Normen ausrichtet. Sie erfährt die typische Position einer Wanderarbeiterfrau, deren Bezugspersonen »draußen« leben: der Ehemann, der Schwiegervater, die älteren Geschwister.

Die ihr nächsten Beziehungen und damit die alltägliche Lebendigkeit werden ihr entzogen und nach außen verlagert. Ihre Gefühle und Sehnsüchte richten sich somit ebenfalls nach außen, auf den fernen Mann und seine dortige Welt, auf die großen Geschwister, die in den Städten leben.

Im Dorfrahmen ist Martina eine jung verheiratete Frau, die ein wenig beneidet wird, weil sie einen begehrten Mann erwischte, und auch stark isoliert wird, weil sie sowohl von der eigenen Familie wie von der Schwiegerfamilie her zu gerüchteumwitterten Clans, die in der dörflichen Schichtung aktiv nach oben streben, gehört. Von ihrer eher passiven und etwas depressiven Grundstimmung her ist es ihr nicht möglich, ihre Isolation zu durchbrechen. In den Gesprächen mit Martina taucht ihr Bezug zur Arbeit nur marginal und in indirekter Form auf. Schon die Art der ersten Begegnungen mit ihr und der Schwiegermutter hatte etwas Unfaßbares, in der Luft Schwebendes – ich konnte mir nicht vorstellen, wie diese Frauen im Dorf stehen, wie sie arbeiten, wovon sie leben. Im Gegensatz zu Mariana und Amanda, die sich mir gegenüber direkt anhand ihrer Arbeit definierten und abgrenzten, fehlte dieser Bezug in den ersten Begegnungen mit Martina. Unsere Treffen blieben in einer Stimmung der unfaßbaren Verlegenheit hängen.

Als Martina in der fünften Begegnung auf meine Frage hin ihren Tagesablauf beschreibt, klingt dies auffallend beziehungslos, leer, fast wie wenn sie eine Fließbandarbeit beschreiben würde. Die konkreten Verrichtungen haben keinen Wert an sich, keine sichtbare Bedeutung für Martinas Identität und Selbstbewußtsein.

In der achten Begegnung wird deutlicher, wieso das so ist: die außerfamiliäre dörfliche Welt ist für Martina verschlossen. Als jungverheiratete Frau darf sie sich nicht frei bewegen; Freundinnen hat sie keine, was bedeutet, daß der symbolische und reale in der Arbeit enthaltene Bezug zur ethnisch-dörflichen Kultur für sie wertlos ist: – »Wir arbeiten und arbeiten und bekommen nichts dafür... der Tag vergeht, am Abend ist man erschöpft... und nichts. Wir können wischen und fegen soviel wir wollen, und doch sieht es aus, als ob wir nichts tun würden.«

Die Arbeit hat den Charakter einer Sisyphusarbeit, sie führt zu nichts. Dem gegenüber steht die Arbeit der Angestellten »draußen« in der nationalen Gesellschaft; sie werden für ihre Arbeit entlohnt, und damit erhält ihre Tätigkeit einen Sinn. Die an der Subsistenz orientierte Arbeitsform hat keine Perspektive, keine Zukunft, weil sie keinen sichtbaren Gewinn, weder gute Beziehungen noch Geld, einbringt. Geld zeichnet den Weg zur Wunscherfüllung – damit kann sie sich etwas kaufen und sich symbolisch dem fernen Mann annähern. In der zehnten Begegnung drückt Martina diesen Zusammenhang ganz eindeutig aus: ihr Ziel ist es, sich etwas zu kaufen, was ihr gefällt, zum Beispiel den Nagellack; dann fühlt sie sich weniger einsam. Der konkrete Arbeitsvorgang, das Weben, beinhaltet für Martina in diesem Moment nicht den Bezug zu den Werten ihrer Gemeinschaft und damit zu ihrem Lebenszusammenhang im Dorf. Das Weben macht einsam und allein, der gegenwärtige Wert, den es beinhaltet, sind die schönen Sachen, die über den Verkauf der Produkte erworben werden können, die Annäherung an die Ethnologin und an den Geliebten draußen.

Martinas Arbeit wird zur Warenproduktion und deshalb beziehungslos. Ihre Weberei erhält den Charakter von Heimarbeit, Serienarbeit, die keinen inneren Zusammenhang mehr darstellt wie die Tortillaproduktion für Mariana. Aus diesem Grunde wäre es viel besser, eine qualifizierte Lohnarbeit zu verrichten; hätte sie mehr Ausbildung, würde sie weggehen und ein besseres Leben führen.

Für Martina und die Schwiegermutter scheinen die ethnischen Inhalte und dorfinternen Beziehungen weniger Bedeutung zu haben: die Verwahrlosung des Hofes, seine unspezifische, an einen Slum erinnernde Gestaltung sowie die Modernität der Wohn- und Küchenutensilien veranschaulichen diesen Bruch, der gerade weil die traditionellen Geräte nicht mehr verwendet werden, auch nicht mehr überbrückt werden kann. Es ist keine Frage, daß ein Gasherd, Mixer und gekaufte Tortillas eine große zeitliche Entlastung bedeuten. Es muß kein Holz gesammelt werden, die tägliche mühselige Tortillaproduktion, die viele Stunden verschlingt, fällt weg. Es ist verständlich und vernünftig, daß sich alle Frauen solche Gasherde und Apparate wünschen. Aber es ist auch beeindruckend und wichtig zu verstehen, daß diese Neuerungen mehr als nur eine zeitliche Entlastung bedeuten, da sie den gesamten Sinnzusammenhang der Arbeit und damit den Bezug zur Ethnie verändern. Weil Martina und ihre Schwiegermutter als eine der ersten im Dorf über diese Instrumente verfügen, wirkt sich diese Veränderung der alltäglichen Arbeitsstruktur trennend und isolierend aus, sie werden zu anderen, zu Fremden im Dorf. Nicht wegen des bloßen Besitzes dieser Instrumente, sondern wegen der verschiedenen symbolischen Bedeutung der Arbeitsprozesse, die den Bezug zum ethnischen Habitus verändern.

Um die Tortillas zu kaufen, muß ein Familienmitglied täglich nach Murillo in die Tortilleria gehen, was einen intensiven Kontakt mit »draußen« herstellt. Für Martina bedeuten diese Botengänge nach Murillo und Ixmiquilpan eine willkommene Abwechslung. Dort sieht sie Leute, Läden und Waren, dort fühlt sie sich wohl. Der wichtigste Sinn der einsamen Webarbeit ist die darin enthaltene Möglichkeit, hinauszukommen, ihren Lebensbereich zu verlassen. Martina besetzt nicht den Arbeitsprozeß selber, sondern sie setzt die Arbeit ein, um indirekt ihre Bedürfnisse zu befriedigen. Durch die Arbeit verschafft sie sich einen Freiraum, der außerhalb der Reichweite der Schwiegermutter und der neidischen Dorfgemeinschaft liegt.

Die dörflichen Regeln der Zurückgezogenheit und Bescheidenheit der Frau werden für Martina zu einer quälenden Einschränkung, der sie zu entfliehen sucht, indem sie sich noch mehr zurückzieht, noch mehr webt, um noch häufiger herauszukommen. Martinas ökonomisches Handeln ist nicht wie bei Mariana und Amanda mit dem ethischen Handeln verknüpft. Die moralische Ökonomie funktioniert in ihrer Umgebung, und deswegen gibt es auch Konflikte, wenn sie durch ihre soziale Position gegen diese verstößt. Für sie selber aber scheinen Ökonomie und Moral ebensowenig miteinander verknüpft zu sein wie die Arbeit mit der ethnischen Tradition. Ihre Arbeit, das Weben, ist eine routinemäßige, etwas monotone Erledigung, der nicht besonders viele Gedanken und Überlegungen gewidmet werden. Das ist naheliegend, weil das Weben eine Tätigkeit ist, die allein verrichtet wird; der Produktionsprozeß selber verlangt keinen Kontakt mit anderen Personen, außer beim Kauf der Wolle und Verkauf des Produktes. So sind es denn selten Fragen der Arbeit, des Produktionsprozesses und der Arbeitsqualität, die Martina beschäftigen. Was bei den beiden anderen Frauen untrennbar mit dem Alltagsablauf und den sozialen Beziehungen und Werten verknüpft ist, bleibt bei ihr isoliert.

Wenn Martina von ihren Beziehungen spricht, scheint es, als ob sie es mit einer gewissen Zufälligkeit tut; plötzlich erfahre ich, daß die Mutter von der Schwägerin ihres Mannes vergiftet wurde und daß die Schwägerin später ebenfalls an Gift starb. Diese Erzählungen haben etwas Vages, unbestimmt Rätselhaftes, so wie die Schilderung der Verwandtschaftsverhältnisse überhaupt. Oft fühlte ich mich verwirrt und unsicher; die Frage, wie es genau war, blieb offen. Was Martina vermittelt, ist, daß die Beziehungen im Dorf belastend, bedrohlich und zweideutig sind.

Die fast taubstumme Mutter ist in ihrer sprachlosen Verlegenheit ein Anlaß zur Scham. Die starke Verwurzelung der Mutter im Ethnischen wird, verbunden mit deren Behinderung, ebenfalls zu einer Ursache der Scham und Abgrenzung. So kann Martina deren ethnische Bezüge nicht als positives Identifikationsangebot aufnehmen. Martinas Schwiegermutter, die in einem anderen Dorf aufgewachsen ist, orientiert sich zwar ebenfalls nach außen, aber sie ist in ihrer kontrollierenden und oft gehässigen Art schwer zu ertragen. Sie löst in Martina massive Wut aus, die sie schlucken und verbergen muß, da sonst die gefürchtete zerstörerische Dynamik im Haushalt losgehen würde, die zu Krankheit und Tod führt.

Die Schwester der Mutter, die den Bruder des Schwiegervaters heiratete und gleich gegenüber wohnt, ist ebenfalls kein möglicher Umgang. Die Tante ist Evangelistin geworden, weil ihr Sohn epileptisch ist. Sie besitzt die Dorfmühle und hat mit ihrem Mann zusammen die Leitung des Gewebeverkaufskomitees inne. Martina fühlt sich ökonomisch von ihr abhängig und erlebt die Beziehung als Bedrohung, denn zahlreiche familiäre Konflikte lasten auf ihrem Verhältnis. Ebenso unbestimmt und scheinbar zufällig erzählt Martina, daß sie selber die Tante in betrunkenem Zustand geschlagen hatte und nun deren Rache fürchten muß.

Die jungen Frauen sind als Freundinnen ungeeignet, weil sie Martina aus Neid meiden und ihr Böses nachreden. Frauen stellt sie allgemein als gefährliche und unberechenbare Gegnerinnen dar. Sie können einen plötzlich verfolgen, vergiften oder umbringen. Mit fremden Männern darf sie nicht reden; die Männer aus der Familie sind miteinander zerstritten und wollen sie deswegen kaum besuchen. Martinas Bezugspersonen im Dorf sind ausschließlich Verwandte, zu denen sie keine eigene Beziehung aufbauen konnte, sondern als die Tochter des Eleuterio oder die Schwiegertochter des José begegnen muß. Die familiäre Struktur schränkt sie ein, vermag ihr aber keine Orientierung und Geborgenheit zu vermitteln. Die Unbestimmtheit, mit der Martina ihre verwandtschaftlichen Beziehungen schildert, zeigt, wie schwer es für sie ist, sich in diesen Verhältnissen zu orientieren, wie wenig ihr die ethnischen Begriffe und Erklärungsmuster zur Verfügung stehen, um die Ereignisse kulturkonform mit den Kategorien der moralischen Ökonomie einzuordnen und damit zu entschärfen. Mariana und Amanda wissen meist sehr sicher und eindeutig, wie sie ein Ereignis zu beurteilen und zu erklären haben. Martina gibt selten Beurteilungen, meist braucht es einen Hinweis meinerseits, um ihre eigenen Affekte mit dem Ereignis zu verbinden. Die Desorientierung bezüglich ihrer lebensgeschichtlichen und alltäglichen Lebenszusammenhänge ergänzt ihre Außenorientierung, durch die sie sich zusätzlich von der dörflichen Kultur entfremdet. Ich erinnere mich, daß sie in ihrem Haus Fotoromane herumliegen hatte, jene einfachen, dramatischen Klischeegeschichten über Liebe und Tod, die eine romantisierte Mittelstandsideologie verbreiten. Die Konfusion der Werte und die Nicht-Verfügbarkeit der Beurteilungskategorien lassen Martina hilflos und passiv werden. Beim einsamen Weben kann sie sich noch am sichersten fühlen.

Nur zu Gil, ihrem Mann, empfindet sie eine eindeutige Liebe und Zuneigung, die von ihm erwidert werden. Mit ihm kann sie offen reden und wird verstanden. Ihre Sehnsucht ist auf ihn und die Ferne gerichtet; er und sein ferner Lebenszusammenhang füllen ihre Zukunftsvorstellungen aus. Sie wartet auf seine Rückkehr und möchte so eine Frau werden, wie sie sich die Amerikanerinnen, die ihn dort umgeben, vorstellt. Während seiner Abwesenheit kann sie über ihre Träume und die gekauften Industriewaren eine Brücke zu ihm schlagen. Gil ist die einzige positive Beziehung, die Martina etwas bedeutet. Durch seine mehrheitliche Abwesenheit aber erhält diese Beziehung denselben traumhaft phantasmagorischen Charakter wie diejenigen der Fotoromane. Nicht einmal über den Ehemann wird Martina in die Gemeinde integriert.

Ihr Status als Wanderarbeiter-Frau läßt sie in einem sozialen Vakuum zurück. Andere junge Frauen können mit ihrem Mann den gemeinsamen arbeitsteiligen Subsistenzkampf der Bauernfamilie führen, der sie ganz real miteinander verbindet, sie zu einer von der Verwandtschaft abgegrenzten Kernfamilie werden läßt. Da in Martinas Ehe die alltägliche, konkrete Arbeitsgemeinschaft wegfällt, verschiebt sich die Beziehung auf die Ebene der romantischen Liebe, die den Idealwerten des Mittelstandes entspricht. Man kann zwar gut zusammen reden und versteht sich, aber das bietet ihr sehr wenig Grundlage für die Existenz in der Dorfgemeinschaft. Da der dörfliche Rahmen von verwandtschaftlichen und ökonomischen Spannungen, die sie persönlich meist gar nicht betreffen, durchsetzt ist und sie im Haushalt keine eigene Familie mit dem Mann aufbauen kann, muß sie darauf verzichten, Machtstrategien innerhalb des Dorfes zu entwickeln und anzuwenden, sondern sie sucht sich einen anderen Bezugsrahmen, in welchem sie sich mehr Möglichkeiten erhofft.

Martinas Art, mit ihren Konflikten umzugehen, hängt auch mit den Erfahrungsstrukturen ihrer Kindheit zusammen. Sie war das mittlere von neun Kindern, die älteren je zwei Jahre älter, der nächst jüngere Bruder erst zehn Jahre nach ihr; so war sie für lange Zeit die Jüngste. Die Mutter, die sehr schwerhörig ist, kann sich nur schlecht und in undeutlichen Lauten ausdrücken, besser in Otomi als in Spanisch. Als Martina noch ein Kleinkind war, wurde die Mutter schwer krank, wie verrückt, sie war am Sterben. Man sagt, sie sei von der Frau des Bruders ihres Mannes vergiftet worden und daß diese später selber an einer Vergiftung starb. Martina wurde zu Mutters Schoßkind, sie war ihr am nächsten, mußte ihr von klein an helfen – im Haushalt und als Sprachrohr zur Verständigung. Es muß für das kleine Mädchen sehr schwierig gewesen sein, in dieser paranoischen und sprachlosen Welt, neben einer Mutter, von der sie stark gebraucht wurde, eine eigenständige Entwicklung zu machen. Der Vater, der sehr lieb zur Mutter war, sie weder schlug noch betrog, ärgerte sich aber über ihre Krankheiten. Martina war in einer sehr engen und aggressionsgehemmten Bindung an die Mutter fixiert, deren Behinderung es dem klugen und vitalen Mädchen verbot, ihre aktiven und exhibitorischen Strebungen auszuleben; sie mußten in angepaßte, passive Schüchternheit umgewandelt werden. Der ebenfalls schüchterne und unbeholfene, wenn auch schlaue Vater, der sich wegen einer Lungenkrankheit von seiner Stelle als Schreiner in Murillo zurückzog, bot da wenig Gegengewicht. Wichtig waren die älteren Geschwister, die sie aber als die Kleine unterschätzten. Gewissermaßen tragisch für Martina war dann die weitere Familiengeschichte. Die großen Geschwister verließen früh das Haus, gingen in die Sekundarschule nach Murillo und später zur Arbeit oder Weiterschulung nach Mexiko. Zu dieser Zeit ungefähr gebar die Mutter ein weiteres Kind. Da war es naheliegend, das ihr sehr verbundene zehn- bis zwölfjährige Töchterchen zur häuslichen Hilfe aus der Schule zu nehmen. Die Pubertät und frühe Adoleszenz verlebte Martina in engster Nähe zur Mutter und der Familie, ohne auf die Möglichkeit des Schulbesuches zur alternativen Bewältigung der Pubertätsfragen mit Gleichaltrigen zurückgreifen zu können. Sie war unzufrieden, unglücklich und wütend; sie wäre gerne mit den großen Geschwistern in eine andere Welt hinausgegangen. Mitten in ihre Adoleszenz dann, mit sechzehn, heiratete sie einen wenig indianischen, begehrten Mann, der im Ausland arbeitete, und hoffte wohl, über ihn auszubrechen. Die Folge der Heirat war aber nur ein Wechsel des Haushalts, sie kam von der mütterlichen Obhut unter die Kontrolle der Schwiegermutter und deren Töchter. Was Freiheit hätte bringen sollen, bedeutete erst recht das »Gefängnis«. Vom geliebten Mann, der weiterhin in Texas arbeitete, verlassen, hatte sie den Status des jungen, relativ ungebundenen Mädchens verloren und fand sich in der engumschriebenen sozialen Rolle der verheirateten Frau wieder.

Der kleine Sohn war zwar ein Trost, aber keine Lösung. Die Wünsche nach Ausbruch und Flucht verstärkten sich wieder, ebenso wie die Wut über ihre Lage und gegen ihre Umgebung. Die Orientierung nach draußen hat die Negation ihres sozialen Milieus zur Folge. Sie steht ihrer direkten Umgebung mißtrauisch und passiv-resigniert gegenüber. Martina durfte nie eine eigentliche Adoleszenzphase erleben, die es ihr ermöglicht hätte, sich von ihrer Familie und Kultur probeweise zu distanzieren, um dann ein eigenes Verhältnis, einen ihrer Persönlichkeit entsprechenden Bezug dazu zu finden. Familie, Dorfkultur und Ethnizität sind für sie eins, es sind Institutionen, in die sie zwangsweise eingebunden ist. Deswegen muß sie sie ablehnen und kann sie nicht im Dienst der eigenen Interessen verwenden. Obwohl sie im Dorf bereits als fähige Weberin anerkannt ist, hat dieser soziale Aspekt ihrer Arbeit für sie keine Bedeutung, für sie ist daran die Möglichkeit wichtig, aus der Enge ihrer Verhältnisse herauszukommen – geographisch zum Kauf und Verkauf nach Ixmiquilpan und symbolisch grenzt sie sich über den Kauf von modernen Konsumartikeln ab. Sie hat eine traditionelle Möglichkeit ihrer Kultur, das Weben, aufgegriffen, um ihren inneren Entwürfen, der Sehnsucht nach draußen zu folgen.

Sozial gesehen ist Martina sehr angepaßt. In der Gemeinde zieht sie sich zurück und unterwirft sich den gültigen Normen in depressiver Weise. Sobald durch soziale Kontakte aggressive und rivalisierende Strebungen angesprochen werden, muß sie mit einem Rückgriff auf ihre Passivität und Scham reagieren, sonst könnte ihre ungeheure Wut und Aggression ausbrechen, was die vergiftenden Frauen in Aktion bringen könnte.

Die traditionelle Sprache, Kleidung und Haartracht (Zöpfe), die jährlichen Feste, der ritualisierte Umgang mit alltäglichen Verrichtungen sowie Geschichten und Mythen sind materialisierte Zeichen der Zugehörigkeit zur Ethnie. Martina spricht zwar Otomi, benutzt sonst aber wenige dieser, die ethnische Identität bekräftigenden Merkmale. Sie trägt keine Zöpfe, ist modern gekleidet, lebt in »modernen« Wohnverhältnissen und hat keine traditionelle Küche, mit der sie anhand der symbolischen Rituale täglich den sinngebenden Bezug zu ihrer Arbeit herstellen könnte. Bewußt lehnt sie das Ethnische ab, unbewußt aber ist sie Teil davon wie alle anderen. Die Art ihres Denkens und ihrer Konfliktlösungsstrategien ist zutiefst ethnisch. Wenn Martina von ihrer Schwiegermutter sprach, sagte sie immer wieder: – Das gibt mir »Coraje«, was einerseits »Wut« bedeutet, aber auch eine ethnische Krankheit bezeichnet, die Luigi Tranfo (1974: 280ff.) für das Valle del Mezquital beschreibt. Der Coraje ist der Zustand der Mut- und Kraftlosigkeit, der auf einen schmerzlichen oder heftigen Streß aufgrund von menschlichen (im Gegensatz zu übersinnlichen) Kontakten folgt. Der Coraje ist ein kulturtypischer Mechanismus, durch den heftige aggressive Emotionen und Spannungen von ihrem äußeren Ziel abgelenkt und nach innen gerichtet werden. Die drohende Krise wird in einer kulturellen Form gebannt. »Der Kranke nimmt eine total passive Haltung ein; in Realität weigert er sich zu leben« (Tranfo, 1974: 285). Martinas Coraje ist ihre Lösungsform für akute Konflikte; die »geschluckte« Wut schlägt aber in eine unbewußte Ablehnung ihres Lebens um. Gerade weil sie ihre Ethnizität ablehnt, ist sie in der Art ihrer Konfliktlösungen den unbewußten Mechanismen ihrer Kultur um so stärker ausgeliefert (mangelnde adoleszente Auseinandersetzung). Ihre Negation zu leben drückt sie später in einem Selbstmordversuch aus, bei dem sie sich selber anstelle der anderen zu vergiften versucht. Er ist die letzte Konsequenz des Coraje; die Aggression richtet sich endgültig gegen sie selber.

Martina hatte bei meinem ersten Besuch in ihrer Kultur noch keinen sozialen Ort gefunden, der ihre persönliche Entfaltung ermöglichen und ihre soziale Identität festigen würde. Deswegen war sie dem Wandel, in dem ihr Dorf steht, ausgeliefert: sie war Teil der zunehmenden Kulturzerstörung und des damit verbundenen Verlustes an Sinngebung. Ohne Widerstand leisten zu können, erlebte sie damit sehr direkt und schmerzlich die Folgen der kulturellen und ökonomischen »Integration« ihrer Gemeinde in das nationale und internationale System. Sie teilte nicht mehr problemlos die Werte ihrer Ethnie und konnte noch nicht eine neue befriedigende Form der Lebensbewältigung realisieren. Sie war zu jung und zu sehr in der Bewegung des Wandels drin, als daß sie die von Mariana und Amanda gewählten Überlebensformen übernehmen konnte; und gleichzeitig war sie zu einsam und eingebunden in die familiäre Kultur, als daß ein radikaler Ausbruch nach draußen möglich wäre. Es kann aber sein, daß die Rückkehr von Gil ihr so viel Rückendeckung, Sicherheit und Identitätssicherung ermöglichen, daß sie entschiedener und selbstbewußter für ihren Platz im Dorf kämpfen wird. Solange Gil nicht da war, gehörte sie auch nicht ins Dorf, sehnte sich nach draußen; erst jetzt, mit seiner Rückkehr, kann sie anfangen, eine Frau von Daxhó zu werden.

2. Kulturelle Muster in sozialen und individuellen Konflikten

In der Kultur von Daxhó lassen sich unbewußte soziale Regulative entdecken, die im Sinne von Konfliktlösungsstrategien oder Konfliktvermeidungstechniken funktionieren, um ständig neu auftretende Spannungen zu lösen, zu verhindern, zu verschieben oder abzuführen. Die Denk-, Handlungs- und Beziehungsformen der Daxhoaner orientieren sich am Prinzip der an der Subsistenz orientierten Ökonomie. Die starke Integration des Dorfes in die nationale kapitalistische Ökonomie fördert die Verarmung der einen und die Akkumulation von Besitz in den Händen weniger. Der Überlebenskampf in diesem Spannungsfeld (Migration, Kredite, Bodenkonzentration) führt die Dorfmitglieder dazu, sich zunehmend an den kapitalistischen ökonomischen Prinzipien zu orientieren. Trotzdem wirkt die moralische Ökonomie als handlungs- und wertorientierendes Prinzip weiter. Meine These geht dahin, daß die zunehmenden Widersprüche innerhalb des Dorfes und zwischen Dorf und Außenwelt immer weniger anhand der moralischen Ökonomie gelöst werden können, sondern immer mehr durch eine *ökonomische Moral* verdrängt werden, wobei der ökonomische Teil daran unbewußt bleibt. Da die wirtschaftlichen Gesetzmäßigkeiten vom äußeren System, auf das die Dorfmitglieder keinen Einfluß haben, bestimmt werden, führt dies dazu, daß der ökonomische Anteil der moralischen Ökonomie verdrängt wird und daß Konflikte vorwiegend auf der moralischen Ebene angegangen werden. Eines der geeignetsten Instrumente dazu ist der Machismo: er ist Teil der ökonomischen Moral.

Zu dieser machistischen Inszenierung der ökonomischen Moral zähle ich die Auseinandersetzung um Amandas Schwangerschaft, Marianas Kampf mit und gegen Pompiliano sowie die Isolierung der jungen Martina, die den begehrten Mann heiratete, aber auch all die anderen Geschichten, die sich um Ehebruch, Rache und Unterdrückung der Frauen drehen. In Daxhó werden ökonomische Widersprüche auf der moralischen Bühne der Machismo-Gesetze inszeniert und ausgetragen. Die angestaute Aggression kann in handhabbare Bahnen gelenkt und entladen werden. Die unlösbaren ökonomischen Spannungen werden so nicht zum sprengenden Pulverfaß, das die Gemeinde zerstören könnte.

Einerseits ist die Verschiebung dazu geeignet, reale, aber gefährliche Konflikte im Sinne einer gesellschaftlichen Produktion von Unbewußtheit zu entschärfen (Erdheim, 1982), andererseits aber ist sie die Ursache einer verstärkten Orientierungslosigkeit und Regression, die sich im Alkoholismus, den Schlägereien und politischer Desorientierung äußern. Die Inszenierung der Machismogesetze absorbiert jene Energie, die in den Klassenkampf nach außen oder in den Schichtungskampf nach innen gehört; sie verhindert beide Formen des ökonomisch-politischen Kampfes. Andererseits stellt die Inszenierung der Machismogesetze den Bezug zur Ethnie und der Tradition her, denn es geht dabei immer um Ehre und Prestige, die beide im ethnischen Rahmen eine wichtige Rolle spielen. Auf der Ebene des Konsens und des kulturspezifischen Codes verstärkt diese Inszenierung den sozialen Zusammenhalt; beide Geschlechter beleben die gemeinsamen Werte immer wieder neu und ergänzen sich gegenseitig dabei. Es entsteht ein kulturell akzeptiertes Kommunikationsmuster für Krisensituationen. Leithäuser beschreibt diesen Mechanismus sehr präzise, wobei ich seinen Begriff des Alltagsbewußtseins nicht übernehmen, sondern durch »kulturelles Kommunikationsmuster« ersetzen möchte. »So entschärft das Alltagsbewußtsein (resp. das kulturell akzeptierte Kommuniaktionsmuster für Krisensituationen, M. N.) Widersprüche zu Konflikten, die nicht aufhebbar, aber auflösbar, harmonisierbar und schlicht vergeßbar sind. Sich widersprechende und sich ausschließende Auffassungen zu einem Sachverhalt werden zu bloß ›unterschiedlichen‹ Auffassungen und Meinungen für diesen Modus der Bewußtlosigkeit« (Leithäuser, 1976: 11).

Im Schatten dieser ideologischen Konfliktlösungsformen suchen sich die Dorfmitglieder ihren eigenen Weg zur Subsistenzsicherung. Hier findet eine sukzessive Individualisierung und *Privatisierung des ökonomischen Handelns* statt. Diesbezüglich besteht ein wachsender Dissens, der sich in dem sehr großen Mißtrauen, der Verschlossenheit und Vorsicht der Daxhoaner ausdrückt. So gesehen sind weder

Amanda noch Martina Außenseiterinnen im Dorf, sie folgen einer allgemeinen und überlebensnotwendigen ökonomischen Verhaltenstendenz.

Gleichzeitig läßt sich eine oft sehr scharfe gegenseitige soziale und moralische *Kontrolle* beobachten. Sie vollzieht sich über die nachbarschaftliche Wachsamkeit und Beobachtung, die – wenn abweichendes Verhalten entdeckt wird – über Gerüchte, böse Blicke und tendentielle *Isolation* der Kritisierten ausgedrückt wird. Ab und zu kommt es vor, daß die »Verurteilten« auch direkt mit den Gerüchten konfrontiert und darauf angesprochen werden, wobei diese direkte Konfrontation zwischen einem oder mehreren Individuen so lange wie möglich vermieden wird; konflikthafte Direktheit entspricht nicht den kulturellen Verhaltensweisen. Ich habe in Daxhó keinen Brauch beobachtet, der wie die von Thompson (1979) beschriebene »Rough Music« oder das von Segalen (1980) dargestellte französische »charivari« einen Verstoß zur öffentlichen Schande stempeln würde. Die öffentliche Beschämung vollzieht sich diskreter, unsichtbarer, aber nicht weniger wirkungsvoll; das ist aus der Angst der Frauen vor Gerede und Gerüchten klar zu spüren. Nur bei besonders schwerwiegenden ökonomischen Verstößen greifen die Übervorteilten direkt ein. Sie formieren eine Gruppe, die den Verräter in flagranti zu ertappen sucht und ihn zur Rede stellt oder gar Hilfe beim Kaziken sucht (Ausbeutung des kommunalen Steinbruchs durch Verwandte von Martina). Oder die Gemeinde isoliert die betreffende Familie über Jahre hinweg, indem sie sie nicht mehr zu Dorfversammlungen einlädt, nicht mehr grüßt und, wie im Falle des Ladenbesitzers, der sich Kommunalland aneignete, nicht mehr bei ihm einkauft.

Kleine Vergehen, die für unser Gefühl zum Privatleben gehören wie moralische und sexuelle Normbrüche, werden auf diskrete, kaum sichtbare Weise der Gerüchtebildung, die eine Art Vakuum um den Betreffenden herum entstehen läßt, geahndet. In gewissen Fällen scheinen diese kulturellen Regulationsmechanismen nicht mehr zu genügen, und die Aggression bricht ungehemmt aus. Die letzten Morde waren derjenige an Amandas Mann und die Vergiftung der beiden Frauen.

Eine andere Möglichkeit, die soziale Wirksamkeit moralischer Tabus zu verstärken, liegt in ihrer *Transzendierung* ins

Religiöse. Der natürliche Tod von unbeliebten Dorfbewohnern wird fast immer damit erklärt, daß ein »Mal Aire«, eine übernatürliche Kraft, sie dahingerafft habe. Hier wird die dörfliche Moral religiös interpretiert und wiederbelebt.

Diese Reaktionen sind um so stärker, je unsozialer die Vorgeschichte der Sünderin oder des Sünders war. Religiöse Vorstellungen erhalten hier eine aktuelle, sozialregulative Bedeutung. Diese kulturellen Bestrafungsformen signalisieren, daß eine soziale Disharmonie, ein Bruch der eingespielten Ordnung, stattgefunden hat. An ihnen wird deutlich, wie auch die privateste und persönlichste Beziehung ständig von den Rollen und Normen konditioniert wird, die für die Kultur, in der die Frau oder der Mann lebt, gültig sind.

In Daxhó werden die Beziehungen zwischen Mann und Frau besonders scharf von der Öffentlichkeit erforscht, wobei der Verstoß meist der Frau angelastet wird. Für das Liebesleben der Frau gibt es keine Privatheit, für das des Mannes gibt es die machistische »Pflicht«, was bedeutet, daß er fast gezwungen ist, sich als »Mann« zu erweisen, und das um so mehr, wenn er es sonst zu nichts bringt.

An Marianas Reaktion auf Amandas Schwangerschaft zeigt sich, daß sie die Institution Ehe, aber auch das Prinzip der ehelichen Treue, die sie bedroht sieht, verteidigt, also die Ordnungsprinzipien, nach denen sie ihr Leben organisiert hat und deren korrekte Einhaltung ihre ökonomische Sicherheit als Heilerin ausmacht.

Man kann sich fragen, ob die intensive Kontrolle des Ehelebens der Dorfmitglieder die Befürchtung der bäuerlichen Gemeinden ausdrückt, daß eine zu große Intimität und Freiheit der Paare, die allgemeine dörfliche Solidarität, auf der die Gemeinde ökonomisch basiert, bedrohen und in Frage stellen könnte. Gegenüber Amandas Art, sich privat jeden erdenklichen Vorteil zu ergattern, sei es über den Bau eines Privatkanals, das Klauen des Wassers oder die Ausübung »männlicher« Tätigkeiten, ist diese Angst begründet.

Die dörfliche Strategie, mit Gerüchten und Isolation um die Erhaltung der kulturellen Normen zu kämpfen, scheint effizient zu sein. Amandas Besorgnis und Bedrängnis wegen der Schwangerschaft und des Ausdrucks »Amanda-macha«, Marianas Empörung über den Verdacht, sie sei eine Hexe und treibe es mit anderen Männern, sowie Martinas Zurückgezogenheit angesichts des Neides der anderen Frauen zeigen, daß die äußeren Reaktionen sich mit den verinnerlichten kulturellen Normen verbünden und von dort her eine Tendenz zur Selbstbestrafung auslösen. Ich möchte diese selbstbestrafende Reaktion auf Krisensituationen mit den *kulturellen Krankheitsformen* in Verbindung bringen. Die in Daxhó sehr häufig vorkommenden Krankheiten scheinen ein soziales Regulativ darzustellen, an dem sich vorwiegend Frauen in unlösbar erscheinenden Situationen orientieren können, um soziale Spannungen zu entladen und sich von einem inneren Druck zu entlasten. Männer greifen weniger zu diesen Krankheitsformen, da ihnen der Alkohol und die machistischaggressiven Rituale diese Entspannung bieten.

Die kulturellen Krankheitsformen eröffnen dem Individuum eine Möglichkeit, sich von Aggression und Konfliktspannung zu entlasten. Auf emotionalen Streß folgen oft körperliche Störungen wie Bauch- und Rückenschmerzen, Schlaflosigkeit oder psychische Stimmungen wie Apathie, Unruhe und allgemeine Traurigkeit. Die Namen, die für diese Zustände gebraucht werden, sind Bilis (Galle), Susto (Schreck) und Coraje (Wut). Bilis und Coraje sind die Folge von heftigen, zwischenmenschlichen oder allgemein sozialen Auseinandersetzungen.

Als ich von den Dorfbewohnern mißtrauisch verfolgt wurde und gleichzeitig gastro-intestinale Störungen hatte, sagte Mariana, das ist die Bilis, weil sie dich schlecht behandeln, das macht dich krank. Als Martina von ihren Konflikten mit der Schwiegermutter sprach, erwähnte sie oft den Coraje, den sie schluckt, jene Wut, die sie still und passiv macht. Amanda klagte zur Zeit der heftigen Auseinandersetzungen mit der Schwiegermutter und den Dorfbewohnern immer wieder über Körperschmerzen, denen sie keinen Namen gab. Gleichzeitig mit diesen Symptomen wurden auch beide Schwiegermütter krank, und sowohl Amanda wie Martina kümmerten sich mit großer Aufopferung um sie. Heftige soziale Konflikte werden nicht ausgetragen, sondern lösen eine psychosomatische Krankheit aus, das heißt, die Aggression wird nach innen gerichtet. Wenn sich der aggressive Konflikt in eine kulturelle Krankheit verwandelt, führt dies oft dazu, daß sich die Umgebung dem Kranken zuwendet, um ihn zu pflegen, meist mit einer Limpia oder einem Arztbesuch. So erlaubt die Krankheit eine schnelle Überbrückung der Aggression und die Reintegration in den gewohnten Tagesablauf. Luigi Tranfo (1974) beobachtete dasselbe Phänomen in einem anderen Otomi-Dorf des Mezquital. Er meint, daß diese Krankheitsformen eine langandauernde Akkumulation von Spannung und Ressentiments verhindern, weil sie eine schnelle und plötzliche Krise provozieren und eine ebenso schnelle Lösung herausfordern. Das vorher kritisierte und umstrittene Individuum wird als Patient umsorgt. »In Realität flieht der Patient nicht nur die bedrohliche Stimmung oder Umgebung, sondern auch sich selber, seine eigenen aggressiven und sexuellen Instinkte« (Tranfo, 1974: 285). Es scheint mir fraglich, ob diese Krankheitsformen heute noch eine krisenhafte, schnelle Lösung von Konflikten garantieren oder ob die kulturelle Desintegration bereits so weit fortgeschritten ist, daß sie teilweise auch Einschränkung und Hemmung bedeuten.

Amanda und Martina erhielten keine Zuwendung, als es ihnen schlecht ging, sondern mußten sich selber den Schwiegermüttern zuwenden, damit keine Schuld an ihnen haftenbleibe. Martina brachte mit ihrem Selbstmordversuch eine lang angestaute, ungelöste Frustration und Wut zum Ausdruck. Beide Frauen waren derartig aufopfernd bemüht, den Verdacht, sie hätten etwas mit der Krankheit der Schwiegermütter zu tun, von sich abzuwehren, daß ihr eigenes Unwohlsein keinen Raum hatte, wer hätte sich ihnen auch zuwenden sollen. Trotzdem hat die eigene Krankheit eine wichtige Funktion erfüllt, denn sie erlaubte den Frauen, vor allem Amanda, sich selber als überlastet und schutzbedürftig wahrzunehmen und dem bedrohten Selbstwertgefühl über die Krankheit mehr libidinöse Besetzung zuzuführen.

Diese Krankheiten bieten dem Individuum eine kulturell vorgeprägte Umgangsform an, die es in unlösbar erscheinenden Konfliktsituationen anwenden soll: die Aggression muß nach innen gerichtet werden, weil die soziale Gemeinschaft geschützt werden muß; Folge davon sind Selbstbestrafung, Selbsteinschränkung und weitere Verinnerlichung sozialer Tabus, Krankheiten werden aber nicht nur zur Konfliktlösung eingesetzt, sondern auch als Zeichen interpretiert, daß die alltäglichen sozialen Beziehungen überprüft werden sollten. Krankheiten werden einem von Rivalen und Feinden

›angezaubert‹ aus Neid, Rache oder zur Strafe (der Bruder des Lehrers wurde erst gesund, als er mit seinem Feind versöhnt war).

Georges Devereux, der sich ausführlich mit dieser Problematik beschäftigte, fand, daß »relativ verbreitete Formen des Traumas, bei denen der Kultur daran gelegen ist, sie aufzuweisen und als solche kenntlich zu machen, eigentlich ethnische, nicht-idiosynkratische Störungen nach sich ziehen; der Grund dafür ist, daß die Kultur Individuen, die unter solchen Spannungen leiden, ein komplettes Rüstzeug an Abwehrmechanismen in Gestalt prästrukturierter Symptome zur Verfügung stellt, die eine Art standardisiertes »Modell des Fehlverhaltens darstellen« (Devereux, 1956: 84).

»Zuweilen gibt die Kultur selbst explizite Anweisungen für den Mißbrauch kulturellen Materials, und dies ganz besonders in Situationen, die durch häufigen, aber atypischen Streß gekennzeichnet sind. Folgende Direktive ist hier für uns von Interesse: ›Hüte dich, verrückt zu werden, aber wenn du es wirst, dann führe dich in der und der Weise auf...‹« (Devereux, 1956: 71).

Ich möchte die kulturelle Streßdirektive von Daxhó folgendermaßen umschreiben: Hüte dich, Konflikte zu heftig und laut auszutragen, hüte dich vor Skandalen. Du kannst deine eigene Aufmerksamkeit und die deiner Umgebung nur lautlos auf dich lenken, indem du krank wirst, und du kannst deinen Protest und Unwillen über eine gegebene Situation ebenfalls nur dadurch ausdrücken, daß du dich aus dem Verkehr ziehst, krank wirst.

Mariana war in einer sehr schwierigen Lebensphase während eines ganzen Jahres krank und zur Inaktivität und Abwesenheit gezungen. Amanda gab ihre Selbstpflege auf, als die Schwangerschaft bekannt wurde; sie aß kaum, schlief nicht, arbeitete zu viel und hoffte, das Kind werde sterben. Martina reagierte mit Passivität und Rückzug bis zur Sprachlosigkeit auf unerträgliche soziale Verhältnisse. Und wie ihr noch die letzte positive Bezugsperson, ihr Mann, verlorengehen sollte, weil man ihr sagte, er habe eine andere, versuchte sie, sich selber umzubringen. Wenn die alltäglichen Kommunikationsformen zur Konfliktlösung nicht mehr ausreichen, muß die Sprache des Körpers hinzugezogen werden, um ein Gleichgewicht sowohl sozial wie intrapsychisch zu erhalten.

Die zentralen kulturellen Muster, die in Daxhó im Dienste der gesellschaftlichen Produktion von Unbewußtheit oder Verdrängung funktionieren, bestehen in der Umkehr der moralischen Ökonomie in die ökonomische Moral zur Verdrängung unlösbar scheinender ökonomischer Spannungen; in der Verschiebung sozialer und klassenkämpferischer Konflikte auf die Geschlechterbeziehungen, die durch den Machismo geregelt werden; in der wachsenden moralischen Kontrolle und der Transzendierung derselben, um die zunehmende Privatisierung des ökonomischen Handelns und den Bruch mit der dörflichen Solidarität abzuwehren; und schließlich in der Zuhilfenahme von Krankheitsmustern durch Frauen und/oder des Alkohols vorwiegend durch Männer, damit soziale Spannungen umgeleitet und das Individuum wieder restituiert werden können.

3. Die Arbeit der Frauen – der Wahn der Männer

Leicht entsteht das Bild, daß die Campesino-Frauen in Zentralamerika unterdrückt, entrechtet und von den entscheidenden kulturellen Codes ausgeschlossen seien. Von außen gesehen haben sie tatsächlich keinen Zugang zu einer einflußreichen Rolle: sie können weder sozialen Einfluß durch politische Ämter, noch Prestige und Achtung durch religiöse Cargos erwerben, noch können sie durch die Wanderarbeit ihre ökonomischen Verhältnisse so verändern, daß sie sich damit eine Machtposition sichern könnten. Sie können dies höchstens in indirekter Weise über den Mann oder mit dem Mann zusammen, der als Rollenträger auftritt. Angesichts der entschiedenen Durchsetzungsfähigkeit der Frauen von Daxhó muß angenommen werden, daß sie »irgendwo« in ihrer Kultur Bereiche haben, in denen sie sich positiv spiegeln, erkennen und ausdrücken können. Die Gespräche und das Zusammenleben mit den Frauen haben gezeigt, daß die Sicht von außen nur Teile der Realität wahrnimmt und daß die Frauen noch über ganz andere, für das europäische Auge weniger evidente Möglichkeiten verfügen, um sich immer wieder stolz und wohl zu fühlen.

Beim Versuch, das Selbstwertgefühl und eine positive Identität aufrechtzuerhalten, haben Männer und Frauen zu verschiedenen kulturellen Mustern gegriffen: die Frauen beziehen sich auf die *Arbeit* und die Männer auf den *Machismo*.

In der Beziehung zwischen den Frauen und mir ist der Bezug zur Arbeit als vorherrschendes Thema aufgefallen. Er stellte das zentrale Regulativ im Umgang mit mir dar. Sobald unsere Beziehung eine abhängige, aggressive oder ambivalente Färbung bekam, wurde die Arbeit eingesetzt, um Distanz und Autonomie herzustellen. Die Arbeit ermöglicht den Frauen, sich stark und funktionstüchtig zu erleben. Ökonomisch und psychisch ist sie geeignet, um Abhängigkeit zu vermeiden, sowohl von mir wie von den Männern oder der Familie (Schwiegermutter). Die Arbeit der Daxhoanerinnen besteht in der häuslichen Arbeit, pflegendem Umgang mit

Kindern, Tieren und Pflanzen sowie in der Herstellung von Handarbeiten. All diese Fähigkeiten sind traditioneller Art, also stark vom Ethnischen geprägt. Regeln, Gebote, Symbole und Bedeutungen begleiten und ordnen den Ablauf der meisten Verrichtungen.

Die Tortillaproduktion verläuft nach einem strengen Schema, wird dieses nicht eingehalten, so ist das ein böses Vorzeichen. Dem Comal wird ein Teigkügelchen, ein »Sohn«, beigelegt, damit er nicht allein ist und verbrennt, wenn keine Tortilla darauf liegt, denn das würde die Geburtsorgane schädigen. Ist die Tortilla angebrannt, gilt die Frau als untreu und schlecht. Wird der Mahlstein (Metrapil) nicht längs auf die Mahlplatte (Metate) gelegt, so gibt es schwierige Geburten bei Frauen und Tieren.

Diese Regeln und Wertungen sind nicht eigentlich funktional, sondern sie betten die Arbeit der Frau in einen weiteren Zusammenhang ein, in welchem sie selber als wichtige Figur vorhanden ist. Die Sexualität, erotische und nachbarschaftliche Beziehungen, die Gebärfunktion und die Eigenart der Frau sind immerwährender Inhalt der Gespräche und bestimmen die Symbolik ihrer Arbeit. Die Ritualisierung und Stereotypisierung versehen diese Tätigkeiten mit einer normativen Qualität. Wird der vorgeschriebene Ablauf der Tortillaproduktion, der Pulqueherstellung oder der Heilzeremonien eingehalten, dann ist die Frau gut, intakt und die Welt in Ordnung. Das hat eine entlastende und bestätigende Wirkung. Der Stolz auf die Qualität der eigenen Arbeit ist eine Basis der Selbstachtung.

Dieser kulturelle Raum der Frauen, der sich aus materiell konkreten Arbeitsprozessen und Beziehungsmustern, aber auch aus einer dichten dazugehörigen Symbolik zusammensetzt, bedeutet für die Frau die Möglichkeit, ihr So-sein, ihre Arbeit und ihre Position in der Gesellschaft täglich neu zu erleben, libidinös zu besetzen und damit ihre eigene Identität zu festigen. Die Existenz dieses kulturellen Bereiches der Frau gibt der Arbeit der Frau eine wichtige, ihr bewußte Bedeutung, einen Sinnzusammenhang, aus dem sie schwierig herausfallen kann und der in der nationalen Gesellschaft in dieser Form nicht mehr vorhanden ist.

Die hohe Besetzung der Arbeit gibt den Frauen innerhalb der gesellschaftlichen Bedingtheiten einen Freiraum im Denken und Fühlen. Dort können sie eigene Werte und Interpretationsmuster ihrer Lebenszusammenhänge ständig neu erschaffen und sich so eine sichere, über Symbole und Tätigkeit mit der sozialen Realität verwobene Identität und Solidarität erhalten.

Trotz sozialer Einschränkungen können sie sich einen Spielraum von individuellen Variationsmöglichkeiten herausnehmen; die Subjektivität findet in der Arbeit ihr Entfaltungsfeld, die heimliche Inszenierung weiblicher Macht ihren Versuchsraum.

So wurde an jenem »Gelage« im Maisfeld, zu dem Celia ihre Freundinnen und mich einlud, eine sehr eigene Atmosphäre der trotzig-lustvollen Solidarität älterer Frauen gemeinsam erschaffen und erfahren.

Mariana erzeugt und lebt diese Welt gemeinsam mit ihren Commadres und in der symbolträchtigen Küchen- und Heilerinnenarbeit. Amanda genießt in konfliktlosen Zeiten die reibungslose Funktionstüchtigkeit und Arbeitssolidarität im Frauenhaushalt. Selbst Martina setzt die Arbeit ein, um ihren Wünschen näherzukommen; in der Arbeit schafft sie sich einen autonomen Raum gegen die Schwiegermutter und eine symbolische Nähe zum geliebten Mann in den USA.

Der Bezug auf ihre Arbeit ermöglicht es diesen Frauen, mit einer unbeirrten Gezieltheit ihren Interessen und der Organisation ihres Lebens nachzugeben.

Bei den Männern konnte ich diese Art von Beziehung zur Arbeit nicht beobachten. Im Gegenteil, die Regulierung der Beziehung zwischen ihnen und mir fand auf der Ebene des Machismo statt: die Betonung von Ehre und Männlichkeit zeigte sich in einer bestimmten Art von Erzählungen: über den Militärdienst, abenteuerliche Erfahrungen außerhalb des Dorfes, in den USA, der Hauptstadt, anderen Gegenden, Probleme mit Funktionären und dem System draußen und die Aufzählung der Anzahl Kinder und Frauen, die einer hatte. Oft wurde in partizipativer Identifikation die Größe und Macht jener Institution, an der man meist im untersten Rang teilhatte, idealisierend hervorgehoben und betont. Waren die Männer betrunken, intensivierten sich ihre Geschichten – die sie sich auch gegenseitig erzählten – in einer aufdringlichen Weise.

Beim Versuch, das Selbstwertgefühl aufrechtzuerhalten,

haben Männer und Frauen zu verschiedenen kulturellen Mustern gegriffen: die Männer benützen den Machismo und die Frauen die Arbeit. Für diesen Unterschied gibt es verschiedene Erklärungen: die geschlechtsspezifische Arbeitsteilung; die unterschiedliche kulturelle Wertung der Geschlechter; die verschiedene Sozialisation bei Knaben und Mädchen und damit verbunden die große Differenz im Verlauf der Adoleszenz.

Die traditionelle geschlechtsspezifische Arbeitsteilung in Daxhó und in den meisten Bauerngesellschaften ist eine partnerschaftliche. Beide Teile sind auf den Beitrag des anderen angewiesen; die Frauen etwas weniger als die Männer. Erwerbs- und Familienarbeit, beruflicher und häuslicher Bereich sind nicht hierarchisch voneinander abgespalten, sie ergänzen sich in komplementärer Weise. Der wichtige Unterschied zwischen den Geschlechtern besteht nun aber darin, daß der Mann zunehmend diese Einheit der Bauernfamilie als Produktions-, Erwerbs- und Verbrauchsgemeinschaft, die ihm eine klare und ehrenhafte Position sicherte, verlassen muß, um Bargeld zu erwerben. Lohnarbeit bedeutet meist sporadische Migration in die Fremde, wo man als der Andere verachtet wird, wo Ausbeutung und Entfremdung die Arbeit kennzeichnen.

Selbst die traditionellen Arbeitsformen sind starken Änderungen unterworfen und ihre Realisierung erfordert neben dem Bargeld auch neue Einstellungen: der Einsatz des Traktors, der Bewässerung, des Düngers und der Insektizide sowie der En-gros-Verkauf der Produkte führt zu Kontakten mit Funktionären, Händlern, Beratern und »Helfern«, die unangenehm und oft mit Diskriminierung und Übervorteilung verbunden sind. Der Mann übernimmt vermehrt die Vermittlerrolle zwischen seiner Familie und der kapitalistisch orientierten Umwelt. Ein kontinuierliches und in den ethnischen Sinnzusammenhang eingebettetes Verhältnis zur Arbeit ist unter diesen Umständen für den Mann nicht möglich. Brüche und Diskontinuität charakterisieren seine Arbeitsverhältnisse, die selten einen sicheren ökonomischen Gewinn versprechen; im Sinne eines Glücksspiels muß er sich auf sie einlassen, um zu sehen, ob er einen Job findet, die amerikanische Polizei ihn übersieht, der Arbeitgeber ihn soweit korrekt behandelt etc. Der Wechsel von Subsistenzarbeit zur Warenproduktion, die abwechselnde Erfahrung von ethnisch-verwandtschaftlicher Sozialorganisation und einer ausbeuterischen und rassistischen Klassengesellschaft sowie der Wandel der bäuerlichen Anbautechniken verunmöglichen es dem Mann, eine libidinöse Besetzung seiner Arbeit vorzunehmen und damit sein Selbstwertgefühl und die Festigkeit seiner Identität zu regulieren.

Der Mann ist durch die Verhältnisse der Kolonisation damals und des Kapitalismus heute immer wieder gezwungen, das Dorf, seine Ethnie, seine Familie zu verlassen und sich fremden und erniedrigenden Umständen auszusetzen. Für ihn wird die Kontinuität der Arbeit und der Beziehungen immer neu unterbrochen, er muß immer neue Verluste hinnehmen. Es kann nun eine Form der Konfliktbewältigung sein, wenn er, in »Abwehr« gegen seine Verletzlichkeit und den Schmerz um den Verlust, das aktive und wiederholte Unterbrechen von Beziehungen und Verhältnissen, das Verhindern von Kontinuität zu einer erwünschten Eigenschaft erhebt und zu seiner positiven Identität macht. Somit können Abhängigkeiten und Verluste von Liebespartnern nicht mehr schmerzlich, sondern als ehrenhaft und männlich erlebt werden, der Austausch von selbstbestimmter und autonomer Arbeit gegen Lohnarbeit wird zum Abenteuer, zum mutigen Glücksspiel transformiert.

Für den Umgang mit diesen Problemen bietet der Machismo ein kulturelles Verhaltensvorbild. Durch die Anpassung an die Ideologie der Machorolle kann das Ich entlastet und funktionstüchtig erhalten werden. Paul Parin (1977, 1978) nennt diesen anstelle einer Abwehr funktionierenden Anpassungsmechanismus »Identifikation mit der Ideologie einer Rolle«. Der Mechanismus erlaubt es, belastende psychische Konflikte, in diesem Falle Abhängigkeits- und Verlustgefühle, zu vermeiden, ohne viel Energie aufzuwenden. Im Gegenteil, es kann sogar eine erhöhte narzißtische Befriedigung erlebt werden. »Andererseits schränken alle Anpassungsmechanismen die Flexibilität des Ich ein und verhindern, daß eine weitere Anpassung der Triebwünsche an andere oder sich verändernde soziale Verhältnisse zustande kommt. Ursprünglich dienen sie also der Einrichtung des Realitätsprinzips; dann aber können sie es beeinträchtigen« (Parin, 1977: 85).

Die Männer leiten ihr Selbstwertgefühl vom imaginären System des Machismo ab, von einer ideologisch vorgeformten Rolle, die ihnen eine narzißtische Stärke verleiht, aber sie auch schwächt. Marianas Mann, Pompiliano, entspricht sehr genau diesem Muster. Er ist Lohnarbeiter und hat im Dorf kein besonderes Prestige. Um mit seiner Situation und seiner Frau, der Heilerin, zurechtzukommen, braucht er viele und immer neue Frauen und muß, wenn seine Machorolle zusammenzubrechen droht, zu einem mächtigen Heiler im Norden reisen, um sich von ihm stärken zu lassen. So wie die Machorolle, die anderen Frauen und das Trinken in der Cantina und Pulquería ihn stark machen, bringt ihm genau dieses Verhalten große Probleme: Geldnöte, Unruhe, Angriffe durch Mariana und Verachtung durch ihre Freundinnen.

Josefinas Mann ist in einer ähnlichen Lage: er hat im Laufe seines Lebens mit Stolz 25 Kinder gezeugt und hetzt und rennt nun erschöpft von einer Frau zur anderen, um ihr etwas zu bringen, sie zu beruhigen, sie und die teilweise schon lange erwachsenen Kinder nicht zu verlieren.

Bei Amandas Geliebtem Basilio ist der Widerspruch zwischen seiner Rolle und der Realität besonders kraß: Als Macho verbietet er ihr, ohne seine Erlaubnis aus dem Haus zu gehen, anzusäen, zu ernten etc., und gleichzeitig reist er weg in die USA.

Die Position der Frau ist innerhalb der geschlechtsspezifischen Arbeitsteilung ganz anders gelagert. Indem sie die häusliche Produktion bei der Abwesenheit des Mannes übernimmt, erhält ihre Beziehung zur Arbeit nicht nur eine sehr große Kontinuität, sondern sie ist auch kaum gezwungen, ähnlich totale soziale und kulturelle Brüche zu erleben wie der Mann. Während er aus Ethnie, Familie, Arbeit und Comunidad hinaus muß, wird sie um so unbedingter zum Zentrum dieser Bereiche, zur Hüterin der Ethnie, der Subsistenzverhältnisse; oft wird sie damit zur Hüterin der Existenz ihrer Familienangehörigen überhaupt. Diese kulturelle und ökonomische Bedeutung der Arbeit der Frau erlaubt es nicht, ihre Leistungen »unsichtbar« und ideologisch »irrelevant« zu machen wie im Kapitalismus, im Gegenteil, sie erlaubt es der Frau, eine meist positive Besetzung ihrer Tätigkeiten vorzunehmen, über die weder besonders kränkende noch diskriminierende Erfahrungen gemacht werden. Das bedeutet Stabilität, Selbstwert und Durchsetzungsfähigkeit.

Sowohl für Amanda wie für Mariana bildet die Arbeit die Basis, von der aus Kultur verändert und angeeignet wird. Selbst für Martina stellt die Arbeit ein wichtiges Mittel in der Regulierung ihrer Situation dar, nur hatte sie noch nicht ihren entsprechenden sozialen Ort gefunden, der ihr eine positive Besetzung erlaubt hätte.

Die Machtstrategien der mexikanischen Bäuerinnen unterscheiden sich nicht wesentlich von denen der europäischen Hausfrauen. Erpressung, Gerüchte, Streitigkeiten, subtile Beeinflussung und Manipulation bilden hier wie dort die Strategien, anhand derer Machtausübung versucht wird. In der Bauerngesellschaft aber sind diese Strategien real und effizient, denn sie basieren auf dem allgemeinen Bewußtsein von der Bedeutung der Frauenarbeit und werden damit verbunden. Weil dieser Aspekt der Arbeit der Frauen nicht abgespalten und geleugnet werden kann, können ihre Machtstrategien auch nicht zur »Hysterie« und bloßen weiblichen Wesensart degradiert, aus dem gesellschaftlichen Zusammenhang ausgegrenzt und in die individuelle Sphäre verbannt werden. So bleibt das Handeln der Daxhoanerinnen immer auch politisches Handeln; moralische Ökonomie oder ökonomische Moral.

Die Sozialisation der Geschlechter müßte entsprechend dieser geschlechtsspezifischen Arbeitsteilung und den verschiedenen Umgangsformen mit der Realität von früh an sehr verschieden sein. Ich habe die Sozialisation nicht speziell untersucht und in den Gesprächen auch kein ausführliches Material dazu erhalten. In Anlehnung an meine Beobachtungen und die Theorien von Chodorow (1978), Rotman (1978), Maccoby (1967) möchte ich aber in Form einer Hypothese folgenden Zusammenhang vermuten (vgl. Nadig, 1984). Chodorow (1978) kommt in ihrer Arbeit zum Schluß, daß die Verschiedenheit der Geschlechterbilder die Sozialisationsweise stark beeinflußt: Je ausschließlicher und weniger überlappend die kulturellen Geschlechterbilder sind, um so früher werden in der Sozialisation geschlechtsspezifische Anpassungen gefördert.

In der mexikanischen und daxhoanischen Familie ist der Vater häufig abwesend und die Mutter regelmäßig anwesend.

Dieser Umstand ist von großer Bedeutung: Die Kinder können sich in der Trennungszeit nach der symbiotischen Phase, wenn sie eine dritte neutrale Person brauchen, selten dem Vater zuwenden (vgl. Rotman, 1978). Was sich in unseren Verhältnissen verheerend auswirkt, weil das Kind dann auf die Dualunion mit der Mutter fixiert bleiben muß, ist in Daxhó weniger gravierend, weil fast immer noch weitere, vorwiegend weibliche Personen vorhanden sind. Zwar kann so weder vom Knaben noch vom Mädchen eine reale und konfliktfähige Beziehung zum Vater aufgebaut werden. Er ist viel mehr in Form eines Prinzips, eines Bildes vorhanden, denn als Mensch. Die Kinder erleben eine idealisierte oder enttäuschende Beziehung zu den Schatten, die er über die Mutter wirft.

Für das Mädchen ist diese Situation insofern weniger tragisch, als sie ungebrochen Ersatz bei den anderen Frauen im Haus oder Dorf holen kann – sie schützen es vor der »symbiotischen« Mutter. Das Scheitern der ödipalen Auseinandersetzung wirft das Mädchen nicht einfach auf die Mutter zurück, sondern auf einen weiblichen Arbeits- und Kulturbereich, der Ausdruck der realen gesellschaftlichen Bedeutung und der ökonomischen Leistung der Frau ist. Hier kann es von früh an in spielerischer Weise an den Tätigkeiten und Denkformen der Frauen teilnehmen und an diesem kulturellen Raum, der das Mädchen als weibliches Wesen bestätigt, teilhaben. Schon Dreijährige stehen neben dem Comal und hantieren mit der Maismasse herum, machen kleine Tortillas, die Fünfjährigen hüten ihre Geschwister, bringen dies und helfen das, üben sich in Handreichungen und Zusammenarbeit, so daß schon die Achtjährigen einen beträchtlichen Teil der Hausarbeit übernehmen können. Das Mädchen kann sich in der Identifikation mit der weiblichen Rolle gutfühlen und aktiv und tätig werden – nur die Beziehungen zu den Männern bleiben schwierig, unfaßbar und belastet.

Für den Knaben stellt sich das Problem anders dar. Er kann den abwesenden Vater nicht längerfristig durch die Frauen im Haushalt und die Teilnahme an ihrem Bereich ersetzen; er muß das verführerische Angebot der Frauen ablehnen, und, um sich nicht lächerlich zu machen, um eine männliche Identität besorgt sein. In einer speziellen Untersuchung zum Thema wäre abzuklären, ob er unter anderen Männern Ersatzväter finden kann, oder ob auch die im Dorf verbliebenen unerreichbar für ihn sind. Die Abwesenheit des Vaters erschwert es dem Knaben, sich mit ihm auseinanderzusetzen und eine sichere Identität zu entwickeln, die es ihm erlaubt, konstante Beziehungen einzugehen. Falls diese Annahme stimmt, so würde das heißen, daß es dem Knaben schwerer fällt, eine dauerhafte libidinöse Besetzung eines Liebesobjektes vorzunehmen, weil die eigene Identität unsicher ist. Sie bleibt unsicher, weil sie sich an den kulturellen Bildern von Männlichkeit orientieren muß, an den machistischen Inszenierungen, die der Vater, wenn er von draußen zurückkommt, vorlebt. Solange sie unsicher ist, muß sie sich durch die Abgrenzung und Entwertung der frühen Mutter und der fraulichen Bereiche zu stärken versuchen. Die Verbindung mit den anderen Männern in einer gemeinsamen Inszenierung männlicher Stärke stützt diesen Mechanismus.

Der Verlauf der Adoleszenz hängt stark mit dieser geschlechtsspezifischen Arbeitsteilung zusammen. Während die jungen Männer heute fast ausnahmslos versuchen, außerhalb des Dorfes Arbeit, Beruf oder Auskommen zu finden, ist es für die Mädchen weniger üblich, das Dorf zu verlassen. Sie bleiben im gesicherten Bereich der häuslichen Arbeit und des ethnischen Kulturraumes, während die Knaben diesen verlassen und sich einer fremden Kultur und fremden Arbeitsregeln auf dem Arbeitsmarkt aussetzen müssen. Wird die Adoleszenz als jene Phase verstanden, in der die alten Triebfixierungen auf die Eltern aufgegeben werden und neue, adäquatere mit Gleichaltrigen eingegangen werden, aber auch als jene Zeit, in der sich der Jugendliche von der kindlichen Idealisierung der Eltern absetzt und sich eigene Werte, kulturelle Kommunikations-, Denk- und Handlungsmuster aneignet, die nicht mehr unbedingt mit denen der Eltern identisch sind, dann wird klar, daß diese Zeit für das gelungene oder mißlungene Auffinden eines positiven sozialen Raumes von großer Bedeutung ist (vgl. Erdheim, 1982).

Der junge Mann verläßt sein Dorf und seine Kultur, um sich gefährlichen und erniedrigenden Verhältnissen auszusetzen. Der radikale Bruch zwischen dörflicher Sozialstruktur, an der Subsistenzproduktion orientierten Arbeitsverhältnissen und dem illegalen, ausgebeuteten und verfolgten Gelegenheitsarbeiter in einem fremden Land muß einen tiefen

Männer von Daxhó

Schock auslösen. Dieser kann wahrscheinlich nur mit dem Einsatz von massiven Abwehr- und Schutzmechanismen bewältigt werden, die eine fruchtbare Verarbeitung der adoleszenten Krise und Selbstfindung verhindern. Die Distanz von Familie und Kultur kann unter solchen Umständen nicht als Erfahrung zur Selbstfindung, zur Erarbeitung eigener Werte und Ideale benützt werden. Das Individuum muß vielmehr eine Desintegration verhindern und dazu auf bekannte Mechanismen zurückgreifen. Auch hier bietet der Machismo ein kulturell vorgeformtes Verhaltensbild. Bei der Rückkehr in das Dorf wird es vor allem wichtig sein, daß sich der Mann kompensatorisch restituiert, wieder auffängt, um, weil er im Dorf meist keine Arbeitsmöglichkiet findet, bald wieder sein Glück in der Fremde zu versuchen.

Der häusliche Raum der Frauen muß den Männern in dieser Situation sehr angenehm und sehr verführerisch erscheinen; sie wissen aber, daß sie wieder fort müssen. Deswegen ist es auch naheliegend, die eigene Instabilität über die Entwertung und Verachtung der Frauen und ihrer kulturellen Räume zu stabilisieren. Das Weibliche wird immer neu als verführerische Bedrohung erlebt, die die geschlechtsspezifische Identität zu verwischen droht. Von daher ist die soziale Rolle der Machismo geeignet, das Schmerzlich-Verlorene abzuwerten und das Schmerzlich-Unausweichliche zum Ehrenhaft-Heroischen umzuwandeln.

Die junge Frau kann – und das ist der Normalfall – aus dem Elternhaus direkt in die Familie der Schwiegereltern hinein heiraten und dort im weiblichen Bereich der Hausarbeit weiterfunktionieren. Diese oft bittere Fortführung der Identifikation mit der mütterlichen Welt unter verschärften Bedingungen kann in einer sich stark wandelnden Kultur zu einem Problem werden, weil es adäquatere und neue Umgangsformen mit den durch den Wandel entstandenen Verhältnissen zu finden gilt, als sie der mütterliche Raum angeboten hatte.

Mariana und Amanda haben in ihrer Adoleszenz eine probeweise Distanzierung von der Familie und der Ethnie vollzogen, die es ihnen ermöglichte, eine selbstbestimmte, ihrer Subjekthaftigkeit angemessene Wiederannäherung an die traditionelle Kultur zu erreichen. Mariana arbeitete während fünf Jahren als Krankenschwester in Ixmiquilpan, um dann durch die Heirat und die Kinder wieder in die Ethnie zurückzukehren. Amanda hatte sich in ihrer Adoleszenz sehr frei und entsprechend ihren Bedürfnissen bewegen und entfalten können. Die Schwester brachte ihr das Nähen bei, und Amanda begann früh für andere zu arbeiten und sich eine ökonomische und soziale Eigenständigkeit aufzubauen. Dieses Verhalten kommt insofern einer probeweisen Distanzierung von der Ethnie gleich, als es in keiner Weise dem der jungen Mädchen, die sorgsam von den Familienmitgliedern gehütet und überwacht werden, entspricht. Aber es ist kein radikaler Bruch, der Entwertung, Rechtlosigkeit und Erniedrigung bedeutet, sondern Arbeit im ähnlichen Bereich wie zu Hause, aber in verschiedenen sozialen und institutionellen Rahmen: als Spitalangestellte mit Otomifrauen, als selbständig Arbeitende/Erwerbende in weiblichen Tätigkeiten (ohne Mann, ohne Eltern, quasi wie eine Witwe).

Beide Frauen sind aktive Mitglieder ihrer Ethnie; beide können sich aber auch kreativ und kritisch von ihr abgrenzen, wenn es darum geht, subjektive Wünsche, im Sinne einer am Lustprinzip orientierten Überlebensstrategie durchzusetzen. Ihre adoleszenten Erfahrungen haben sie dazu befähigt, sich im Spannungsfeld der sich wandelnden Ethnie zu bewegen und den ihnen angepaßten sozialen Ort zu finden.

Martina hingegen, die ihre Jugendphase in der traditionellen Weise in der Heirat als Sechzehnjährige abgeschlossen hatte, konnte diese probeweise Distanzierung von ihrer Familie und Ethnie nicht versuchen, was ihr die Möglichkeit des ›lockeren‹ oder spielerischen Umganges mit den sie umgebenden gesellschaftlichen Verhältnissen erschwert. Die Dorfgemeinschaft erscheint ihr als die erweiterte Familie, an die die kindlichen Triebe und Ängste gebunden bleiben, in der sie zu ersticken droht. Martinas Versuche, auszubrechen, können als Versuch angesehen werden, die verpaßte adoleszente Distanzierung nachzuholen. Jetzt aber stoßen diese Strebungen mit ihrer Position als verheiratete Frau konträr zusammen und führen zu immer neuen Frustrationen und Enttäuschungen.

Der Adolenszenzverlauf der jungen Frauen ist von weniger äußeren Einflüssen und Brüchen bestimmt als die des Mannes; die Arbeitsinhalte und die Arbeitsformen bleiben dieselben. Der Bruch besteht eher im Wechsel des Haushaltes. Der Übergang von der Position der Tochter zu derjenigen der Schwiegertochter ist oft mit einem merklichen Verlust an Macht und Freiheit verbunden. Dagegen muß sich die junge Frau schützen. Es kann nun eine Form der Konfliktbewältigung sein, wenn die junge Frau in Form einer »Abwehr« gegen ihre Verletzlichkeit die stolze und aktive Besetzung der Arbeit so einsetzt, daß sie sich dadurch sowohl einen Freiraum gegen die Schwiegermutter als auch eine ökonomische und emotionale Unabhängigkeit vom Ehepartner sichern kann.

Es scheint mir wichtig, daß weder die adoleszente Distanzierung Marianas noch die von Amanda einen radikalen Bruch oder Kulturschock darstellt; sie sind innerhalb derselben Kultur verblieben, haben aber eine Distanzierung von der Familie vorgenommen. Es mag sein, daß jene Mädchen, die als Dienstmädchen in die Städte gehen, eher einen Kulturschock davontragen und nur mit Schwierigkeiten in die Ethnie zurückkehren können.

Die beiden Geschlechter benützen verschiedene Schutz- und Abwehrmechanismen, die ihr Verhältnis zueinander und zur Realität beeinflussen. Das der Männer wird bestimmt durch das imaginäre System des Machismo, in welchem die Frauen als für die eigene Identität bedrohlich im Zaum gehalten werden. Die Frauen erscheinen ihnen stark, machtgierig und gefährlich im schlimmsten Fall. Deswegen muß Pompiliano zu einem mächtigen Zauberer reisen, um sich vor der unfaßbaren Macht der Hexen zu schützen; und deswegen beklagt sich Paco, der Dorfchef, empört, nachdem ihn die Frauen wegen des Schulgeldes zur Rede stellen – er befürchtet, daß die Frauen die Macht übernehmen; deswegen muß Basilio Amanda, die ihm so wunderbar tüchtig und selbständig vorkommt, mit absurden und brutalen Verboten einschränken. Sie alle sind ständig damit beschäftigt, die unsichtbare Macht der Frauen im Zaum zu halten. Der Machismo bietet sowohl die Rationalisierung zu diesem Frauenbild: die Angebetete wird plötzlich zur abgefeimt Bösen, die einen verrät und betrügt, als auch das Verhaltenrepertoire, um mit solchen Frauen umzugehen: die sinnlich-romantische Galanterie der Mexikaner ist bekannt und die Pose des eifersüchtig paranoiden Ehemannes, der seine Frau schlägt und verfolgt, ebenfalls. Im besten Fall kann er eine solidarische und arbeitsbezogene Beziehung zu seiner Frau leben, muß dann aber in Kauf nehmen, daß er in den Männerkreisen und -räumen, in der Pulquería und beim Fest ein Fremder bleibt.

Das Verhältnis der Frauen zu den Männern und zur Realität wird bestimmt durch die Arbeit und den dazugehörigen kulturellen Raum. Der Mann erscheint darin als ein ersehnter, aber sehr unzuverlässiger Partner, der leicht zur Last und zu einem Hemmnis wird, weil er eben »wie ein Kind« den phantasmagorischen Insignien der Macht hinterherjagt: Männerkämpfe, Geld, Frauen. Sie sieht sich gezwungen, sich ständig vor den Übergriffen und Einschränkungen der Männer zu schützen; in diesem Falle setzt sie ihre Arbeit sowohl psychisch als auch ökonomisch ein, um sich einen autonomen Bereich zu retten, sich von ihm abzusetzen. Sie fürchtet und beklagt seine Unzuverlässigkeit, seine sich ökonomisch auswirkenden Eskapaden und seine darauf folgende legitimatorische Brutalität. Sein machistisches Gebaren wird als »kindlich und dumm«, aber durchaus auch als ein zum Manne gehöriger Zug angesehen; manchmal weist sie es zurück, manchmal wird sie zur marianistischen Partnerin und spielt mit. Im günstigsten Falle gelingt es einer Frau, sich mit ihrem Mann so einzurichten, daß sie die familiären Anliegen und Ziele mit ihm zusammen teilt und ihren Arbeitsraum nicht gegen ihn einzusetzen braucht. Dann schätzen sie gegenseitig ihre Arbeitsfähigkeiten und die verläßliche Solidarität.

Der machistische Raum ist ein zentrales Bindeglied zwischen den Geschlechtern. Die gemeinsame, periodische Inszenierung der Machismogesetze kann auch als eine Art zwischengeschlechtlicher Solidarität angesehen werden, sie kann den in seiner Identität unsicheren und in der Arbeit oft entfremdeten und ungewissen Mann psychisch wieder aufbauen. So helfen die Frauen den Männern über Krisenmomente hinweg und verhelfen sich selber damit eine Zeitlang zu einem etwas stabileren und selbstbewußteren Ehemann. Gerade sehr selbständige Frauen können an dieser Inszenierung spielerisch teilhaben und sich in ihrer Großzügigkeit gut fühlen; sind sie aber belastet und von Selbstwertverlust bedroht, erleben sie Machismoallüren wie eine verächtliche Verhöhnung ihres Frauseins und ihres Versuches, eine konstante Beziehung aufrechtzuerhalten. Die meisten Frauen bewahren hinter der öffentlich vorgezeigten Unterwürfigkeitshaltung eine relative Autonomie, die man von außen gesehen dem Mann zuschreiben würde. Die Marianismo-Haltung tragen sie in Entsprechung der kulturellen Geschlechterrollen wie eine Schutzkleidung zur Schau und erhalten sich in deren Schatten jene heimliche, im kulturellen Raum der Arbeit verankerte Stärke. Sie verzichten auf die direkte Ausübung von Macht und das Beharren auf Prestige, obwohl sie das Überleben der Ethnie und der Familien grundlegend mittragen – sie sind die kulturellen und ökonomischen Garanten der Kontinuität.

Anhang

Anmerkungen

1 Die Namen der Dorfbewohner und des Dorfes sind geändert worden. Die fremdsprachigen Zitate habe ich selbst übersetzt.

2 Bei dem Versuch, die Linien zwischen Subjektivität und Objektivität schärfer zu fassen, bin ich auf den Begriff des »Habitus« von Pierre Bourdieu gestoßen, der davon ausgeht, daß die Richtigkeit sozialwissenschaftlicher Thesen am Erleben der Subjekte geprüft werden müsse. Der Anthropologe sei es »sich schuldig, die Wahrheit des Systems der objektiven Verhältnisse und die subjektive Gewißheit derer, die es erleben, miteinander in Einklang zu bringen« (Bourdieu, 1970a: 38). »Es bedeutet keinen Rückfall in die Naivitäten des ›Subjektivismus‹ oder ›Personalismus‹, wenn man daran erinnert, daß die objektiven Beziehungen letztlich nur mittels des Systems der Dispositionen ihrer Träger existieren und sich realiter nur durch das Produkt der Verinnerlichung objektiver Bedingungen realisieren. Zwischen dem System objektiver Regelmäßigkeiten und dem System der direkt wahrnehmbaren Verhaltensformen vollzieht sich stets eine Vermittlung. Diese Vermittlung leistet der Habitus, geometrischer Ort der Determinismen und Entscheidungen... der kalkulierbaren Wahrscheinlichkeiten und erlebten Hoffnungen, der objektiven Zukunft und des subjektiven Entwurfs« (Bourdieu, 1970a: 39f.). Er definiert den Habitus (1970c; 1972) im Unterschied zu den gemeinsamen Codes einer Gruppe als ein historisches Grundmuster, das es als verinnerlichtes System jedem Individuum erlaubt, alle typischen Gedanken, Wahrnehmungen und Handlungen einer Kultur zu erzeugen. Der Habitus ist das Verbindungsglied zwischen subjektivem Handeln und objektiver Struktur. Der Habitus wird von allen Individuen gleichermaßen verinnerlicht und läßt sie so in ihrem Denken und Handeln zu Produkten ihrer Zeit werden. Das bedeutet, daß ein Gespräch zwischen zwei Menschen aus verschiedenen Kulturen oder Klassen immer bewußte und unbewußte Züge ihrer Kulturen aufweist und somit auch eine kulturelle Interaktion darstellt. So kann die Interaktion mit einem Individuum aus einer fremden Kultur auch Zugang zum Habitus dieser Kultur verschaffen. Das Postulat eines gesellschaftstypischen Habitus – man könnte ihn auch Kulturmuster nennen – erlaubt mir zwar anzunehmen, daß im Gespräch mit einzelnen Personen sozio-ökonomische Bedingungen wirksam sind; aber ich weiß immer noch nicht, wie sich das Individuum als Subjekt davon abgrenzen läßt. Bourdieu gibt zu, daß die Individuen voneinander verschieden sind, verschiedene Ausprägungen und Züge aufweisen und will dies mit lebensgeschichtlichen Unterschieden erklären, denn der Habitus einer Zeit kann nie das gesamte Individuum abdecken.

Lebensgeschichtliche Unterschiede in der sozialen Stellung, den spezifischen Erfahrungen und dem kulturellen Milieu prägen den subjektiven Entwurf der Individuen und damit ihre Handlungen. Bourdieu (1972) spricht auch vom Habitus einer Klasse oder einer Kultur (im Sinne einer in einer homogenen Gruppe erworbenen Kompetenz) und will damit in Erinnerung rufen, »daß die interpersonalen Beziehungen niemals, es sei denn zum Schein, Beziehungen eines *Individuums zu* einem anderen *Individuum* sind, und daß die Wahrheit der Interaktion nie gänzlich in dieser selbst gründet... Denn ihre gegenwärtige wie vergangene Position innerhalb der Sozialstruktur tragen die als physische Personen verstandenen Individuen überall und allezeit in Gestalt der Habitusformen mit sich herum, die erst die soziale Person mit all ihren Dispositionen ergeben« (Bourdieu 1972: 181). Mit dieser Aussage hebt Bourdieu die anfänglich gestellte Frage nach der subjektiven Gewißheit derer, die die objektiven Verhältnisse erleiden, wieder auf; das Subjekt geht verloren; die Kategorie des Habitus bleibt angesichts des konkreten Forschungsmaterials zu abstrakt und kann im ethnopsychoanalytischen Prozeß nicht verwendet werden.

3 Foucault befaßte sich intensiv mit der Bedeutung einer Widerstands-Logik; er nannte sie den *Gegendiskurs*, der die »Subversion des Wissens« (1974), also einen Widerstand gegen die herrschende Logik, ausdrückt. »Tatsächlich ist jeder Punkt der Machtausübung zur gleichen Zeit ein Ort der Wissensbildung. Und umgekehrt erlaubt jedes etablierte Wissen die Ausübung einer Macht« (Foucault, 1976: 102). Aus der Annahme, daß die Ordnung des Wissens eine Form von Macht darstellt, leitet Foucault ab, daß Widerstand immer auch in Form eines Gegendiskurses, einer Gegenordnung des Wissens geleistet werden muß. Subversion und Widerstand sind also auch in Einstellungen und Denkweisen, die einer anderen Logik als der öffentlich anerkannten folgen, festzumachen. Um die Entstehung eines Gegendiskurses als Reaktion auf Machtverhältnisse konkret zu erforschen, schlägt er vor, die alltägliche Handlungsebene der Subjekte zu untersuchen: »Man frage sich also nicht, warum einige herrschen wollen, sondern wie die Dinge auf der Ebene des Unterwerfungsprozesses funktionieren oder in jenen kontinuierlichen, ununterbrochenen Prozessen, die die Körper unterwerfen, die Gesten lenken, das Verhalten beherrschen usw. Mit anderen Worten: anstatt sich zu fragen, wie der Souverän an der Spitze erscheint, sollte man herauszufinden versuchen, wie sie sich allmählich, schrittweise, tatsächlich, materiell, ausgehend von der Vielfältigkeit der Körper, Kräfte, Energien, Materie, Wünsche, Gedanken, usw. die Subjekte konstituiert haben. Man muß die materielle Instanz der Unterwerfung in ihrer subjektkonstituierenden Funktion erfassen« (Foucault, 1978: 81).

4 Thompson (1971) beschreibt das Verhältnis zwischen der ausgebeuteten »Masse« und den Händlern, Produzenten und Beamten. In Daxhó hat sich keine derartige klare Beziehung zwischen den Dorfmitgliedern und den außerhalb stehenden ökonomischen Instanzen,

gegen die gemeinsam vorgegangen werden kann, beobachten lassen. Die moralische Ökonomie spielt sich vielmehr innerhalb des Dorfes zwischen den Dorfmitgliedern ab. Die Widersprüche zwischen Dorf und internationaler oder nationaler Ökonomie spiegeln sich zwar im Handeln der Dorfmitglieder wider, aber das ökonomische Handeln hängt hier direkt mit dem spezifischen Geflecht sozialer Beziehungen und den dazugehörenden Werten und Normen zusammen. Einerseits wird das ökonomische Handeln durch die nationale Ökonomie bestimmt, denn innerhalb der dort funktionierenden Gesetzmäßigkeiten muß das Überleben im Dorf organisiert werden; andererseits aber muß dieses ökonomische Handeln mit den im Dorf gültigen sozialen Beziehungen und Normen vereinbar sein. Die in Daxhó beobachtbare moralische Ökonomie ist also nicht vorwiegend auf den Markt und nach außen gerichtet, sondern sie läßt sich anhand des im Beziehungsgefüge eingebundenen Handelns beschreiben, denn ökonomisches Handeln im Dorf realisiert sich über tägliche direkte Begegnungen und Kontakte, wo Unregelmäßigkeiten sofort empfunden und beurteilt werden, wo unmittelbar reagiert werden kann. Dies gilt besonders für die Frauen, die das Dorf selten verlassen und noch viel unmittelbarer im Subsistenzzusammenhang leben als die Wander- und Lohnarbeiter. Ihre Kontakte mit den lokalen Mais- und Bohnenhändlern sind sporadisch, da sie solange wie möglich den eigenen Mais konsumieren oder ihn beim Nachbarn kaufen. Erst gegen Ende des Sommers, vor der Ernte, wenn die Vorräte knapp werden, müssen lokale Händler auf dem Markt oder in den Läden aufgesucht werden. Die Erhaltung des dorfinternen Gleichgewichts nach dem Prinzip der Gegenseitigkeit hat sehr viel mit dem ökonomischen Handeln der Dorfmitglieder zu tun. Der Umgang mit dem Bodenbesitz, den Bewässerungskanälen, der Nachbarschaftlichkeit, den weidenden Tieren und den verpflichtenden Bräuchen bestimmt die moralische Ökonomie im Dorf; auf Verstöße gegen die Bräuche wird »moralisch« reagiert.

5 Lorenzer definiert den »inneren Entwurf« folgendermaßen: »Interaktionsformen sind innere Entwürfe. Der Begriff ›Interaktionsform‹ ist eine Kategorie des Wesens, er gehört nicht auf die Ebene der Erscheinungen. Deshalb können Interaktionsformen nicht bloßen Auges wahrgenommen werden. Deshalb müssen Interaktionsformen aus realisierten, imaginierten Szenen – Interaktionen also – erschlossen werden« (Lorenzer, 1977 a: 204).

6 Sowohl Soziologen wie Historiker interessieren sich seit den sechziger Jahren vermehrt für die subjektiven Verarbeitungsformen gesellschaftlicher Verhältnisse. Die von ihnen gewählte Forschungsmethode besteht in der Erhebung von Lebensläufen. Anhand von Tiefen- oder narrativen Interviews (Schütze, 1977), aber auch anhand von schriftlichen Biographien werden in der Soziologie die Theorien zur Familienzyklus-, Alters-, Jugend- und Statussoziologie überprüft und verfeinert. Das »entindividualisierte Vakuum« der sozialwissenschaftlichen Theorien soll mit qualitativen Daten gefüllt und

exemplifiziert werden (Kohli, 1978; Matthes et al., 1980; Szczepanski, 1962; Rosenmayr, 1978; et al.). Aber es sollen auch neue, bisher von der Soziologie vernachlässigte Problemkreise erfaßt werden, vor allem die Lebensbedingungen der Frauen (Levy, 1977; Borkowsky, 1982; Ley et al., 1983). Da es sich bei den Soziologen aber vorwiegend um eine statistisch repräsentative Anzahl von Lebensgeschichten handelt, wird es überflüssig, die interpersonale Beziehung zwischen Interviewer und Interviewtem zu beachten.

Die Historiker haben mit der »oral history« (vgl. Niethammer, 1980, 1983 a, b; Hagemann, 1981; Wickert, 1981; Wierling, 1983) ebenfalls die Bedeutung der Lebensgeschichte entdeckt, um eine Umformulierung des historischen Verständnisses und der historischen »Rationalität« zu leisten. »Die Voraussetzung für eine neue historische und wissenschaftliche Subjektivität liegt also in der immer deutlicher sichtbar werdenden Herausbildung eines neuen historischen Subjekts: die abhängigen Gesellschaften und die subalternden Klassen« (Ortu, 1980: 123). Es geht darum, nachzuweisen, daß bisher vernachlässigte Gruppen aktive und den gesellschaftlichen Wandel bestimmende Kräfte darstellen und darum diese Kräfte in den im alltäglichen Handeln ausgedrückten und erfahrenen Motivationen und Sinnzusammenhängen aufzuspüren. »Dieses kollektive Gedächtnis einer gesellschaftlichen Klasse darf man nicht als Summe individueller Erfahrungen verstehen, sondern muß es als ein Netz sozialer Beziehungen begreifen« (Bertaux und Bertaux-Wiame, 1980: 116). Die »oral history« kann als Zeichen eines neuen Interesses verstanden werden, das sich in einer Zeit der zunehmenden Entfremdung und Verwaltung wieder dem konkreten Leben zuwendet und sich weigert, weiterhin mit abstrakten Kategorien wie »die Frau«, »der Bauer« zu arbeiten (vgl. Fuchs, 1980). In den letzten Jahren ist auch eine ganze Reihe von lebensgeschichtlichen Darstellungen von Frauen erschienen, die entweder der Erzählenden das Wort ganz überlassen oder Selbstbeobachtungen und Gesprächsauszüge kombiniert darstellen, meist ohne dieses Material ausführlich zu kommentieren. Es wird den Lesern überlassen, das Material zu interpretieren (Cornelisen, 1976; Nash und Rocca, 1976; Viezzer, 1977; Verdier, 1979; Geaudrolet, 1980; Sturm, 1981; Shostak, 1982; um nur einige zu nennen). Die Selbst- oder Fremddarstellungen vermitteln, gerade weil sie nicht wissenschaftlich »verarbeitet« wurden, einen großen Reichtum an kulturellen, ökonomischen und persönlichen Zusammenhängen.

Diese historischen und soziologischen Arbeiten beschäftigen sich aber nur mit einem bestimmten Aspekt der Subjekte, dem bewußtseins- und gesellschaftsfähigen. Die durch Traditionen, Normen und Machtverhältnisse verdrängte Seite dieser Subjekte und Kultur bleibt unbeachtet. Das hängt mit dem methodischen Vorgehen zusammen, das sich stark vom ethnopsychoanalytischen Ansatz unterscheidet, weil sie entweder mit schriftlichem Material arbeiten und die Informanten selber nicht kennen, oder – wenn sie bekannt sind – die Beziehung zwischen Interviewer und Interviewtem nicht weiter beachten, wenigstens in den dargestellten Beispielen nicht. Das muß damit zusammenhängen, daß die Forscher dieser Richtung mit einem bestimmten Subjektbegriff arbeiten. Das Ziel der Untersuchungen ist die Herausarbeitung des *gesellschaftlichen und politischen Subjektes*, das heißt, die Durchschnittserfahrung mehrerer Individuen, die derselben Gruppe angehören, wird gesucht. Im konkreten Interview-Gespräch aber findet eine ganz spezifische Beziehung zwischen dem Interviewer und einem *persönlichen Subjekt* statt, das seine Erfahrungen auch als solches formuliert. Es entsteht eine Diskrepanz zwischen der politisch orientierten Erwartungshaltung des Forschers und der durch den zwischenmenschlichen Kontakt strukturierten persönlichen Antwort. Diese oft nicht reflektierte Diskrepanz zwischen gesuchtem politischem Subjekt und konkret gegenwärtigem persönlichem Subjekt ist wohl die Ursache dafür, daß die höchst subjektiven Darstellungsformen der Interviewten oft schwer oder falsch verstanden werden. Nur eine vorübergehende einfühlende Identifikation mit dem Erlebnismuster des Erzählenden würde es erlauben, die gesellschaftlich wirksamen Widersprüche im Subjekt zu entziffern, um dann zuletzt die politische Relevanz seines Handelns zu entschlüsseln. Dieses unaufgelöste Mißverständnis wird dann oft in der deutlich spürbaren Enttäuschung über die »Angepaßtheit« und »gesellschaftliche Bewußtlosigkeit« der Befragten verarbeitet.

7 Es gibt eine an der Psychoanalyse orientierte Studie über den Charakter des mexikanischen Bauern von Erich Fromm und Michael Maccoby (1970). Die Autoren haben aber die Psychoanalyse in der Erhebungsmethode selber nicht als eine spezifische Dynamik beachtet, sondern entsprechend psychoanalytischen Theorien einen offenen Fragebogen konstruiert, anhand dessen sie den Charakter von *jeder* erwachsenen Person eines Dorfes erfragten. Bei der Auswertung des Materials, bei der Interpretation der Antworten, Träume und Szenen, die in Textform vorlagen, hingegen, halten sie es für unerläßlich, daß der Forscher mit der Psychoanalyse vertraut ist:

»Man muß über die psychoanalytische Theorie und Therapie Bescheid wissen (und selbst eine Analyse gemacht haben), man braucht klinische Erfahrung und – wie bei allem anderen auch – Geschicklichkeit und Begabung. Die psychoanalytische Interpretation – von Assoziationen und Träumen wie auch von Antworten auf einem Fragebogen – ist eine Kunst genau wie die medizinische Praxis, wobei bestimmte theoretische Grundsätze auf empirische Daten angewandt werden. Die wichtigste Voraussetzung für eine zutreffende Deutung, das heißt die wichtigste Voraussetzung für die Richtigkeit der Ergebnisse der gesamten Untersuchung, ist die Qualifikation dessen, der die Daten deutet« (a. a. O.: 264 f.).

Den Erhebungsteil ihrer Forschung haben die Autoren im Stile klassisch soziologischer Untersuchungen gehalten, und im Auswertungsfall haben sie zwar psychoanalytische Interpretationen gemacht, aber diese dann im Computer faktoren-analysiert. Die Studie enthält interessante Daten und Zusammenhänge über soziales Verhalten und

Charakter, wobei die Autoren von der Definition eines Sozialcharakters ausgehen und der Subjektivität des einzelnen wenig Raum geben.

8 Neben der Pathologisierung und Entwertung tauchen bei der Feldforschung einige weitere Abwehrmechanismen besonders häufig auf: Zur Verleugnung einer Realität, die Angst auslöst, weil sie fremd, schrecklich oder verführerisch erscheint, eignen sich sowohl die Verherrlichung durch Idealisierung und Exotisierung wie auch der Rückzug der Ethnologin in Arbeitsstörungen, Krankheit. Der Versuch, sich »total einzulassen«, indem die ethnologische Arbeit, das Notieren und Beobachten, beiseite gelegt werden, hat ebenfalls die Funktion einer Abwehr.

9 Fritz Morgenthaler hat in seinem Buch »*Technik. Zur Dialektik der psychoanalytischen Praxis*« (1977) besonderes Gewicht auf die libidinösen Anteile in der psychoanalytischen Beziehung auch des Analytikers gelegt. Er zeigt, wie aus der Beachtung des Umganges mit diesen libidinösen Prozessen sowohl beim Analytiker wie beim Analysanden der Zugang zum spezifischen Unbewußten des Analysanden gefunden werden kann. Fritz Morgenthaler wies mich darauf hin, daß es im ethnopsychoanalythischen Prozeß genau dieselben libidinösen Prozesse sind, die die Dynamik der Beziehung vorantreiben.

10 In Mexiko haben mir Silvia Terán, Luisa Paré, Eckart Boege und René Cabrera Palomec wichtige Aspekte der Agrarpolitik und der populistischen Campesino-Ideologie aufgezeigt. Sie haben alle im Valle del Mezquital eine Untersuchung gemacht und kannten die Verhältnisse dort gut. Aufgrund des Buches, das aus ihrer Studie entstand (R. Bartra et al., 1975a), standen mir wichtige Daten aus dem makrosoziologischen Bereich des Mezquital zur Verfügung. Die Besuche von Tina Georgiadis und Florence Weiss in Daxhó waren eine Gelegenheit, um die verwirrenden Ereignisse mit vertrauten Personen zu besprechen. Mit Amando Bauleo habe ich in der Hauptstadt einige Supervisionsgespräche geführt, die mir meine eigenen Schuldgefühle und meinen selbstlegitimatorischen Paternalismus bewußt machten. In Zürich haben Paul und Goldy Parin mit mir über die Gespräche diskutiert, und mit Hildegard Kraus und Mario Erdheim habe ich die Bedeutung und Festigkeit meiner Irritationen besprochen. Es ging dabei nicht darum, die idiosynkratischen Anteile derselben auszuschalten, sondern eher darum, dem Interpretationsprozeß einen sozialen Raum zu geben, in welchem die am Schreibtisch entstandenen Projektionen, Phantasien oder ›Wahngebilde‹ erkannt und von der Realität geschieden werden konnten. Hildegard Kraus, Hinrich Fink-Eitel und Mario Erdheim haben sich meine Pläne, Hypothesen und Theorien jedesmal mit so viel Ruhe und Interesse angehört, daß ich wieder frisch motiviert weiter arbeiten konnte.

11 Die Agrarpolitik der fünfziger Jahre konzentrierte sich vor allem auf die kapitalistisch geführten Agrarbetriebe, um der allgemein negativen Preisentwicklung für Agrarprodukte der folgenden Jahre entgegenzuwirken. Die Umstellung auf Viehzucht wurde im großen Stil mit staatlichen Krediten gefördert, weil damit höhere Preise im Ausland

erzielt werden konnten. Dieser Sektor kapitalistischer Agrarunternehmer vergrößerte sich bis in die 70er Jahre zunehmend, er besaß den größten Teil des fruchtbaren Bodens und moderne Produktionsmittel und konnte mit jeder staatlichen Hilfe in Form von Krediten, Infrastrukturbauten, agronomischen Beratungen und politischer wie rechtlicher Protektion rechnen. Dagegen stand die enorme Masse von kleinen Bauern, die auf schlechtem, meist unbewässertem Boden mit traditionellen Produktionsmitteln arbeitete, und jene ebenso große Masse von Landarbeitern und Arbeitern, die von den Zyklen der kapitalistischen Produktion abhängig war. Von 1940 bis 1965 konnte die mexikanische Agrarproduktion die Bedürfnisse der mexikanischen Entwicklung befriedigen, weil das Wachstum der Agrarproduktion höher war als das Wachstum der Bevölkerung. Ende der 60er Jahre begann der Umschwung; das Wachstum der Agrarproduktion ging fast auf Null zurück, vor allem wurde die Produktion von Mais und Bohnen ungenügend, denn die einseitige Entwicklung der Vieh- und Exportprodukte hatte die Produktion von Grundnahrungsmitteln verdrängt, bei gleichzeitiger Vernachlässigung des kleinbäuerlichen Sektors. Trotz der enormen Bevölkerungszunahme hat der von den Kleinbauern bearbeitete Boden seit 1950 nicht mehr zugenommen. Diese landwirtschaftliche Krise fiel zusammen mit einer internationalen Konjunkturkrise: Inflation, Arbeitslosigkeit und der Import von Agrarprodukten nahmen zu, während die Viehproduktion an Rentabilität verlor. Die soziale Krise der 70er Jahre mit ihren unzähligen Bauernaufständen und Landbesetzungen ist auf diese Agrarpolitik zurückzuführen.
Präsident Diaz Ordáz (1965–1971) versuchte die Inflation durch eine drastische Reduktion von öffentlichen Ausgaben zu meistern, was die Agrikultur noch mehr schwächte. Echeverria, Präsident von 1971 bis 1976, versuchte den entgegengesetzten Weg: erhöhte Staatsausgaben und enorme Steigerung der ausländischen Schulden; die steigenden Ölpreise schienen diese Politik zu rechtfertigen. Die Bauernaufstände nahmen zu, im Staate Guerrero entstand anfangs der 70er Jahre eine starke bäuerliche Guerillaorganisation. Zuerst reagierte der Staat nur mit militärischen Aktionen auf diese Herausforderungen, aber die Bewegung wurde stärker. 1973 erkannte Echeverria, daß die Entkapitalisierung des kleinen bäuerlichen Sektors ein Fehler war und beschloß, dort staatliche Mittel einzusetzen: der Ejido-Sektor sollte mit Krediten entwickelt und zur Produktion von internen Konsumgütern gebracht werden. Ziel war, das kollektive Ejido unter Teilnahme der Bauern zu einem kapitalistischen, selbsttragenden Unternehmen werden zu lassen. Dies bedeutete eine enorme Umstellung für die staatliche Administration: Kredite, technische und administrative Hilfe sowie Produktionspläne mußten zur Verfügung gestellt werden. Rurale staatliche Banken, staatliche Handelsunternehmen zur Abnahme der Produkte und ein ganzes Heer von landwirtschaftlichen Funktionären wurden ins Leben gerufen. Damit erhöhte sich die politische Kontrolle des Ejidos und der Comunidades enorm. Gleichzeitig hemmten die

ökonomisch-administrative Ineffizienz und die Korruption den Erfolg des Projektes. Die staatskapitalistische Intervention in den Comunidades legitimierte gleichzeitig die angegriffene Regierung und deren kontrollierende politische Präsenz vor den Bauern. Großgrundbesitzer und Ruralbourgeoisie widersetzten sich zunehmend dieser Agrarpolitik, sahen sie doch ihre eigenen Interessen in Gefahr: durch Bestechung von Funktionären, Beziehungen zu hohen Funktionären und Offizieren versuchten sie ihre Interessen zu schützen; im Notfall schafften sie Privatmilizen, die lokal eingreifen können (Armando Bartra, 1980).
Die Agrarreform von Echeverria endete völlig paralysiert zwischen dem Radikalismus der Campesinos und der Starrheit der Bourgeoisie. Als Lopez Portillo an die Macht kam, beschloß er, daß das Ejido keine Lösung für die mexikanische Agrarkrise darstellt und kehrte zur früheren Politik der rein unternehmerischen Kapitalisierung der Agrikultur zurück.
In Daxhó, wo das Ejidoland aus steinigem, nicht pflügbarem Boden besteht, tauchten 1975 ebenfalls die Agro-Funktionäre Echeverrias auf und organisierten mit den Ejidatarios ein Agrarunternehmen, das mit einer Verschuldung der Ejidatarios von vielen Millionen von Pesos 1977 in Gang kam. Die Schulden sollen von den Erträgen sukzessive abgezogen werden.

12 Estefano Varese (1979b) klagt die Wissenschaftler an, die ethnische Realität in ihren Arbeiten zu verschweigen, zu übersehen oder auf die Klassenproblematik zu reduzieren und damit den Diskurs, der den Ethnozid propagiert, zu stützen. Indem die Vielfalt der Ethnien und ihre Bedeutung statistisch verkleinert und verschwiegen werden, löschen die Intellektuellen breite Sektoren der Menschheit aus dem Realitätsbewußtsein und damit aus der Realität aus (vgl. Rex, 1977). In der Tat berücksichtigt keine einzige der mexikanischen marxistischen Studien über das Valle del Mezquital das Faktum, daß es sich bei diesen Bauern nicht nur um eine ausgebeutete und halbproletarische Klasse handelt, sondern auch um Otomi. Es handelt sich nicht darum, ethnisches und Klassen-Bewußtsein gegeneinander auszuspielen, sondern darum, »daß ethnische und Klassen-Bewußtsein keine sich ausschließenden Begriffe sind, sondern komplementäre, und daß das erstere oft der wichtige Schritt zur Erlangung des zweiten ist« (Bartolomé, 1979b: 17f.).

13 Cancian (1965), Wolf (1955), Nash (1971) sowie Bennholdt-Thomsen (1976) sehen im Cargosystem eine latente Funktion, nämlich die, das Dorf zusammenzuhalten und die Individuen in die dörfliche Gemeinschaft zu integrieren sowie eine Nivellierung der ökonomischen Unterschiede herzustellen. Indem die Mayordomías den reicheren Familien häufiger zugesprochen werden und von ihnen eine üppigere und großzügigere Ausgabe für das Fest erwartet wird, soll verhindert werden, daß innerhalb der Gemeinde eine Schichtung entsteht. Favre (1971) betont die umgekehrte Seite des Cargosystems: Es führte zu einem hohen Verbrauch an inneren Überschüssen, die mehrheitlich

durch Käufe bei den Händlern nach außen in die Taschen der Ladinos fließen. So bleiben die Gemeinden durch das Cargosystem selber arm; während ihr Überschuß nach außen abfließt, vertieft sich der ökonomische Graben zum äußeren System zusehends. Diese Doppeldeutigkeit des Cargosystems führt zu einer ökonomischen Schwäche und Marginalisierung der Gemeinde als Ganzes. Gerade deswegen muß sie sich sozial enger zusammenschließen und festigen, um die nötigen Widerstandskräfte im Rückzug auf das Ethnische zu finden.
Hans Ruedi Frey (1980) hat in einem chinantekischen Dorf entdeckt, daß dort das Cargosystem die sozialen Unterschiede nicht nivelliert, im Gegenteil, es ermöglicht den Cargoinhabern den Ausbau ihrer Machtposition innerhalb des Dorfes, weil ihnen der Zugang zu regionalen Ämtern und dorfinternen Ressourcen erleichtert wird. Es entstehen dörfliche Caciquen, die den dorfinternen Surplus abschöpfen (siehe auch Reiser, 1981). Diese Beispiele, die je einer spezifischen historischen und regionalen Entwicklung entsprechen, machen deutlich, wie flexibel und unterschiedlich sich dieselben traditionellen Institutionen den inneren und äußeren Bedingungen der Comunidad anpassen lassen. In Chiapas werden die Gemeinden seit Jahrhunderten von der lokalen Oligarchie isoliert und manipuliert, die Caciquen sind Ladinos. In der abgelegenen Sierra Juarez von Oaxaca dagegen blieb die lokale Macht in den Händen von indianischen Caciquen.
In Daxhó gleicht die Situation eher der von Favre beschriebenen: die Caciquen sind Mestizen außerhalb des Dorfes, sie haben höchstens ihre Anhänger im Dorf. Der größte Teil der Festausgaben fließt nach außen: Getränke, Kleider, Kirchenschmuck, Kerzen, Eßwaren und eine moderne Musikband verschlingen das Geld. Der nivellierende Effekt der Festcargos innerhalb des Dorfes ist trotzdem unbestritten. Jacques Soustelle (1967: 127) erwähnt, daß die Mayordomos bei den Otomi eine immense Ausgabe auf sich nehmen, angereizt durch den Wunsch zu brillieren und sich großzügig zu zeigen bis zum Punkt, wo sie ihre ganze Habe aufs Spiel setzen und sich tief verschulden. Es wurde mir erzählt, ein junger Daxhoaner habe für die Erfüllung des Cargos sein Taxi verkauft, andere verschulden sich über Jahre hinaus. Die dorfinterne Schichtung geschieht nicht über die Cargos, sondern über Betrug und den Besitz an Produktionsmitteln.

14 Evalyn Jacobson und Walter Goldschmidt zeigen in einem Vergleich von 46 Bauerngemeinden verschiedener Kulturen, daß in 35 Fällen eine klare Ideologie der männlichen Dominanz vorherrscht. Diese Ideologie verschärft sich in dem Masse, wie die Frau Zugang zu Landbesitz und eigenen ökonomischen Ressourcen hat. Der kulturelle Komplex des »Machismo«, der die männliche Überlegenheit betont, ist ausschließlich in Kulturen mit bilateraler Vererbung und der Tendenz zu neolokalen Haushalten zu finden. Diese Korrelation von Machismo und den genannten sozialen Verhältnissen wurde für Mexiko vielfach beschrieben (Lewis, 1951; 1955; 1960; 1961; Redfield

und Villa Rojas, 1934; Nash, 1970). In Kulturen mit nur männlicher Vererbung und patrilokaler Residenz tauchen trotz der eindeutigen Ideologie der männlichen Dominanz die aufdringlich und zum Teil gewaltsam zur Schau getragenen Verhaltensweisen der Machismo nicht auf. Jacobson und Goldschmidt behaupten, daß die starke Betonung der männlichen Überlegenheit gerade in jenen Kulturen wichtig wird, wo sich die Männer durch den Landbesitz und eigenständige ökonomische Tätigkeit der Frau bedroht fühlen. Der Machismokomplex wurde vorwiegend in Südamerika, dem mediterranen Europa und der Karibik gefunden, wo kulturell eine männliche Dominanz erwartet wird, die aber in der bilateralen Vererbung und den neo- oder uxorilokalen Haushalten nicht ihre entsprechende ökonomische Basis findet. Die mangelnde Kontrolle des Mannes über den Besitz schafft männliche Zweifel, die in der Angst vor Impotenz und dem Bedürfnis, Virilität anhand von sexuellen Eroberungen zu demonstrieren, ausgedrückt wird (Jacobson and Goldschmidt, 1971; Goldschmidt and Jacobson, 1971).

L. G. Löffler hat mich darauf hingewiesen, daß die Behauptungen von Jacobson und Goldschmidt aber zu oberflächlich und in einem statistischen Vergleich entstanden sind. Sie können deswegen nicht als qualitative Daten verwendet werden. Zudem scheinen die südostasiatischen Beispiele dagegen zu sprechen.

15 In der Mixteca baja entdeckt Veronique Flanet (1977: 158–60), daß die Frauen sich zwar über die Unverantwortlichkeit der Männer beklagen, sich ihnen aber gleichzeitig überlegen fühlen, weil sie oft gezwungen sind, die Familie allein, ohne Hilfe des Mannes, zu unterhalten. Die Mehrheit der verlassenen und verwitweten Frauen möchte die Erfahrung der Ehe auf keinen Fall wiederholen, ihr Leben verläuft ruhiger, problem- und schmerzloser ohne Mann. Beverly Newbold de Chiñas (1975; Chiñas, 1973) untersuchte die Stellung der zapotekischen Frauen im Istmo und stellt fest, daß der Mythos vom zapotekischen Matriarchat daher kommt, daß die Frauen dort den Markt allein beherrschen; im sonstigen öffentlichen Leben haben die Männer die vorherrschende Rolle, während die Frauen im häuslichen Bereich bestimmend sind. Die geschlechtsspezifischen Rollen sind zwar in öffentlich und privat getrennt, stehen aber in einem sozialen Gleichgewicht zueinander; die Frauen versuchen soziale Konflikte und Gewalt zu verhindern und Öl in die soziale Maschine zu bringen, die durch »Angst und Furcht« bestimmt wird. Lola Romanucci-Ross (1973: 63–68) stellte in einem Dorf im Staate Morelos sogar fest, daß die Frauen die Männer häufiger verlassen als umgekehrt, obwohl dies der öffentlich-gültigen Vorstellung, die das Dorf zu diesen Dingen hat, widerspricht; ebenso steht die Beobachtung, daß Frauen aus dem Ehebruch der Männer eine viel größere Skandalgeschichte machen als umgekehrt, im Widerspruch zur öffentlichen Meinung. Alicia Jwańska (1972: 67–77) beschreibt die Stellung der Frau in einem Mazahuadorf als vollkommen egalitär. Die Männer behandeln die Frauen mit tiefem Respekt. Die geschlechtsspezifische Arbeitsteilung

ist austauschbar, Frauen arbeiten auf dem Feld, Männer übernehmen im Krankheitsfall der Frau sogar den Haushalt. Obwohl die Frauen in öffentlich-politischen Angelegenheiten nicht auftreten, meint Jwańska, daß sie an der Meinungsbildung der Männer aktiv teilnehmen und die Männer zum Teil zu ihren Sprachrohren werden. Die Frauen werden kaum aus dem sogenannt männlichen Wissen, sei es ökonomisch, politisch oder religiös, ausgeschlossen. Nur an öffentlichen religiösen Cargos können sie nicht direkt teilnehmen. Jwańska betont ebenfalls, daß die Frauen mit relativ stolzer Leichtigkeit fähig sind, den ganzen Bauernbetrieb allein zu führen, wenn der Mann ausfällt. Marigène Arnold (1978: 45–53) hat in einem Mestizo-Dorf in Jalisco untersucht, wie die Frauen ihre Rolle in religiösen Ritualen dazu verwenden, ihrer Position im Haushalt und der Familie eine übernatürliche Bestimmung beizufügen und damit ihre Autorität und ihren Einfluß abzusichern. Damit können sie die Familienmitglieder subtil unter Druck setzen, um das von ihnen gewünschte Verhalten zu erzwingen. Ältere Frauen können sogar an Ritualen von Frauen und Männern teilnehmen, weil ihre Geschlechter-Identität einen neutralen, arbiträren Status bekommt. Lois Paul (1974: 263–80) entdeckte in einem guatemaltekischen Mayadorf ebenfalls diese starke Verbindung der Frauen mit dem Übernatürlichen, die ihnen eine unfaßbare Gefährlichkeit und Macht gegenüber den Männern verleiht. Die mystische Kraft der Frau wird mit der Menstruation, der Geburt und der Sexualität in Zusammenhang gebracht.

16 Bestimmte Autoren haben beobachtet, daß in den nicht-indianischen Teilen Mexikos die Frauen kaum an der Feldarbeit teilnehmen. Die Bauern erklärten dort, daß sie es als ein Zeichen äußerster Armut betrachten, wenn Frauen Feldarbeit leisten. Die eigentlichen Gründe liegen aber in der zunehmenden Mechanisierung, die die Mithilfe der Frauen immer überflüssiger macht: so z. B. auf den Zuckerrohrplantagen. Genau dort wird die Feldarbeit der Frau als Schwäche des Mannes interpretiert (vgl. Pozas und Pozas, 1971: 45 f.).
In einem Vergleich von drei mexikanischen Bauerngemeinden haben Ethnologinnen erarbeitet, daß die Teilnahme der Frau am Produktionsprozeß mit dem Grad der Integration in das kapitalistische System variiert, je stärker integriert, um so geringer ihre Teilnahme: »Auch hier wird deutlich, daß das dominante System daran interessiert ist, die Frau in der geschlechtsspezifischen Arbeitsteilung zu fixieren, begleitet von der entsprechenden Ideologie ihrer Minderwertigkeit, um so mehr Profit aus (dem bäuerlichen System, M. N.) herausziehen zu können« (Gortari und Del Val, 1977: 13). Boserup (1970) beschreibt denselben Mechanismus für Afrika.

17 Fromm und Maccoby (1970: 423–433) geben in ihrer Studie eine relativ ausführliche Beschreibung der verschiedenen Kindheitsstufen in Mexiko, die ziemlich auf das zutrifft, was in Daxhó zu beobachten war. Allerdings wird auch hier kein Unterschied zwischen den Geschlechtern gemacht, was bedeutet, daß sich die Darstellung auf die Knaben bezieht.

18 Lidia Sciama führt die Trennung zwischen öffentlich / Mann und privat / Frau auf die marxistische Unterscheidung zwischen privaten und öffentlichen ökonomischen Sektoren zurück. Die Ansicht, daß die Frau zur privaten Sphäre gehört, ist auf Engels' *Der Ursprung der Familie* zurückzuführen, wo er die Schwierigkeit beschreibt, die häusliche Arbeit mit der vergesellschafteten zu versöhnen (vgl. Sciama 1981: 90, 110).

Literaturverzeichnis

Agence Latino-americaine d'information (ALAI) (1978): El instituto linguistico de Verano, instrumento del imperialismo. Nueva Antropologia, III – 9, S. 117–142.

Alegría, Juana A. (1975²): Sicología de las mexicanas. México: Diana.

Aramoni, Aniceto (1961): Psicoanalisis de la dinamica de un pueblo. México: UNAM.

– (1972): Machismo. Psychology today 5, Nr. 8, S. 69–72.

Ardener, Shirley (Ed.) (1981): Women and space. Ground rules and social maps. London. Croom Helm.

Arispe, Lourdes (1975): Mujer campesina, mujer indígena. América indígena, 3, S. 575–85.

Arnold, Marigene (1978): Célibes, mothers, and church cockroaches, Religious participation of women in a Mexican village. In: Hoch.-Smith, Judith and Anita Spring (Hg.), S. 45–53.

Arrellano Z., Manuel (1966): Síntesis de la situación económica y social de la zona árida del Valle del Mezquital, durante la primera mitad del siglo XIX. Summa Antropológica, J. N. A. H., México, S. 613–636.

Barabas, Alicia (1979): Colonialismo y Racismo en Yucatán: una aproximación histórica y contemporáncea. Revista mexicana de ciencias políticas y sociales, XXV – 97, S. 105–141.

Barberis, Corrado (1972): L'évolution du rôle de la femme dans l'agriculture européenne. Roma: FAO.

Bartolomé, Miguel A. (1979): Las nacionalidades indígenas emergentes en México. Revista mexicana de ciencias políticas y sociales, XXV–97, S. 11– 26.

Bartra, Armando (1976): Sobre las clases sociales en el campo mexicano. Cuadernos agrarios, 1, S. 7–30.

– (1979): La explotación del trabajo campesino por el capital. México. Macehual.

– (1980): Crisis agraria y movimiento campesino en los sententas. Cuadernos agrarios, 10/11, S. 15–67.

Bartra, Roger (1974): Estructura agraria y clases sociales en México: Era.

– (1977): The problem of the native peoples and indigenist ideology. (Mexico: Valle del Mezquital). In: UNESCO (Ed.): 1977, S. 421–444.

Bartra, Roger und Calvo, Pilar (1975): Estructura de poder, clases dominantes y lucha ideológica en el México rural. Ders. et al. 1975 a, S. 88–130.

Bartra, Roger et al. (1975 a): Caciquismo y poder político en el México rural. México: Instituto de Invertigaciones sociales, U. N. A. M.: Siglo XXI.

Benard, Cheryl (1981): Die geschlossene Gesellschaft und ihre Rebellen. Die internationale Frauenbewegung und die schwarze Bewegung in den USA. Frankfurt: Syndikat.

Benítez, Fernando (1972): Los Indios de México. El libro de la infamia. Vol. 4, México: Era.

Bennholdt-Thomsen, Veronika (1976): Zur Bestimmung des Indio. Die soziale, ökonomische und kulturelle Stellung der Indios in Mexiko. Berlin: Mann.

Bermudez, Maria Elvira (1955): La vida familiar del Mexicano. México: Robredo.

Bertaux, Daniel; Bertaux-Wiame, Isabelle (1980): Autobiographische Erinnerung und kollektives Gedächtnis. In: L. Niethammer (Hg.); 1980, S. 108–122.

Boege, Eckart (1974): Las luchas agrarias actuales en México: un estudio de caso en el Valle del Mezquital, Estado de Hidalgo. Tésis profesional de Maestría en la Escuela Nacional de Antropología e Historia. México.

Boege, Eckart; Calvo, Pilar (1975): Estructura política y clases sociales en una cominidad del Valle del Mezquital. in: R. Bartra et al., 1975 a, S. 131– 147.

Boege, Eckart; Grammont, Hubert de; Lara, Sara (1975): Oposición a la colectivización ejidal y eucha de clase. Cuadernos agrarios, 2, S. 79–104.

Borah, W. and Cook, S. F. (1962/63): La despoblación del México central en el siglo XVI. Historia Mexicana. México, Vol. XII, No. 1, S. 1–12. (zit. nach Semo, 1973).

Borkowsky, Anna (1982): Wiedereinstieg-Chance zur Selbstbestimmung oder Flexibilisierung der Arbeitskraft von Frauen? Zur Problematik der »Normalbiographie« von Frauen. Beiträge zur feministischen Theorie und Parxis, 7, S. 107–116.

Boserup, Ester (1970): Woman's role in economic development. New York: St. Martin's Press.

Bourdieu, Pierre (1970): Zur Soziologie der symbolischen Formen. Frankfurt: Suhrkamp.

– (1970 a): Strukturalismus und soziologische Wissenschaftstheorie. In: Ders.: 1970, S. 7–41.

– (1970 b): Klassenstellung und Klassenlage. In: Ders., 1970, S. 42–74.

– (1970 c): Der Habitus als Vermittlung zwischen Struktur und Praxis. In: Ders. 1970, S. 125–158.

– (1972): Entwurf einer Theorie der Praxis. Frankfurt: Suhrkamp, 1976.

– (1973): Kulturelle Reproduktion und soziale Reproduktion. In: P. Bourdieu; J. C. Passeron: 1973, S. 88–137.

Brändli, Verena (1981): Ethnizität im südlichen México. Zürich: Lizentiatsarbeit in Ethnologie.

Camio de Alba, Margarita (1957): La mujer indígena de Centro America. México: Instituto Internacional Indigenista.

Cancian, Frank (1965): Economics and prestige in a Maya community.

The religious cargo system in Zinacantan. Stanford: Stanford Univ. Press.
Carrasco, Pedro (1950): Los Otomies. Cultura e historia prehispanica de los pueblos mesoamericanos de habla otomiana. México: UNAM.
Centro Hidalguense de Investigaciones Historicas (1975): Historiografia Hidalguense. Pachuca. CHJH.
Chaney, Elsa M. (1973): Women in Latin American Politics: The case of Peru and Chile. In: Ann Pescatello (Ed.) 1973, S. 103–140.
Chiñas, Beverly (1973): The isthmus Zapotecs. Women's roles in cultural context. New York: Holt, Rinehart and Winston.
Chodorow, Nancy (1974): Family structure and feminine personality. In: Rosaldo, L. Lamphere (Hg.): 1974, S. 43–66.
Collier, Jane F. (1974): Women in politics. In: Z. Rosaldo; L. Lamphere (Hg.), 1974, S. 89–96.
Cornelisen, Ann (1976): Women of the shadows. Boston, Toronto: Little, Brown and Comp.
Del Rio, Alma (1973): Bases psicodinámicas de la cultura Azteca. México: Costa-Amic.
Devereux, Georges (1956): Normal und anormal. In: Ders.: 1974, S. 19–130.
– (1967): Angst und Methode in den Verhaltenswissenschaften. München: Hanser, 1973.
– (1974): Normal und anormal. Aufsätze zur allgemeinen Ethnopsychiatrie. Frankfurt: Suhrkamp.
Diaz-Guerrero, Rogelio (1967): Psychology of the Mexican culture and personality. Austin: Univ. of Texas Press, 1975.
Dokumente der zweiten Tagung von Barbados (1979): Indianer in Lateinamerika. Wuppertal, Gelnhausen: Hammer, 1982.
Dudek, Peter (1983): Nationalromantischer Populismus als Zivilisationskritik. Eine Antwort auf Henning Eichberg. In: W. Schäfer (Hg.): 1983, S. 27–36.
Egli, Walter (1982): San Pedro Amuzgos. Ein mexikanisches Dorf kämpft um sein Land. Agrargeschichte der Costa Oaxaca von der Kolonialzeit bis zur Gegenwart. Zürich: Limmat.
Elu de Leñero (1969): Hacia donde va la mujer mexicana? Resultados de una encuesta nacional. México: Inst. Maxicano de Estudios Sociales.
Erdheim, Mario (1973): Prestige und Kulturwandel. Eine Studie zum Verhältnis subjektiver und objektiver Faktoren bei der Entstehung einer Klassengesellschaft. Wiesbaden: Focus.
– (1976/77): Was heißt: Eine Kultur verstehen? Vorlesung an der Universität Zürich, Wintersemester.
– (1982): Die gesellschaftliche Produktion von Unbewußtheit. Eine Einführung in den ethnopsychoanalytischen Prozeß. Frankfurt: Suhrkamp.
– (1983): Adoleszenz zwischen Familie und Kultur. Ethnopsychoanalytische Überlegungen zur Funktion der Jugend in der Kultur. Psychosozial, 17, S. 104–116.
Erdheim, Mario; Nadig, Maya (1979): Größenphantasien und sozialer Tod. Kursbuch, 58, S. 115–128.

– (1983): Ethnopsychoanalyse. In: Mertens, W. (Hg.): Psychoanalyse. Ein Handbuch in Schlüsselbegriffen. München: Urban und Schwarzenberg, S. 129–135.
Fabila, Alfonso (1938): Valle del Mezquital. México: Cultura.
Fanon, Frantz (1961): Die Verdammten dieser Erde. Frankfurt: Suhrkamp 1967.
Favre, Henri (1971): Cambio y continuidad entre los Mayas de México. México: Siglo XXI, 1973.
Finkler, Kaja (1973): Estudio comparativo de la economía de dos comunidades de México. El papel de la irrigación. México: I. N. I., 1974.
Flanet, Veronique (1977): Viviré si Dios quiere. Un estudio de la violencia en la Mixteca de la costa. México: I. N. I.
Flora, Cornelia Butler (1973): The passive female and social change: a cross-cultural comparison of women's magazine fiction. in: A. Pescatello (Ed.), 1973, S. 59–85.
Foster, George (1961): The diadic contact: a model for the social structure of a mexican peasant village. American Anthropologist, 63, S. 1173–1192.
– (1965): The folk society and the image of limited good. American Anthropologist, 67, S. 293–315.
Foucault, Michel (1974): Von der Subversion des Wissens. München: Hanser.
– (1976): Mikrophysik der Macht. Berlin: Merve.
– (1978): Dispositive Macht. Über Sexualität, Wissen und Wahrheit. Berlin: Merve.
Freud, Sigmund (1913): Die Disposition zur Zwangsneurose. in: GW VIII, S. 441–452.
Frey, Hans Ruedi (1980): Todos tenemos que participar. Machtverhältnisse und politisch religiöse Hierarchie in einer chinantekischen Gemeinde der Sierra Juarez in Oaxaca, Mexico: Das Cargosystem in Santiago Comaltepec. Zürich: Lizentiatsarbeit in Ethnologie.
Friedan, Betty (1966): Der Weiblichkeitswahn. Reinbek: Rowohlt.
Fromm, Erich; Maccoby, Michael (1970): Psychoanalytische Charakterologie in Theorie und Praxis. Der Gesellschafts-Charakter eines mexikanischen Dorfes. in: E. Fromm: Gesamtausgabe, Bd. 3, Stuttgart. DVA: 1981.
Fuchs, Werner (1980): Möglichkeiten der biographischen Methode. In: L. Niethammer (Hg.): 1980, S. 323–348.
García, Ferrando, Manuel (1977): Mujer y sociedad rural. Madrid: Editorial Cuadernos para el Diálogo.
Garibay, Angel (1983): El enigma Otomi. Abside, revista de cultura mexicana, 2, No. 3, S. 3–14.
– (1957): Supervivencias religiosas pre-colombinas de los Otomies de Huizquilucan, Estado de México. América Indígena, Vol. XVII, No. 3, México.
Geaudrolet, Adeline (1980): Amours paysannes. Travaux et devoires sexuels d'une femme de la campagne. Paris: Stock.
Gilmore, Margaret; Gilmore, David (1979): »Machismo«: a psycho-

dynamic approach (Spain). Journal of psychological anthropology, 2, 3, 1979, S. 281–300.
Goldschmidt, Walter; Jacobson Kunkel, Evalyn (1971): The structure of the peasant family. American Anthropologist 73, S. 1058–76.
Gonzales Pineda, Francisco (1966): El Mexicano. Su dinámica psicosocial. México: Pax, As. Psicoanalítica mex.
Gortari, Ludka de; Del Val, José (1977): Mujer campesina, parentesco y explotación. Nueva Antropología, 2–8, S. 5–16.
Granberg, Wilbur (1970): People of the Maguey. The Otomi indians of Mexico. New York: Praeger.
Grele, Ronald J. (1980): Ziellose Bewegung. Methodologische und theoretische Probleme der Oral History. In: L. Niethammer (Hg.); 1980, S. 143–161.
Grijalva, Juan de (1624): Crónica de la Orden de N. P. S. Agustín en la provincia de la Nueva España. México. (zit. nach Carrasco 1950).
Gubelmann, Maria (1981): Notizen zu Arbeit und Macht. Feldforschung in einem Dorf der Mixteca baja, México. Zürich: Lizentiatsarbeit in Ethnologie.
Guerrero, G., Raul (1975): Las pinturas murales del templo de Ixmiquilpan. In: Centro Hidalguense de Investigaciones Históricas (Hg.), 1975, S. 133–143.
Guerrero, Rosaliá (1950): Breves notas acerca de la mujer otomi. México: Inst. Indigenista Interamericano.
Gutelman, Michel (1971): Capitalismo y reforma agraria en México. México: Era, 1974.
Gutierrez, Jorge (1975): Comunidad agraria y estructura de poder. In: R. Bartra, et al., 1975 a, S. 62–87.
Guzman-Böckler, Carlos (1975): Colonialismo y revolución. México: Siglo XXI.
Hagemann, Karen (1981): Möglichkeiten und Probleme der »Oral History« für Projekte zur Frauengeschichte am Beispiel meiner Arbeit zur sozialdemokratischen Frauenbewegung Hamburgs in der Weimarer Republik. Beiträge zur feministischen Theorie und Praxis, Nr. 5, S. 55–60.
Harris, Olivia; Young, Kate (Hrsg.) (1979): Antropología y feminismo. Barcelona: Anagrama.
Hausen, Karin (Hg.) (1983): Frauen suchen ihre Geschichte. München: Beck.
Hernandez, Franco G. (1979): De la educación indígena tradicional a la educación indígena bilingüe-bicultural. Revista mexicana de ciencias políticas y sociales. XXV-97, S. 27–40.
Hoch-Smith, Judith; Spring, Anita (Hg.) (1978): Women in ritual and symbolic roles. New York: Plenum Press.
Honegger, Claudia; Heintz, Bettina (Hg.) (1981): Listen der Ohnmacht. Zur Sozialgeschichte weiblicher Widerstandsformen. Frankfurt: Europäische Verlagsanstalt.
Hvalkof, Søren; Aaby, Peter (1980): Ist Gott Amerikaner? Bornheim-Merten: Lamuv.

Jacobson Michaelson, Evalyn; Goldschmidt, Walter (1971): Female roles and male dominance among peasants. Southwestern Journal of Anthropology 27, S. 330–352.
Janvry, Alain de; Garramon, Carlos (1976): The dynamics of rural poverty in Latin America. Journal of Peasant studies, 4–7, S. 206–216.
Jaquette, Jane S. (1973): Literary archetypes and female role alternatives. The woman and the novel in Latin America. In: Ann Pescatello: 1973, S. 3–28.
– (1975): La mujer latinoamericana y la política: paradigmas femenistas e investigaciones comparativas por culturas. In: Secretaría de Educación Pública: La mujer en América Latina, Tomo I, México; SepSetentas, S. 191–221.
Jaquette, Jane S. (1976): Female political participation in Latin America. In: I. Jglitzin; R. Ross (Eds.), 1976, S. 55–76.
Jglitzin, Lynne B.; Ross, Ruth (Eds.) (1976): Women in the world, A comparative Study. Santa Barbara: Clio Books.
Inhetveen, Heide (1982): »Schöne Zeiten, schlimme Zeiten.« Zeit, Geschichten, Biographien von Bäuerinnen. Feministische Studien, 1, 1, S. 33–47.
Jwańska, Alicia (1972): Purgatorio y utopía. Una aldea de los indígenas Mazahuas. México: SepSetentas.
Kohli, Martin (Hg.) (1978): Soziologie des Lebenslaufs. Darmstadt und Neuwied: Luchterhand, S. 9–32.
Krüger-Zeul, Mechthild (1982): Gegenübertragung – ein Stiefkind der Psychoanalyse. In: Das Unbehagen in der Psychoanalyse. Eine Streitschrift. Frankfurt: Qumran, S. 71–85.
Lamphere, Louise (1974): Women in domestic groups. In: Z. Rosaldo; L. Lamphere (Eds.), 1976, S. 97–112.
Lara Flores, Sara (1977): Comunidad campesina, Conciencia social y formas de lucha de los asalariados agricolas. Tesis profesional de maestría en la Escuela Nacional de Antropología e Historia, México.
Leithäuser, Thomas (1976): Formen des Alltagsbewußtseins. Frankfurt, New York: Campus.
León de Leal, Magdalena (Ed.) (1980): Mujer y capitalismo agrario. Bogotá: Asociación Colombiana para el estudio de la Población.
Lévi-Strauss (1950): Einleitung in das Werk von Marcel Mauss. In: M. Mauss, Soziologie und Anthropologie, I., S. 7–41. München: Hauser, 1974.
Levy, René (1977): Der Lebenslauf als Statusbiographie. Die weibliche Normalbiographie in makrosoziolog. Perspektive. Stuttgart: Enke.
Lewis, Oscar (1951): Life in a mexican village. Urbana: Univ. of Illinois Press.
– (1955): Life in a mexican village: Tepotztlan restudied. Urbana: Univ. of Illinois Press.
– (1960): Tepotztlan. Village in Mexico. New York: Holt, Rinehart and Winston.
– (1961): Antropología de la pobreza. Cinco familias. México: Fondo de cultura económica, 1961.

Ley, Katarina (1979): Frauen in der Emigration. Frauenfeld, Stuttgart: Huber.
Ley, Katarina; Streckeisen, Ursula; Borkowski, Anna (1983): Arbeitsbiographien von Frauen, unter besonderer Berücksichtigung von unterbrochenen Erwerbsverläufen und Wiedereinstieg. Schlußbericht an den schweiz. Nationalfonds.
Littlefield, Alice (1979): The expansion of capitalist relations of production in mexican crafts. Journal of Peasant Studies. 6–4, S. 471–488.
Löffler, Lorenz (1976): Die Entwicklungsproblematik aus ethnologischer Sicht. In: H. P. Peter, J. A. Hauser (Hg.): Entwicklungsprobleme – interdisziplinär. Bern, Stuttgart: Haupt, 19, S. 29–48.
– (1979): Die Stellung der Frau als ethnologische Problematik. In: R. Eckert (Hg): Geschlechtsrollen und Arbeitsteilung. Mann und Frau in soziologischer Sicht. München: Beck, S. 15–59.
Lorenzer, Alfred (1977): Sprachspiel und Interaktionsform. Frankfurt: Suhrkamp.
– (1977a): Zum Verhältnis von objektiver und subjektiver Struktur. In: Ders.: 1977, S. 195–217.
– (1977b): Zum Verhältnis von Natur und Geschichte im Individuum. In: Ders. 1977, S. 180–194.
– (1982): Verführung zur Selbstpreisgabe – psychoanalytisch tiefenhermeneutische Analyse eines Gedichtes von Rudolf Alexander Schröder. Frankfurt: unveröffentlichtes Manuskript.
Loreto Hernandez, Maria (1961): Personalidad de la mujer mexicana. México: Galve.
Maccoby, Michael (1966a): La guerra entre los sexos en una comunidad campesina mexicana. Revista de Psicoanálisis, Psiquiatría y Psicología, 4, S. 54–76.
– (1966b): El juego como expresión caracterológica y cultural. Revista de psicoanálisis, psiquiatría y psicología, 3, S. 7–24.
– (1967): On mexican national character. The annals of the american academy of political and social sciences. 370, S. 63–73.
– (1970a): Social change and social character in Mexico and the United States. Cuernavaca: Centro Intercultural de Documentacion.
– (1970b): Alcoholism in a mexican village. In: M. Maccoby: 1970a, S. 9–57.
Mann, Susan A.; Dickinson, James M. (1977/8): Obstacles to the development of a capitalist agriculture. Journal of Peasant Studies, vol. 5, S. 466–481.
Manrique C., Leonardo (1969): The Otomi. In: Handbook of Middle American Indians, Vol. 8, Austin: Univ. of Texas Press, S. 682–724.
Martin, Kay; Voorhies, Barbara (1975): La mujer: un enfoque antropológico. Barcelona: Anagrama, 1978.
Martínez Vázques, Raúl, (1975): Despojo y manipulación campesina: Historia y estructura de dos cacicazgos del Valle del Mezquital. in: R. Bartra et al., 1975a, S. 148–194.
Marx, Karl (1846): Brief an Wassiljewitsch Annenkow vom 28. Dez.

1846. In Karl Marx, Friedrich Engels Werke, Bd. 27, Berlin: Dietz 1970, S. 451–463.
Marx, Karl; Engels, Friedrich (1845/46): Die deutsche Ideologie. In: Karl Marx, Friedrich Engels, Werke Bd. 3, Berlin: Dietz, 1969.
Matthes, J.; Pfeifenberger, A.; Stosberg, M. (Hg.) (1980): Biographie in handlungswissenschaftlicher Perspektive. Nürnberg: Verlag der Nürnberger Forschungsvereinigung e. V.
Mauss, Marcel (1925): Die Gabe. Form und Funktion des Austausches in archaischen Gesellschaften. In: Ders.: Soziologie und Anthropologie, II., München: Hauser, S. 9–144.
McGinn, Noel (1966): Marriage and family in middle-class Mexico. Journal of marriage and the family 28, S. 307.
Meillassoux, Claude (1976): Die wilden Früchte der Frau. Über häusliche Produktion und kapitalistische Wirtschaft. Frankfurt: Syndikat.
Memmi, Albert (1966): Der Kolonisator und der Kolonisierte. Zwei Portraits. Frankfurt: Syndikat, 1980.
Meuschel, Sigrid (1983): Für Menschheit und Volk. Kritik fundamentaler und nationaler Aspekte in der deutschen Friedensbewegung. In: W. Schäfer (Hg.): 1983, S. 37–46.
Meyer, Jean (1973): Problemas campesinos y revultas agrarias (1821–1910). México: SepSetentas.
Moore, Barrington (1982): Ungerechtigkeit. Die sozialen Ursachen von Unterordnung und Widerstand. Frankfurt: Suhrkamp.
Morgenthaler, Fritz (1977): Verkehrsformen der Perversion und die Perversion der Verkehrsformen. Ein Blick über den Zaun der Psychoanalyse. Kursbuch 49, S. 145–150.
– (1978): Technik. Zur Dialektik der psychoanalytischen Praxis. Frankfurt: Syndikat.
Nadig, Maya (1979): Petra R. – Die Problematik der Emanzipation einer Otomi-Frau. Ethnologica Helvetica, 1, S. 89–110.
– (1980): Auf den Spuren »unwürdiger« Machtstrategien. Berliner Hefte, 15. S. 53–65.
– (1981): Petra R. – Die Problematik einer Otomi-Indianerfrau aus ethnopsychoanalytischer Sicht. In: Künstlerinnen aus Mexiko, Neue Gesellschaft für Bildende Kunst, Berlin.
– (1984): Frauen in der Kultur – Macht und Ohnmacht. 10 Ethnopsychoanalytische Thesen. Konkursbuch, 12, S. 97–106.
Nadig, Maya; Erdheim, Mario (1980): Die Zerstörung der wissenschaftlichen Erfahrung durch das akademische Milieu. Berliner Hefte, 15, S. 35–52.
Nadig, Maya; Weiss, Florence (1976): Probleme der Feldforschung in einer klassenlosen und einer Klassengesellschaft. Bulletin der Schweizerischen Ethnologischen Gesellschaft, Sondernummer, S. 37–68.
Nash, June (1970): Bajo la mirada de los antepasados. México: Instituto Indigenista Interamericano, 1975.
Nash, June; Rocca, Manuel (1976): Dos mujeres indígenas. México: Inst. Indigenista Interamericano.

Nash, Manning (1971): Market and indian peasant economies. In: Shanin, Teodor (Ed.), 1971, S. 161–177.
Newbold de Chiñas, Beverly (1975): Mujeres de San Juan. México: SepSetentas.
Niethammer, Lutz (Hg.) (1980): Lebenserfahrung und kollektives Gedächtnis. Die Praxis der »Oral History«. Frankfurt: Syndikat.
– (1983 a): »Die Jahre weiß man nicht, wo man die heute hinsetzen soll.« Faschismuserfahrungen im Ruhrgebiet. Lebensgeschichte und Sozialkultur im Ruhrgebiet, 1930 bis 1960, Bd. 1, Berlin, Bonn: Dietz.
– (1983 b): »Hinterher merkt man, daß es richtig war, daß es schiefgegangen ist.« Nachkriegserfahrungen im Ruhrgebiet. Lebensgeschichte und Sozialkultur im Ruhrgebiet, 1930 bis 1960, Band 2, Berlin, Bonn: Dietz.
– (1983 c): Heimat und Front. Versuch, zehn Kriegserinnerungen aus der Arbeiterklasse des Ruhrgebietes zu verstehen. In: Ders. (Hg.), 1983 a, S. 161–232.
Nolasco Armas, Margarita (1963): Los otomies. Análisis de un grupo marginal. Anales del I. N. A. H. 1962, vol. 15, S. 153–185.
– (1966): Los otomies del Mezquital. Epoca post-revolucionaria. Suma Antropológica, I. N. A. H. México, S. 637–658.
Novelo, Victoria (1976): Artesanías y capitalismo en México. México: Centro de Investigaciones Superiores, I. N. A. H.
Ortega R., Julio (1975): La historia de la minería en Hidalgo. In: Centro Hidalguense de Investigaciones Históricas (Hg.) 1975, S. 21–46.
Ortu, Giangiacomo (1980): Historische Subjektivität und revolutionäres Subjekt. Arbeit mit mündlichen Quellen in Italien. In: L. Niethammer (Hg.), 1980, S. 123–134.
Paré, Luisa (1975): Caciquismo y estructura de poder en la Sierra Norte de Puebla. In: R. Bartra, et al.: 1975, S. 31–61.
– (1976): Revoluciones verdes para espantar revoluciones rojas. Cuadernos Agrarios, 1, S. 31–41.
– (1977): El proletariado agricola en México. México: Siglo XXI.
– (1977): Inter-ethnic and class relations (Sierra Norte region, State of Puebla). In: UNESCO, 1977, S. 377–420.
Parin, Paul (1972): Der Ausgang des ödipalen Konflikts in drei verschiedenen Kulturen. In: Ders.: 1978, S. 195–214.
– (1977): Das Ich und die Anpassungsmechanismen. In: Ders.: 1978, S. 78–111.
– (1978): Der Widerspruch im Subjekt. Ethnopsychoanalytische Studien. Frankfurt: Syndikat.
– (1978 a): Der Widerspruch im Subjekt. Die Anpassungsmechanismen des Ich und die Psychoanalyse gesellschaftlicher Prozesse. In: Ders.: 1978, S. 112–133.
Parin, Paul; Morgenthaler, Fritz; Parin-Matthèy, Goldy (1963): Die Weißen denken zu viel. Psychoanalytische Untersuchungen bei den Dogon in Westafrika. Zürich: Atlantis; Fischer Taschenbuch 42079.

– (1971): Fürchte Deinen Nächsten wie Dich selbst. Frankfurt: Suhrkamp.
Parsons, Anne (1969): Besitzt der Ödipuskomplex universelle Gültigkeit? Eine kritische Stellungnahme zur Jones-Malinowski-Kontroverse sowie die Darstellung eines süditalienischen Kernkomplexes. In: W. Münsterberger (Hg.): Der Mensch und seine Kultur. Psychoanalytische Ethnologie nach Totem und Tabu. München: Kindler, 1974, S. 206–260.
Patrimonio Indígena del Valle del Mezquital (1971): Censo de 1970. Ixmiquilpan, Hgo.
Paul, Lois (1974): The mastery of work and the Mystery of sex in a guatemalan village. In: Z. Rosaldo, L. Lamphere (Eds.): 1974, S. 263–80.
– (1978): Careers of midwifes in a Mayan community. In: J. Hoch-Smith, A. Spring (Eds.), 1978, S. 129–150).
Paz, Octavio (1950): El laberinto de la soledad. México: Fondo de Cultura Económica 1973[11].
Peñalosa, Fernando (1968): Mexican family roles. Journal of marriage and the family, 30, S. 680–89).
Perello, Sergio (1979): El campesinado y la comunidad rural. In: L. Paré (Ed.): 1979, S. 31–50.
Peristiany, J. G. (Ed.) (1968): El concepto del honor en la sociedad mediterranea. Barcelona: Labor.
Pescatello, Ann (Ed.) (1973): Female and male in Latin America. Essays. Pittsburgh: Univ. of Pittsburgh Press.
Pi-Sunyer, Oriol (1973): Zamora: Change and continuity in a mexican town. New York: Holt, Rinehart and Winston.
Pitt-Rivers, Julian (1968): Honor y categoría social. In: J. G. Peristiany (Ed.): El concepto del honor en la sociedad mediterranea. Barcelona.
Plowes Y., Juan Manuel (1975): El real de mínas de Zimapan, aproximaciones a su historiografía. In: Centro Hidalguense de Investigaciones Historicas (Hg.), S. 103–114.
Poirier, Frank E. (1975): Socialization of non-human primate females: a brief overview. In: D. Raphael (Ed.), 1975, S. 13–18.
Pozas, Ricardo; Pozas, Isabel de (1971): Los indios en las clases sociales de México. México: Siglo XXI.
Prokop, Ulrike (1976): Weiblicher Lebenszusammenhang. Von der Beschränktheit der Strategien und der Unangemessenheit der Wünsche. Frankfurt: Suhrkamp.
Quinn, Naomi (1977): Anthropological studies on women's status. Annual Review of anthropology 6, S. 181–225.
Ramírez, Santiago (1959): El mexicano. Psicología de sus motivaciones. México: Pax. As. Psicoanalítica Mexicana.
Raphael, Dana (1975): Being female. Reproduction, power and change. The Hague, Paris: Mouton.
Redfield, Robert; Villa Rojas, Alfonso (1934): Chan Kom. A Maya village. Chicago: The Univ. of Chicago Press, 1962.
Reiser, Hans Peter (1981): Die Caciques von San Pedro Yolox. Die

Machtverhältnisse in einem mexikanischen Dorf. Zürich: Lizentiatsarbeit in Ethnologie.
Reiter, Rayna (Ed.) (1975 a): Toward an anthropology of women. London: Monthly Review Press.
– (1975 b): Men and women in the south of France: Public and private domains. In: R. Reiter (Ed.): 1975 a, S. 252–282.
Relación de Queretaro (1897): Descripción de Querétaro por su alcalde mayor Hernando de Vargas, 20 de Enero 1582. Colección de documentos para la historia de San Luis Potosí, publicado por el Lic. Feliciano Velazquez. I, 1–48. San Luis Potosí (zit. nach Carrasco, 1950).
Reyes Nevares, Salvador (1971): El machismo en México. Boletín documental sobre la mujer / CIDHAL, 1, Nr. 2, S. 21–32.
Rex, John (1977): Introduction. New nations and ethnic minorities, comparative and theoretical questions. In: UNESCO (Ed.), 1977, S. 11–54.
Ribeiro, Darcy (1979): Unterentwicklung, Kultur und Zivilisation. Ungewöhnliche Versuche. Frankfurt: Suhrkamp, 1980.
Rodriguez, Antonio (1952): La nube estril. Drama del Mezquital. México: Amigos del Café Paris.
Rodriguez Baños, Roberto, et al. (1973): Virginidad y machismo en México. México. Edit. Posada.
Rogers, Susan C. (1975): Female forms of power and the myth of male dominance: a model of female/male interaction in peasant society. American Ethnologist, 2, S. 727–755.
Rohrlich-Leavitt, Ruby (Ed.) (1975): Women cross-culturally. Change and challenge. Paris, The Hague: Mouton.
Rojas G., Francisco (1939): Las industrias Otomies del Valle del Mezquital. Revista Mexicana de Sociologia. 1, No. 1, S. 88–96.
Romanucci-Ross, Lola (1973): Conflict, violence and morality in a mexican village. Palo Alto, Calif.: National Press Books.
Rosaldo, Michelle (1974): Women, culture and society: a theoretical overview. In: M. Rosaldo, L. Lamphere (Eds.): 1974, S. 17–42.
Rosaldo, Michelle; Lamphere, Louise (Eds.) (1974): Woman, culture and society. Stanford; Stanford Univ. Press.
Rosenmayr, Leopold (Hg.) (1978): Die menschlichen Lebensalter: Kontinuität und Krisen. München: Piper.
Rotman, Michael (1978): Die »Triangulierung« der frühkindlichen Sozialbeziehung. Psyche 12, S. 1105–1147.
Ruiz, Francisco (1904): Las minas y partido de Pachuca. In: García Pimentel: Descripción del Arzobispado de México en 1570. México (zit. nach Samperio G., 1975).
Rus, Jan; Wasserstrom, Robert (1979): Evangelización control político: El instituto linguistico de verano (ILV) en México. Revista mexicana de ciencias políticas y sociales, XXV-97, S. 141–160.
– (1980): Verbreitung des Evangelismus und politische Macht: Das SIL in México. In: Hvalkof, Søren und Aaby, Peter, S. 353–372.
Sacks, Karen (1975): Engels revisited: women, the organization of production, and private property. In: Reiter 1975, S. 211–234.

Sahagún, Bernardino de (1956): Historia general de las cosas de Nueva España. Bd. 1–4. México: Porrua.
Samperio G., Héctor (1975): Apuntes para la historia religiosa de Pachuca. In: Centro Hidalquenso de Investigaciones Historicas (Hg.): 1975, S. 175–206.
Sanday, Peggy (1974): Female status in the public domain. In: M. Rosaldo, L. Lamphere (Ed.), 1974, S. 189–206.
Schäfer, Wolf (Hg.) (1983): Neue soziale Bewegungen: Konservativer Aufbruch in buntem Gewand? Frankfurt: Fischer-Taschenbuch.
Schütze, Fritz (1977): Die Technik des narrativen Interviews in Interaktionsfeldstudien – dargestellt an einem Projekt zur Erforschung von kommunalen Machtstrukturen. Arbeitsberichte und Forschungsmaterialien der Fakultät für Soziologie der Universität Bielefeld. Nr. 1, hekt. Aug.
Sciama, Lidia (1981): The problem of privacy in mediterranean anthropology. In: S. Ardener, 1981, S. 89–111.
Secretaría de Educación Publica (1975): La mujer en America Latina, Tomo I, II. México: SepSetentas.
Secretaría de Recursos Hidraulicos (1970): Uso Agricola de las Aguas Negras. México, Dezember.
Segalen, Martine (1980): Mari et femme dans la société paysanne. Paris: Flammarion.
Séjourné, Laurette (1952): Los Otomies del Mezquital. Cuadernos Americanos, 66, No. 6, S. 17–34.
Semo, Enrique (1975): Historia del capitalismo en México. Los orígenes. 1521–1763. México. Era.
Serna, Jacinto de la (1900): Manual de ministerios de indios. Anales del Museo Nacional de México. VI, S. 261–480 (zit. nach Carrasco, 1950).
Shanin, Teodor (1971 a): Peasantry: delienation of a sociological concept and a field of study. Archives Européennes de Sociologie, 12, 2, S. 289–300.
– (1973): The nature and logic of the peasant economy. Journal of Peasant Studies, 1, 3, S. 63–80, S. 186–206.
Shostak, Marjorie (1981): Nisa erzählt: Das Leben einer Nomadenfrau in Afrika. Reinbek: Rowohlt, 1982.
Slade, Doren L. (1975): Marital status and sexual identity. The position of women in a Mexican peasant society. In: Rohrlich-Leavitt, 1975, S. 129–148.
Sosa Ridell, Adaljiza (1976): Female political elites in Mexico: 1974. In: L. Jglitzin, R. Ross (Eds.), 1976, S. 257–68.
Soustelle, Jacques (1937): La famille otomi-pame du Mexique Central. Paris: Institut d'Ethnologie.
– (1967): Los quatro soles. Origen y ocaso de las culturas. Madrid: Guadarama, 1969.
Spittler, Gerd (1977): Staat und Klientelstruktur in Entwicklungsländern. Zum Problem der politischen Organisation von Bauern. Archives Européennes de Sociologie, 18 (1), S. 57–83.

Stadler, Markus (1982): Zur Bestimmung der mexikanischen Landwirtschaft im Kapitalismus. Das Campesino-Problem. Eine Theoriendiskussion. Zürich: Lizentiatsarbeit in Ethnologie.
Stevens, Evelyn P. (1965): Mexican machismo: politics and value orientations. Western Political Quarterly 18, S. 848–857.
– (1973 a): Marianismo. The other face of machismo. In: Ann Pescatello, 1973, S. 89–102.
– (1973 b): Machismo and Marianismo. Society, 10, S. 57–63.
– (1973 c): The prospects for a women's liberation movement in Latin America. Journal of Marriage and the Family, 35, S. 313 bis 321.
Sturm, Hanna (1982): Die Lebensgeschichte einer Arbeiterin. Vom Burgenland nach Ravensbrück. Wien: Gesellschaftskritik.
Szczepanski, Jan (1962): Die biographische Methode. In: René König (Hg.): Handbuch der empirischen Sozialforschung, 1. Bd., Stuttgart: Enke, S. 551–569.
Terán, Silvia (1976): Formas de conciencia social de los trabajadores del campo. Cuadernos Agrarios, 4, S. 20–36.
Thompson, Edward P. (1967): Zeit, Arbeitsdisziplin und Industriekapitalismus. In: Ders.: 1980, S. 34–65.
– (1971): Die moralische Ökonomie der englischen Unterschichten im 18. Jahrhundert. In: Ders.: 1980, S. 66–129.
– (1972): »Rough Music« oder englische Katzenmusik. In: Ders.: 1980, S. 130–167.
– (1978): Volkskunde, Anthropologie und Sozialgeschichte. In: Ders.: 1980, S. 290–317.
– (1980 a): Plebeiische Kultur und moralische Ökonomie. Frankfurt, Berlin, Wien: Ullstein.
Tranfo, Luigi (1974): Vida y magia en un pueblo Otomi del Mezquital. México: INI.
– (1976): El compadrinazgo en el Valle del Mezquital. México: unveröffentlichtes Manuskript.
Trümpy, Katrin (1979): Frauenalltag in Mexiko: Die Frauen von Sta. Rosa und der Markt von Juxtlahuaca. Ethnologica Helvetica, 1, S. 111–132.
– (1980): Lebensbedingungen und Arbeit der Frauen in Santa Mira, einem Dorf der Mixteca baja, México. Zürich: Lizentiatsarbeit in Ethnologie.
UNESCO (Ed.) (1977): Race and class in post colonial society. A study of ethnic group relations in the English-speaking Carribbean Bolivia, Chile and Mexico. Suffolk: Clowes, Beccles.
Varese, Estefano (1979): Indianidad y proyecto civilizatorio en latinoamerica. Revista mexicana de ciencias políticas y sociales, XXV-97, S. 161–176.
Verdier, Yvonne (1979): Drei Frauen. Das Leben auf dem Dorf. Stuttgart: Klett-Cotta, 1982.
Vergopoulos, Kostas (1977): Le capitalisme difforme et la nouvelle question agraire. Paris: Maspero.

– (1977/8): Capitalism and peasant productivity. Journal of Peasant Studies, 5. S. 446–65.
Viezzer, Noema (1977): »Si me permiten hablar...« Testimonio de Domitila. Una mujer de las minas de Bolivia. México. Siglo XXI.
Warman, Arturo (1977): La colectivización en el campo: una crítica. Cuadernos Políticos, 11, S. 47–56.
Weber, Max (1956): Wirtschaft und Gesellschaft. Grundriß der verstehenden Soziologie. Köln, Berlin: Kiepenheuer und Witsch.
Werlhof, Claudia v. (1978) Frauenarbeit. Der blinde Fleck in der Kritik der politischen Ökonomie. Beiträge zur feministischen Theorie und Praxis, 1, S. 18–32.
– (1981): Frauen und Dritte Welt als »Natur« des Kapitals, oder: Ökonomie auf die Füße gestellt. In: H. Dauber und W. Simpfendörfer, Eigener Haushalt und bewohnter Erdkreis. Wuppertal 1981.
Wickert, Christl (1981): Biographische Methode und »Oral History« in der Frauengeschichte am Beispiel einer Untersuchung über die führenden SPD-Frauen der Weimarer Republik. Beiträge zur feministischen Theorie und Praxis, 5, S. 50–54.
Wierling, Dorothee (1983): »Ich hab meine Arbeit gemacht – was wollte sie mehr?« Dienstmädchen im städtischen Haushalt der Jahrhundertwende. In: K. Hausen (Hg.), 1983, S. 144–171.
Wolf, Eric (1955): Types of latin american peasantry: a preliminary discussion. American Anthropologist, 57, 3, S. 452–71.
– (1956): Aspects of group relations in a complex society: Mexico. In: Shanin, Teodor: 1971 b, S. 50–68.
Wolf, Margery (1974): Chinese women: old skills in a new context. In: Z. Rosaldo, L. Lamphere (Eds.), 1974, S. 157–172.
Young, Kate (1979): Modos de apropiación y trabajo feminino: Oaxaca, México. In: O. Harris and K. Young (Eds.), 1979, S. 267–301.
Zülch, Tilmann (Hg.) (1975): Von denen keiner spricht. Unterdrückte Minderheiten, von der Friedenspolitik vergessen. Kurden, Basken, Chicanos, Indios, Meschier (Sowjetunion) u. a. Reinbek: Rowohlt.

Geist und Psyche
Begründet von Nina Kindler 1964

Große Psychologen

Fritz Morgenthaler,
Florence Weiss,
Marco Morgenthaler
Gespräche am sterbenden Fluß
Band 42267

Erich Neumann
Tiefenpsychologie und neue Ethik
Band 42005
Ursprungsgeschichte des Bewußtseins
Band 42042
Zur Psychologie des Weiblichen
Band 42051

Paul Parin, Fritz Morgenthaler,
Goldy Parin-Matthey
Die Weißen denken zuviel
Band 42079

Carl R. Rogers
Freiheit und Engagement
Band 42320

Carl R. Rogers
Die klientenzentrierte Gesprächspsychotherapie
Band 42175
Therapeut und Klient
Band 42250

D. W. Winnicott
Von der Kinderheilkunde zur Psychoanalyse
Band 42249
Reifungsprozesse und fördernde Umwelt
Band 42255

Hans Zulliger
Die Angst unserer Kinder
Band 42317
Heilende Kräfte im kindlichen Spiel
Band 42328
Umgang mit dem kindlichen Gewissen
Band 42324

Fischer Taschenbuch Verlag

fi 510 / 4 b

Geist und Psyche

Begründet von Nina Kindler 1964

Psychoanalyse

Hellmuth Benesch
Verlust der Tiefe
Eine psychische Dimension im Umbruch
Band 10469

Kurt R. Eissler
Todestrieb, Ambivalenz, Narzißmus
Band 10568

Ernst Federn / Gerhard Wittenberger (Hg.)
Aus dem Kreis um Sigmund Freud
Zu den Protokollen der Wiener Psychoanalytischen Vereinigung. Band 10809

Anna Freud
Das Ich und die Abwehrmechanismen
Band 42001

André Haynal
Die Technik-Debatte in der Psychoanalyse
Freud, Ferenczi, Balint
Band 42311

Werner W. Kemper
Der Traum und seine Be-Deutung
Band 42184

Thomas Köhler
Abwege der Psychoanalyse-Kritik
Band 42318

Stavros Mentzos
Neurotische Konfliktverarbeitung
Band 42239

Hysterie. Band 42212

Angstneurose. Band 42266

Humberto Nagera (Hg.)
Psychoanalytische Grundbegriffe
Band 42288

Horst Petri
Angst und Frieden
Band 42294

Harald Pühl / Wolfgang Schmidbauer (Hg.)
Supervision und Psychoanalyse
Selbstreflexion der helfenden Berufe
Band 10599

Harold Stern
Die Couch
Band 42308

Fischer Taschenbuch Verlag

fi 350 / 10